THOMAS J. CRAUGHWELL

O Himmel hilf!

THOMAS J. CRAUGHWELL

O Himmel hilf!

300 himmlische Verbündete für Architekten, Blogger,
Krankenschwestern, Taxifahrer, Schauspielerinnen,
Teenager, Unverheiratete, Vegetarier … und dich!

Aus dem Englischen von
Ulrich Hoffmann

PATTLOCH

Titel der amerikanischen Originalausgabe:
This Saint will Change Your Life
Copyright © 2011 by Thomas J. Craughwell
All rights reserved
First published in English by Quirk Books,
Philadelphia, Pennsylvania

Besuchen Sie uns im Internet:
www.pattloch.de

© 2012 Pattloch Verlag GmbH & Co. KG, München
Alle Rechte vorbehalten. Das Werk darf – auch teilweise – nur mit
Genehmigung des Verlags wiedergegeben werden.

S. 81: Das Martyrium des hl. Erasmus; niederländ. Schule; Society of Antiquaries,
London UK/The Bridgeman Art Library. S. 410: Szenen aus dem Leben des hl. Spiridon;
Theodoros Pulakis; Benaki Museum Athen/The Bridgeman Art Library
Weitere Informationen zu den Bildern auf Seite 478

Lektorat: Gerhild Gerlich
Umschlaggestaltung: ZERO Werbeagentur, München
Satz: Daniela Schulz, Puchheim
Druck und Bindung: Offizin Andersen Nexö Leipzig GmbH, Zwenkau
Printed in Germany
ISBN 978-3-629-13027-3

2   4   5   3   1

INHALT

Einleitung

Das Leben ist ein Jammertal. Der berufliche Erfolg bleibt aus. Unsere Familien, unser Liebesleben und unsere Freundschaften sind enttäuschend. Wir haben Kopfschmerzen, Magenprobleme und ab und an einen Kater. Wir werden Opfer von Schwindlern und Schnorrern. Wir fürchten uns vor Schlangen. Wir haben keine Ahnung von Naturwissenschaften. Wir können nicht gut tanzen.

Wir können ruhig zu Hause oder im Büro sitzen, kochend vor Unzufriedenheit, oder wir können Hilfe suchen! Und Hilfe ist nicht nur vorhanden, sie ist auch umsonst. Ich spreche von Schutzpatronen, Heiligen und Seligen. Vor ein paar Jahren versicherte uns der Megabestseller *Das Gebet des Jabez: Durchbruch zu einem gesegneten Leben*, dass es vollkommen in Ordnung wäre, um Geld zu beten. Aber warum sollte man sich darauf beschränken, um die Befreiung von finanziellen Sorgen zu beten, wenn der Himmel bevölkert ist mit einer Unzahl von Männern, Frauen und Kindern (ganz abgesehen von Engeln), die bereit – sogar darauf erpicht – sind, uns zu helfen und jedes Problem zu lösen, das den Menschen zusetzt. Wir müssen bloß fragen.

Wussten Sie zum Beispiel, dass es Schutzpatrone für Spieler und Alkoholiker gibt, für Diebe, Zinker und gefallene Mädchen, für die Frauen untreuer Ehemänner und die Eltern enttäuschender Kinder?

Es gibt Schutzpatrone für Barkeeper, Diplomaten und Kriegsdienstverweigerer, für Vegetarier und Umweltaktivisten, Münzsammler und Bergsteiger. Es gibt Heilige, die einen vor dem Teufel beschützen, vor Hexen und vor dem Tod durch Hängen, Heilige und Selige, die einem bei Blinddarmentzündungen beistehen oder Darmprobleme lindern, Heilige und Selige, die gegen Armut helfen, Diskretion fördern und Aufstände beenden.

Das Internet hat einen Schutzpatron. Das Fernsehen ebenfalls. Und vergessen wir nicht das Tierreich: Katzen, Hunde und Vögel haben ihre Patrone ebenso wie Rinder, Schweine, Pferde, Wale, Wölfe und sogar Lachse.

Dieses religiöse Phänomen ist außerordentlich, aber seine Grundlagen sind ausgesprochen weltlich. Im alten Rom gab es das Patronat, das Verhältnis des Schutzherrn, *patronus*, zu seinem Schutzbefohlenen, dem *cliens*. Schutzherren waren wohlhabende, mächtige, einflussreiche Mitglieder der herrschenden Klasse, die, weil Adel verpflichtet, einen kleinen Kreis von Klienten um sich sammelten. Diese Klienten waren jene Römer, die gewöhnlich kein Geld und kein Glück hatten. Jeden Morgen machten diese als Zeichen ihres Respekts ihrem Patron zu Hause die Aufwartung. Wenn der Klient Hilfe brauchte, einen Wunsch hatte – vielleicht suchte er ein Regierungsamt, oder er brauchte Schutz vor Gläubigern, oder er hatte kein Geld für den Unterricht seines Sohnes –, wandte er sich an seinen Schutzherrn, und der Schutzherr löste das Problem.

Das römische Patron-Klient-Verhältnis wurde zum Vorbild für das schützende und vertraute Verhältnis, das zwischen Christen und ihren Schutzpatronen besteht. Etwa im 1. Jahrtausend der Geschichte der katholischen Kirche traten christliche Schutzpatrone an die Stelle der Schutzherrn des alten römischen Systems: Derjenige Heilige oder Selige, der die Gebete eines Christen erhörte, wurde der Schutzpatron oder Helfer dieses Anrufers. Im frühen Mittelalter veränderte sich die Wahrnehmung der Schutzpatrone, und bestimmte Heilige und Selige wurden als Spezialisten für bestimmte Fälle betrachtet. Im 16. Jahrhundert, der Zeit der protestantischen Reformation und der katholischen Gegenreformation, hatten sich Schutzpatrone in einem Maße vermehrt, dass kaum ein Gebrechen, Tier, Beruf oder Lebensumstand mehr ohne eigenen Helfer war.

Die Begeisterung für Schutzpatrone dauert fort – auf jeden Fall bei uns in den USA. Schlagen Sie den Kleinanzeigenteil einer beliebigen Zeitung bei uns auf, und Sie finden spaltenweise Dankadressen an den heiligen Judas Thaddäus, den Schutzpatron für das Unmögliche. Religiöse Andenkengeschäfte verdienen gut am Verkauf kleiner Plastikfiguren des heiligen Josef, der neben vielen anderen Attributen zum Patron bei erfolgreichen Immobilientransaktionen geworden ist. Und die Schutzpatrone der Astronauten, Ökologie und gegen Aids machen offensichtlich, dass die alte Verwendung mit der Zeit gehen kann.

ABTREIBUNGSGEGNER

Unsere Liebe Frau von Guadalupe

ERSCHIENEN 1531 – GEDENKTAG: 12. DEZEMBER

Unsere Liebe Frau von Guadalupe wird vor allem in Mexiko verehrt, in erster Linie als Nationalheilige. Dort findet man ihr Bildnis überall – in Kirchen und Privathäusern, auf Gebäuden und T-Shirts, als Figürchen auf den Armaturenbrettern von Lastern und Taxis. Millionen besuchen jedes Jahr ihr Heiligtum vor den Toren von Mexiko-Stadt. Vor kurzem hat die Bewegung der Abtreibungsgegner in den Vereinigten Staaten sie als ihre Schutzpatronin angenommen, weil, wie es heißt, auf dem Gnadenbild die Jungfrau Maria schwanger mit Jesus dargestellt ist. Der Beweis, sagen sie, sei die Position des Gürtels, den die Jungfrau trägt. Und zwar hoch unter den Brüsten – und es heißt, so hätten die Aztekenfrauen Mexikos ihre Gürtel nur getragen, wenn sie schwanger waren.

Am 9. Dezember 1531 war Juan Diego, ein Nahua-Indianer, der erst kürzlich zum Christentum übergetreten war, zur Messe unterwegs, als er ein Singen vom Gipfel des Tepeyac herunter klingen hörte. Neugierig, woher die Musik kam, folgte er dem Pfad den Berg hinauf und traf auf dem Gipfel eine junge Frau, dunkelhäutig, schön gekleidet und in einem flirrenden Licht stehend. In Nahuatl, seiner Sprache, stellte sie sich Juan vor: »Ich bin die ewig reine Jungfrau Maria, Mutter des wahren Gottes«, sagte sie. »Ich bin deine mitleidende Mutter, deine und die aller Bewohner dieses Landes.« Dann befahl Maria ihm, zu Juan de Zumárraga zu gehen, dem Bischof von Mexiko-Stadt, und ihm zu sagen, er sollte ihr zu Ehren an diesem Ort eine Kirche bauen.

Juan versuchte zweimal, den Bischof zu überzeugen, das zu tun, was Maria wollte, und zweimal schickte der Bischof ihn fort. Er war keineswegs überrascht, dass der Bischof einen armen Bauern nicht ernst nahm. »Ich bin ein Niemand«, sagte er zu Maria, »unwichtig, unscheinbar, völlig egal.« Er bat sie, jemand Angeseheneren auszuwählen, die Botschaft zu überbringen. Stattdessen versprach Maria, dem Bischof ein Zeichen zu geben, welches jedem und für alle Zeit beweisen würde, dass Juan Diegos Bericht der Wahrheit entsprach. Sie befahl ihm, zum Tepeyac zurückzukehren und dort Blumen zu pflücken. Oben auf dem Berg entdeckte der Indio wundervolle kastilische Rosen, die sechs Monate außerhalb ihrer Saison und in der Kälte blühten. Er pflückte *die* Blumen, bis seine *tilma*, sein Umhang, voll war. Dann trug er sie zu Maria, die jede Rose in die Hand nahm, bevor sie sie in Juan Diegos Mantel zurücklegte.

Juan griff die Ecken seines Umhangs, damit keine einzelne Rose herausfiel, und eilte zum Bischofspalast. De Zumárraga war mit einigen seiner Kapläne und mehreren Dienern zusammen, als er den Raum betrat. »Sie baten um ein Zeichen«, sagte Juan. »Sehen Sie.« Er öffnete seine *tilma*, und die wundervollen Rosen fielen auf den Boden. Erstaunlicher noch als die Rosen aber war das Bild auf seinem Umhang – ein vollkommenes Bild der Jungfrau Maria, wie Juan sie gesehen hatte, wundervoll gekleidet und mit der dunklen Haut einer Indianerin.

Nunmehr überzeugt, dass Juans Botschaft tatsächlich von der Muttergottes stammte, errichtete Bischof de Zumárraga eine Kirche auf dem Tepeyac und einen Schrein für das Gnadenbild über dem Hochaltar. Die Franziskaner und Jesuiten fertigten Kopien des Bildes an, um sie auf ihren Missionsreisen zu den Völkern Mexikos mit sich herumzutragen. Die Geschichte der Jungfrau Maria, die als Azteken-Prinzessin einem Nahua erscheint und seine Sprache spricht, faszinierte die Indianer Mexikos. Innerhalb eines Jahrzehnts nach der Erscheinung waren neun Millionen Indios zum katholischen Glauben übergetreten.

SIEHE HEILIGENBILD AUF SEITE 33

AIDSPATIENTEN UND IHRE PFLEGER

Der heilige Aloysius von Gonzaga

1568–1591 – GEDENKTAG: 21. JUNI

Da Aloysius (Luigi) von Gonzaga starb, als er kaum dreiundzwanzig Jahre alt war; Künstler – ob alte Meister oder die Hersteller von Heiligenbildchen – stellten ihn stets als zerbrechlichen, fast weibischen Jugendlichen dar. In seinem Fall jedoch folgt die Kunst nicht dem Leben. Aloysius von Gonzaga war aggressiv und stur, mit einer deutlichen offensiven Ader. Als Mitglied der gefürchteten italienischen Gonzaga-Familie waren ihm diese Qualitäten einfach in die Wiege gelegt. So wie die Medici die Genießer im Italien der Renaissance waren, waren die Gonzagas eben die Kriegsherrn. Aloysius ging sein religiöses Leben mit derselben gnadenlosen Kraftanstrengung an, die seine Vorfahren auf dem Schlachtfeld gezeigt hatten.

Als ältester Sohn und Erbe hatte er die Verpflichtung, standesgemäß zu heiraten, eine Familie zu gründen, den Wohlstand und Einfluss der Gonzagas zu mehren und, wenn sich die Gelegenheit bot, ein paar Feinde abzuschlachten. Er war für diese Rolle ausgebildet worden und schien seinen Weg pflichtbewusst zu gehen. Doch insgeheim plante er, komplett auszusteigen und Jesuit zu werden. Mit fünfzehn setzte er seine Eltern über dieses Vorhaben in Kenntnis. Ob der Nachricht bekam Aloysius' Vater einen Wutanfall. Er gab seiner Frau sowie dem Kaplan seines Sohnes die Schuld, den Kopf des Jungen mit frommem Nonsens gefüllt zu haben, und drohte, Aloysius auspeitschen zu lassen, bis der sein Vorhaben aufgab. Aloysius weigerte sich jedoch, und das Patt blieb zwei Jahre bestehen. Am Ende setzte sich Aloysius durch. Er verzichtete auf sein Erbe und zog davon, um in Rom, am Sitz des Jesuitenordens, sein Noviziat zu beginnen.

Die Societas Jesu – die Gesellschaft Jesu – war ein praxisorientierter Orden, der das spirituelle Leben nicht nur durch Gebet und Meditation kultivierte, sondern auch mittels guter Taten. In der Annahme, dass der junge Edelmann die Werte von Gehorsam und Demut noch lernen müsste, schickte sein Superior Aloysius in eine der städtischen Krankenanstalten. Aloysius tat wie geheißen, hasste aber jeden Augenblick. Die verdreckten Krankenstationen und die Betten voller Läuse und Flöhe waren schlimm genug – aber die Patienten, mit ihren grässlichen Wunden und furchtbaren Krankheiten, machten ihm entsetzliche Angst. Gonzaga brauchte all seine Willenskraft, um die Tage durchzustehen.

Doch Aloysius veränderte sich. Viele der Patienten, um die er sich kümmerte, waren von ihren Familien und Freunden im Stich gelassen worden, etliche lagen im Sterben. Obwohl er anfangs nur Angst und Ekel empfunden hatte, begann er mit der Zeit echtes Mitgefühl und Zärtlichkeit zu verspüren.

Im Januar 1591 brach eine schreckliche Pestepidemie in Rom aus. Bald schon waren die Hospitäler der Stadt übervoll mit Patienten, so dass alle Klöster ihre Pforten öffnen mussten. Selbst der Superior der Jesuiten verließ sein Büro, um Pflegedienste zu leisten. Wäre der Ausbruch ein Jahr früher erfolgt, wäre Aloysius vielleicht davongelaufen, aber ermutigt durch seine neue Stärke, zog er jeden Tag aus, um die Kranken und Sterbenden einzusammeln. Er machte Betten für sie ausfindig, wusch sie, fütterte sie, beruhigte sie, betete mit ihnen. Trauigerweise dauerte dieser heroische Dienst nur ein paar Wochen, dann wurde Aloysius selbst Opfer der Pest und starb.

In den vergangenen Jahren haben Aidspatienten und ihre Pfleger den heiligen Aloysius von Gonzaga zu ihrem Schutzpatron erkoren – den Mann, der seine Angst vor den Kranken und den Sterbenden überwand und ihr herzlichster Pfleger wurde.

SIEHE HEILIGENBILD AUF SEITE 33

Akrobaten und Jongleure

Der heilige Giovanni Bosco, gen. Don Bosco

1815–1888 – Gedenktag: 31. Januar

Giovanni Bosco, jüngster Sohn einer Bauernfamilie aus der Nähe Turins in Norditalien, war ein kluger, sportlicher und sympathischer Junge. Eines Tages, als Giovanni etwa zehn Jahre alt war, baute ein kleiner Wanderzirkus sein Zelt in der Nähe des Bauernhofes der Familie auf. Schon nach der ersten Aufführung war Giovanni fasziniert. Als der Zirkus weitergezogen war, richtete Giovanni Bosco eine eigene Aufführung für die Familie aus – er jonglierte, zeigte einfache Taschenspielertricks und balancierte über ein Seil zwischen zwei Bäumen. Er übte immer weiter und lud schließlich einige der verwahrlosten Kinder aus der Nachbarschaft ein, ihm zuzusehen. Sie mochten Giovannis Ein-Mann-Zirkusdarstellungen sowie seine einnehmende Persönlichkeit. Sie wurden Freunde, und Giovanni nutzte die Gelegenheit, die Jungen darauf hinzuweisen, sich gepflegt auszudrücken, keinen Alkohol zu konsumieren, zur Beichte zu gehen und die Messe zu besuchen.

Als Priester und Lehrer widmete Don Bosco sein Leben Waisenkindern und Straßenjungen. (In Italien werden Priester mit »Don« angesprochen.) Er gründete und baute Häuser, in denen die Jungen in einer sicheren Umgebung aufwachsen, eine Erziehung genießen, ein Handwerk erlernen und sogar die Ausbildung zum Priester absolvieren konnten.

Rom hat Giovanni Bosco niemals zum Schutzpatron der Zirkusartisten erklärt. 2002 richtete Pater Silvio Mantelli, selbst Hobbyzauberer, die Bitte an Papst Johannes Paul II., das Patronat amtlich zu machen, dem er zugleich einen Zauberstab überreichte. Aber das Wunder geschah nicht. Allerdings ernennt der Vatikan auch nur selten einen Schutzpatron. Damit Don Bosco zum gewünschten Schutzpatron wird, brauchen Pater Mantelli und seine Freunde ihn bloß zu verehren und diese Verehrung in ihrem Stand auszubreiten.

Siehe Heiligenbild auf Seite 33

ALKOHOLISMUS

Der heilige Matthias

1. JAHRHUNDERT – GEDENKTAG: 14. MAI

Manchmal ist die Verbindung zwischen einem Heiligen und seinem Sachbereich heikel. Das ist der Fall bei Matthias dem Evangelisten, dem Schutzpatron der Alkoholiker. Wir wissen wenig über den Apostel; im Neuen Testament wird er nur einmal erwähnt, in der Apostelgeschichte des Lukas (1,15–26), wo die elf verbliebenen Apostel ihn als Ersatz für den umgekommenen Verräter Judas per Los erwählten. Das ist alles, was wir sicher über den heiligen Matthias wissen. Laut Legende hat er vor Kannibalen in Äthiopien gepredigt und dort den Märtyrertod erlitten; dem widersprechen allerdings Behauptungen, dass er in Jerusalem gesteinigt und schließlich enthauptet worden wäre. Wo man so wenig über sein Leben weiß und es keinen Hinweis auf Alkoholprobleme gibt – wie wurde er zum Schutzpatron der trocken werden wollenden Alkoholiker? Die Antwort findet sich in einem Brief des heiligen Clemens von Alexandria (gest. 217), einem ägyptischen Theologen. Clemens zitiert Matthias mit der Aussage: »Wir müssen gegen unser Fleisch kämpfen, ihm keinen Wert beimessen und dürfen ihm nichts zugestehen, wonach es verlangt.« Es scheint, als wäre Matthias zum Alkoholgegner aufgestiegen aufgrund dieses einzigen Zitats, das Christen aufforderte, Selbstkontrolle zu üben. Allerdings zeichnet sich ein passenderer Schutzpatron für trocken werden wollende Alkoholiker am Horizont ab. Rom überprüft gerade den Fall des ehrwürdigen Matt Talbot aus Dublin, Irland. Talbot, der aus einer Familie starker Trinker stammte, war seit seinem zwölften Lebensjahr jeden Tag selbst betrunken, bis er mit achtundzwanzig dem Alkohol abschwor. Er überwand seinen Alkoholismus, indem er täglich körperlich hart arbeitete, viel betete und gute Werke tat. Seit Talbots Tod 1925 geht es mit der Begutachtung seiner Heiligsprechung allerdings nur langsam voran. Bleiben Sie dran.

SIEHE HEILIGENBILD AUF SEITE 33

ALPTRÄUME

Der heilige Erzengel Raphael

GEDENKTAG: 29. SEPTEMBER

Die Bibel sagt, es gebe sieben Erzengel, genannt sind aber nur drei: Michael, Gabriel und Raphael.

Raphaels einziger Auftritt in der Heiligen Schrift findet im Buch Tobit des Alten Testaments statt, das beschreibt, wie der Erzengel menschliche Gestalt annahm, um als Beschützer des Tobias zu dienen, eines jungen Mannes, der von seinem Vater auf eine gefahrvolle Reise geschickt worden war. Eine der beeindruckendsten Begebenheiten ist der Besuch von Tobias bei seinem Verwandten Raguël und dessen Frau Edna und Tochter Sara.

Sara war von einem Dämon namens Aschmodai besessen. Jedes Mal, wenn sie heiratete, tötete der Dämon den Bräutigam in der Hochzeitsnacht. Siebenmal hatte Sara geheiratet, und jedes Mal war sie am Morgen Witwe. Daher schlug Raphael vor, dass Tobias Sara heiratete. Verständlicherweise war der junge Mann von der Idee nicht angetan, aber Raphael versprach, wenn das Paar damit wartete, die Ehe zu vollziehen, und sie beide die ersten drei gemeinsamen Nächte miteinander im Gebet verbrachten, wäre Aschmodais Bann gebrochen.

Im Vertrauen auf Raphael heirateten Tobias und Sara und beteten drei Nächte lang zu Gott um ein langes und glückliches gemeinsames Leben, dann gingen sie schlafen. Als Saras Familie Tobias am nächsten Morgen lebendig vorfand, freuten sie sich und luden ihre Nachbarn zu einem Hochzeitsfest ein, das zwei Wochen dauerte. Saras lebendiger Alptraum war dank des Erzengels Raphael beendet.

Als Raphael schließlich seine wahre Identität zu erkennen gab, waren Tobias und seine Familie entsetzt. »Fürchtet euch nicht«, sagte der Erzengel, »Friede sei mit euch. Preist Gott in Ewigkeit« (Tob 12,16).

SIEHE HEILIGENBILD AUF SEITE 34

Amputationen

Der heilige Antonius von Padua

1195–1231 – Gedenktag: 13. Juni

Wer wirklich Wunder sehen muss,
vertrau auf Sankt Antonius.

Seit fast achthundert Jahren genießt Antonius von Padua einen soliden Ruf als einer der größten wunderwirkenden Heiligen. Er tat schon zu Lebzeiten derart viele Wunder, und so viele mehr ereigneten sich durch sein Eingreifen direkt nach seinem Versterben, dass Papst Gregor IX. den Franziskanermönch Antonius nicht einmal ein Jahr nach dessen Tod heiligsprach, die schnellste Kanonisierung aller Zeiten.

Antonius war freundlich und mitfühlend – seine Wunder kamen nicht mit Feuer und Schwefel daher. Beispielsweise versuchte er einmal, eine Gruppe Ketzer zu überreden, in den Schoß der katholischen Kirche zurückzukehren. Als sie sich weigerten, Antonius zuzuhören, trat er ans Ufer des Flusses Brenta und begann dort zu predigen. Während er sprach, kamen die Fische an die Oberfläche geschwommen, um ihm zuzuhören.

Ein weiteres Beispiel für Antonius' Wundertaten vollzog sich, als er mit einem Mitbruder unterwegs war. Eine arme Frau lud die beiden Ordensmänner ein, die Nacht in ihrem Haus zu verbringen. Ihr einziger Luxus war ein kleines Fässchen Wein, und ihr größter Stolz waren zwei Weingläser. Zu Ehren des Anlasses holte die Frau ihre Gläser hervor und füllte sie mit Wein. Antonius' ungeschickter Gefährte ließ sein Glas fallen, und es zersprang. In dem folgenden Durcheinander bemerkte die arme Frau nicht, dass sie das Fass nicht wieder verschlossen hatte. Verstört durch die Unruhe und den Verlust, den seine Gastgeberin durch ihn erlitten hatte, begann Antonius zu beten. Einen Augenblick später war das Weinglas wieder heil und das Fass geschlossen und bis zum Rand gefüllt.

Es basiert auf einem Zufall, dass Antonius zum Helfer bei Amputationen wurde. Ein junger Mann namens Leonardo geriet in einen hässlichen Streit mit seiner Mutter, und in seinem Zorn trat er nach ihr. Kaum hatte er diese respektlose Tat begangen, wurde Leonardo von Reue gepackt. Er eilte in die Kirche, wo Antonius die Beichte abnahm, und gestand, was er getan hatte. »Dein Fuß muss abgetrennt werden«, entgegnete Antonius dreist. Er hatte es natürlich nicht wörtlich gemeint, aber Leonardo verstand es so. Hochemotional rannte der junge Mann aus der Kirche, packte die erste Axt, die er finden konnte, und hackte seinen eigenen Fuß ab. Als Antonius von der schrecklichen Tat erfuhr, wirkte er eines seiner spektakulärsten Wunder – er besuchte Leonardo zu Hause, ergriff seinen abgetrennten Fuß und setzte ihn wundersam wieder an dessen Bein.

Siehe Heiligenbild auf Seite 34

AMSELN

Der heilige Kevin von Glendalough

CA. 498–618 – GEDENKTAG: 3. JUNI

Als Sohn einer adeligen irischen Familie begann Kevin schon mit zwölf Jahren unter Mönchen zu leben. Als Erwachsener zum Priester geweiht, reiste er in die Wicklow Mountains südlich von Dublin, wo er sich in dem bezaubernden Tal Glendalough niederließ. Er hatte vor, als Einsiedler zu leben, aber sein Alleinsein hielt nicht lange an; bald schon hatte er so viele Schüler, dass er ein Kloster errichten musste, um eine Unterkunft für alle zu haben.

Wie es oft der Fall ist bei irischen Heiligen, so wurde auch Kevins Leben mit allen möglichen Legenden unterfüttert. Eine Geschichte handelt von einem jungen Mann, der an schwerer Epilepsie litt und in einer Vision erfuhr, dass er geheilt werden würde, indem er Äpfel äße. Da in Glendalough keine Apfelbäume wuchsen, befahl Kevin einer Weide, die entsprechenden Früchte zu tragen, und augenblicklich erschienen zwanzig Äpfel an ihren Zweigen. Der junge Mann aß einige davon und war geheilt. In einer anderen Geschichte leckte, während Kevin betete, eine Kuh an seiner Kutte. Später, beim Melken, gab diese Kuh fünfzigmal mehr Milch als alle anderen im Stall.

Kevins Zuständigkeit für Amseln basiert auf einer weiteren wundersamen Geschichte. Eines Tages in der Fastenzeit betete Kevin mit zur Seite ausgestreckten Armen, sein Körper formte also ein Kreuz. Eine Amsel landete auf seiner Hand, legte ein Ei und flog davon. Aus Mitleid mit dem ungeborenen Vogel blieb Kevin wochenlang in der Kreuzigungshaltung stehen, bis das Küken geschlüpft und die junge Amsel stark genug war zu fliegen.

SIEHE HEILIGENBILD AUF SEITE 34

Anästhesisten

Der heilige René Goupil

1608–1642 – Gedenktag: 19. Oktober

René Goupil gab eine erfolgreiche Chirurgenpraxis in Frankreich auf, um als Missionar zu den Jesuiten in Kanada zu gehen. Zwei Jahre praktizierte er in einem Hospital in Quebec, wo er französische Siedler und Mitglieder der verschiedenen Stämme der Algonkin-Indianer behandelte. Dann, im Juli 1642, lernte Goupil den Jesuitenpater Isaac Jogues kennen, der Freiwillige suchte, die ihm in der Wildnis bei der Missionierung der Huronen helfen würden. Goupil bot seine Dienste an, und am 1. August stiegen Jogues, Goupil und etwa zwanzig getaufte Huronen in ihre Kanus und brachen zu der Missionsstation auf. Weniger als vierundzwanzig Stunden später gerieten sie in einen Hinterhalt und wurden von siebzig Mohawk-Kriegern gefangen genommen. Die Mohawk rissen Goupil alle Fingernägel aus, brachen seine Finger mit ihren Zähnen und zwangen ihn mehrfach zum Spießrutenlaufen. Die Mohawk verbrannten fast alle gefangen genommenen Huronen-Krieger auf dem Scheiterhaufen, schleppten aber Goupil und Jogues von Dorf zu Dorf, wobei sie sie unterwegs folterten. Eines Nachts war Goupil am Boden angepflockt, damit Mohawk-Kinder mit heißen Kohlen nach seinem nackten Körper werfen konnten. Aufgrund dieser furchtbaren Folter wurde René Goupil zum Schutzpatron der Anästhesisten. Die Wochen der Folter endeten schließlich damit, dass Goupil und Jogues als Sklaven dem Häuptling der Mohawk-Siedlung Ossernenon übergeben wurden, im heutigen Bundesstaat New York. Aber die beiden Franzosen waren nur wenige Tage dort, als Goupil den Fehler beging, einem vierjährigen Jungen beizubringen, wie man ein Kreuzzeichen machte. In dem Glauben, die Geste würde böse Geister herbeirufen, spaltete der Onkel des Jungen Goupils Schädel mit einem Tomahawk und beendete damit seine Qualen.

Siehe Heiligenbild auf Seite 34

ZU UNRECHT ANGEKLAGTE

Die heilige Blandina

GEST. 177 – GEDENKTAG: 2. JUNI

Kaiser Mark Aurels Verfolgung der Christen begann auf einer rechtlichen Grundlage gemäß römischen Gesetzen, was dem Mob oft zu langsam ging und so in Lyon und Vienne in Gallien zu einer Massenhysterie degenerierte. Kreischende heidnische Menschenmassen zogen durch die Stadt, plünderten die Häuser von Christen sowie ihre Geschäfte und zerrten Christen vor das Gericht, wo man ihnen Kannibalismus, Inzest und andere derart schreckliche Verbrechen vorwarf, dass ein aus jener Zeit erhaltenes Dokument, das die Ereignisse beschreibt, ausdrücklich darauf besteht, sie nicht zu benennen.

Blandina war eine Sklavin. Im Gefängnis versuchten ihre Folterknechte, sie zu zwingen zu gestehen, dass Christen Kinder ermordeten und ihr Fleisch äßen, aber Blandina sagte bloß: »Ich bin eine Christin, und nichts Schlimmes geschieht unter uns.« Weil sie sich weigerte, die ihr unterstellten Verbrechen zu gestehen, wurde Blandina zu einem endlosen Tod verurteilt. Am ers-

ten Tag wurde sie in der Arena mit Peitschen und heißen Eisen gefoltert. Am zweiten ließ man sie an einem Pfahl baumeln, so dass die Löwen nach ihr schnappen konnten. Am dritten Tag holte man sie wieder aus dem Verlies, damit sie dem Märtyrertod des Ponticus zuschauen konnte. Und am vierten und letzten Tag wickelte man sie in ein Netz und warf sie einem wilden Bullen hin, der sie im Amphitheater hin und her rollte und mit seinen Hörner durchbohrte. Als der Henker danach feststellte, dass Blandina nach all den Qualen immer noch am Leben war, schlitzte er ihr den Hals auf. Obwohl Blandina nur eine von vielen war, die in Lyon den Märtyrertod starben, faszinierten ihr Mut und ihre standfeste Zurückweisung der gegen die Christen erhobenen Beschuldigungen die Phantasie ihrer Mitchristen. Sie verehrten alle Märtyrer Lyons als Heilige, aber die Verehrung der heiligen Blandina ist bis heute die stärkste.

SIEHE HEILIGENBILD AUF SEITE 35

APOTHEKER

Die heilige Gemma Galgani

1878–1903 – GEDENKTAG: 11. APRIL

Gemmas Vater, Dr. Enrico Galgani, war Apotheker, aber sie wurde in diesem Feld nie tätig. Normalerweise hat der Zuständigkeitsbereich eines Schutzpatrons mit seiner Arbeit zu tun, in diesem Fall wählten italienische Apotheker Gemma höchstwahrscheinlich zu ihrer Schutzpatronin, weil sie eine in Italien so beliebte Heilige ist.

Es besteht kein Zweifel an Gemmas Frömmigkeit oder ihrer ungeheuren Geduld und ihrem Mut im Angesicht einer schrecklichen Krankheit, nämlich spinaler Tuberkulose (Rückenmarkschwindsucht). Die übernatürliche Seite ihres Lebens hat zu den größten Debatten geführt. Einige derjenigen, die Gemma kannten, sagten, dass sie mit den Wundmalen gezeichnet war – dass ihre Hände und Füße durchbohrt waren wie die von Jesus Christus von den Nägeln, mit denen er an das Kreuz geschlagen worden war. Manchmal schien ihr Körper die Spuren von Peitschenhieben aufzuweisen. Wenn sie jemanden fluchen hörte, der dabei den Namen Gottes oder Jesu Christi in den Mund nahm, schwitzte sie Blut. Man sagt, dass sie täglich ihren Schutzengel sah und in religiöser Ekstase mit Heiligen sprach.

Gemmas Seelsorger hielt diese Phänomene für echt, Gott hätte sie ihr zugesprochen, damit die Welt ihre Heiligkeit und seine Großartigkeit erkannte. Auf der anderen Seite widerstrebte es Gemmas Beichtvater, alles auf ein Wunder zurückzuführen. Er wollte die Kraft der Imagination nicht ausschließen und fragte sich, ob es vielleicht andere Gründe gäbe, die die Medizin nur noch nicht verstand. Obwohl die Stigmata und Visionen Gemma zu einem Objekt der Verehrung gemacht haben, stellte das Dokument, als der Vatikan sie 1933 seligsprach, eindeutig fest, dass die Kirche sie aufgrund der Heiligkeit ihres Lebens beatifizierte und sich nicht von den sonderbaren Phänomenen leiten ließe. Papst Pius XII. sprach Gemma 1940 heilig.

SIEHE HEILIGENBILD AUF SEITE 35

ARCHÄOLOGEN

Der heilige Damasus und die heilige Helena

CA. 304–384 – GEDENKTAG: 11. DEZEMBER
249–329 – GEDENKTAG: 18. AUGUST

Von den beiden Schutzpatronen der Archäologen hat nur Helena gegraben. Heutzutage würden wir den heiligen Damasus einen Denkmalschützer nennen.

Damasus, der Sohn einer christlichen Familie, wurde in Rom zum Ende der letzten großen Christenverfolgung geboren. Die Christenverfolgungen hatten Tausende von Märtyrern hervorgebracht, möglicherweise Zehntausende, und Rom selbst war Zeuge der grausamen Tode der heiligen Agnes (wurde gezwungen, nackt in einem Bordell zu stehen, dann enthauptet), der heiligen Anastasia (lebendig verbrannt) und des heiligen Sebastian (von Pfeilen durchbohrt). Damasus lernte in seiner Jugend die Geschichten der Märtyrer auswendig. Als jungem Priester wurde ihm die Verantwortung für den Bau der Basilika über der Grabkammer des heiligen Laurentius von Rom (der starb, indem man ihn auf einen Rost band und über Glut röstete) übertragen, was nur

dazu führte, seine Verehrung der Heiligen, die ihr Leben für ihren Glauben gelassen hatten, zu vertiefen.

Im Oktober 366 wurde Damasus zum Papst gewählt, und das Projekt, das ihm am meisten am Herzen lag, war die Restaurierung und Verschönerung der Gräber der Märtyrer Roms. Um es mehr Pilgern zu ermöglichen, die unterirdischen Grabkammern zu besuchen, ließ er neue Treppen bauen und Schächte ausheben, um Sonnenlicht und frische Luft in die Gewölbe hineinzulassen. Künstler verschönerten die Katakomben mit Marmor, Mosaiken und Fresken, und Papst Damasus verfasste Grabinschriften für über sechzig der beliebtesten Heiligen Roms.

Damasus wurde somit fast logischerweise zum Patron jener Archäologen, die alte Stätten restaurieren und Besuchern zugänglich machen wollen.

Die heilige Helena ist Schutzpatronin der Archäologen, die nach vergessenen antiken Stätten und verlorenen Schätzen suchen. Sie war die Mutter von

Konstantin dem Großen, Roms erstem christlichen Kaiser. Helena trat erst mit sechzig zum Christentum über, ein unerwartetes Ereignis, das sowohl zu Konstantins eigenem Übertritt führte als auch zur Aufhebung der Christenverfolgung im Römischen Reich.

Als der christliche Glaube frei und im Wachsen begriffen war, reiste Helena ins Heilige Land, um an jenen Orten zu beten, wo Jesus gelebt, gestorben und wiederauferstanden war. In Jerusalem besuchte sie Golgata und die Grabeskirche, die beide unter einem Tempel der Venus lagen, den der Kaiser Hadrian zweihundert Jahre zuvor hatte errichten lassen. Helena ließ den Tempel abreißen und befahl den Arbeitern anschließend, zu graben. Sie fanden drei hölzerne Kreuze – sowie die Höhle, in der Jesus begraben worden war. Aber welches war das Kreuz, an dem Jesus gestorben war? Das sollte ein Praxistest klären: Manche sagen, dass mit allen drei Kreuzen ein kranker oder blinder Junge berührt wurde, während andere behaupten, eine sterbende Frau sei auf sie gelegt worden. Beide Berichte schließen jedoch damit, dass die kranke Person, als sie das wahre Kreuz berührte, augenblicklich gesundete.

Als Konstantin von den Entdeckungen seiner Mutter hörte, schickte er Mittel für den Bau einer Basilika an diesem Ort. Helena zog inzwischen weiter an andere heilige Orte; sie fand die Höhle in Bethlehem, in der Jesus geboren worden war, und die Stelle auf dem Ölberg, wo er in den Himmel auffuhr. Auch an diesen Orten ließ Konstantin Kirchen errichten.

Wie Howard Carter, der Archäologe, der das Grab des ägyptischen Pharaos Tutanchamun freilegte, wusste auch die heilige Helena, was sie finden wollte, und ließ sich von nichts davon abbringen, bis sie es entdeckt hatte.

Siehe Heiligenbild auf Seite 35

ARCHITEKTEN

Der heilige Bernward von Hildesheim

CA. 960–1022 – GEDENKTAG: 20. NOVEMBER

Ende 1800 und Anfang 1900 wimmelten die Vereinigten Staaten von bischöflichen Bauherren – vielbeschäftigten Männern, die Kirchen, Schulen, Klöster, Pfarrhäuser, Hospitäler und Waisenhäuser zu errichten hatten, um die wachsende Zahl katholischer Immigranten zu bedienen. Tausend Jahre zuvor hatte Bernward von Hildesheim, selbst ein bischöflicher Bauherr, nicht nur große Bauvorhaben vorangetrieben, sondern sogar die Baupläne selbst gezeichnet. Bernward war sehr jung gewesen, als seine Eltern verstarben. Sein Onkel, Bischof Volkmar von Utrecht, nahm ihn zu sich und wachte über seine Ausbildung. Obwohl Bernward in Mathematik und Bauingenieurwissenschaft glänzte, entschied er sich für das Priestertum statt für den Architektenberuf. Bald wurde er zum Kaplan und Erzieher am Hof des Kaisers des Heiligen Römischen Reichs, und 993 ernannte man ihn zum Bischof von Hildesheim in Norddeutschland. Dies war damals ein wildes Land, Ziel häufiger Plünderungen durch slawische Stämme aus dem Osten und der Wikinger aus dem Norden. Um seine Diözese zu schützen, griff Bernward auf seine Talente als Bauingenieur zurück, er entwarf eine Reihe von Burgen an strategischen Orten, überwachte ihren Bau und errichtete Befestigungsanlagen um die großen und größeren Städte. Außerdem baute er zahlreiche Klöster und Kirchen, die berühmteste davon ist die ehemalige Benediktinerabteikirche St. Michael in Hildesheim, ein Meisterwerk romanischer Architektur. Irgendwie gelang es diesem unglaublich vielseitigen Bischof zudem, die Zeit zu finden, Gold- und Silbergefäße für seinen Dom zu entwerfen und zu schmieden, ebenso wie wunderbare Bronzetüren, die es bis heute gibt. Als Zeichen der Hochachtung vor diesem weitreichenden Talent haben Architekten, Goldschmiede und Metallarbeiter aller Art Bernward von Hildesheim als ihren Schutzpatron angenommen.

SIEHE HEILIGENBILD AUF SEITE 36

ARMUT

Die heilige Bernadette Soubirous

1844–1879 – GEDENKTAG: 16. APRIL

Bernadette (eigtl. Maria Benarda) wurde in eine wohlhabende Familie hineingeboren. Ihre Mutter Louise Casterot und ihr Vater François Soubirous hatten die Mühle ihres Großvaters übernommen, ein Geschäft, das stets für ein ordentliches Einkommen für die Casterots gesorgt hatte. Aber Bernadettes Eltern waren keine guten Unternehmer. Sie gewährten den unzuverlässigsten Personen Kredit, verschwendeten Zeit und Geld damit, herumzusitzen und mit Kunden Wein zu trinken, und schafften es auch nicht, die Mühle sauber und funktionstüchtig zu halten. Als immer mehr zahlende Kunden wegblieben, nahm das Einkommen der Familie ab. Sie verloren die Mühle. Dann ging es deprimierend abwärts: François Soubirous konnte keine feste Arbeit mehr finden, und so konnten sie es sich nicht leisten, auch nur die kleinste Hütte zu mieten.

In dem Jahr, als Bernadette dreizehn wurde, konnte es gar nicht mehr abwärtsgehen. Die Familie hatte kein Geld. Alle Möbel waren von einem Hausbesitzer beschlagnahmt worden, dem sie noch Miete schuldeten. Es blieb ihnen nichts, als um Unterkunft bei einem von Louises Cousins zu betteln, der im Erdgeschoss seines Hauses über ein leeres Zimmer verfügte. Der Raum war das *cachot* gewesen, das städtische Gefängnis, aber da der Raum zu feucht war und man von ihm aus auf eine Klärgrube blickte, waren die Gefangenen an einen gesünderen Ort umquartiert worden. Der Cousin bot seinen verarmten Verwandten den feuchten Raum an. Dort erlebten Bernadette, ihre Schwester und ihre zwei Brüder das Elend der Armut – Kälte, Hunger, Krankheit und zudem auch noch Läuse.

Etwa ein Jahr später, am 11. Februar 1858, als Bernadette Feuerholz am Fluss vor einer Grotte, der Grotte Massabielle, sammelte, gewahrte sie in einer Nische eine junge Frau, ganz in Weiß, mit einer blauen Schärpe um die Taille und einem goldenen Rosenkranz in Händen. Diese Vision war die erste einer Reihe von ihr in den nächsten fünf Monaten erlebten Marienerscheinungen. Marias Botschaft war einfach – bete für alle Sünder, sagte sie, und dann verlangte sie den Bau einer Kapelle an dem Ort. Geführt von Maria, fand Bernadette jene in der Grotte entspringende Quelle, die Lourdes in der Folge zum Wallfahrtsort machte. Und obwohl Maria nie behauptet hatte, dass die Kranken, die ihre Kapelle besuchten, geheilt würden, verhalf die plötzliche, unerklärliche Heilung etlicher Einwohner dem Ort Lourdes zu internationaler Berühmtheit.

Bernadette war die ideale Visionärin. Sie berührte oder segnete keine Kranken, sie bestritt, besondere Begabungen zu besitzen, sie nahm weder Geld noch Geschenke an, und sie erwähnte auch nie ihre Erlebnisse in der Grotte. Um den Massen zu entkommen, die sie belagerten, floh sie in eine Klosterschule und trat in das Kloster Saint-Gildard

der Barmherzigen Schwestern in Nevers ein, eine Tagesreise mit dem Zug von Lourdes entfernt. Als Nonne lebte sie bescheiden, gewissenhaft, ruhig, gläubig und zurückgezogen. Mit anderen Worten, abgesehen von den fünf Monaten, in denen ihr die Jungfrau Maria erschienen ist, war Bernadettes Leben nicht weiter bemerkenswert.

Die letzten vier Lebensjahre allerdings waren ein langer Leidensweg, denn sie litt an chronischem Asthma und Knochentuberkulose, einer entsetzlich schmerzhaften und tödlichen Krankheit. Für das Erdulden ihres Leids, ihre Demut, ihre unkomplizierte Frömmigkeit und ihre Weigerung, die Marienerscheinungen auszuschlachten, wurde Bernadette Soubirous am 8. Dezember im Jahr 1933, dem Tag der Unbefleckten Empfängnis, heiliggesprochen.

SIEHE HEILIGENBILD AUF SEITE 36

ARTHRITIS UND RHEUMA

Der heilige Jakobus der Ältere

1. JAHRHUNDERT – GEDENKTAG: 25. JULI

Jakobus der Ältere war einer der ersten Apostel, die sich Jesus anschlossen, und einer der Ersten, die zum Märtyrer wurden. Jakobus der Ältere, sein Bruder, der Evangelist Johannes, und Simon Petrus bildeten den privilegierten inneren Kreis der zwölf Apostel. Jesus erlaubte ihnen, Zeuge von Wundern zu sein, von denen die anderen Apostel später bloß hörten: die Auferweckung der Tochter eines Synagogenvorstehers, die Heilung der Schwiegermutter des Simon Petrus und die Verklärung Jesu.

Dann und wann stieg Jakobus und Johannes ihr privilegierter Status unter den Aposteln zu Kopf. Als die Samaritaner sich weigerten, Jesus willkommen zu heißen, drängten die Brüder ihn, Feuer vom Himmel herabzurufen und das Dorf zu zerstören. Ein andermal bat ihre Mutter mit Jakobus' und Johannes' Zustimmung Jesus darum, im Himmel die Plätze rechts und links von ihm speziell für ihre Söhne frei zu halten. Während die anderen Jünger die Evangelien in ferne Länder trugen, blieb Jakobus seiner Heimat verbunden, er predigte in den Provinzen Judäa und Samaria. Daher war Jakobus, als König Herodes Agrippa begann, die Christen zu jagen, leicht zu finden. Er wurde verhaftet, verurteilt und enthauptet.

Die Legende erzählt, dass, als die Männer des Königs Jakobus aus Jerusalem zur Hinrichtungsstätte hinausführten, sie an einem durch Arthritis oder Rheumatismus verkrüppelten Mann vorbeikamen. Der Mann am Straßenrand bat Jakobus, ihn zu heilen. Jakobus hielt auf dem Weg zu seiner Hinrichtung einen Augenblick inne und sagte: »Im Namen des Herrn Jesus Christus, für den ich nun zum Tode geführt werde, steh auf und lobe deinen Schöpfer.« Als die Soldaten Jakobus davonzerrten, erhob sich der Krüppel und lief in den Tempel, um Gott zu danken. Das ist die Art Heilung, um die Menschen beten, die auch nur an einem leichten arthritischen Schmerz leiden.

SIEHE HEILIGENBILD AUF SEITE 36

ÄRZTE

Der heilige Kosmas und der heilige Damianus

GEST. CA. 287 – GEDENKTAG: 26. SEPTEMBER

Die Zwillingsbrüder Kosmas und Damianus waren selbst, so die Legende, wunderbegabte Ärzte, aber das ist nicht der einzige Grund, aus dem sie zu den Schutzpatronen der Ärzte aufstiegen. Nach ihrem Tod trugen auch die dramatischen Heilungen in der Grabkirche der beiden Märtyrer zu dem Ruf bei. Kranke und Sieche reisten kilometerweit zu der Kirche, die sich außerhalb Antiochias im heutigen Syrien befand, um eine Nacht schlafend an der Grabstätte der Heiligen zu verbringen. Diese würden ihnen dann im Traum erscheinen, Medizin verabreichen oder eine Operation durchführen, und am Morgen würden die Hilfesuchenden bei bester Gesundheit erwachen. Kosmas' und Damianus' berühmteste Wunderheilung vollzog sich bei einem Mann, dessen eines Bein von Knochenkrebs befallen war. Eines Nachts erschienen die Heiligen ihm im Traum, amputierten sein krankes Bein und ersetzten es durch das Bein eines Schwarzen, der in den frühen Morgenstunden desselben Tags gestorben war. Als der Mann erwachte, stellte er fest, dass sein krebskrankes Bein durch ein gesundes schwarzes ersetzt worden war. Kosmas und Damianus nahmen nie Geld für ihre Behandlungen, aber während sie die Patienten untersuchten, nutzten sie die Gelegenheit, ihren christlichen Glauben zu erörtern. Solch ein Tun führte zu ihrer Verhaftung, wie zu der ihrer drei jüngeren Brüder. Der römische Statthalter verurteilte alle fünf Brüder zum Tod durch Ertrinken im Meer, aber sie schwammen bloß auf der Oberfläche. Dann befahl er, sie bei lebendigem Leib zu verbrennen, aber die Flammen berührten sie nicht. Er ließ sie an Kreuze binden, damit Soldaten mit Pfeilen auf sie schießen und das Volk Steine auf sie werfen konnte, aber die Pfeile und Steine trafen stattdessen bloß die Soldaten und Zuschauer. Schließlich entschied der Statthalter, dass die Brüder enthauptet werden sollten, und diese Exekution war erfolgreich.

SIEHE HEILIGENBILD AUF SEITE 36

ABTREIBUNGSGEGNER
Unsere Liebe Frau von Guadalupe

S.ᵀ LOUIS DE GONZAGUE

AIDSPATIENTEN UND IHRE PFLEGER
Der heilige Aloysius von Gonzaga

S. JOANNES BOSCO

AKROBATEN UND JONGLEURE

ALKOHOLISMUS

ALPTRÄUME

Der heilige Erzengel Raphael

AMPUTATIONEN

Der heilige Antonius von Padua

AMSELN

ANÄSTHESISTEN

Zu Unrecht Angeklagte
Die heilige Blandina

Apotheker
Die heilige Gemma Galgani

Archäologen

Archäologen

R. Margreiter   GL. 1065

ST. BERNWARD

ARCHITEKTEN

Der heilige Bernward von Hildesheim

ARMUT

Die heilige Bernadette Soubirous

ARTHRITIS UND RHEUMA

Der heilige Jakobus der Ältere

ÄRZTE

Der heilige Kosmas und

Astronauten

Der heilige Josef von Copertino

1603–1663 – Gedenktag: 18. September

Viele Menschen fragen sich, warum die katholische Kirche sich weigert, Phänomene anzuerkennen, die übernatürlich zu sein scheinen, ob eine weinende Statue, eine Erscheinung der Jungfrau Maria oder die Manifestation von Jesu Gesicht auf einer frisch frittierten Tortilla. Aber dieser Skeptizismus hat seinen Grund. Zu oft stellen sich diese »Wunder« als reine Wunscherfüllung heraus, als Einbildung oder sogar als Betrugsversuche. Der Fall des Josef von Copertino ist jedoch tatsächlich ungewöhnlich: Obwohl der Vatikan dessen außergewöhnliches Verhalten niemals erklärt hat, hat es auch niemand als übernatürlich bezeichnet. Josef von Copertino schwebte. Na ja, vielleicht sollte man besser sagen, er *flog*, denn er schwebte nicht nur ein paar Zentimeter über dem Boden, er bewegte sich tatsächlich durch die Luft. Im Verlauf von siebzehn Jahren wurden siebzig solcher Fälle dokumentiert. Seine Oberen im Franziskanerkloster versuchten, ihn gegen die Öffentlichkeit abzuschirmen, aber einige Besucher ließen sich einfach nicht abweisen. Der spanische Botschafter beim Heiligen Stuhl kam mit Frau und großer Entourage, um Josef zu besuchen. Als sie eintraten, erhob sich Josef vom Boden, flog über die Köpfe der Besucher hinweg zu einem Denkmal der Jungfrau Maria und blieb einen Augenblick mitten in der Luft hängen, bevor er zurück zum Eingang der Kapelle kurvte und vorsichtig landete. 1638 begann die Inquisition mit einer Untersuchung, um festzustellen, ob das Schweben ein Schwindel war. Josef schwebte, während die Inquisitoren ihn befragten. Papst Urban VIII. befahl dem Klostervorsteher, Josef zu ihm zu bringen. Bei seiner päpstlichen Audienz schwebte Josef wieder. Da die langsamen, fließenden Bewegungen Josef von Copertinos in der Luft an die von durchs All gleitenden Astronauten erinnern, wurde der Franziskaner der Schutzpatron der Astronauten.

Siehe Heiligenbild auf Seite 55

ASTRONOMEN

Der heilige Dominikus

1170–1221 – GEDENKTAG: 8. AUGUST

Bei Dominikus' Taufe sahen Familie, Gäste und der die Taufe spendende Priester ein sternförmiges Licht auf der kleinen Stirn des Babys schimmern. Auf späteren künstlerischen Darstellungen wurde der Stern zum Merkmal des heiligen Dominikus; diese Assoziation führte zu seiner Verehrung als Patron der Astronomen.

Dominikus, berühmt vor allem für die Gründung des Dominikanerordens, bemühte sich, die Frömmigkeit der lateinischen Christen wiederzubeleben und die ketzerischen Katharer in die Kirche zurückzuholen. Die Katharer waren der Überzeugung, die physische Welt sei böse, und daher sei auch der Schöpfer des Universums (der Gott der lateinischen Christen) ein Dämon. Dominikus achtete darauf, effektiv und kenntnisreich zu predigen, um die Ungläubigen möglichst effektiv zu bekehren. Er reiste viel durch den Süden Frankreichs, wo es besonders viele Katharer gab. Er überzeugte etliche von ihnen, war aber nicht so erfolgreich, wie er gehofft hatte. Frus-

triert wandte sich Dominikus an Maria, die, so erzählt die Legende, ihm mit einem Rosenkranz in den Händen erschien. Sie versprach Dominikus, wenn er täglich den Rosenkranz betete und anderen beibrachte, dies ebenfalls zu tun, würde die Irrlehre der Katharer bald untergehen. (Im Gegensatz zu einer weit verbreiteten Annahme führte der heilige Dominikus den Rosenkranz nicht ein – Gebetsschnüre wurden schon seit Jahrhunderten benutzt –, aber sehr wohl wurde er von ihm und seinen Dominikanern gefördert.) Dreizehn Jahre nach seinem Tod wurde Dominikus von seinem Freund, Papst Gregor IX., heiliggesprochen, wobei dieser betonte, dass er Dominikus' Heiligkeit nicht mehr bezweifelte als die Heiligkeit der Heiligen Petrus und Paulus. Dass eine Prüfung und ein ordentlicher Prozess bloß dreizehn Jahre dauerten, ist ungewöhnlich; meist zieht sich so etwas über hundert Jahre oder länger hin.

SIEHE HEILIGENBILD AUF SEITE 55

ATHEISMUS

Der heilige Sebastian

GEST. CA. 300 – GEDENKTAG: 20. JANUAR

Im Abschnitt über den Schutzpatron der Bogenschützen (siehe Seite 78) ließen wir den heiligen Sebastian an einen Pfahl gebunden und von Pfeilen durchbohrt zurück. Die Prätorianer, die auf ihn geschossen hatten, gingen davon aus, dass ihre Pfeilspitzen Sebastian getötet hätten. Nach Sonnenuntergang schlich eine Christin namens Irene in die Garnison der Prätorianer, um den Leichnam zu holen und nach christlichem Ritus zu begraben. Als Irene und ihre Dienerin Sebastians Fesseln zerschnitten, hörten sie ihn stöhnen. Unglaublicherweise war er noch am Leben. Statt ihn in die Katakomben zu bringen, um ihn dort zu beerdigen, brachten die beiden Frauen Sebastian in Irenes Haus, wo sie ihn gesund pflegten. Als er dazu in der Lage war, machte Sebastian sich auf den Weg, um Diokletian anzuklagen. Er traf den Kaiser auf den Stufen seines Palastes. Wutentbrannt darüber, dass sein ehemaliger Leibwächter noch am Leben war, befragte Diokletian sein Gefolge: »Habe ich euch nicht befohlen, diesen Mann mit Pfeilen zu töten?« Aber Sebastian antwortete anstelle der Höflinge. Er wäre zum Ziel der Bogenschützen geworden, das ja, »aber der Herr hat mich am Leben erhalten, so dass ich zurückkehren und dich tadeln kann, da du die Diener Christi so grausam behandelst«. Diesmal ging Diokletian kein Risiko ein: Er befahl seiner Wache, Sebastian auf den Stufen des Palastes totzuprügeln, während er selbst zusah. Als er sicher war, dass Sebastian tot war, befahl Diokletian, seine Leiche in die Cloaca Maxima zu werfen, Roms Kanalisation. Aber Christen bargen sie und begruben Sebastian in einer Katakombe, die seither den Namen San Sebastiano trägt. Der heilige Sebastian wird zur Bekehrung oder zumindest zum Säen von Zweifeln bei Atheisten und Feinden des Christentums angerufen, weil er unter Einsatz seines eigenen Lebens gegen seinen Verfolger aufbegehrte.

SIEHE HEILIGENBILD AUF SEITE 55

ATHLETEN

Der selige Pier Giorgio Frassati

1901–1925 – GEDENKTAG: 4. JULI

Pier Giorgio Frassati widerspricht der traditionellen Auffassung, dass Selige und Heilige schwache, mildtätige, zerbrechliche Wesen sind. Die zahlreichen Fotos von ihm zeigen einen jungen Mann mit fast schauspielerhaft gutem Aussehen – dunkles Haar, kräftiger Kiefer, breite Schultern. Als Junge war er ein ausgezeichneter Athlet, und nie verlor er seine Begeisterung für anstrengende körperliche Aktivitäten. Mit einer Gruppe von Freunden, die sich »Gesellschaft undurchsichtiger Typen« nannte, begab sich Pier Giorgio auf lange Wanderungen und Bergtouren und absolvierte wilde, sogar lebensgefährliche Skirennen auf den Hängen der italienischen Alpen.

Alfredo Frassati, Pier Giorgios Vater, war einer der reichsten und einflussreichsten Männer Italiens. Er war Senator, Italiens Botschafter in Deutschland und Herausgeber der Zeitung *La Stampa*. Sowohl Vater wie auch Sohn waren überzeugte Antifaschisten, und als Benito Mussolinis Macht zunahm, nutzte Alfredo Frassati seine Zeitung, um seiner Kritik an dem Diktator Raum zu geben. Eines Abends im Jahr 1924 brach eine Bande von Mussolinis schwarz gekleideten Schlägern in das Haus der Frassatis ein, sie wollten die Familie durch Einschüchterung zum Schweigen bringen. Stattdessen jedoch griff Pier Giorgio die Eindringlinge an, und sie flohen. In einem anderen Fall nahm Pier Giorgio an einer antifaschistischen Demonstration in Rom teil, als Polizisten, die Mussolini unterstützten, sich gegen die Demonstranten wandten. Mit einer Bannerstange schlug Pier Giorgio einige der Polizisten in die Flucht. Er wurde verhaftet und verbrachte die Nacht im Gefängnis. Pier Giorgios religiöse Ansichten waren ähnlich kompromisslos. Er betete den Rosenkranz beim Wandern, oft derart intensiv, dass er kein Wort mit seinen Freunden wechselte. Er begann jeden Tag mit einer Messe und einem Kommuniongang. Und er verbrachte einen Teil jeden Tages damit, den Armen und Verzweifelten in Turin zu helfen, seiner Heimatstadt.

Obwohl die Frassatis reich waren, zahlte Alfredo seinen Kindern nur ein geringes Taschengeld, denn er fürchtete, zu leichter Zugriff auf Vermögen würde sie verderben. Da Pier Giorgio den Armen keine großen Summen zur Verfügung stellen konnte, fiel seine Wohltätigkeit handfester aus. In seiner Tasche trug er ein Notizbuch mit den Namen, Adressen und Bedürfnissen armer Menschen, die sich hilfesuchend an ihn wandten. Wenn er erfuhr, dass eine alte Dame ihre Wohnung verloren hatte, suchte er ihr eine neue. Und er ging mit einem entlassenen Sträfling auf Arbeitssuche, ging von Fabrik zu Fabrik, bis er einen Vorarbeiter überreden konnte, dem Mann Arbeit zu geben.

1925, wenige Woche nach seinem vierundzwanzigsten Geburtstag, fühlte Pier Giorgio sich schlecht. Er versuchte es zu ignorieren, aber im Frühsommer war er sehr krank. Nachdem der Arzt den jungen Mann untersucht hatte, teilte er den Frassatis mit, dass Pier Giorgio eine besonders aggressive Form der Kinderlähmung bekommen hatte, für die es keine Behandlung gab, bald würde er sterben. Entgeistert und tief traurig weigerte die Familie sich, die Diagnose zu akzeptieren. Aber Pier Giorgios Zustand verschlechterte sich mit jedem Tag, der verging.

Auf seinem Totenbett übergab Pier Giorgio sein Notizbuch voller Namen an seine Schwester Luciana, er bat sie, die Menschen nicht zu vergessen, denen er zu helfen versucht hatte. Am 4. Juli 1925 starb Pier Giorgio Frassati. Am Tag der Beerdigung stellten die Frassatis entgeistert fest, dass über tausend Fremde, fast alle aus den Elendsvierteln Turins, zur Gedenkmesse in die Kirche gekommen waren. Die Familie wusste, dass Pier Giorgio mit einem guten Herzen gesegnet gewesen war, aber keinem von ihnen war klar gewesen, dass seine guten Taten und sein Mitgefühl derart viele Menschen berührt hatten.

SIEHE HEILIGENBILD AUF SEITE 55

AUGENLEIDEN

Die heilige Lucia von Syrakus

GEST. CA. 304 – GEDENKTAG: 13. DEZEMBER

Wie Lucia von Syrakus zur Schutzpatronin gegen Augenleiden wurde, hängt davon ab, welche Version der Geschichte man bevorzugt. In einer Fassung heißt es, die Henker hätten ihr während der Marter die Augen herausgerissen. In einer anderen wird berichtet, ein heidnischer Verehrer hätte Lucia ein Kompliment aufgrund der Schönheit ihrer Augen gemacht, so dass sie sie sich aus den Höhlen riss und ihm überreichte. Eine weniger gruselige Variante basiert auf dem Namen Lucia selbst, der vom lateinischen Wort *lux* abstammt, was »Licht« bedeutet.

Lucia von Syrakus zählt mit Agnes von Rom, Agatha von Catania und Cäcilia von Rom zu den vier frühchristlichen jungfräulichen Märtyrerinnen. Die Verehrung ihrer Person hielt über siebenhundert Jahre an, nicht nur in ihrer Heimat Sizilien, sondern in der ganzen Christenheit. Selbst in den überwiegend protestantischen Ländern Skandinaviens wird das Fest der heiligen Lucia gefeiert. Dennoch sind, wie bei vielen frühen Märtyrern, nur wenig Fakten über Lucias Leben bekannt. Sicher ist allein, dass ihr Märtyrertod während der Verfolgung der Christen durch den römischen Kaiser Diokletian erfolgte; sie starb höchstwahrscheinlich in Syrakus, jener Stadt, die immer der Mittelpunkt ihrer Verehrung war.

Im 5. Jahrhundert hatte ein unbekannter Autor eine legendäre, äußerst detaillierte Biografie erstellt. Die Geschichte erzählt, dass Lucia einer Christenfamilie entstammte und dass, als sie etwa zwanzig Jahre alt war, ihr Vater verstarb und ihre Mutter Eutychia an chronischen Blutungen zu sterben drohte. Voller Hoffnung auf Heilung reisten Mutter und Tochter zum Grab der heiligen Agatha nach Catania, Sizilien. Die Frauen verbrachten die Nacht neben der Grabstätte der Märtyrerin, und während sie schliefen, erschien die heilige Agatha Lucia im Traum. Agatha bezeichnete Lucia als »Schwester« und versicherte ihr, dass ihre Mutter geheilt worden sei. Dann sagte die Heilige, dass Lucia genauso in ihrer Heimatstadt Syrakus bekannt und verehrt werden würde wie sie in ihrer Heimatstadt Catania.

Am nächsten Morgen stellte Eutychia voller Freude fest, dass sie gesund war. Lucia nutzte die Gelegenheit, ihre Mutter zu bitten, ihre Verlobung mit einem jungen Heiden auflösen zu dürfen und ihre Jungfräulichkeit Christus zu schenken. Eutychia erklärte sich einverstanden, und nach ihrer Rückkehr nach Syrakus verteilten sie Lucias Mitgift an die Armen der Stadt.

Ärgerlich darüber, sitzengelassen worden zu sein, denunzierte Lucias Ex-Verlobter sie beim Statthalter als Christin. Gemäß dem Prinzip, »die Strafe muss zur Tat passen«, verurteilte man die jungfräuliche Lucia, Dienst in einem Bordell zu tun. Als die Wächter versuchten, sie abzuführen, rührte Lucia sich nicht, sie war mit übernatürlichen Kräften an den Ort gebunden. Egal, wie sehr sie an ihr zerrten und zogen, nicht einmal zwei Ochsen konnten sie fortziehen. Der Statthalter befahl seinen Männern, Holz um Lucia herum aufzuschichten und sie zu verbrennen, wo sie eben stand, aber die Flammen wandten sich von ihr ab. Schließlich stieß einer der Schergen des Richters einen Dolch in Lucias Hals, aber selbst das ertrug sie, bis ein Priester kam und ihr ein letztes Mal die heilige Kommunion spendete. Erst danach starb sie.

SIEHE HEILIGENBILD AUF SEITE 56

AUSREISSER

Die heilige Eulalia von Merida

CA. 290–CA. 304 – GEDENKTAG: 10. DEZEMBER

Glaubt man Prudentius, einem christlichen spanischen Dichter aus dem 4. Jahrhundert, so war Eulalia die Tochter einer christlichen Familie in Merida. Sie war etwa zwölf Jahre alt, als der römische Kaiser Diokletian eine reichsweite Verfolgung der Christen befahl. Trotz ihrer Jugend war ihr Wunsch, sich den Märtyrern anzuschließen, derart stark, dass ihre Mutter sie auf dem Landsitz der Familie in Sicherheit bringen wollte. Doch es half nichts. Eulalia floh aus der Villa und lief zurück nach Merida und kam gerade an, als die morgendliche Sitzung des städtischen Gerichts begann. Sie trat vor das Tribunal und beschuldigte den Vorsitzenden Richter, unschuldige Menschen zu zwingen, den wahren Gott zu leugnen.

Im Angesicht von Eulalias Alter und da er wusste, dass sie Mitglied einer vornehmen Familie war, versuchte der Richter, sie zu beruhigen. Aber mittlerweile erreichten seine Worte Eulalia nicht mehr. Sie stieß die Figur eines Gottes von einem kleinen Altar im Gericht, zertrampelte die Opfergaben und spuckte dann auch noch den Richter an. Jetzt behandelte der Richter Eulalia als Verbrecherin, nicht mehr als überspanntes Mädchen. Sie bekam noch eine Chance, den römischen Göttern zu opfern. Doch sie weigerte sich. Daraufhin entkleideten die Folterknechte sie noch im Gerichtssaal bis zur Taille, durchbohrten ihre Seite mit scharfen Haken und hielten Fackeln an ihre Brüste. Doch selbst im Todeskampf verspottete Eulalia den Richter. Schließlich befahl er, sie nach draußen zu schaffen und auf dem Scheiterhaufen zu verbrennen.

Heimlich sammelten die Christen von Merida später Eulalias Gebeine und Asche zusammen und begruben sie. Das Grab des Mädchens, das davonlief, um Märtyrerin zu werden, entwickelte sich augenblicklich zu einem Pilgerziel. Heute befinden sich Eulalias Gebeine in einem silbernen Sarg in einer wundervollen Basilika in Merida.

SIEHE HEILIGENBILD AUF SEITE 56

AUSSÄTZIGE

Der heilige Lazarus

1. JAHRHUNDERT (?) – GEDENKTAG: 21. JUNI

Im Lukasevangelium erzählt Christus ein Gleichnis vom armen Lazarus, hungrig und mit Geschwüren bedeckt, der bettelnd vor der Tür eines namenlosen Reichen lag. Als Lazarus starb, trugen die Engel seine Seele hinauf in den Himmel, aber als der herzlose Reiche starb, wurde seine Seele in die Hölle geworfen.

Dies ist das einzige Beispiel, in dem ein fiktiver Charakter aus einem der Gleichnisse des Herrn zum Heiligen wurde. Die Überlieferung geht scheinbar auf die Christen im Osten zurück, möglicherweise die Äthiopier, die Lazarus in ihrem Kalender aufführen. Die Verehrung des Lazarus breitete sich während der Kreuzzüge in Europa aus, nachdem eine Gruppe Ritter sich zum Orden des heiligen Lazarus zu Jerusalem zusammenschloss, einem religiösen Ritterorden, der sich zur Pflege der Leprakranken im Heiligen Land verpflichtete.

Obwohl es im Evangelium heißt, dass Lazarus an offenen Wunden litt, sagt es nicht ausdrücklich, dass er an Lepra erkrankt war. Aber weil der Lazarusorden ein Hospital für Leprakranke unterhielt, wurde Lazarus der Schutzpatron der Leprakranken. In Italien und Spanien wurde Lazarus' Name zu *lazaretto* adaptiert, einem Synonym für »Krankenhaus«, und zu *lazzaroni*, einer Bezeichnung für Menschen, die auf der Straße leben. Für die »Unbehausten«, die Obdachlosen.

Die Verehrung des Lazarus ist besonders groß bei den spanischsprechenden Katholiken, die ihn als Schutzpatron der Armen und Gedemütigten betrachten. In der spanischen Kirchenkunst wird Lazarus normalerweise als alter Mann dargestellt, fast nackt, auf Krücken gestützt, und Hunde lecken seine Wunden.

SIEHE HEILIGENBILD AUF SEITE 56

AUTISMUS
Der heilige Ubald von Gubbio
CA. 1100–1160 – GEDENKTAG: 16. MAI

Autismus wurde im 12. Jahrhundert nicht diagnostiziert, aber frühe Biografien Ubalds von Gubbio beschreiben seine Mutter in einer Art, dass man annehmen muss, dass sie an einer Form von Entwicklungsstörung litt, was in den letzten Jahren dazu geführt hatte, dass Ubald als Schutzpatron aller gilt, die in das weite Feld des Autismus fallen.

Ubald wurde in Gubbio geboren, in der italienischen Region Umbrien. Es gab viele edle Familien in der Stadt: Wenige Jahre vor Ubalds Geburt stellte Gubbio tausend Ritter für den ersten Kreuzzug.

Die Eltern schickten Ubald zur Ausbildung in eine Klosterschule, wo er darüber nachzudenken begann, das Priestergelübde abzulegen. Nach Ubalds Priesterweihe ernannte der Bischof ihn zum Prior der Chorherren, der Geistlichkeit an Gubbios Kathedrale. Die Kanoniker hatten begonnen, ihre religiösen Pflichten zu vernachlässigen, also setzte Ubald (zusammen mit ein paar Kanonikern, die nicht korrumpiert waren) ein Beispiel, dem die anderen Chorherren mit der Zeit folgten.

Ubalds erfolgreiche Reform der Kanoniker Gubbios sprach sich in den umliegenden Städten herum. Als der Bischof von Perugia starb, wählten die Geistlichen jener Stadt Ubald zu ihrem Bischof. Der versteckte sich auf dem Land und reiste dann nach Rom, um Papst Honorius II. zu bitten, ihm die Last, Bischof zu sein, nicht aufzuerlegen. Der Papst erhörte seine Bitte, aber zwei Jahre später, als der Bischof von Gubbio starb, bestand Honorius darauf, dass Ubald sich dem Willen der Geistlichkeit und der Bevölkerung beugte und ihr Bischof wurde.

Ubald war heilig, aber auch mutig. Bei einem blutigen Straßenkampf drängte er sich mit den Ellbogen bis in die Mitte vor, was die Streithähne so verblüffte, dass sie aufhörten, einander umbringen zu wollen, und zuließen, dass Ubald ihnen gut zuredete.

SIEHE HEILIGENBILD AUF SEITE 56

BABYS

Die Unschuldigen Kinder

1. JAHRHUNDERT – GEDENKTAG: 28. DEZEMBER

Selbst in der Weihnachtsgeschichte findet sich ein Hauch Tragödie, und zwar der Kindermord in Bethlehem. Im Matthäusevangelium heißt es, als die Sterndeuter, die Heiligen Drei Könige auch genannt, in Jerusalem fragten, wo sich der König der Juden befände, habe König Herodes der Große, König von Judäa, sie nach Bethlehem geschickt mit dem Auftrag, zurückzukehren, wenn sie das Christuskind gefunden hätten, damit auch er ihm einen Besuch abstatten könne. Von einem Engel gewarnt, dass Herodes nichts Gutes im Schilde führe, kehrten die Heiligen Drei Könige auf einem Weg nach Hause zurück, der an der Stadt und ihrem hinterhältigen König vorbeiführte. Herodes wurde klar, dass die Heiligen Drei Könige ihn durchschaut hatten, und so schickte er Soldaten nach Bethlehem, deren Order darin bestand, alle Jungen im Alter von zwei Jahren und jünger zu töten. Aber der Engel warnte Josef, er sollte aus Sicherheitsgründen mit Maria und Jesus gen Süden, nach Ägypten

fliehen. Als Herodes' Soldaten über das Dorf herfielen, war die Heilige Familie längst verschwunden. Niemand weiß, wie viele Babys an jenem Tag getötet wurden. Bethlehem war ein kleines Dorf, also vielleicht ein Dutzend. Aber in den Überlieferungen klingt das Ergebnis natürlich weit katastrophaler. Griechische Christen sprachen von 14 000, die Syrer nennen 64 000, westeuropäische Christen kamen gar auf 144 000. So schrecklich auch das Abschlachten von Kindern ist, die Unschuldigen Kinder wurden stets als Beschützer der Babys angesehen. Kunstwerke, von der frühchristlichen Kunst bis zur Barockmalerei, stellen den Kindermord dar, beispielsweise werden die Kinder im Himmel gezeigt, spielend mit dem Jesuskind und den Palmwedel in der Hand, die sogenannte Märtyrerpalme. Seit etwa 400 feiert die römisch-katholische Kirche den 28. Dezember als liturgischen Gedenktag.

SIEHE HEILIGENBILD AUF SEITE 57

BARKEEPER

Der heilige Amand von Maastricht

CA. 584–676 – GEDENKTAG: 6. FEBRUAR

Amand von Maastricht stand nie hinter einer Theke, und ganz sicher hatte er nicht die geringste Ahnung, wie man ein perfektes Bier zapfte. Zum Schutzpatron der Barkeeper wurde er aus Gründen, die nichts mit seinem Beruf zu tun haben, sondern nur mit seinem Wohnort. Den Großteil des 7. Jahrhunderts predigte Amand in Belgien, Nordwestdeutschland und der Gegend um Bordeaux in Frankreich. Amand hatte es nicht leicht, die heidnischen Stämme dazu zu bewegen, von ihren Bräuchen zu lassen, und er hatte größte Schwierigkeiten, den moralisch degenerierten König der Franken, Dagobert I., zum Christentum zu bekehren. Als Amand versuchte, den König zur Reue zu bewegen, verbannte Dagobert den Missionar aus seinem Königreich. Aber der König überlegte es sich bald darauf anders, als seine Frau ihm einen Sohn gebar. Er gab sein Lotterleben auf und verlangte, dass nur der heiligste Priester des Landes seinen Sohn taufen dürfte. Das war natürlich Amand, also kehrte der zurück in jene Gegend, mit der er heute noch identifiziert wird. Zu seiner Zeit bekannt als ein großartiger Missionar, gründete Amand von Maastricht angeblich zahlreiche Klöster im heutigen Belgien. Als derjenige, der das Christentum in diesen abgelegenen Ecken Europas etablierte, wurde Amand von Maastricht zum Lokalheiligen, einer Art franco-belgisch-deutschen Version des heiligen Patrick von Irland. Da die Gegend um Maastricht bekannt ist für ausgezeichnete Biere und Weine, erkoren alle, die mit der Herstellung und dem Vertrieb der Getränke zu tun haben, darunter auch die Barkeeper, Amand zu ihrem Schutzpatron. Heutzutage gedenken Bier- und Weinliebhaber in aller Welt Amands von Maastricht, vor allem, wenn sie einen feinen Sauternes vom Château St.-Amand in Bordeaux genießen oder das exzellente St. Amand French Country Ale, das an der französisch-belgischen Grenze gebraut wird.

SIEHE HEILIGENBILD AUF SEITE 57

Barmherzigkeit

Die heilige Maria Faustyna Kowalska

1905–1938 – Gedenktag: 5. Oktober

Papst Johannes Paul II., ein Zeitgenosse und Landsmann von Schwester Maria Faustyna, sprach sie selig, dann heilig und ernannte sie zur »Apostelin der Barmherzigkeit Gottes«, in Anerkennung der Visionen und Offenbarungen, die Maria Faustyna nach der Profess (1931) bis zu ihrem Tod 1938 hatte. »Ich habe mein Herz als lebende Quelle der Barmherzigkeit geöffnet«, sagte Christus Schwester Faustyna. »Lass alle Seelen daraus Leben ziehen.«

Schwester Maria Faustyna wurde als Helena Kowalska geboren, sie war eines von zehn Kindern von Marianna und Stanislaw Kowalska. Ihre Eltern, Bauern, bebauten ein paar Hektar mit Roggen und besaßen einige Milchkühe, konnten aber kaum ihre große Familie ernähren. Mit fünfzehn, um Geld zu verdienen, verdingte sich Faustina als Hausmagd. Aber in Wahrheit wollte sie Nonne werden. Als ein junges Mädchen, das kaum lesen und schreiben konnte, nichts beherrschte außer Hausarbeit, war sie nicht wirklich eine attraktive Kandidatin – ein religiöser Orden nach dem anderen wies sie ab. In Warschau war sie dann am Ziel, trat 1925 in die Kongregation der Schwestern der Muttergottes von der Barmherzigkeit ein und erhielt den Namen Schwester Maria Faustyna vom Allerheiligsten Sakrament und begann, in der Klosterküche zu arbeiten.

Die ersten paar Jahre fiel Schwester Maria Faustyna im Kloster nicht sonderlich auf. Aber dann, in der Nacht des 22. Februar 1931, erschien ihr Jesus, die rechte Hand segnend erhoben, die linke seine Seite berührend und aus seinem Herzen zwei Strahlen ausströmend, einer rot, der andere weiß. Christus wies Maria Faustyna an zu malen, was sie sah, und unter das Bild zu schreiben: »Jesus, ich vertraue auf Dich.«

Aber das war nicht alles, was der Herr wollte. Er drängte sie, die Sünder daran zu erinnern, auf seine Barmherzigkeit zu vertrauen, und er wies sie an, die polnischen Bischöfe sowie den Papst darum zu bitten, den ersten

Sonntag nach Ostern als Sonntag der Barmherzigkeit Gottes einzuführen.

Entgeistert und vielleicht auch durch die Erfahrung verängstigt, berichtete Schwester Maria Faustyna ihrer Oberin von ihrer Vision und dem Priester, ihrem Seelsorger und Beichtvater. Beide rieten ihr, ein Tagebuch mit präzisen Aufzeichnungen aller Erscheinungen zu führen. Ihr Bericht umfasst über sechshundert Seiten.

Wie Bernadette von Lourdes und Therese von Lisieux erkrankte auch Schwester Maria Faustyna an Tuberkulose und starb jung im Alter von dreiunddreißig Jahren. Im Jahr nach ihrem Tod fielen die Nazis in Polen ein, das Interesse an Schwester Maria Faustyna und der Verehrung der Barmherzigkeit Gottes verblasste ob des Bemühens, den Alptraum des Zweiten Weltkrieges zu überstehen.

Erst nach dem Krieg erwachte das Interesse wieder, aber es schien, als würde die apostolische Bewegung der Barmherzigkeit Gottes entweder lokal begrenzt bleiben oder gar vollkommen durch die kommunistische Regierung Polens untersagt werden.

Der größte Unterstützer war vermutlich Karol Wojtyla, Erzbischof von Krakau, der 1978 Papst wurde. Als Johannes Paul II. setzte er sich für Schwester Maria Faustynas Heiligsprechung ein, ermutigte die Katholiken, Jesus Christus unter dem Titel der Barmherzigkeit Gottes zu verehren, und erfüllte jene Bitte, die der Herr Jahre früher formuliert hatte, nämlich am Sonntag nach Ostern das Fest der Barmherzigkeit Gottes zu feiern.

Siehe Heiligenbild auf Seite 57

BAUARBEITER

Der heilige Thomas

1. JAHRHUNDERT – GEDENKTAG: 3. JULI

Der Apostel Thomas wurde aufgrund einer Geschichte aus der *Legenda Aurea*, Europas im Mittelalter bestverkaufter Sammlung von Heiligengeschichten, zum Schutzpatron der Bauarbeiter. Eines Tages traf Thomas auf dem Marktplatz einen Fremden, einen Diener von König Gundofor von Indien, der einen begabten Bauarbeiter suchte, der seinem Herrn einen Palast im römischen Stil errichten sollte. Thomas übernahm die Aufgabe. Thomas' Pläne für den wundervollen Palast erfreuten den König, der ihm eine riesige Geldsumme in die Hand drückte und sich dann auf eine zweijährige Reise begab. Als der König weg war, verteilte Thomas das Geld unter den Armen, den Kranken und den Bedürftigen. Als Gundofor zurückkehrte, keinen Palast vorfand und auch sein Geld nicht zurückbekam, warf er Thomas in ein Verlies und hatte vor, ihn bei lebendigem Leib zu häuten und im Anschluss zu verbrennen. Doch Thomas' Exekution wurde aufgrund des unerwarteten Todes des Bruders des Königs verschoben. Vier Tage lang wurde Gad – so der Name des Bruders – aufgebahrt, während Gundofor und sein Hof trauerten. Am vierten Tage kehrte Gad, zum Schrecken des Königs, ins Leben zurück. Gundofor rannte davon, aber Gad folgte seinem Bruder und holte ihn ein, er überredete ihn, ihm zuzuhören. »Bruder«, sagte Gad, »der Mann, den du heute verbrennen willst, wird von Gott geliebt. Als ich tot war, führten die Engel mich in den Himmel, wo sie mir einen wundervollen Palast aus Gold und Silber zeigten, verziert mit Edelsteinen. ›Das‹, sagten die Engel, ›ist der Palast, den Thomas für deinen Bruder errichtet hat.‹«

Gundofor begriff, dass er sich selbst mit Hilfe von Gebeten und guten Taten einen ewigen Palast im Paradies errichten konnte, und ließ Thomas frei und bat darum, getauft zu werden.

SIEHE HEILIGENBILD AUF SEITE 57

Bauarbeiter für Autobahnen

Der heilige Johannes der Täufer

1. Jahrhundert – Gedenktage: 24. Juni und 29. August

Der Prophet Isaak weissagte, bevor der Messias erscheinen würde, würde sein Vorläufer erscheinen und in der Wüste rufen: »Bereitet dem Herrn den Weg, macht auf dem Gefilde eine ebene Bahn unserm Gott!« Dieser Vorläufer war Johannes der Täufer, und die Referenz auf eine »ebene Bahn durch das Gefilde« hat dazu geführt, dass Autobahnbauarbeiter ihn als ihren Schutzpatron anrufen. Johannes war mit Christus verwandt – ihre Mütter, Elisabeth und Maria, waren Cousinen. Bevor Christus öffentlich zu predigen begann, ging Johannes ans Ufer des Jordan und verkündete allen, die es hören wollten, dass der Messias käme, sie müssten sich vorbereiten, indem sie ihre Sünden bereuten. Johannes taufte diejenigen, die bereuten, und er taufte die Menschen im Jordan. Aber Johannes handelte sich Ärger ein, als er öffentlich Judäas König Herodes Antipas als einen der größten Sünder des Landes angriff. Herodes hatte das jüdische Gesetz verletzt, indem er Herodias heiratete, seine eigene Nichte und Ex-Frau seines Halbbruders. Johannes forderte Herodes auf, sich von Herodias zu trennen und Buße zu tun für seine Sünden, ein Ansinnen, das dem abergläubischen Herodes Angst einjagte und Herodias verärgerte. Sie bedrängte den König, bis dieser Johannes ins Gefängnis warf, und wartete dann auf eine Gelegenheit, den heiligen Mann töten zu lassen.

An Herodes' Geburtstag ließ Herodias ihre Tochter Salome für den König und seine Gäste tanzen. Betrunken und reichlich angeturnt, erklärte sich Herodes bereit, Salome jeden Wunsch zu erfüllen. Sie verlangte den Kopf von Johannes dem Täufer auf einem Tablett. Herodes fand die Forderung des Mädchens verstörend, traute sich jedoch nicht, sie abzulehnen. Er erteilte den Befehl, und wenige Minuten später brachte der Henker Salome ihr grausames Geschenk, die es an ihre Mutter weiterreichte.

Siehe Heiligenbild auf Seite 58

BEHINDERUNGEN

Die heilige Margarita von Città di Castello

1287–1320 – GEDENKTAG: 13. APRIL

Das Leben der Margarita von Città di Castello ist eine der berührendsten Geschichten aller Heiligen. Sie wurde blind und mit einer schweren Rückgratverkrümmung geboren, ihr rechtes Bein war mehrere Zentimeter kürzer als das linke, ihr linker Arm deformiert. Sie wurde nicht größer als etwa einen Meter zwanzig.

Ihre Eltern hielten die kleine Margarita versteckt in ihrem Haus in Metola, in der italienischen Provinz Umbrien. Als Margarita sechs Jahre alt war, besuchte die Familie ein Heiligtum in Castello und hoffte auf ein Wunder. Als keines stattfand, verstießen Mutter und Vater das Mädchen.

Einige Frauen aus Castello fanden das verschreckte Kind und kümmerten sich um das Mädchen, bis sie seine Adoption arrangieren konnten. Ein Ehepaar, Venfarino und Grigia, nahmen Margarita voller Liebe und Freundlichkeit als ihre eigene Tochter auf. Sie scheint den Rest ihres Lebens bei ihren Adoptiveltern verbracht zu haben. Margaritas Behinderungen verbitterten sie nicht, im Gegenteil, sie wurde eine der großzügigsten, freundlichsten Bürgerinnen Castellos. Sie pflegte Kranke, tröstete Sterbende, besuchte Gefangene. Sie betrachtete ihre eigenen Behinderungen als eine Möglichkeit, ihren Schmerz mit dem Leiden Christi am Kreuz in Einklang zu bringen. Ihr Mut, ihre Geduld und ihre tiefe Frömmigkeit brachten ihr die Sympathie aller Bürger der Stadt ein.

Bei Margaritas Beerdigung waren Unmengen von Menschen. Der Gemeindepriester plante, sie auf dem Kirchhof beizusetzen, aber die Trauernden bestanden darauf, dass sie in der Kirche liegen sollte, neben den anderen angesehenen Toten der Stadt. Der Priester argumentierte immer noch, als ein Mädchen mit verkrüppelten Beinen sich zu Margaritas Sarg schleppte. Es berührte den Sarg, stand dann auf und begann zu gehen. Daraufhin erlaubte der Priester Margaritas Bestattung in der Kirche.

SIEHE HEILIGENBILD AUF SEITE 58

ERFOLGREICHES BEICHTEN
Der heilige Pio von Pietrelcina
1887–1968 – GEDENKTAG: 23. SEPTEMBER

Trotz seiner Kanonisierung, der übliche Name dieses Heiligen ist immer noch Padre Pio. Padre Pio, mit bürgerlichem Namen Franceso Forgione, wird in der ganzen Welt verehrt als einer der großen wunderwirkenden Heiligen des 20. Jahrhunderts. Es heißt, er hätte die Wundmale Jesu Christi an Brust, Händen und Füßen getragen. Tausende von Menschen sagen, die Gebete Padre Pios hätten sie von ernsthaften und sogar lebensbedrohlichen Krankheiten geheilt. Aber die beliebteste Legende über ihn – und diese Geschichte ist unmöglich zu beweisen – erzählt, dass 1947 ein junger polnischer Priester, der in Rom studierte, in Padre Pios Kloster in Süditalien gereist war. Padre Pio nahm dem Priester die Beichte ab und traf dann eine Vorhersage – nämlich, dass der junge Mann eines Tages Papst würde. Der Priester war Karol Wojtyla, der spätere Papst Johannes Paul II. Die Geschichte basiert auf zwei Dingen, die tatsächlich der Wahrheit entsprechen. Bevor er Papst wurde, trafen sich Karol Wojtyla und der Kapuzinermönch Pio

mehrfach, und Pater Pio war ein ausgezeichneter Beichtvater. Es heißt, er konnte Sünden »sehen«, die ein Beichtender jahrelang geheim gehalten hatte. Wenn der Sünder diese Geheimnisse bei der Beichte preisgab, versicherte Padre Pio ihm, dass Gott alles vergibt, solange wir bereit sind, zu bereuen und von neuem mit einem tugendhaften Leben zu beginnen. Padre Pios offenbar übernatürliche Gabe der Wahrnehmung, zusammen mit seinem großen Mitgefühl und seinen ausgesprochen brauchbaren Ratschlägen machten ihn zu einem sehr beliebten Beichtvater. Menschen kamen aus aller Welt, um bei ihm ihre Sünden zu gestehen. Die Schlangen der vor seinem Beichtstuhl wartenden Menschen waren so lang, dass die Oberen von San Giovanni Rotondo, seinem Kloster, schließlich zu drastischen Maßnahmen griffen: Niemand konnte bei Padre Pio ohne eine Reservierung die Beichte ablegen.

SIEHE HEILIGENBILD AUF SEITE 58

SAINT JOSEPH CUPERTINO
CONVENTUAL MINOR FRIAR
HELPER IN EXAMINATIONS
OSIMO (ANCONA) ITALY

ASTRONAUTEN

Der heilige Josef von Copertino

ST. DOMINIQUE.

ASTRONOMEN

Der heilige Dominikus

S. Sebastian.

For I am sure that neither death,
nor life, nor principalities, nor
powers, nor any other creature
shall be able to separate us from
the love of God. Rom. VIII. 38, 39.

ATHEISMUS

Der heilige Sebastian

ATHLETEN

Der selige Pier Giorgio Frassati

AUGENLEIDEN
Die heilige Lucia von Syrakus

St EULALIA.

AUSREISSER
Die heilige Eulalia von Merida

S. LAZARUS

AUSSÄTZIGE

AUTISMUS

BABYS

Die Unschuldigen Kinder

BARKEEPER

Der heilige Amand von Maastricht

BARMHERZIGKEIT

BAUARBEITER

BAUARBEITER FÜR AUTOBAHNEN
Der heilige Johannes der Täufer

BEHINDERUNGEN
*Die heilige Margarita
von Città di Castello*

ERFOLGREICHES BEICHTEN
Der heilige Pio von Pietrelcina

BEKEHRTE

Die heilige Afra von Augsburg

GEST. CA. 304 – GEDENKTAG: 7. AUGUST

Das Leben der Afra von Augsburg bildet den Gegenstand zahlreicher Legenden. Die vertrauenswürdigste Fassung erzählt, dass es sich bei ihr um eine heidnische Prostituierte handelte, die in einem Tempel zu Ehren der Göttin Venus tätig war, der sich in Augusta Vindelicum, im heutigen Augsburg, befand. Nach ihrem Übertritt zum christlichen Glauben wurde Afra gefangen genommen und dem kaiserlichen Statthalter in Augsburg vorgeführt. Der befahl ihr, den römischen Göttern zu opfern. Afra weigerte sich. »Du warst eine Prostituierte«, erinnerte der Richter sie. »Der Gott der Christen wird dich abweisen.«

»Im Gegenteil«, entgegnete Afra. »Jesus Christus vergab der untreuen Ehefrau, weil ihre Reue ehrlich war. Und er wird auch mir vergeben.«

Nach der Legende verurteilte der Prokurator Afra zum Tod durch Ersticken. Die Wächter führten sie auf eine kleine Insel in der Mitte des Lechs, der sich durch Augsburg schlängelt. Dort wurde sie an einen Pfahl gefesselt, und um sie herum wurde ein Feuer entfacht, und dann ließ man sie zurück, damit der Rauch sie erstickte. Eine andere Legende spricht vom Feuertod. Wieder eine andere nennt eine Enthauptung als Strafe. Eine spätere Legende liefert folgende Geschichte: Afras Mutter und drei ihrer Dienerinnen – allesamt ebenfalls ehemalige Prostituierte, die zum Christentum übergetreten waren – stahlen Afras Leichnam und begruben ihn. Derselbe Prokurator verurteilte dann auch sie und ließ sie auf dem Grab der Märtyrerin verbrennen. Afra von Augsburg, die Schwabenheilige genannt, ist die Schutzpatronin der zum Christentum Bekehrten sowie aller Sünder, die ihr Leben ändern. Sie ist neben anderen Heiligen Schutzpatronin der Stadt und des Bistums Augsburg. Ihre sterblichen Überreste werden heute in der Unterkirche unter dem Kreuzaltar des Doms St. Ulrich (Augsburg) in Ehren gehalten.

SIEHE HEILIGENBILD AUF SEITE 79

Bergsteiger und Kletterer

Der heilige Bernhard von Menthon, auch von Aosta

CA. 1000–CA. 1081 – GEDENKTAG: 28. MAI

Kardinal Achille Ratti, der 1922 zum Papst gewählt wurde und den Namen Pius XI. annahm, war ein lebenslanger Bergfex. Mit seiner Wahl zum Papst war er gezwungen, seinen Lieblingssport aufzugeben, konnte ihn aber wenigstens noch bewerben. 1923 ernannte Pius XI. Bernhard zum Schutzpatron der Bergsteiger und Kletterer. So wurde Bernhard auch zum Schutzpatron des heute populären Kletterns im Fels. Die Burg Menthon steht am Ufer des Lac d'Annecy. Aller Wahrscheinlichkeit nach ist das der Ort, wo Bernhard um das Jahr 1000 in eine Adelsfamilie hineingeboren wurde. Als Junge zog es ihn auf Erkundungstouren in die Alpen. Viele Bewohner abgelegener Alpentäler waren entweder noch Heiden oder praktizierten eine alte Mischung aus christlichen und heidnischen Bräuchen. Als Bernhard später Priester wurde, vom Archdiakon Peter in Aosta geweiht und zum Nachfolger bestimmt, diente er in dieser Bergregion auch als Wanderprediger, reiste die nächsten zweiundvierzig Jahre durch die Berge und predigte das Evangelium in Dörfern und auf abgelegenen Bauernhöfen. Auf diesen missionarischen Reisen traf Bernhard Pilger, die nach Rom oder aus Rom unterwegs waren und deren Begleiter in den Bergen an Erschöpfung gestorben oder von einer Lawine mitgerissen worden waren. Um den Reisenden zu helfen, gründete er ein Kloster und Hospiz auf einem viel benutzten Alpenübergang, einer Passhöhe, 2469 Meter über dem Meeresspiegel, die wir heute als Großen Sankt Bernhard kennen. Die Arbeit des Heiligen wird fortgeführt von Mönchen, die heute im Sommer Besucher, Bergsteiger und Wanderer ebenso willkommen heißen wie ein paar kühne Pilger, Kletterer und Skifahrer im Winter. Die großen Hunde, die das Kloster einst zur Rettung einsetzte, die nach Bernhard benannten Bernhardiner, werden weiterhin gezüchtet.

SIEHE HEILIGENBILD AUF SEITE 79

BESTATTUNGSUNTERNEHMER

Der heilige Josef von Arimathäa

1. JAHRHUNDERT – GEDENKTAG: 17. MÄRZ

Patrick von Irland ist derjenige, an den wir am 17. März denken. Wer könnte mithalten mit all den Umzügen, der Musik, mit Corned Beef und Kohl? Ganz sicher nicht die ungefähr zwölf anderen Heiligen, die Patricks Gedenktag teilen. Aber das ist eine Schande, denn einer der Heiligen, der in dem ganzen 17.-März-Zirkus untergeht, ist Josef von Arimathäa.

Alle vier Evangelien beschreiben Josef als einen wohlhabenden Mann und heimlichen Anhänger Christi. An jenem ersten schrecklichen Karfreitag, als die Apostel sich versteckten, brachte Josef den Mut auf, zu Pontius Pilatus zu gehen und Jesu Leichnam einzufordern. Gemeinsam mit Nikodemus, einem weiteren heimlichen Anhänger, nahm Josef Christi Leichnam vom Kreuz ab, wickelte ihn in Leinen und trug ihn zu der Grabkammer, die er für sich selbst vorgesehen hatte. Dieser Akt der Freundlichkeit machte ihn in der ganzen Christenheit bekannt und beliebt, und es ist der Grund, aus dem

Bestattungsunternehmer Josef von Arimathäa als ihren Schutzpatron verehren.

In den Evangelien steht sonst nichts über Josef; der Rest seiner Geschichte gehört also ins Reich der Legenden. Irgendwie wurde eine Verbindung zwischen Josef und dem Heiligen Gral hergestellt. Es heißt, Josef wäre der Onkel der Heiligen Jungfrau gewesen und ein Kaufmann, dessen Geschäfte ihn weit aus dem Heiligen Land bis auf die Insel Britannien führten. Einmal, als Jesus noch ein Junge war, nahm Josef ihn mit auf eine Reise nach Angelsachsen. Der Dichter William Blake verewigte diese Legende im 18. Jahrhundert in seinem Gedicht »Jerusalem«:

*And did those feet in ancient time
walk on England's mountains
        green?
And was the holy Lamb of God
On England's pleasant pastures
        seen?*

Weiter geht es mit der Kreuzigung: Angeblich saß Josef am Fuß des Kreuzes. Als das Blut aus Christi Wunden tropfte, fing Josef es in dem Gefäß auf, das Christus beim letzten Abendmahl benutzt hatte. Später goss Josef das Blut in zwei Messkännchen. Nach Christi Himmelfahrt holte Josef die Messkännchen und das Gefäß, bekannt als Heiliger Gral, hervor und reiste, begleitet von zwölf Priestern, nach Britannien, um das Evangelium zu predigen.

Die Missionare sollen sich in Glastonbury niedergelassen haben, wo sie zu Ehren der Jungfrau Maria eine Kapelle errichteten. In England erzählt man sich, dass Josefs Kapelle, bekannt als »Die Alte Kirche«, bis 1184 in Glastonbury stand, als ein Großbrand sie zerstörte. 1186 wurde die bis heute erhaltene Lady Chapel am selben Ort errichtet.

1965 ließ Königin Elisabeth II. auf der Ruine der Abtei Glastonbury ein großes hölzernes Kreuz mit einer Inschrift aufstellen, die an die Legende des Josef von Arimathäa erinnert. Dort steht: »Das Kreuz. Das Symbol unseres Glaubens.« Das Geschenk Königin Elisabeths II. markiert ein so altes christliches Heiligtum, dass nur Legenden über seinen Ursprung berichten.

Siehe Heiligenbild auf Seite 79

BETTLER

Der heilige Alexius

GEST. CA. 417 – GEDENKTAG: 17. JULI

Die Legende beginnt im alten Rom mit Alexius, einem jungen Mann, der ganz bestimmt nicht betteln gehen musste. Alexius war der Sohn eines reichen Senators. Vor ihm lag eine vielversprechende Zukunft, er hatte jede Menge Freunde und eine wunderschöne Verlobte. Aber an seinem Hochzeitstag, wenige Minuten nachdem er sich mit seiner frisch angetrauten Braut an der Tafel niedergelassen hatte, zog Alexius unerklärlicherweise seinen Trauring ab und floh. Er rannte zum Hafen und bestieg ein Schiff nach Syrien.

Bei seiner Ankunft in der Stadt Edessa (auch Urfa) in Anatolien, Kleinasien, schloss sich Alexius einer Gruppe von Bettlern an, die vor den Türen der Marienkirche herumlungerten. Siebzehn Jahre lang bettelte er vor der Kirche und lebte von den Almosen und Resten anderer. Aber als der Küster der Kirche ihn als den vermissten Sohn eines römischen Senators erkannte, lief Alexius erneut davon. Diesmal brachten unglückliche Winde sein Schiff vom Kurs ab, und Alexius landete ausgerechnet in Italien, wieder in Rom.

Seine Mutter und sein Vater waren noch am Leben, ebenso wie die Braut, die er verlassen hatte. Aber siebzehn Jahre hartes Leben hatten Alexius' Aussehen derart verändert, dass nicht einmal sein eigener Vater ihn erkannte. Als er darum bat, unter den Stufen der Treppe zum Haus seiner Eltern hausen zu dürfen, erlaubte der Senator dies unter einer Bedingung: dass der Bettler jeden Tag zu Gott um die Heimkehr des verlorenen Sohnes der Familie betete.

Weitere siebzehn Jahre bettelte Alexius täglich auf den Straßen Roms, wobei er alle Einnahmen oder Essensspenden mit noch ärmeren Bettlern teilte. Jeden Abend kehrte er zu seinem alten Heim zurück und verkroch sich zum Schlafen unter der Treppe. Seine Frau und seine Eltern ahnten nie, wer er in Wahrheit war.

Eines Tages las Papst Innozenz die Messe vor dem Kaiser, als er eine

Stimme vom Himmel sagen hörte: »Suche den Mann Gottes. Durch seine Gebete wird Gott Rom und dich schützen.« Dann sagte die Stimme, der »Mann Gottes« befände sich unter den Stufen einer Treppe des Hauses eines Senators. Nach der Messe besuchten der Papst, der Kaiser und ihr Gefolge das Haus des Senators. Die erstaunte Familie trat vor die Tür, um ihre ehrwürdigen Besucher zu empfangen, und dann schauten alle unter die Treppe. Dort lag der Bettler, in Lumpen gekleidet, tot. Aber in seinen Händen hielt er ein Dokument, das seine wahre Identität enthüllte und erklärte, wie er die vergangenen vierunddreißig Jahre verbracht hatte.

Papst Innozenz ernannte Alexius zum Heiligen, und die Freitreppe des Senators wurde als Reliquie abgebaut. Ein Teil von ihr ist heute noch in der Kirche Sant'Alessio auf dem Aventin in Rom zu besichtigen.

SIEHE HEILIGENBILD AUF SEITE 79

BIBELSTUDIUM

Der heilige Hieronymus

CA. 345–420 – GEDENKTAG: 30. SEPTEMBER

Hieronymus war ein Latein-Schüler, der es verstand, Worte zu wundervollen Sätzen zu verketten. Etwa im Jahr 366 wurde er Sekretär des neu gewählten Papstes Damasus I. Damasus' Traum war eine lateinische Übersetzung der Bibel – getreu den originalen griechischen und hebräischen Handschriften, aber gut lesbar –, und er erkannte Hieronymus' Sprachtalent. Der Papst hielt seinen Sekretär für den richtigen Mann für diese Aufgabe, und als Hieronymus gebeten wurde, die Herausforderung anzunehmen, erklärte er sich voller Begeisterung bereit. Über die nächsten drei Jahre produzierte Hieronymus wundervolle, präzise Übersetzungen der Psalmen, der vier Evangelien, aller Apostelbriefe und der Offenbarung des Johannes. Papst Damasus I. war begeistert.

Um die damals aktuelle Übersetzung des Alten Testaments zu überarbeiten, lernte Hieronymus Hebräisch. Erst beklagte er sich, dass Hebräisch »zischende und scharfkantige Worte« beinhalte, aber er hielt durch und meisterte schließlich die Sprache, in der Gott zu den Propheten gesprochen hatte. Hieronymus brauchte sechsundzwanzig Jahre, um seine Übersetzung zu vollenden. In dieser Zeit starb Papst Damasus I., sein Freund und Gönner. Hieronymus zog von Rom nach Bethlehem. Dann fiel 410 die Stadt Rom an die Barbaren. Einer seiner Briefe aus dieser Zeit, in der römische Flüchtlinge in das Heilige Land strömten, ist erhalten. »Ich habe meine Anmerkungen zum Buch Ezechiel und fast alle meine Untersuchungen ruhen lassen«, schrieb er einem Freund. »Denn heute müssen wir die Worte der Heiligen Schriften in Taten übersetzen.«

SIEHE HEILIGENBILD AUF SEITE 80

BIBLIOTHEKEN UND BIBLIOTHEKARE

Die heilige Katharina von Alexandrien

CA. 305 – GEDENKTAG: 25. NOVEMBER

Die Geschichte Katharinas von Alexandrien ist ausgesprochen charmant und machte Katharina zu einer der beliebtesten Heiligen im Mittelalter. Johanna von Orléans sagte, Katharina von Alexandrien sei eine der drei himmlischen Stimmen gewesen, die ihr die Richtung wiesen.

Das Leben der Katharina von Alexandrien, wie es uns überliefert wurde, ist höchstwahrscheinlich eine Legende. Aber die ist so wundervoll, dass sie sich zu erzählen lohnt. Als Tochter eines Königs, der ihr eine ausgezeichnete Erziehung zuteilwerden ließ, verbrachte sie fast ihre gesamte Zeit mit Lesen in der großen Bibliothek von Alexandrien in Ägypten. Noch in ihren Teenagerjahren hatte sie Philosophie sowie alle Naturwissenschaften gemeistert und war eine begnadete Erzählerin geworden. Eines Tages fiel sie in der Bibliothek mit einem Buch im Schoß in Schlaf und träumte von einer wunderschönen Frau, gekleidet wie eine Königin, die auf ihrem Schoß einen süßen kleinen Jungen hielt. Die

Frau deutete auf Katharina und fragte das Kind: »Möchtest du diese junge Frau heiraten?« Der kleine Junge entgegnete: »Unter keinen Umständen. Sie ist so hässlich.«

Katharina erwachte weinend aus ihrem Traum. Während sie versuchte, sich zusammenzureißen, trat ein älterer Mann näher und fragte, ob er ihr helfen könne.

Auf sein Drängen hin berichtete Katharina ihm, was sie geträumt hatte.

»Ich kann deinen Traum für dich interpretieren«, sagte er. »Die schöne Frau war die Jungfrau Maria. Der kleine Junge war ihr Sohn, Jesus Christus. Es war nicht dein Aussehen, das er abstoßend findet, sondern deine Seele, denn du bist eine Ungläubige.«

»Wie kann ich schön für ihn werden?«, fragte Katharina.

»Die Taufe wird deine Seele reinwaschen, und dann wird sie Christus gefallen«, entgegnete der alte Mann. Dann verriet er ihr, dass er ein christlicher Priester war und bereit wäre, sie im Glauben zu unterweisen.

Katharina lernte schnell, und nach kürzester Zeit war sie bereit, getauft zu werden. Nachdem sie das Sakrament der Taufe empfangen hatte, fiel sie in Schlaf, und erneut erschienen ihr Maria und das Jesuskind. Maria stellte ihrem Sohn dieselbe Frage: »Möchtest du diese junge Frau heiraten?« Diesmal entgegnete Christus: »Ja! Denn nun ist sie wahrhaft schön.« Dann reichte der kleine Junge Katharina einen Ring. Als sie erwachte, fand sie tatsächlich einen Ring an ihrem Finger vor.

Katharina von Alexandrien war erst achtzehn Jahre alt, als Kaiser Maximus begann, die Christen Ägyptens zu verfolgen. Vor Gericht verteidigte sie ihren neuen Glauben so gut, dass Maximus fünfzig von Alexandriens klügsten heidnischen Gelehrten zusammenrief, um gegen sie anzutreten. Trotz all ihres Wissens verloren die Philosophen. Wütend darüber, von einem jungen Mädchen gedemütigt worden zu sein, befahl Maximus, seine unglückseligen Philosophen bei lebendigem Leib verbrennen zu lassen – und dann verurteilte er Katharina dazu, auf einem Dornenrad zerrissen zu werden. Kaum berührte sie jedoch das Rad, explodierte es, und die zerbrochenen Teile flogen in die Menge, die sich versammelt hatte, um ihr Leid zu begaffen.

Daraufhin befahl Maximus, Katharina enthaupten zu lassen. In dem Augenblick, als sie starb, trugen Engel ihren Körper davon und begruben ihn auf dem Berge Sinai. Seit dem frühen Mittelalter werden ihre sterblichen Überreste in einem Schrein im Katharinenkloster auf dem Sinai ausgestellt. Aufgrund ihrer Weisheit, ihrer Intelligenz und ihrer Liebe zu Büchern wurde Katharina von Alexandrien die Schutzpatronin der Bibliotheken und der Bibliothekare.

Siehe Heiligenbild auf Seite 80

Bierbrauer

Der heilige Wenzel von Böhmen

907–929 – Gedenktag: 28. September

Die Verbindung dieses Heiligen zum Bierbrauen ist naheliegend, wenn man erfährt, dass er in der böhmischen Stadt Budweis aufwuchs. Diese Region ist seit Jahrhunderten bekannt für ausgezeichnetes Bier, das Budweiser gehört zu den besten Bieren der Welt. Wenzels Vater, der Herzog von Böhmen, war Christ, seine Mutter Heidin. Seine Kindheit verbrachte der kleine Herzog bei seiner Großmutter Ludmilla, die ihn als gläubigen Katholiken großzog. Nach dem Tod von Wenzels Vater befahl die Mutter ihrem halbwüchsigen Sohn, nach Hause zurückzukehren. Politisch schlug sie sich auf die Seite der heidnisch-nationalen Adeligen und machte deutlich, dass sie ihren jüngeren Sohn Boleslaw bevorzugte. Sie ließ sogar ihre Schwiegermutter Ludmilla mit einem Strick erwürgen. Wenzel und seine Mutter versöhnten sich nie. Seiner Großmutter ließ er später ein königliches Begräbnis zuteilwerden, er unterstützte die Ausbreitung des katholischen Glaubens und schloss Frieden mit dem Deutschen Reich (einem von Böhmens traditionellen Feinden). Im September 929 lockte Boleslaw seinen Bruder in sein Schloss, mit einer Einladung zu einer Kirchenweihe. Am nächsten Tag, auf dem Weg zur Morgenandacht, lauerte Boleslaw Wenzel auf und schlug ihn ins Gesicht. Während die Brüder vor der Kirchentür kämpften, stürzten sich Boleslaws Männer auf Wenzel und töteten ihn. Augenblicklich begannen die Christen Böhmens ihren ermordeten Herzog als Märtyrer zu verehren. Seine sterblichen Überreste wurden im St.-Veits-Dom zu Prag beigesetzt und der Herzog zu Böhmens Schutzpatron ernannt. Die Bierbrauer machten Wenzel I. den Heiligen, wie er genannt wird, zu ihrem Schutzpatron, weil er so viele Jahre in der ersten Biererzeugerregion des Landes verbracht hatte. Profis wie Heimbrauer, die Bier von böhmischer Qualität erzeugen wollen, tun gut daran, zu Wenzel zu beten.

Siehe Heiligenbild auf Seite 80

BILDHAUER

Die heiligen Quattro Coronati

CA. 305 – GEDENKTAG: 8. NOVEMBER

Genau genommen bilden fünf Märtyrer, nicht vier, diese Gruppe: Claudius, Nicostratus, Symphorian, Castorius und Simplicius. Die ersten vier waren Christen, Freunde und lange Jahre auch Kollegen. Simplicius war ein Heide, der, angeregt durch die anderen vier, zum Christentum übertrat. Der Gedenktag am 8. November ist den vier gewidmet, Simplicius läuft nur mit.

Die Quattro Coronati waren ausgezeichnete Bildhauer in einem Steinbruch in Pannonia, einer Gegend, die Bereiche des heutigen Ungarn und Serbien einschließt. Simplicius, ihr Bildhauerkollege, nahm an, dass es ihre Religion war, die diese Männer so großartige Werke schaffen ließ. Als er sich im Glauben unterweisen ließ, wurde Simplicius jedoch klar, dass das Christentum mehr vermochte, als berufliche Fähigkeiten zu verbessern. Bei einem Besuch im Steinbruch bewunderte Kaiser Diokletian die Arbeit von Claudius und seinen vier Freunden. Er engagiert sie, eine Statue von Asklepios, dem Gott der Medizin, zu skulptieren, aber die christlichen Bildhauer lehnten es ab, ein Bildwerk von einem heidnischen Gott zu schaffen. Diokletian wollte die fünf Männer in Frieden lassen, aber eine Gruppe Umstehender forderte, dass die Gotteslästerer bestraft werden müssten. Um den Frieden zu wahren, ordnete Diokletian die Verhaftung aller fünf an. Sie wurden ausgepeitscht, in Bleikisten eingeschlossen und im Danubius (Donau) ertränkt.

Christen zogen die Kisten wieder aus dem Wasser und ließen den Märtyrern ein christliches Begräbnis zuteilwerden. Einige Jahre später wurden ihre sterblichen Überreste nach Rom überführt, wo sie heute in der alten Basilika Santi Quattro Coronati ruhen.

SIEHE HEILIGENBILD AUF SEITE 80

BILDUNG

Der heilige Ambrosius von Mailand

CA. 340–397 – GEDENKTAG: 7. DEZEMBER

Zu Ambrosius' Zeiten lasen alle römischen Jungen die lateinischen Klassiker. Aber seine Mutter fand für ihn einen Lehrer, der ihn auch Griechisch lehrte, so dass er Platon, Aristoteles und andere große Schriftsteller der Blütezeit Griechenlands lesen konnte. Als Bischof von Mailand schnitt er seine Predigten auf sein jeweiliges Publikum zu. Den Gläubigen in der Sonntagsmesse predigte er von den Freuden eines tugendhaften Lebenswandels. Aber wenn er vor dem Kaiser oder römischen Senatoren oder überhaupt vor einem intellektuellen Publikum predigte, verließ er sich auf seine humanistische Bildung, um durchdachte Argumentationen vorzutragen, die seine gebildeten Zuhörer zu schätzen wussten. Etwa 386 zog eine Frau namens Monika nach Mailand und begann, die Messen in Ambrosius' Kirche zu besuchen. Das Unglück Monikas bestand darin, dass ihr kluger Sohn Augustinus sich vom Christentum ab- und der heidnischen Sekte der Manichäer zugewandt hatte.

Nachdem Monika Ambrosius' Predigt gehört hatte, war ihr klar, dass sie einen Mann gefunden hatte, dessen Wissen dem ihres Sohnes zumindest entsprach, falls es seines nicht noch übertraf. Monika schleppte Augustinus in Ambrosius' Messen. Augustinus war beeindruckt von diesem Bischof, der sich mit Platons Philosophie genauso gut auskannte wie mit den vier Evangelien. Nach einigen Predigten wandte er sich an Ambrosius, um mit ihm unter vier Augen über das Christentum zu disputieren. Leider war kein Schreiber anwesend, um die Gespräche dieser beiden klugen Köpfe festzuhalten. Aber was immer gesagt wurde, Ambrosius überzeugte Augustinus von der Wahrheit des katholischen Glaubens. In der Nacht vom 24. auf den 25. April 387, in der Messe der Osternacht, taufte Ambrosius Augustinus. Es war ein Triumph der humanistischen Bildung ebenso wie des Glaubens.

SIEHE HEILIGENBILD AUF SEITE 81

BISCHÖFE

Der heilige Karl Borromäus

1538–1584 – GEDENKTAG: 4. NOVEMBER

Man kann kaum eine Biografie über Karl Borromäus lesen, ohne sich zu fragen, ob der Autor übertreibt. Wie soll ein einziger Mann so viel vor seinem Tod mit nur sechsundvierzig Jahren erreicht haben?

Eine Antwort besteht darin, dass die Gegenreformation, die Bemühungen der katholischen Kirche im 16. Jahrhundert, sich selbst im Kielwasser der Protestantenaufstände zu reformieren, zu Karls Konzentration beitrug; sie führte sogar zu einer handfesten To-do-Liste, um seine Diözese zu reorganisieren. Papst Pius IV., Karls Onkel, hatte ihn zum Erzbischof im Kardinalsrang von Mailand ernannt und ihm damit einen großen Bereich zwischen Norditalien bis in die Südschweiz anvertraut. Mailand war zwar nicht die korrupteste Diözese Europas, hatte aber seine eigenen Probleme. Viele der Schwierigkeiten konnten Karls Vorgänger zugeschrieben werden, der damit zufrieden gewesen war, in Rom zu leben (oder in anderen schicken, großstädtischen Orten), Einnahmen aus Mailand einzustreichen und einen Stellvertreter-Bischof – einen *Monsignore* – die alltäglichen Probleme der Erzdiözese lösen zu lassen.

Karl Borromäus war der erste Erzbischof seit fünfzig Jahren, der tatsächlich in Mailand residierte. Er begann seine Arbeit dort damit, die Priester umzuerziehen, er zielte auf diejenigen, die Geliebte hielten oder ihr Leben in der Kirche als Möglichkeit betrachteten, ein persönliches Vermögen anzuhäufen. Er bestand zudem darauf, dass die Priester ordnungsgemäß und engagiert die Messe lasen und ihre Predigten nutzten, um der Gemeinde die Grundzüge des Glaubens nahezubringen. Als Nächstes konzentrierte Karl sich auf die Nonnen. Einige Frauenklöster hatten viel zu viele männliche Besucher empfangen. Karl entschied, dass jedes Kloster in seinem Sprechzimmer ein Gitter oder eine Trennwand einbaute, auf deren einer Seite sich die Nonnen zu befinden hatten, die Besucher auf der anderen.

Anschließend nahm er sich die Ordensgemeinschaften vor. Viel zu viele Mitglieder waren vom Weg abgekommen, weigerten sich, ihren Oberen Folge zu leisten, und führten ein skandalöses Leben, also bestand Karl darauf, dass alle sich an die Regeln ihres Ordens zu halten hatten. Die Gegenwehr gegen seine Reformen war groß: Eine Gruppe, unsinnigerweise Humiliati genannt, heuerte einen Killer an, der Karl in den Rücken schoss, während er in seiner Kapelle betete. (Der Schuss kostete ihn jedoch nicht das Leben.) Seine Reformen und guten Taten endeten damit nicht. Karl verkaufte auch den Großteil der Ländereien, die die Erzbischöfe Mailands an sich gerafft hatten, und stellte das Geld für die Armen zur Verfügung. Nach einer schlechten Ernte verköstigte er dreitausend Menschen jeden Tag, bis die Hungersnot endete. Als die Pest über Mailand kam, führte Karl Bußprozessionen durch die Straßen, er selbst ging barfuß und mit einem Strick um den Hals, um deutlich zu machen, dass selbst Kardinäle auf Gottes Gnade angewiesen sind. Um neue fromme Priester heranzuziehen, gründete Karl Borromäus ein Priesterseminar. Zur Ausbildung der Kinder im Glauben etablierte er die Katechese – auch Christenlehre genannt oder einfach Religionsunterricht.

1548, nach einundzwanzig Jahren Arbeit, zeigte Karl Erschöpfungserscheinungen (kein Wunder!). Im Herbst stellte sich ein anhaltendes Fieber ein, und am 30. Oktober wurde er bewusstlos auf dem Boden der Kapelle aufgefunden. Seine Ärzte bestanden darauf, dass er Bettruhe hielt, aber, typisch für ihn, Karl folgte seinem hektischen Tagesablauf bis zwei Tage vor seinem Tod am 3. November 1584.

Vielleicht ist es unfair den Bischöfen gegenüber, dass ausgerechnet Karl Borromäus ihr Schutzpatron ist. Wer könnte wiederholen, was er in derart kurzer Zeit geleistet hat? Aber Karl bleibt ein Vorbild dafür, was die wichtigste Aufgabe eines Bischofs ist – gute Priester und Nonnen heranzuziehen, den Menschen den Glauben nahezubringen und ihnen dabei zu helfen, ein heiliges Leben zu führen, sich derjenigen anzunehmen, die es nicht allein schaffen, und ein Beispiel für Gottvertrauen zu geben.

Siehe Heiligenbild auf Seite 81

BLINDDARMENTZÜNDUNG

Der heilige Erasmus von Antiochia

GEST. CA. 303 – GEDENKTAG: 2. JUNI

Wir wissen, dass ein Märtyrer namens Erasmus Bischof im süditalienischen Formia war. Das war es dann aber auch schon, alle anderen Informationen über den Heiligen sind verloren gegangen. Daher hat, wie es oft geschieht, wenn es wenig Fakten gibt, die Legende die Lücke geschlossen.

Laut alter Berichte wurde Erasmus während einer von Kaiser Diokletians Christenverfolgungen verhaftet. Ein Richter befahl dem Bischof, einer Herkules-Statue zu opfern. Erasmus weigerte sich. Der Richter verurteilte ihn darauf zu einem besonders schrecklichen Tod. Die Henker banden Erasmus an ein Brett, schlitzten ihm den Bauch auf und banden ein Ende seines Darms an ein Rad. Mit jeder Drehung wanden sich die Gedärme langsam um eine Spule. (Falls Sie Schwierigkeiten haben, sich diese entsetzliche Quälerei vorzustellen, sie ist auf einem großen Mosaik über einem Seitenaltar im Petersdom in Rom festgehalten.)

Das Märtyrertum des Erasmus von Antiochia machte ihn zur ersten Wahl als Helfer bei Bauchproblemen. Die Leidenden rufen ihn an, sie von Unannehmlichkeiten wie Blinddarmentzündung, Krämpfen, Übelkeit und Reisekrankheit zu befreien. Der heilige Erasmus von Antiochia zählt zu den 14 Nothelfern, einer Gruppe von Schutzpatronen, die als besonders wirkungskräftige Helfer in häufigen Nöten galten und deren Kult sich im Mittelalter verbreitete.

Seeleute verehren Erasmus ebenfalls als ihren Schutzpatron, weil die Spule, auf die sein Darm gerollt wurde, an die Ankerwinde eines Schiffes erinnerte. Die elektrische Entladung, die wir als Elmsfeuer (St.-Elms-Feuer) kennen, wurde vermutlich ebenfalls nach dem Heiligen benannt. Seeleute kennen diese rosarotviolette Lichterscheinung, die vor Gewitterstürmen meist an hohen spitzen Gegenständen wie Schiffsmasten auftritt.

SIEHE HEILIGENBILD AUF SEITE 81

BLITZSCHLAG

Der heilige Thomas von Aquin

1224/25–1274 – GEDENKTAG: 28. JANUAR

Es scheint eine eigenartige Wahl zu sein, sich bei Angst vor Blitzen ausgerechnet an Tommaso d'Aquino (eingedeutscht Thomas von Aquin) zu wenden. Bei ihm handelt es sich natürlich um den brillanten Theologen, der alle Glaubenssätze der katholischen Kirche systematisierte. Den genialen Lehrer, der demonstrierte, wie Aristoteles' Philosophie die Lehre der Kirche erklären konnte. Den Mystiker, Dichter, dessen Hymnen an das Allerheiligste immer noch in Kirchen rund um die Welt gesungen werden.

Die d'Aquinos waren Mitglieder eines gräflichen Geschlechts. Das *castello* der Familie stand in Roccasecca bei Aquino, südlich von Rom. Thomas' Eltern hatten mindestens neun Kinder – fünf Mädchen, vier Jungen – und Thomas war der jüngste der Jungen. Im Castel diente eine Kammer im Turm als Kinderzimmer. Thomas, der noch keine fünf Jahre alt war, teilte es sich mit seiner kleinen Schwester. Eines Nachts schlug während eines schrecklichen Gewitters ein Blitz in den Turm ein und kostete Thomas' Schwester das Leben. Er vergaß nie den Schrecken jener Nacht – das heftige Donnern, den grellen Blitz, das entsetzte Kreischen seiner Mutter, die ihr totes Kind in den Armen hielt.

Man könnte sich vorstellen, dass ein Mann mit einem derart mächtigen Intellekt in der Lage wäre, seine Ängste zu rationalisieren, aber die Erinnerung an den Tod seiner Schwester erwies sich als zu traumatisch. Den Rest seines Lebens floh Thomas beim ersten Rumpeln eines Donners in eine Kirche oder Kapelle, wo er ängstlich betend verharrte, bis das Gewitter vorbei war.

SIEHE HEILIGENBILD AUF SEITE 81

BLOGGER

Der heilige Augustinus von Hippo

354–430 – GEDENKTAG: 28. AUGUST

Vor Augustinus' Bekehrung zum Christentum, als er noch ein Manichäer war und mit seiner Geliebten zusammenlebte, unterrichtete er in Schulen Nordafrikas und Italiens Philosophie und Rhetorik. Aber nach seiner Konversion, vor allem nachdem er zum Bischof von Hippo Regius (im heutigen Algerien) geweiht worden war, wandelte sich Augustinus in einen extrem produktiven Schriftsteller. Abgesehen von seinen *Confessiones* – Bekenntnissen, bei denen es sich im Übrigen um die erste Autobiografie der Welt handelt, schrieb er zahlreiche Bücher über die christliche Lehre und Philosophie, die Werte von Glaube, Hoffnung, Wohltätigkeit, Keuschheit und Geduld, sowie über Musik. Augustinus beschäftigte sich mit den religiösen Kontroversen seiner Zeit, er korrigierte die unorthodoxen Ansichten des Arianismus, des Pelagianismus, des Donatismus und natürlich des Manichäismus – einer Irrlehre, mit der er sich besonders gut auskannte. In seinen Büchern darüber, wie man die Heilige Schrift interpretierte, schlug er vor, dass die Leser mit Bedacht vorgehen. In seinen Diskussionen über die Lektüre des 1. Buches Mose regte er an: »Wir müssen uns davor hüten, gewagte Interpretationen vorzunehmen, die der Wissenschaft widersprechen und so die Welt Gottes dem Spott der Ungläubigen preisgeben.« Sein *opus magnum* war *De civitate Dei* – Über den Gottesstaat, in dem er auf die heidnische Kritik antwortete, Rom wäre 410 an die Goten gefallen, weil die Römer ihre alten Götter zugunsten des Christentums aufgegeben hätten. Augustinus arbeitete dreizehn Jahre lang an dem Werk. Überliefert wurden 270 seiner Briefe und 363 seiner Predigten. In den ersten Jahren des 21. Jahrhunderts erwählten Blogger, die dazu neigen, viel zu schreiben und sich zu allen möglichen Themen zu äußern, Augustinus von Hippo zu ihrem Schutzpatron.

SIEHE HEILIGENBILD AUF SEITE 82

Blutspender und Blutspendedienste
Der heilige Januarius
Gest. ca. 305 – Gedenktag: 19. September

Als Januarius unter Kaiser Diokletian enthauptet wurde, sammelten einige Christinnen, die vor Ort waren, ein wenig Blut des Bischofs in einem Glasfläschchen und brachten die Reliquie in seine Grabkammer. Obwohl es leichtfällt, diesen Akt mit der heutigen Praxis von Blutspendediensten in Verbindung zu bringen, Blut zu sammeln und aufzubewahren, erklärt in Wahrheit eine weit dramatischere Geschichte, wieso Januarius als Schutzpatron der Blutspender verehrt wird. Unter der Bezeichnung »Blutwunder« begann dieses Phänomen, nachdem die Gebeine des Bischofs in den Dom von Neapel übertragen worden waren – es war die zweite Translation. Irgendwann fiel der Geistlichkeit auf, dass das sich in einem Fläschchen befindende Blut, das auch im Dom aufbewahrt wird, sich merkwürdig verhielt – und dies immer noch tut.

Folgendes geschieht: An jedem 19. September, dem Festtag des Heiligen, findet vor Januarius' Heiligtum eine feierliche Zeremonie statt. Das Glasfläschchen bildet den Mittelpunkt der Aufmerksamkeit. Zwölf Zentimeter hoch und mit einem Durchmesser von etwas über sechs Zentimetern, befindet sich in dem Fläschchen eine feste dunkelrote Masse, von der man annimmt, dass es sich um das Blut handelt, das die Frauen nach Januarius' Märtyrertod noch vor Ort abfüllten. Vor Laien und Geistlichen trägt der Erzbischof von Neapel das Fläschchen mit dem getrockneten Blut zu einem Reliquienschrein, in dem sich der Schädel des Heiligen befindet, und dann geschieht etwas Wundersames: Unter Wenden und Gebeten verflüssigt sich die feste Masse in dem Gefäß. Wenn die rote Masse ganz flüssig ist, hebt der Erzbischof die Reliquie in die Höhe, dreht sie hierhin und dahin, so dass die Gläubigen sehen können, wie die Flüssigkeit in der Flasche umherschwappt. Der Erzbischof ruft: »Das Wunder ist geschehen!«, und die Gläubigen stürzen nach vorn, um die Reliquie zu küssen.

Es hat zahlreiche Versuche gegeben,

eine wissenschaftliche Erklärung dafür zu finden, dass eine feste Masse plötzlich flüssig wird, aber keine fiel zufriedenstellend aus. Eine endgültige Untersuchung des Phänomens wurde verhindert durch die neapolitanischen Kirchenoberen, die sich weigern, Wissenschaftlern die Genehmigung zu erteilen, das Siegel der Flasche zu brechen und eine Probe zu entnehmen. Darüber hinaus hat der Vatikan keine offizielle Erklärung abgegeben, die diese Verflüssigung als übernatürliches Ereignis deklariert. *Irgendetwas* geschieht – das geben selbst Skeptiker zu –, aber was und warum genau, das ist ein Rätsel.

Einige Male hat sich das Blut nicht verflüssigt, was die Neapolitaner als eine Warnung des Heiligen oder ein Zeichen seines Missmutes deuten. (Beispielsweise blieb die Reliquie verfestigt in dem Jahr, in dem Neapel einen kommunistischen Bürgermeister wählte.) Aber es gab auch andere Fälle, in denen sich das Blut spontan verflüssigt hat, beispielsweise als der mittlerweile verstorbene Kardinal Terence Cooke aus New York 1978 den Schrein besichtigte. Kardinal Cooke ist übrigens selbst gegenwärtig Kandidat für eine Seligsprechung.

Siehe Heiligenbild auf Seite 82

Bogenschützen
Der heilige Sebastian
GEST. CA. 300 – GEDENKTAG: 20. JANUAR

Wie ein Heiliger zum Schutzpatron eines bestimmten Bereichs wird, ist normalerweise leicht nachvollziehbar. Cosmas und Damian sind die Schutzheiligen der Ärzte, weil sie selbst Ärzte waren. Apollonia hilft bei Zahnschmerzen, weil ihr während des Martyriums alle Zähne ausgeschlagen wurden. Die amerikanischen Ureinwohner wenden sich an Kateri Tekakwitha, weil sie ein Mitglied des Stammes der Mohawk war.

Aber manchmal greifen diese Prinzipien nicht wirklich. Das ist der Fall beim heiligen Sebastian, einem römischen Märtyrer, der immer als hübscher, fast nackter junger Mann abgebildet wird, der an einen Pfahl gefesselt und von Pfeilen durchbohrt wurde. Der heilige Sebastian ist der Schutzpatron der Bogenschützen, nicht weil er selbst Bogenschütze war, sondern weil er zu seinem Unglück ihr Ziel abgab. Sebastian war Mitglied der Prätorianer, einer römischen Elitetruppe, die dem Kaiser Diokletian als Leibgarde diente. Als Diokletian mit seiner Verfolgung der Kirche begann, nutzte Sebastian, ein Christ, seinen Status und besuchte eingekerkerte Christen. Das war natürlich eine gefährliche Angelegenheit, und es dauerte nicht lange, bis er beim Kaiser denunziert wurde. Empört darüber, dass ein Mitglied seiner Leibgarde Christ war, befahl Diokletian den Prätorianern, Sebastian in ihre Garnison zu schaffen und mit Pfeilschüssen zu töten.

Im Mittelalter riefen Bogenschützen den heiligen Sebastian an, dass er sie zu zielsicheren Schützen mache. Offensichtlich erkannten sie nicht die Ironie, sich an einen pfeildurchbohrten Heiligen zu wenden, um sicherzugehen, dass ihre eigenen Pfeilspitzen ihr Ziel fanden.

SIEHE HEILIGENBILD AUF SEITE 82

BEKEHRTE

Die heilige Afra von Augsburg

BL. BERNARD OF MENTON

Spent his youth in penance, study and prayer.

HE was made archdeacon in 966 under his Bishop, and for 42 years preached that he might banish ignorance and superstition. The famous hospital and monastery called Great St. Bernard was built by him for all travellers over the Alps, thus often saving them from death.

Spes Sancta, Newbury 23

BERGSTEIGER & KLETTERER

Der heilige Bernhard von Menth auch von Aosta

Grablegung Christi.

BESTATTUNGSUNTERNEHMER

Der heilige Alexius, Bekenner.

BETTLER

BIBELSTUDIUM
Der heilige Hieronymus

BIBLIOTHEKEN UND BIBLIOTHEKA...
Die heilige Katharina von Alexand...

BIERBRAUER

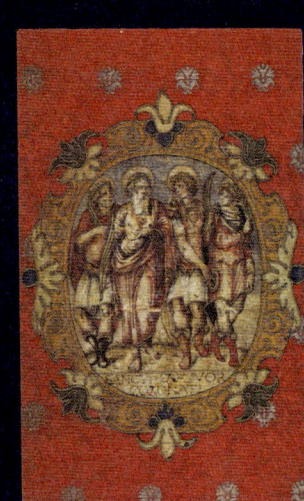

BILDHAUER

BILDUNG

Der heilige Ambrosius von Mailand

BISCHÖFE

Der heilige Karl Borromäus

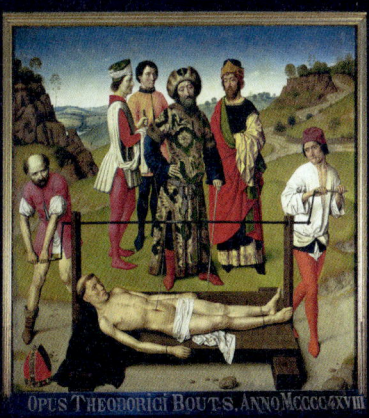

BLINDDARMENTZÜNDUNG

Der heilige Erasmus von Antiochia

BLITZSCHLAG

Der heilige Thomas von Aquin

Blogger

Der heilige Augustinus von Hippo

Blutspender und Blutspendediens

Der heilige Januarius

BRÄUTE

Die heilige Dorothea

GEST. 311 – GEDENKTAG: 6. FEBRUAR

Eine Liste von Märtyrern, die Hieronymus im 4. Jahrhundert zusammenstellte, führt eine junge Frau namens Dorothea, die am 6. Februar 311 in Kappadokien (heute nördliche Türkei) hingerichtet wurde. Um diesen knappen Eintrag hat sich eine charmante Legende gebildet. Dorothea wurde während der Christenverfolgung durch den römischen Kaiser Diokletian gefangen gesetzt. Der kaiserliche Richter versprach, ihr Leben zu schonen, wenn sie den römischen Göttern opfere, doch Dorothea weigerte sich. Der Richter unterbreitete ihr ein zweites Angebot: Wenn sie einen Heiden heiratete, würde man ihr Leben verschonen. Dorothea entgegnete, sie habe ein Keuschheitsgelübde abgelegt, ihr einziger Gemahl sei Jesus Christus. Die Wachen brachten Dorothea daraufhin ins Gefängnis, wo zwei niederträchtige alte Frauen versuchten, sie zu korrumpieren. Stattdessen jedoch bekehrte Dorothea sie zum Christentum und taufte sie. Am nächsten Tag, als Dorothea zur Hinrichtung geführt wurde, verspottete ein heidnischer Anwalt namens Theophilus sie: »Braut Christi!«, rief er. »Schick mir ein paar Früchte und Blumen aus dem Garten deines Bräutigams.« Als Dorothea vor dem Block kniete, trat ein kleiner Junge neben sie. An seinem Arm hing ein Korb voll mit bezaubernden Rosen und schönen Äpfeln. Dorothea nahm drei Rosen und drei Äpfel aus dem Korb, schlug sie in ihren Schleier ein und reichte sie dem Kind. »Bring diese Theophilus«, sagte sie. »Sage ihm, ich treffe ihn im Garten.« Einen Augenblick später enthauptete der Henker sie. Als der rätselhafte kleine Junge Theophilus die Früchte und Blumen zusammen mit Dorotheas Botschaft überbrachte, verkündete der Zweifler plötzlich, dass Dorotheas Gott der einzige Gott sei und auch er Christ sei. Der Richter überstellte den Anwalt an den Henker, und Theophilus folgte Dorothea in den Garten ihres Bräutigams.

SIEHE HEILIGENBILD AUF SEITE 103

BRÜCKEN

Der heilige Bénézet

CA. 1163–1184 – GEDENKTAG: 14. APRIL

Bénézet war ein Schafhirte, der seine Herde vor der französischen Stadt Avignon weidete. Als er etwa vierzehn Jahre alt war, erschien ihm Gott in einer Vision und befahl ihm, für die Menschen der Gegend etwas zu tun, indem er eine Brücke über die Rhône errichtete. Natürlich hatte Bénézet keine Ausbildung als Ingenieur oder Architekt, und er hatte auch kein Geld, um die Arbeit zu beginnen. Er bat also den Bischof von Avignon um Beistand, aber der Bischof betrachtete ihn als Träumer.

Doch Bénézet gab nicht auf. Er trommelte eine Reihe entschlossener Freiwilliger zusammen und begann, Material für die Brücke zu sammeln. Es heißt, dass Engel sich um Bénézets Schafe kümmerten, während er auf der Baustelle arbeitete, und dass er den übernatürlichen Charakter seiner Aufgabe unter Beweis stellte, als er einen riesigen Steinblock mit eigener Hand zum Fluss trug, um ihn als Fundament eines der Pfeiler zu nutzen. Schließlich erklärten sich auch der

Bischof und die Stadt bereit, ihm zu helfen, und stellten die Gelder und Techniker zur Verfügung, die Bénézet brauchte, um die Brücke zu vollenden. Leider konnte er deren Einweihung nicht mehr erleben: Er starb sechs Jahre nachdem die Arbeiten begonnen hatten, mit einundzwanzig. Der Bischof bettete ihn in einer kleinen Kapelle auf der Brücke zur letzten Ruhe; die Bürger von Avignon erklärten ihn zum Patron ihrer Stadt; und fünf Jahre später, bei der Einweihung der Brücke, übernahm auch die Zunft der Brückenbauer den heiligen Bénézet als ihren Schutzpatron.

1669, nachdem eine Flut einen Teil der Brücke weggespült hatte, verlegte man Bénézets Gebeine in die Kathedrale von Avignon, später in die Stadtkirche St. Didier. Seine Brücke, die berühmte Pont d'Avignon, steht immer noch, aber nur zur Hälfte, und in Avignon ist man Bénézet auch heute noch sehr zugetan.

SIEHE HEILIGENBILD AUF SEITE 103

BRUSTERKRANKUNGEN

Die heilige Agatha

GEST. CA. 249 ODER 251 – GEDENKTAG: 5. FEBRUAR

Viele Geschichtsbücher beschreiben die alten Römer als edel, gebildet und zivilisiert – obwohl ihr Rechtssystem einige der schlimmsten nur vorstellbaren Verbrechen hervorgebracht hat. Die Römer glaubten, dass Kriminelle (zu denen die Christen zählten) keine Menschen waren – sie unmenschlich zu behandeln war also logisch. Diese Begründung erlaubte es ihnen, Tausende von Sklaven, die am Spartacus-Aufstand beteiligt gewesen waren, ans Kreuz zu nageln, und es rechtfertigte auch, Dutzende christlicher Männer, Frauen und Kinder mit Pech zu bestreichen, bevor man sie als Fackelbeleuchtung im Garten von Kaiser Nero nutzte. So gesehen war das Martyrium der Agatha aus Catania nichts Besonderes. Ihre Qualen begannen mit einem Konsul namens Quintianus. Als Statthalter der Provinz Sizilien konnte Quintianus haben, was er wollte – und er wollte Agatha. Doch sie war eine wohlhabende Christin, die ihre Jungfräulichkeit Gott verschrieben hatte, und wies ihn daher ab. Verärgert darüber befahl Quintianus, Agatha zu verhaften und auf die Streckbank zu legen. Trotz entsetzlicher Schmerzen weigerte sie sich, ihrem Glauben abzuschwören oder den Konsul als ihren Liebhaber zu akzeptieren. Darauf befahl er den Henkern, ihre Brüste abzuschneiden.

Agatha war bewusstlos, als die Wächter sie zum Sterben in den Kerker warfen. Da kam der heilige Petrus vom Himmel herab und stellte ihre Brüste wieder her. Als die Gefängniswärter berichteten, dass Agatha gesund und am Leben sei, ließ Quintianus sie über heiße Kohlen rollen, bis sie starb. Die Verehrung Agathas begann in Sizilien und breitete sich in der gesamten christlichen Welt aus. Aufgrund der Verstümmelungen, die sie als Märtyrerin erlitt, war sie stets die Patronin von Frauen, die an jedweder Art von Brusterkrankung litten. In den letzten Jahren wurde sie insbesondere gegen Brustkrebs angerufen.

SIEHE HEILIGENBILD AUF SEITE 103

BUCHBINDER

Der heilige Columban von Luxeuil

CA. 521–597 – GEDENKTAG: 9. JUNI

Durch die Anerkennung Columbans von Luxeuil als Patron der Buchbinder hat die Kirche ihn de facto rehabilitiert. Im Grunde wäre er besser besetzt als Beschützer gegen Urheberrechtsverletzungen, Plagiate und Leute, die Bücher borgen, aber nie zurückgeben.

Columban kam als Prinz des O'Donnell-Clans in der County Donegal in Nordwestirland zur Welt. Wie so viele irische Christen seiner Zeit war Columban ein begeisterter Sammler schöner Bücher. Nicht lange nachdem er zum Priester geweiht war, wandte sich Columban an Finnian, den Vorsteher der Abtei Clonnard. Finnian war gerade aus Rom zurückgekehrt, wo er sich eine Ausgabe von Hieronymus' Übersetzung der Psalmen gekauft hatte. Das Buch, voll mit wunderbaren, handgeschriebenen Texten und illuminierten Rändern, war ein Kunstwerk für sich. Als Columban in diesem Schatz blätterte, wurde ihm klar, dass er ihn unbedingt haben musste. Deshalb machte sich Colum-

ban jede Nacht, nachdem Finnian und seine Mönche schlafen gegangen waren, an die Arbeit, eine exakte Kopie anzufertigen. Er hatte sie gerade fertig gestellt, als Finnian Wind davon bekam, was sein Gast da veranstaltete. Da die Kopie unautorisiert war, verlangte Finnian, dass Columban sie ihm überließ. Doch der weigerte sich. Ihr Streit uferte aus und zwang die übrigen Mönche einzugreifen – sie schlugen vor, dass Diarmaid, Irlands Overlord, den Fall entschied.

Also zogen Finnian und Columban zum Hof des Königs, wo jeder seine Sicht der Sache darlegte. Diarmaid überdachte den Fall und gab dann sein Urteil bekannt: »Jeder Kuh gehört ihr Kalb, und jedem Buch gehört seine Kopie.« Columban von Luxeuil war kaum in der Lage, seine Wut zu zügeln, und musste seine hart erarbeitete Kopie herausgeben. Nun zürnte er zweien – sowohl Finnian als auch Diarmaid. Nach Hause zurückgekehrt, trommelte Columban die Stammesführer und Krieger der O'Donnells zusammen. Er hielt eine wütende Rede, in der er behauptete, der König und der Vorsteher der Abtei hätten ihn beleidigt, die Ehre des Clans stünde auf dem Spiel. Aufgrund dieser feurigen Rede ihres Verwandten zogen die O'Donnells in den Krieg gegen Diarmaid und Finnian. Die beiden Heere trafen sich auf einer Ebene unterhalb eines Berges namens Ben Bulben, wo die O'Donnells Columbans Feinden eine schwere Niederlage beibrachten, dreitausend Mann blieben tot zurück. Der Kampf wurde als großer Sieg im O'Donnell-Land gefeiert, aber Columbans Privatkrieg wurde im Rest Irlands nicht gern gesehen.

Auf einer Sondersitzung, die stattfand, um das unglückselige Ereignis zu besprechen, wurden sich Bischöfe und Klostervorsteher einig, wenn jeder dünnhäutige Priester in den Krieg zöge, wann immer sein Stolz verletzt wäre, würde Irland zu einem Schlachthaus werden. Die meisten wollten ein Exempel an Columban statuieren und ihn exkommunizieren. Brendan von Birr jedoch setzte sich für eine weniger harte Strafe ein und schlug vor, ihn bloß lebenslang aus Irland zu verbannen. Davon ließ sich die Synode überzeugen, man verwies Columban des Landes. Sie befahlen ihm zudem, dreitausend Heiden zu bekehren – einen für jeden Mann, der in seinem Krieg zu Tode gekommen war.

Die Strafe, seine Heimat für immer verlassen zu müssen, brachte Columban zur Besinnung. Reumütig und gehorsam segelte er zur Insel Iona vor der Westküste Schottlands. Von dort aus begann er eine Mission ins Land der Pikten, die bis zum Ende seines Lebens weit mehr Menschen in den Schoß der Kirche führte als die dreitausend, nach denen die Synode verlangt hatte.

SIEHE HEILIGENBILD AUF SEITE 103

BUCHHALTER UND FINANZLEUTE

Der heilige Matthäus

I. JAHRHUNDERT – GEDENKTAG: 21. SEPTEMBER

Im Römischen Reich war Steuereintreiber bzw. Zolleinnehmer einer der lukrativsten Jobs, die es gab. Mit des Kaisers stillschweigendem Einverständnis konnten die Einnehmer den Schuldnern ihrer Bezirke Geld nach Gutdünken abringen und dann einen Teil der Einnahmen selbst behalten. Der Kaiser hatte nichts dagegen, solange der Großteil der Steuern in seiner Schatzkammer landete. Aber jüdische Schuldner, die riesige Summen zahlen sollten, sahen das nicht so locker, vor allem, wenn der Zöllner selbst Jude war, wie Matthäus. Jüdische Zolleinnehmer galten als hassenswerte Kollaborateure und Erpresser, die ihr eigenes Volk ausbeuteten. Es ist also kein Wunder, dass Steuereintreiber bzw. Zöllner in den Evangelien gleichauf mit Dirnen, Dieben und anderen schamlosen öffentlichen Sündern stehen.

Matthäus trieb die Steuern in Kafarnaum ein, einer Stadt in der Provinz Galiläa, die zugleich Standort einer römischen Garnison war. Jesus kam oft dorthin zu Besuch und wirkte Wunder wie die Heilung des Dieners des Hauptmanns von Kafarnaum, die Heilung der Schwiegermutter des Simon Petrus sowie die Auferweckung der Tochter eines Synagogenvorstehers. Eines Tages, als er am Zoll vorbeiging, wo Matthäus dabei war, seinen Nachbarn ein paar extra Schekel abzunehmen, blieb Jesus stehen und sagte: »Folge mir nach« (Mt 9,9). Mehr brauchte es nicht, um Matthäus' Herz anzurühren. Er stand auf, verließ für immer das Zollamt und gab sein Leben als Verräter auf, um Apostel zu werden, Verfasser eines Evangeliums und irgendwann ein Märtyrer.

Als Steuereintreiber bzw. Zolleinnehmer konnte Matthäus gut mit Zahlen umgehen. Logischerweise haben Buchhalter, Banker, Aktienhändler, Finanzfachleute und natürlich Finanzbeamte ihn zu ihrem Heiligen gemacht, den sie anrufen, wenn sie im Beruf Erfolg haben wollen.

SIEHE HEILIGENBILD AUF SEITE 104

BUCHHÄNDLER

Der heilige Johannes von Gott

1495–1550 – GEDENKTAG: 8. MÄRZ

Bücher zu verkaufen war nur einer von vielen Berufen des Mannes, der als Johannes von Gott bekannt wurde. Er arbeitete als Schafhirt auf dem Gut eines spanischen Grafen, er wurde Soldat, wurde aber beinahe gehängt, nachdem er seinen Posten als Wachmann der Regimentskasse verlassen hatte. Er reiste mit der edlen Absicht, christliche Sklaven aus maurischer Gefangenschaft zu befreien, nach Marokko, aber da er kein Geld hatte, gelang es ihm nicht, auch nur einen von ihnen freizukaufen. Schließlich eröffnete Johannes einen kleinen Laden in Granada, in dem er Bücher und Heiligenbilder feilbot. Wenn keine Kunden da waren, dachte er über das sündige Leben nach, das er bei den Soldaten geführt hatte. All das Trinken, Spielen und Herumhuren lastete auf ihm – und zwar so sehr, dass er aus dem seelischen Gleichgewicht geriet. Er begann schreiend vor Leid durch die Straßen zu laufen, so dass die Stadtväter ihn einsperren ließen. Glücklicherweise war Johannes von Ávila, ein bekannter Prediger und spiritueller Ratgeber, in der Stadt. Er besuchte seinen Namensvetter und hörte sich einen vermutlich langen und wirren Bericht an. Dann befahl er ihm, seine hysterischen Auftritte sein zu lassen und Gott zufriedenzustellen, indem er etwas für die Menschheit Nützliches tat. Johannes von Ávila versicherte den Stadtvätern, dass der Buchhändler wieder bei Verstand war, so dass er aus dem Irrenhaus entlassen wurde. Der Befreite hielt sich an den Rat seines Beichtvaters und gründete ein kleines Hospital für die Ärmsten, in dem er alle Arbeiten selbst erledigte. Später wurde den Bürgern von Granada klar, dass ihr Johannes kein Irrer war, sondern ein wahrer Heiliger. Sie begannen ihn Johannes von Gott zu nennen. Aufgrund seines spät entdeckten Dienstes an den Kranken ist Johannes von Gott nicht nur der Schutzpatron der Buchhändler, sondern zugleich der Patron der Krankenhäuser.

SIEHE HEILIGENBILD AUF SEITE 104

CHORKNABEN

Der heilige Gregor der Große

CA. 540–604 – GEDENKTAG: 3. SEPTEMBER

Jeder hat wohl schon von den Gregorianischen Gesängen gehört, den liturgischen Gesängen der römisch-katholischen Kirche, benannt nach Gregor dem Großen, jenem Papst, der sie zum Grundstein für die Kirchenmusik machte. Obwohl es unwahrscheinlich ist, dass Gregor selbst irgendwelche Gesänge komponierte, so sammelte und arrangierte er vorhandene Chorgesänge neu, weswegen er zum Schutzpatron der Chorknaben, Kirchensolisten und Kirchenmusiker wurde.

Der kirchliche Gesang ging aus der frühchristlichen Musik hervor, den Gesängen, die die ersten Christen in ihren Synagogen und im Tempel von Jerusalem gehört hatten. Als Gregor geboren wurde, hatten sich bereits in verschiedenen Ecken des Römischen Reiches unterschiedliche Stile des liturgischen Gesangs entwickelt. Die Griechen in Konstantinopel, die Chaldäer im heutigen Irak und Iran, die Kopten in Ägypten sowie die Christen in Spanien, Frankreich und der Erzdiözese Mailand – sie alle pflegten ihre eigenen Singweisen. Der Gregorianische Gesang oder Gregorianische Choral war der Gesangsstil, der in Rom gehört wurde. Die Mönche, Bischöfe und Könige, die auf ihren Pilgerreisen die Stadt besuchten, waren von der Schönheit des Gesangs so angerührt, dass sie ihn an ihren Klöstern und Kirchen in ganz Westeuropa einführten. Manchmal gelang es ihnen sogar, ausgebildete Sänger römischer Chöre zu überreden, die Reise über die Alpen anzutreten, um die germanischen Völker zu lehren, den liturgischen Gesang auf römische Art auszuführen.

Wohlklingende Kirchenmusik war nur eines von Papst Gregors Interessen. Er war Benediktinermönch gewesen und blickte stets auf seine Jahre im Kloster als die glücklichsten seines Lebens zurück. Daher förderte er die Ausbreitung des benediktinischen Mönchtums in ganz Europa.

Als Papst (590–604) regierte er das vom oströmischen Kaiser verlassene

Rom, schloss Frieden mit Barbaren-führern, die eine Gefahr für die Stadt darstellten, ernannte Generäle, um sie zu verteidigen, ordnete die Verwaltung der Ländereien der römischen Kirche neu, befahl den Präfekten in Nordafrika, Sizilien und Kroatien, den Löwenanteil ihrer Ernten nach Rom zu schicken, um den chronischen Nahrungsmangel dort zu lindern. Auf dieselbe pragmatische Weise führte er die Kirche, verfasste u. a. die *Regula pastoralis*, einen Grundriss der Pflichten eines guten Bischofs.

Abgesehen von den Gregorianischen Gesängen ist die bekannteste Leistung Gregors des Großen die benediktini-sche Mission in Angelsachen (heute England). Der Legende nach, er war noch nicht Papst, ging er eines Tages über den Markt und sah eine Gruppe halbwüchsiger Jungen, die als Sklaven versteigert werden sollten. Die Jungen hatten blonde Haare, blaue Augen und helle Haut. »Wer ist das?«, fragte Gregor einen Mann auf dem Markt. »Das sind Angeln«, entgegnete der Mann. »Das sind keine Angeln«, entgegnete Gregor, »das sind Engel.« Jahre später, als Papst, schickte Gregor vierzig Benediktinermönche aus, um die Angelsachsen zu bekehren.

SIEHE HEILIGENBILD AUF SEITE 104

CHRONISCHE KRANKHEITEN

Die heilige Juliana von Falconieri

1270–1341 – GEDENKTAG: 19. JUNI

Juliana von Falconieri wuchs unter Heiligen auf. Ihr Onkel, Alexis Falconieri, war einer der sieben Gründer des Ordo Servarum Mariae – des Ordens der Diener Mariens von 1233 in Florenz. Der Priester, der sie in ihrer Kindheit unterrichtet hatte und ihr Seelsorger war, war der heilige Philipp Benizi, einer der ersten Superioren der Serviten, wie die Mitglieder des Ordens genannt werden. Durch die Frömmigkeit in ihrer direkten Umgebung angeregt, entschied Juliana sich für einen Eintritt in den Bettelorden, der sich um einen weiblichen Zweig vergrößert hatte (1280). Mit Aktionen, die wir heute Gemeindemission nennen würden, versuchten die Ordenspriester und Ordensbrüder, ihre Marienverehrung zu verbreiten und die Gläubigen zu ermutigen, vom sündigen Verhalten zu lassen und sich intensiver für ihren Glauben einzusetzen. Juliana ergänzte die Aufgaben der Serviten um wohltätige Arbeiten, indem sie auf die Straßen von Florenz ging, um den Kranken, den Schwachen und den Verlassenen zu helfen. Die Arbeit war hart und schmutzig, und um es dabei leichter zu haben, kürzten Juliana und die Frauen, die sich ihr anschlossen, die Ärmel ihres Ordensgewandes bzw. Habits. Aufgrund ihres Kampfes gegen eine Krankheit wurde Juliana die Schutzpatronin aller an einer chronischen Krankheit Leidenden. In den letzten Jahren ihres Lebens litt sie an einer Magenerkrankung. Sie wusste nie, wann ein Übelkeitsanfall oder schwere Krämpfe sie niederwerfen würden. Als sie im Sterben lag, musste sie sich derart heftig übergeben, dass der die Krankenölung spendende Priester nicht glaubte, dass sie die heilige Kommunion empfangen konnte. Und so bedeckte er auf Julianas Bitte hin ihre Brust mit dem geweihten liturgischen Linnen, dem Corporale, und legte ihr die Hostie auf das Herz. Die Legende erzählt, dass die Hostie, die Kommunion, nach einigen wenigen Augenblicken nicht mehr da war.

SIEHE HEILIGENBILD AUF SEITE 104

DARMERKRANKUNGEN

Der heilige Bonaventura

1221–1274 – GEDENKTAG: 15. JULI

Bonaventura, der eigentlich Giovanni Fidanza hieß, war auf einem Konzil in Lyon in Frankreich, als er entsetzliche Magenschmerzen bekam und starb. Einige Biografen behaupten, er sei an einem Blasenriss ums Leben gekommen. Andere behaupten, extremistische Mitglieder seines eigenen Ordens, der Franziskaner, hätten ihn vergiftet. Wie es sich auch immer verhalten haben mag, Bonaventura wurde zum Schutzpatron derjenigen, die an Magen-Darm-Problemen leiden.

Bonaventura war ein Wunderkind des Mittelalters. Als Mystiker, bewanderter Autor, inspirierender Prediger und begeisterter Advokat des Franziskanerordens half er »einfachen« Brüdern in die Universitäten und in die höchsten Ämter der Kirche. (Bonaventura selbst schaffte es bis zum Kardinal.) Des heiligen Franziskus' ursprüngliches Prinzip absoluter Armut hatte gut funktioniert, als die Franziskanerbewegung aus nur einem Dutzend Männer bestand. Aber nach seinem Tod zählten die Franziskaner Tausende, und ihre Missionen breiteten sich über Europa aus. Bonaventura wurde klar, wenn man die Brüder zwang, in Lumpen zu leben, ohne ein Dach über dem Kopf oder das Wissen, woher ihre nächste Mahlzeit kam, würden sie zu einer Last für die Allgemeinheit werden und die Bewegung müsste daran letztlich scheitern. Er setzte sich daher für eine Modifikation ein, die es jeder Franziskanergemeinschaft erlaubte, ein ständiges Heim zu haben. Die Brüder würden zwar persönlich nichts besitzen, ihr Leben würde äußerst einfach bleiben, aber sie müssten nicht mehr länger auf der Straße betteln. Bonaventura argumentierte darüber hinaus, dass die Franziskaner nicht weltfern bleiben durften. Auf sein Drängen hin gingen viele Brüder an die Universitäten und wurden Professoren. Die Verfassung und Organisation, die Bonaventura seinem Orden als General gab, sind bis zum heutigen Tag gültig.

SIEHE HEILIGENBILD AUF SEITE 105

DIAKONE

Der heilige Stephanus

GEST. CA. 34 – GEDENKTAG: 26. DEZEMBER

Die Apostelgeschichte des Lukas, ein Buch des Neuen Testaments, stellt unsere einzige Informationsquelle für Stephanus dar. Als einer der ersten sieben Archidiakone (Almosenpfleger) der Kirche wurde Stephanus von den Aposteln selbst ausgewählt und zum Priester geweiht. Die Apostelgeschichte verrät uns, dass er von einer beeindruckenden Erscheinung war mit dem »Antlitz eines Engels« (Apg 6,15). Er entstammte einer Familie griechischer Juden, und nach seiner Priesterweihe debattierte er als Haupt einer Gruppe von Judenchristen mit Mitgliedern von vier der griechischen Synagogen Jerusalems. Als sie den ehrgeizigen jungen Archidiakon weder widerlegen noch zum Schweigen bringen konnten, zerrten die griechischen Juden Stephanus vor den Hohen Rat, warfen ihm Blasphemie vor, weil er den Tempel und das Gesetz Mose verspotte.

Um sich zu verteidigen, begann Stephanus mit einer langen Rede. Er beleuchtete Augenblicke in der jüdischen Geschichte, als das Volk Israels sich von Gott abgewandt hatte, und implizierte, dass sie, indem sie Jesus Christus nicht als den Messias anerkannten, wieder einmal stur, stolz und ungläubig waren. Dann rief er aus: »Seht, ich sehe die Himmel offen und den Menschensohn stehen zur Rechten Gottes« (Apg 7,56). Das war der Tropfen, der das Fass zum Überlaufen brachte. Mit einem empörten Aufschrei rannten die Männer, die zugegen waren, auf Stephanus zu, zerrten ihn vor die Tore der Stadt und steinigten ihn. Als er zu Boden stürzte, betete er: »Herr, rechne ihnen diese Sünde nicht an!« (Apg 7,60) Ein Mann, der dies alles beobachtete und Stephanus' Exekution offenbar guthieß – er sah die Männer, die Steine warfen –, war ein entschlossener Christenhasser namens Saul, der spätere große Apostel Paulus. Stephanus gilt als der erste christliche Märtyrer und als ein Vorbild für Diakone (»die der ›Liebestätigkeit‹ Verpflichteten«).

SIEHE HEILIGENBILD AUF SEITE 105

DICHTER

Der heilige König David

CA. 1085– CA. 1015 V. CHR. – GEDENKTAG: 29. DEZEMBER

Die Psalmen sind der Kern des Gebets der Kirche. Diese geistlichen Lieder, bereichern sowohl die Messe als auch das kirchliche Stundengebet von Priestern, Mönchen und Nonnen. Der Überlieferung nach hat David, ein Schäferjunge, der Goliath besiegte und König von Israel wurde, alle 150 Psalmen verfasst. Obwohl das vermutlich eine Übertreibung ist, schrieb er zumindest einige, darunter mit recht hoher Wahrscheinlichkeit Psalm 23: »Der Herr ist mein Hirte …« Dafür allein hat er es verdient, Schutzpatron der Dichter zu sein. Es mag eigenartig erscheinen, eine Gestalt aus dem Alten Testament als Heiligen zu ehren, da ein Heiliger jemand ist, der versucht hat, Christus nachzueifern – und die heiligen Männer und Frauen des »alten« Teils der Bibel lebten vor Christi Geburt. Nichtsdestotrotz kam die Verehrung einer Handvoll Gestalten aus dem Alten Testament im Westen auf, vor allem die des David, des Propheten Elija sowie der sieben Makkabäer-Brüder, die den Märtyrertod gestorben waren. In der Ostkirche ist diese Verehrung noch deutlich weiter verbreitet und schließt Adam und Eva ein, deren Gedenktag der Heiligabend ist. Die Bibel berichtet, dass David sein ganzes Leben lang Musik und Dichtung liebte. Als Halbwüchsiger spielte er die Harfe und sang, um den düsteren, übellaunigen König Saul zu beruhigen. Später, als er selbst König war, ließ er die Bundeslade nach Jerusalem holen, wo er vierundzwanzig unterschiedliche Chöre begründete, die bei täglichen Opferfesten und anderen Gottesdiensten sangen. David war zudem Prophet, denn einige seiner Psalmen sagen das Kommen des Messias voraus, insbesondere seine Kreuzigung: »… du legst mich in Todesstaub … eine Rotte von Frevlern umgibt mich. Sie zerreißen mir Hände und Füße … Sie verteilen meine Kleider unter sich und werfen über mein Gewand das Los« (Ps 22,16–18).

SIEHE HEILIGENBILD AUF SEITE 105

DIEBE

Dismas (er wurde nie kanonisiert)

GEST. CA. 30 – GEDENKTAG: 25. MÄRZ

Die Evangelien berichten uns, dass Christus zwischen zwei Dieben am Kreuz hing. Im Lukasevangelium finden wir die ausführlichste Darstellung von Jesu Kreuzigung und Tod. Als die drei Männer sterbend an ihren Kreuzen hingen, verhöhnte der »böse Dieb« Jesus mit den Worten: »Bist du nicht der Messias, hilf dir selbst und uns!«, woraufhin der »gute Dieb« sich zu Wort meldete. »Hast nicht einmal du Furcht vor Gott, der du das gleiche Gericht erleidest?«, fragte er seinen Kollegen. »Wir leiden mit Recht, denn wir empfangen, was unsere Taten verdienen; dieser aber hat nichts Unrechtes getan.« Dann wendet er sich an Christus und sagt: »Jesus, gedenke meiner, wenn du in dein Reich kommst!« Und Jesus entgegnete: »Wahrlich, ich sage dir: Heute noch wirst du mit mir im Paradiese sein« (Lk 23,39–43). Bis anno 600 hatte die Überlieferung beiden Dieben Namen gegeben: Der böse Dieb hieß Gestas, der gute Dieb hieß Dismas. Wann genau der gute Dieb zum Schutzpatron von Dieben aufstieg,

weiß man nicht, aber etliche heutige Gefängnispfarrer sind auf den heiligen Dismas geweiht. 1961 erwachte das Interesse an ihm erneut, als der Film »… der werfe den ersten Stein« in den Kinos lief. Er erzählt die Geschichte von Pater Charles Dismas Clark, der als Gefängnispfarrer dient und Insassen hilft, ihr Leben zu ändern. Der heilige Dismas spielte auch in einer anderen Geschichte eine wichtige Rolle. Im Koreakrieg nahmen im November 1950 die Nordkoreaner zwölfhundert amerikanische Soldaten gefangen. Unter den Gefangenen war Pater Emil Kapuan, ein Kaplan aus Pilsen in Kansas. Im Gefangenenlager bekamen die Amerikaner nicht genug zu essen, also begann Vater Kapuan, Essen aus dem Bestand der Wächter zu stehlen. Jede Nacht, bevor er aus seiner Baracke schlich, um etwas zu essen zu besorgen, wandte sich Pater Kapuan an den heiligen Dismas, den guten Dieb.

SIEHE HEILIGENBILD AUF SEITE 105

DIÖZESANVERWALTUNG

Der heilige Thomas Becket

1118–1170 – GEDENKTAG: 29. DEZEMBER

Nichts in Thomas Beckets frühen Jahren deutete darauf hin, dass er die Freiheit der Kirche verteidigen würde, ganz zu schweigen davon, ein Märtyrer zu werden. Ehrgeiz, nicht Gottesfürchtigkeit, führten zu seiner kirchlichen Karriere. Er war ein geschickter Verwalter mit einem großen Talent zum Geldverdienen. Er sah gut aus und konnte nett sein, wenn es nötig war. Er erwies sich als idealer königlicher Diener – was immer König Heinrich II. erledigt haben wollte, erledigte Becket, der seit 1154 sein Kanzler war. Als 1162 der alte Erzbischof von Canterbury starb, machte Heinrich ein königliches Privileg geltend, das viele europäische Könige für sich reklamierten: Er beanspruchte, den Nachfolger zu ernennen. Heinrich erhob Becket. Aus Sicht des Königs war Becket die perfekte Wahl. Mit einem seiner engsten Vertrauten als Erzbischof von Canterbury hatte Heinrich das Gefühl, seine königliche Macht über den Klerus in England ausdehnen zu können. Doch da hatte er unrecht.

Als Thomas Becket zum Erzbischof von Canterbury geweiht wurde, berührte die Gnade sein Herz, und er wurde ein neuer Mann. Er betete und las die Messe genauso sorgfältig, wie er zuvor die Geschäfte des Königs geführt hatte. Er tat Buße für einen jahrelangen sorglosen Lebenswandel. Der Mann, der sich geweigert hatte, einem frierenden Bettler ein Gewand zu geben, spendete jetzt den Armen großzügig. Wir wissen nicht, ob Heinrich die Veränderung seines Freundes bemerkte. Als der König jedoch seinen ersten Zug gegen die Kirche tat, wurde klar, dass Becket nicht bloß die Marionette war, als die der König sich dem Erzbischof vorgestellt hatte. Beim ersten Streit, einem Streit um die kirchliche Gerichtsbarkeit, argumentierte Heinrich, dass Priester, die Verbrechen begangen hatten, von geistlichen Gerichten zu milde bestraft würden und vor die weltlichen Gerichte Englands gehörten. Becket entgegnete, dass Laien Männer der Kirche nicht verurteilen konnten. Verärgert über Beckets

Opposition überschüttete Heinrich seinen ehemaligen Freund mit falschen Vorwürfen. Er klagte Becket an, königliche Gelder veruntreut zu haben, und warf dem Erzbischof sogar Hochverrat vor. Todesdrohungen der Männer des Königs folgten. Becket fürchtete um sein Leben und floh nach Frankreich.

Die nächsten sechs Jahre stritten sich Heinrich und Becket über Zuständigkeit und Nichtzuständigkeit von kirchlicher und weltlicher Jurisdiktion, jeder versuchte die Unterstützung des Papstes zu erhalten. Am Ende erarbeiteten Unterhändler beider Seiten einen Waffenstillstand, der es Becket erlaubte, nach Hause nach Canterbury zurückzukehren, obwohl das zentrale Thema, die kirchlichen Freiheiten, ungeklärt blieb. Als Becket Bischöfe exkommunizierte, die Heinrich unterstützt und die Prärogative des Erzbischofs von Canterbury verletzt hatten, bekam Heinrich einen seiner berühmten Wutanfälle, der mit dem Ausruf endete: »Kann mir denn niemand diesen elenden Priester vom Leib schaffen?«

Vier Ritter des Königs, allesamt bittere Feinde des Erzbischofs, zogen augenblicklich gen Canterbury. Sie stellten Becket in seiner eigenen Kirche und forderten, dass er allen Forderungen Heinrichs nachgäbe. Als der Erzbischof sich weigerte, griffen die Ritter an und töteten ihn am Fuß des Altars der Kathedrale.

Der Schock über den Mord an Becket hallte in Europa wider. Heinrich tat öffentlich Buße, ließ sich von den Mönchen Canterburys vor dem Grab seines Freundes kniend auspeitschen. Innerhalb von zwei Jahren erklärte der Papst Thomas Becket zum Heiligen. Bald schon traten Pilger aus jeder Ecke Englands und der gesamten Christenheit die Reise zum Grab des heiligen Thomas in Canterbury an.

Thomas Becket stritt mit seinem König über die Freiheit der Kirche, aber es waren die Rechte des Klerus, die verlorengegangen wären, hätte der König gesiegt. Daher betrachtet der hohe Klerus den Erzbischof als seinen besonderen Champion.

SIEHE HEILIGENBILD AUF SEITE 106

DISKRETION

Der heilige Johannes Nepomuk

Wie Thomas Becket war auch Johannes Nepomuk ein hochrangiger kirchlicher Würdenträger, der seinen König verärgerte. Wenzel IV., König von Böhmen, wollte einen seiner Getreuen zum Bischof machen. Als der Abt eines wichtigen Klosters starb. Wenzel bestand darauf, dass die Kirche die Abtei zur Kathedrale umwidmete mit seinem eigenen Kandidaten als erstem Bischof. Als Generalvikar des Erzbischofs von Prag entgegnete Johannes im Namen der Kirche: Das kirchliche Recht lasse keine Veränderungen eines Bistums zu, nur um den Wünschen eines Königs zu entsprechen. Es war ein unglücklicher Zufall, dass ausgerechnet Johannes Nepomuk antwortete, denn der König konnte ihn sowieso nicht leiden. Wenzel vermutete, dass seine Frau ihn betrog, und hatte Johannes, Beichtvater der Gemahlin des Königs, befohlen, ihm zu sagen, was sie ihm gebeichtet habe. Aber das Beichtsiegel ist unverletzlich, und Johannes weigerte sich, die Beichte der Königin zu offenbaren.

Jetzt, wo Johannes Nepomuk ihm erneut in den Weg geriet, kochte Wenzel vor Wut. Er ließ Johannes und drei weitere Kirchenmänner gefangen nehmen und foltern. Unter der Folter schworen die Geistlichen, das »Recht« des Königs anzuerkennen, neue Bistümer einzurichten und Bischöfe zu ernennen, nur Johannes blieb unbeugsam. Die Folterknechte legten ihn auf die Streckbank – doch er gab nicht nach. Wenzel befahl, Johannes mit einem Holzpflock zu knebeln, in Ketten durch die Straßen Prags zu führen und dann in die Moldau zu werfen. Nach seinem Tod geriet Johannes' Verteidigung des Kirchenrechts beinahe in Vergessenheit zugunsten seines Einsatzes für das Beichtgeheimnis. Aus diesem Grunde wurde er zum Märtyrer und zum Schutzpatron der Diskretion, was Beichtväter, Beichtende und alle, die ein Geheimnis für sich behalten müssen, einschließt.

SIEHE HEILIGENBILD AUF SEITE 106

EHEMÄNNER

Der heilige Ludwig IX. von Frankreich

1214–1270 – GEDENKTAG: 25. AUGUST

Ludwig (Louis) war vierzehn Jahre alt und bereits König von Frankreich, als er die dreizehnjährige Margarete von der Provence heiratete. In vielerlei Hinsicht war Ludwig anders als andere königliche Ehemänner: Er liebte seine Frau, behandelte sie respektvoll und wurde ihr nie untreu. Obwohl eindeutig fromm, versuchte Ludwig in seiner Ehe ganz sicher nicht, wie ein Mönch zu leben. Zeitgenossen berichten uns, dass er sein Leben lang einen starken Geschlechtstrieb hatte; in der Tat bekamen Ludwig und Margarete in zweiundvierzig Ehejahren elf Kinder. Wenn man noch Ludwigs Wohlstand, Rang und Macht hinzunimmt, ist es kein Wunder, dass er als vorbildlicher Ehemann geehrt wird.

Ludwig war überzeugt, dass Gott ihn zum König gemacht hatte, damit er Gutes für sein Königreich, die Kirche und die christliche Welt tun konnte. Er bestand darauf, dass die Richter alle französischen Bürger gerecht behandelten und dass sie, wann immer möglich, Gnade walten ließen. Er erklärte sich bereit, selbst jedes Problem, von Privatstreitigkeiten bis zu Bürgerkriegen, zu schlichten. In seinem Königreich förderte er die Gründung von Universitäten und zeigte sich als großzügiger Kunstmäzen – sein berühmtester Auftrag ist ein Juwel gotischer Architektur, die Sainte-Chapelle in Paris, ein exquisiter Schrein für eine Reliquie, die er für die wahre Dornenkrone hielt. Ludwig war ausgesprochen großzügig den Armen und Schwachen gegenüber, verteilte an alle, die ans Tor seines Palastes kamen, Körbe voll mit Lebensmitteln.

Am bekanntesten ist Ludwig jedoch als Kreuzfahrer geworden. Anfang 1214 wurde Europa von mongolischen Horden angegriffen, und die Christen im Heiligen Land standen kurz davor, durch die Sarazenen vollständig ausgelöscht zu werden. 1248 eroberten Ludwig und sein Kreuzfahrerheer die ägyptische Hafenstadt Damietta im Nildelta. Da Ägypten das Tor für die Einfälle in das Heilige Land war, glaubten die Kreuzfahrer, dass, wenn sie die Region besetzten oder zumindest unterwarfen, sie die Heere der Mohammedaner zwingen könnten, Frieden zu schließen. Aber 1250, in der großen Schlacht bei al-Mansura, wurde das Kreuzfahrerheer geschlagen und Ludwig gefangen genommen. Um sich und seine Männer zu befreien, musste der König eine enorme Lösegeldsumme in Gold zahlen und Damietta dem Sultan von Ägypten zurückgeben.

Die nächsten zwanzig Jahre konzentrierte sich Ludwig auf Frankreich. Doch als der Sultan das Heilige Land erneut angriff, sammelte Ludwig ein Heer für einen weiteren Kreuzzug. Er kam bis nach Tunis in Nordafrika, wo er an Typhus und Ruhr erkrankte und starb. Selbst auf seinem Totenbett versuchte er, noch Gutes zu tun: Er rief die Botschafter von Konstantinopel zu sich, um sie zu drängen, auf die Versöhnung der griechisch-katholischen und römisch-katholischen Kirche hinzuwirken.

Das Herrscherhaus Ludwigs IX., die Bourbonen, hielt sich weitere fünfhundert Jahre, bis zur Französischen Revolution, als Ludwig XVI. durch die Guillotine starb. Als die Klinge fiel, rief der Kaplan des Königs: »Sohn des heiligen Ludwig, fahr in den Himmel auf!«

SIEHE HEILIGENBILD AUF SEITE 106

FINDEN EINES EHEMANNS

Der heilige Apostel Andreas

1. JAHRHUNDERT – GEDENKTAG: 30. NOVEMBER

Menschen in aller Welt versuchen auf die unterschiedlichsten Arten, in die Zukunft zu schauen. Als das Christentum sich in Europa ausbreitete, war die Wahrsagerei oft am schwersten auszurotten. Ratlos »tauften« manche Gemeindepriester die alten Bräuche, indem sie den Aberglauben durch Gebete zu den Heiligen ersetzten. In Schottland ermutigte man Frauen, die einen Mann suchten, zu Apostel Andreas, dem Bruder des Simon Petrus, zu beten, sicher weil er der Nationalheilige Schottlands war. Sie beteten tatsächlich – und so wurde Andreas zum Schutzpatron aller Frauen, die nach einem Mann suchten. Sie erhöhten ihre Chancen noch, indem sie auch einige der alten Tricks beibehielten. Am 29. November, dem Abend vor dem Gedenktag des Apostels Andreas, sollte eine alleinstehende schottische Frau ihren Schuh gegen die Tür werfen. Zeigte er beim Landen mit der Spitze nach draußen, hieß es, dass sie innerhalb eines Jahres heiraten und das Haus ihrer Eltern verlassen würde. Landete er mit der Spitze gen Zimmer, bedeutete dies, dass sie im folgenden Jahr nicht heiraten würde. Ein anderer Brauch bestand darin, an diesem Abend wach zu bleiben und auf bellende Hunde zu horchen. Ihr Ruf würde die Richtung vorhersagen, aus der der zukünftige Ehemann käme. Deutsche Frauen begannen später ebenfalls, sich an Andreas zu wenden, damit er ihnen half, einen Mann zu finden. In den deutschsprachigen Ländern riet man den Frauen, am Abend vor seinem Gedenktag zu Andreas zu beten und dann nackt ins Bett zu gehen. In ihren Träumen würde Andreas ihnen eine Vision ihres zukünftigen Mannes schicken.

SIEHE HEILIGENBILD AUF SEITE 106

VIRGO SCSA
DOROTHEA
TRANSMISIT
HÆC TIBI DE
PARADISO SPONSI
SVI

Nr. 321   VLA
HL. DOROTHEA
(6. FEBER)

BRÄUTE
Die heilige Dorothea

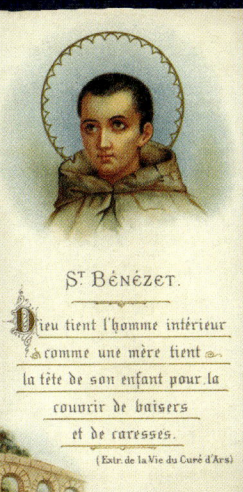

ST BÉNÉZET.

Dieu tient l'homme intérieur
comme une mère tient
la tête de son enfant pour la
couvrir de baisers
et de caresses.

(Extr. de la Vie du Curé d'Ars)

Déposé.

BRÜCKEN
Der heilige Bénézet

R. Margreiter   GL 1055
ST. AGATHA

BRUSTERKRANKUNGEN

BUCHBINDER

BUCHHALTER UND FINANZLEUTE
Der heilige Matthäus

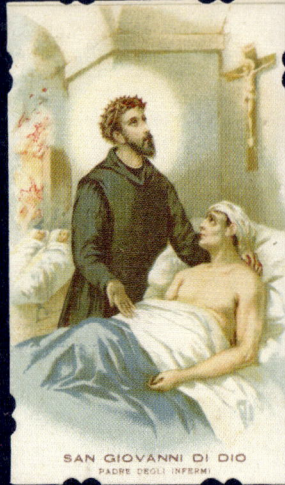

SAN GIOVANNI DI DIO
PADRE DEGLI INFERMI

BUCHHÄNDLER
Der heilige Johannes von Got...

Sanctus Gregorius.- Saint Grégoire.

CHORKNABEN
Der heilige Gregor der Große

B. Juliana von Lüttich.

CHRONISCHE KRANKHEITEN
Die heilige Juliana von Falconi...

DARMERKRANKUNGEN

Der heilige Bonaventura

DIAKONE

Der heilige Stephanus

DICHTER

DIEBE

S. THOMAS CANTURRIENSIS.

POD OCHRANU TVOU UTÍKÁME SE, SVATÁ BOŽÍ RODIČKO!

DIÖZESANVERWALTUNG

Der heilige Thomas Becket

DISKRETION

Der heilige Johannes Nepomuk

S. Lodovico Re di Francia
protettore dei Terziari francescani
Il Signore mi conduce,
nulla mi mancherà

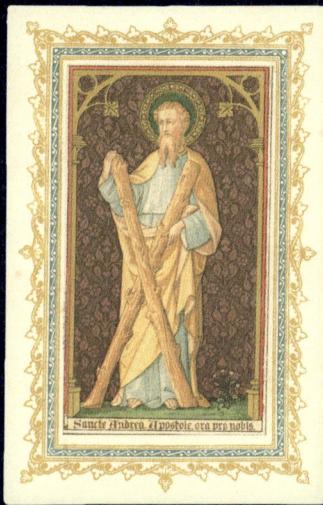

Sancte Andrea Apostole ora pro nobis.

EHEMÄNNER

Der heilige Ludwig IX. von Frankreich

FINDEN EINES EHEMANNS

Der heilige Apostel Andreas

Unglückliche Ehen

Der heilige Guntmar von Nivesdonck

717–774 – Gedenktag: 11. Oktober

Nicht einmal Heilige sind immun gegen unglückliche Ehen, aber nur wenige machten so viel mit wie Guntmar. Der Sohn eines Edelmannes wurde in der Nähe von Lier im heutigen Belgien geboren. Sein Vater schickte ihn in der Hoffnung, dass sein Sohn wohlhabend und einflussreich würde, in die Dienste des fränkischen Königs Pippin des Kurzen (dem Vater des späteren Kaisers Karl des Großen). Während Guntmar als Beamter an Pippins Hof diente, sorgte seine Familie dafür, dass er ein Edelfräulein namens Guinmarie heiratete. Die beiden passten gar nicht zueinander. Guntmar war freundlich, milde und fromm. Guinmarie hingegen war eine schrille, laute Nervensäge, die jede Münze, die Guntmar den Schlechtergestellten gab, als Geldverschwendung ansah. Das Paar stritt ständig, und nichts, was Guntmar sagte oder tat, stellte seine Frau zufrieden. Dass sie keine Kinder hatten, mag da nicht überraschen. Es muss also eine gewisse Erleichterung gewesen sein, als König Pippin Guntmar auf einen langen Militäreinsatz in Deutschland und Norditalien schickte. Guntmar war acht Jahre unterwegs. Als er nach Hause zurückkehrte, stellte er fest, dass Guinmarie sein Gut praktisch vollkommen heruntergewirtschaftet hatte. Sie hatte den Mägden und Knechten keinen Lohn gezahlt, von den Pächtern so hohe Abgaben gefordert, dass sie praktisch verhungerten, und das Gutshaus verfallen lassen. Jetzt, wo er zurück war, entschädigte Guntmar alle, die seine Frau betrogen und misshandelt hatte, und begann dann mit den Reparaturarbeiten seines eigenen Hauses. Logischerweise bestand er auch auf einer Trennung. Die Unterlagen sagen nicht, wohin es Guinmarie verschlug. Guntmar blieb auf seinem Gut, bis er sich zum Ende seines Lebens eine Einsiedelei und Kapelle an einem ruhigen Ort errichtete und dort seine letzten Jahre verbrachte. Er muss die Stille genossen haben.

Siehe Heiligenbild auf Seite 123

EIFERSUCHT

Die heilige Elisabeth von Portugal

1271–1336 – GEDENKTAG: 4. JULI

Wie ihre Großtante Elisabeth von Thüringen heiratete auch Elisabeth von Portugal sehr jung. Mit zwölf wurde sie Braut des zwanzigjährigen portugiesischen Königs Dinis. Dinis hatte wenig Interesse an seiner Kinderbraut, also vergingen etliche Jahre, bevor die Ehe vollzogen wurde. (Elisabeth war neunzehn, als sie ihr erstes Kind zur Welt brachte.) Aber bis dahin war Dinis bestimmt nicht einsam. Er hatte eine Menge Geliebte, mit denen er sieben, vielleicht sogar neun Kinder bekam. Dinis mochte seine illegitimen Kinder sehr, er ließ sie alle in seinem Palast aufwachsen und bestand darauf, dass Elisabeth sie großzog. Eine derart herzlose Forderung könnte problemlos eine Ehe zerrütten, aber was auch immer Elisabeth gefühlt haben mag, sie behielt es für sich und erwies sich als liebevolle Stiefmutter. So herzlos Dinis gegen seine Frau war, er vergrößerte das Problem noch, indem er einen seiner illegitimen Söhne seinem ältesten Sohn und Erben Alfonso vorzog. Im Gegensatz zu seiner heiligen Mutter unterdrückte Prinz Alfonso seine Eifersucht und Verbitterung nicht. Viermal plante Alfonso, seinen Vater zu stürzen und die Krone an sich zu reißen. Jedes Mal stiftete Elisabeth Frieden in der Familie. Einmal, als Alfonsos Streitmacht am einen Ende des Schlachtfeldes Aufstellung genommen hatte und König Dinis' Männer am anderen, ritt Elisabeth und wollte das Feld nicht verlassen, bevor Vater und Sohn sich wieder vertragen hatten. Wir wissen nicht, ob Dinis Elisabeth jemals darum bat, ihm für den Schmerz zu vergeben, den er ihr zugefügt hatte. Aber nach dem Tod des Königs ernannte sein Testament sie zur Alleinerbin. Obwohl Dinis Elisabeth zu seinen Lebzeiten nicht respektierte, zeigte er ihr nach seinem Tod seine Wertschätzung.

SIEHE HEILIGENBILD AUF SEITE 123

108

Einheit von lateinischer Kirche und Ostkirchen

Der heilige Kyrill und der heilige Method(ius)

827–869, 826–885 – Gedenktag: 14. Februar

Die Heiligen Kyrill und Method werden als das Bindeglied zwischen der Ostkirche und der lateinischen Kirche betrachtet. Die beiden aus Thessaloniki stammenden Brüder absolvierten ihre Priesterausbildung in Konstantinopel und wurden 861 vom byzantinischen Kaiser als Missionare ins Land der Chasaren geschickt, die heutige Ukraine. Die Mission verfolgte zwei Ziele: die Allianz zwischen den Byzantinern und den Chasaren zu stärken und die Chasaren (die zum Judentum übergetreten waren) zurück in die christliche Kirche zu holen. Die Mission war ein riesiger Erfolg. Kyrill und Method wurde klar, dass die slawischen Länder bereit waren, bekehrt zu werden.

Sie wählten Mähren (heute Tschechische Republik) als nächstes Ziel ihrer Missionstätigkeit, aber mit der Zeit wurde deutlich, dass einige Hindernisse ihrem Erfolg im Weg standen. Die Bibel und die liturgischen Bücher waren in Latein oder Griechisch geschrieben, und die Messe wurde in Lateinisch oder Griechisch gehalten, Sprachen, die die Slawen nicht verstanden. Also entwarfen die Brüder erst ein neues Alphabet, das kyrillische (nach Kyrill benannt), dann übersetzten sie die Bibel und die Liturgie ins Slawische, eine Sprache, die fast alle slawischen Völker verstanden. Aufgrund dessen gab es eine Flut neuer Kircheneintritte in Mähren, Böhmen, Kroatien, Serbien und Slowenien. Die Messe, die die Brüder in die slawischen Länder brachten, war die byzantinische Liturgie, die Messe der Ostkirche. Aber da die Brüder vor der Spaltung der Kirche in lateinische und griechische Kirche lebten, waren Kyrill und Method dem Papst gegenüber loyal. Sozusagen mit einem Fuß in jeder Welt, wurden die Brüder zu jenen Heiligen, an die man sich zur Wiedervereinigung der römisch-katholischen und orthodoxen Kirchen wandte.

Siehe Heiligenbild auf Seite 123

EINKEHRTAGE

Der heilige Ignatius von Loyola

1491–1556 – GEDENKTAG: 31. JULI

Die letzten vierhundert Jahre folgten Katholiken, die unter Leitung eines Seelenführers an Exerzitien (geistlichen Übungen) teilnehmen wollten, höchstwahrscheinlich dem von Ignatius verfassten Exerzitienbüchlein von 1522, *Geistliche Übungen*. Vor seiner Konversion zu einer religiösen Lebensführung war Ignatius (Iñigo Lopez de Loyola) ein arroganter, eitler, hochnäsiger und weit mehr an Ruhm als an einer tugendhaften, disziplinierten Lebensweise interessierter hoher Offizier gewesen. Das änderte sich während einer langen Zeit der Genesung von einer schweren Kriegsverletzung. Die Grundzüge, die er in den *Geistlichen Übungen* vorlegt, entstammen seiner eigenen Erfahrung der Wandlung. Das Buch ist im Grunde ein Schritt-für-Schritt-Programm, das Christen helfen soll, sich von all den Dingen loszusagen, die in der Welt als wichtig angesehen werden – Komfort, Respekt, Erfolg, sogar gute Gesundheit. Es weist sie darüber hinaus an, sich Gott zuzuwenden, um Gottes Willen zu entdecken und ihm dann zu folgen, egal, wie schwierig, unangenehm oder gefährlich das sein könnte. Seine Grundzüge fasste er auch in einem Gebet zusammen, das der Einkehrende sprechen soll.

Ignatius dachte an volle dreißig Tage der Einkehr. Da die meisten Leute Arbeit und Familie nicht einen vollen Monat aufgeben können, wurden seine Exerzitien auf drei bis zehn Tage beschränkt. Das Ziel bleibt dasselbe: Die Betrachtung der eigenen Handlungen, Motivationen und Wünsche sowie der Entschluss, alles aufzugeben, was einen daran hindert, den Willen Gottes auszuführen.

SIEHE HEILIGENBILD AUF SEITE 123

EINSIEDLER

Der heilige Paulus von Theben

CA. 230–342 – GEDENKTAG: 15. JANUAR

Paulus war der erste christliche Eremit. Er entstammte einer wohlhabenden christlichen Familie, die in der Nähe Thebens in Ägypten lebte. Als er fünfzehn wurde, starben in dem Jahr seine Eltern, vier Jahre später begann Kaiser Decius mit seiner grausamen Christenverfolgung. Paulus versteckte sich im Haus eines Freundes und floh dann in die Wüste. Nach ein oder zwei Jahren starb Decius, und die Verfolgung schwächte sich ab, aber Paulus hatte begonnen, die Abgeschiedenheit und Stille des Lebens in der Wildnis zu mögen. Er fand eine Höhle, lebte von Wasser und wilden Früchten und webte sich einen Lendenschurz aus Palmblättern. Es heißt, jeden Tag habe Gott einen Raben geschickt, der Paulus einen Laib Brot brachte. Nach neunzig Jahren Einsamkeit erhielt Paulus Besuch. Antonius in der Wüste glaubte seinerseits, er wäre der erste christliche Einsiedler, und war ausgesprochen stolz darauf, bis er in einem Traum eine Stimme hörte, die ihm verkündete, ein anderer Mann habe weit länger allein gelebt. Also brach Antonius auf, um diesen heiligen Eremiten zu suchen. Die Legende berichtet, er habe sich verlaufen, aber dann sei ein Zentaur gekommen und habe ihm den Weg zu Paulus' Klause gewiesen. Als sie einander trafen, freundeten die beiden Einsiedler sich sofort an. Zum Abendessen brachte der Rabe, da Paulus einen Gast hatte, doppelt so viel Brot. Am nächsten Morgen brach Antonius wieder zu seinem Heim auf. Er war nicht weit gekommen, als er Engel sah, die Paulus' Seele gen Himmel trugen. Antonius lief zurück zur Klause und fand Paulus tot vor, zwei Löwen gruben mit ihren Pfoten ein Grab für ihn. Als die Löwen fertig waren, beerdigte Antonius den Heiligen und nahm dann Paulus' einzigen Besitz – einen aus Palmblättern gewobenen Mantel – an sich. Von da an trug Antonius den Mantel des Paulus zur Messe an den höchsten Feiertagen.

SIEHE HEILIGENBILD AUF SEITE 124

EINTRACHT

Der heilige Norbert von Xanten

CA. 1080–1134 – GEDENKTAG: 6. JUNI

Das ganze Mittelalter hindurch plagten rivalisierende Päpste die Kirche; zwischen 1058 und 1449 gab es zweiundzwanzig Antipäpste, und alle sorgten für Unstimmigkeiten und schadeten sowohl dem spirituellen Leben als auch dem Auftrag der Kirche. Die römische Kirche besaß Grund und Boden in ganz Europa, der Einnahmen abwarf, und die Antipäpste versuchten, dieses Geld mit vollen Händen auszugeben. Sie ernannten ihre eigenen Kardinäle, Bischöfe und Äbte, was dazu führte, dass manchmal zwei Bewerber Anspruch auf eine Kirche oder ein Kloster stellten. Und seit der Papst die höchste Autorität bei theologischen Streitigkeiten darstellte, sorgte ein Antipapst, der gegenteilige Ansichten vertrat, für große Konfusion unter den Gläubigen. Am Festtag des heiligen Valentin 1130 wählten die Kardinäle in Rom Innozenz II. zum neuen Papst. Drei Stunden später ernannte eine Runde missmutiger Kardinäle einen Antipapst, der den Namen Anaklet II. annahm. Augenblicklich begannen die beiden Päpste um die Unterstützung etlicher Könige und einflussreicher Adeliger zu buhlen. In Deutschland überredete Norbert von Xanten den römischen Kaiser und deutschen König Lothar II. und den Adel, offiziell anzuerkennen, dass Innozenz II. der legitime Papst war. Nach einem anfänglichen Erfolg verhinderte Norbert, dass England, Spanien und Frankreich sich auf die Seite des Antipapstes schlugen. Indem er die mächtigsten Männer Europas überredete, ihrem Gewissen zu folgen, half Norbert, den innerkirchlichen Frieden zu retten, Anaklet II. zu isolieren und den vertriebenen Papst Innozenz wieder zu installieren. Norbert von Xanten starb zwar vor dem endgültigen Sieg von Innozenz II. Doch es gelang ihm, den Frieden zwischen Kirche und Staat, römischem Kaiser und deutschem König am Leben zu erhalten und einen selbstsüchtigen Antipapst daran zu hindern, Europa in die Krise zu stürzen.

SIEHE HEILIGENBILD AUF SEITE 124

EINWANDERER

Die heilige Franziska Xavier Cabrini

1850–1917 – GEDENKTAG: 13. NOVEMBER

Als Kind in Italien war Franziska Cabrini fasziniert von den asiatischen Abenteuern des Francisco de Xavier, eines Jesuitenmissionars des 16. Jahrhunderts. Als sie ihre Gelübde ablegte, nahm sie Xaviers Namen in der Hoffnung an, als Missionarin in Japan oder China in seine Fußstapfen zu treten. Sie verriet sogar Papst Leo XIII. ihren Wunsch, aber der erwiderte, dass ihre Mission sich »nicht im Osten, sondern im Westen« befände. Er meinte die Vereinigten Staaten, Millionen armer Italiener strömten in die amerikanischen Städte.

Wie es bei Immigranten oft geschah, wurden die Italiener in den Vereinigten Staaten gleichzeitig akzeptiert und gehasst. Sie waren in jenem Maße willkommen, in dem Amerika billige, willige Arbeitskräfte brauchte – Frauen und Mädchen, die in Mühlen und Fabriken ackerten, sowie Männer und Jungen für die Arbeit in Häfen und auf Baustellen. Aber sie wurden von der Gesellschaft abgelehnt, weil sie als Ausländer wenig oder gar kein Englisch sprachen. Viele waren entsetzlich arm. Und es gab jede Menge von ihnen – allein zwischen 1899 und 1910 kamen zwei Millionen Italiener in die Vereinigten Staaten.

Selbst die katholische Kirche des Landes verhielt sich ambivalent ihnen gegenüber. Die meisten Priester und Bischöfe Amerikas kamen aus Irland oder waren zumindest irischer Abstammung, sie konnten kein Italienisch und waren nicht sicher, was sie mit der emotionalen italienischen Frömmigkeit anfangen sollten oder mit dem italienischen Brauch, die Gedenktage der Heiligen mit fröhlichen Straßenfesten zu feiern. Die amerikanischen Bischöfe bombardierten den Vatikan mit Bitten um italienische Priester, und der Papst tat ihnen den Gefallen, er schickte Franziskaner- und Scalabrinipatres.

Im Frühjahr 1889 wartete New Yorks Erzbischof Michael Corrigan auf einen neuen Schwung Priester aus Italien, als eine italienische Nonne an seine Tür klopfte. Sie stellte sich als

Mutter Cabrini vor und sagte, sie und sechs Schwestern seien nach New York gekommen, um alles in ihrer Macht Stehende für die italienischen Einwanderer der Stadt zu tun. Erzbischof Corrigan war nicht glücklich damit – er fand, die Slums seien kein Ort für Nonnen. Er befahl Mutter Cabrini, das nächste Schiff zurück nach Italien zu nehmen. Mutter Cabrini erhob sich – sie war kaum eins sechzig groß – und sagte: »Ich habe Briefe vom Papst. Ich bleibe.« Und das tat sie. Erzbischof Corrigans Zögern war nicht ganz unberechtigt. Mutter Cabrinis erstes »Kloster« in Amerika war ein mit Kakerlaken und Bettwanzen bevölkertes Appartement in einem Mietshaus in Little Italy. Von dem Tag an, als sie kamen, wurden die Schwestern von Kindern belagert, die verwaist oder von ihren Eltern verlassen worden waren, von Frauen, deren Männer verstorben waren oder sie verlassen hatten, von Kranken, die sich keinen Arzt leisten konnten, und von Arbeitslosen, die nicht einmal das Geld für eine Mahlzeit hatten. Aber

die New Yorker Sisters of Charity und die Bon Secours Sisters halfen Mutter Cabrini und ihren Schwestern, sich zu etablieren, und letztlich wurde Erzbischof Corrigan, den die Entschlossenheit der italienischen Nonnen beeindruckte, ihr größter Fürsprecher.

Neunundzwanzig Jahre arbeitete Mutter Cabrini in Amerika praktisch pausenlos daran, das Leben aller Einwanderer zu verbessern – ob aus Italien oder nicht. Sie gründete siebenundsechzig Krankenhäuser und benannte alle nach ihrem größten italienischen Helden, Christoph Kolumbus. 1916 zog sie sich, krank und erschöpft, in das Kloster neben dem Columbus Hospital in Chicago zurück. Dort starb sie drei Tage vor Weihnachten 1917 still in ihrem Schaukelstuhl. Sie wurde offiziell 1946 zur Heiligen ernannt, und ihre guten Taten brachten ihr die öffentliche Anerkennung von Papst Pius XII. als Schutzpatronin aller Einwanderer ein.

SIEHE HEILIGENBILD AUF SEITE 124

ELTERN ENTTÄUSCHENDER KINDER
Die heilige Mathilde, auch Mathilde die Heilige
CA. 895–968 – GEDENKTAG: 14. MÄRZ

Mathildes Probleme mit ihren fünf Kindern begannen an dem Tag, an dem ihr Mann Heinrich (König Heinrich I.) starb. Von Rechts wegen ging die Krone an ihren ältesten Sohn Otto. Aber Ottos jüngerer Bruder Heinrich wollte König werden, und was er nicht legal erlangen konnte, versuchte er sich mit Gewalt zu beschaffen. Heinrich sammelte ein Heer gegen seinen Bruder, aber Otto besiegte die Rebellen mühelos, nahm seinen kleinen Bruder gefangen und versuchte sich zu überlegen, was er mit ihm anstellen sollte, als die Königin eingriff: Sie bat um Gnade für Heinrich. Otto ließ mögliche Pläne fallen, Heinrich zu exekutieren, und Heinrich schwor Otto die Treue. Als der Friede in der Familie wiederhergestellt war, tat Mathilde, was sie am liebsten tat – Nonnen- und Mönchsklöster zu beschenken sowie neue zu errichten. Sie gab so viel Geld aus, dass Otto darauf bestand, dass sie aufhörte. Aber der Störenfried Heinrich meldete sich erneut zu Wort. Diesmal stimmte er seinem Bruder nicht nur zu, sondern schlug ein deutlich drastischeres Vorgehen vor, um ihre Mutter daran zu hindern, noch mehr für Mönche und Nonnen zu verschwenden: Die Familie sollte die Verantwortung für die Finanzen der Mutter übernehmen. Als ihre Söhne sie enteigneten, bemerkte Mathilde, wie schön es wäre, die Brüder endlich einmal zusammenarbeiten zu sehen. Dann packte sie ihre Sachen und ging zurück nach Westfalen. Aber es kam schlimmer. Heinrich versuchte noch einmal, den Thron zu besteigen, diesmal mit Hilfe von Mördern. Otto überlebte den Anschlag unverletzt und drohte Heinrich erneut mit Vergeltung. Aber egal – nicht lange nachdem seine letzte Verschwörung gescheitert war, starb Heinrich. Mathilde verbrachte ihre letzten Jahre in einem Benediktinerinnenkloster in Quedlinburg. Dort starb sie, nachdem sie alles den Armen geschenkt hatte, einschließlich ihres Totenschleiers, in Frieden.

SIEHE HEILIGENBILD AUF SEITE 124

EPILEPSIE UND NERVENLEIDEN

Der heilige Willibrord von Echternach

CA. 658–739 – GEDENKTAG: 7. NOVEMBER

Merkwürdige Gewohnheiten mischen sich manchmal mit der Verehrung von Heiligen, Willibrord ist dafür ein klassisches Beispiel. Eine Legende aus dem 14. Jahrhundert berichtet, wie eine eigenartige Epidemie das Vieh in der Gegend um die Abtei Echternach in Luxemburg befiel, wo Willibrord begraben liegt. Die hauptsächlichen Symptome der Krankheit bestanden in unkontrollierbarem Zittern, gefolgt von einem schnellen Tod. Die Bauern wandten sich hilfesuchend an Willibrord, und bei einer Prozession zu seinem Heiligtum führten Prozessionsteilnehmer spontan einen Tanz auf, der an die Zuckungen der Tiere erinnerte.

Die Glaubwürdigkeit dieser Geschichte ist fraglich. Aber wir wissen, dass im 15. Jahrhundert eine jährliche Springprozession zu seiner Grabstätte stattfand, die den Heiligen gegen Epilepsie und andere Nervenleiden, die allerdings Menschen und nicht Tiere betrafen, anrief. Die Springprozession wird in Echternach immer noch jedes Jahr am Dienstag nach dem Pfingstsonntag abgehalten. Die Tänzer ziehen durch die Straßen zur Abteikirche und umkreisen dann Willibrords Sarkophag, bevor sie mit einer religiösen Zeremonie beginnen.

Und was Willibrord angeht, er war ein angelsächsischer Missionar, der den Kanal überquerte, um in den Niederlanden das Evangelium zu predigen. Seine Mission lief gut, es wollten so viele Menschen getauft werden, dass er viele Kirchen baute und die Abtei Echternach gründete. 716 jedoch eroberte ein heidnischer Stammeshäuptling namens Radbod die Gegend und zerstörte alle Kirchen. Willibrord entkam und begann mit seiner Arbeit nach Radbods Tod erneut.

Zum Ende seines langen Lebens zog sich Willibrord nach Echternach zurück, wo er starb. Er wurde vom Augenblick seines Todes an als Heiliger verehrt, und in Holland kennt ihn immer noch jedes Kind.

SIEHE HEILIGENBILD AUF SEITE 125

ERDBEBEN

Der heilige Emidius

GEST. 304 – GEDENKTAG: 5. AUGUST

Joseph Sadoc Alemany, ein spanischer Dominikaner, war 1853, als der Papst ihn zum ersten Erzbischof San Franciscos ernannte, erst neununddreißig Jahre alt. Der Titel war irreführend, denn Alemanys Erzbistum schloss den gesamten Staat Kalifornien ein. Abgesehen von zu wenigen Gemeinden, kaum Priestern und im Grunde keinen Nonnen, Schulen oder Hospitälern, musste sich Erzbischof Alemany noch mit einer weiteren Schwierigkeit in Kalifornien herumschlagen: Der Staat wurde von Erdbeben heimgesucht. Er konnte Kirchen, Schulen und Hospitäler errichten und Priester und Nonnen rekrutieren, um sie auszustatten, aber die Naturgewalten waren eine Sache für sich. 1869 etablierte Papst Pius IX. auf Bitten des Erzbischofs Alemany den Gedenktag bzw. Festtag des heiligen Emidius als einen besonderen Tag des Gebetes in Kalifornien. Wir wissen, dass ein Bischof namens Emidius 304 in der Stadt Ascoli Piceno im östlichen Italien den Märtyrertod starb. Der Rest der Geschichte des Heiligen gehört ins Reich der Legenden. Nachdem er in Deutschland getauft worden war, reiste er angeblich nach Rom, wo er voller Begeisterung für den christlichen Glauben einen Tempel des Gottes Asklepios betrat und dessen Statue vom Sockel stieß. Papst Marcellus ernannte Emidius zügig zum Bischof und schickte ihn zu seiner eigenen Sicherheit aus der Stadt nach Ascoli Piceno. Aber Bischof Emidius verhielt sich dort nur ein wenig diskreter: Er zertrümmerte zwar keine heidnischen Götterstatuen mehr, predigte aber lautstark auf den Straßen. Die römischen Autoritäten verhafteten und enthaupteten ihn. Wie Kalifornien ist auch Ascoli Piceno erdbebengefährdet. Die Menschen der Region ehren den heiligen Emidius dafür, sie viele Male in der Vergangenheit vor Katastrophen gerettet zu haben. Bilder zeigen Emidius normalerweise dabei, wie er ein zusammenbrechendes Gebäude vor dem totalen Einsturz zu bewahren sucht.

SIEHE HEILIGENBILD AUF SEITE 125

ERLEUCHTUNG

Unsere Liebe Frau vom Guten Rat

GEDENKTAG: 26. APRIL

Augustinus von Hippo sagte, die Heilige Jungfrau Maria sei »die Ratgeberin der Apostel« gewesen und stelle immer noch die Beraterin aller Völker dar.

Das Bildnis der Madonna del Buon Consiglio – Mutter vom Guten Rat – hängt in der Kirche gleichen Namens in der Stadt Genazzano, knapp fünfzig Kilometer südlich von Rom. Es ist ein kleines Bild, nur knapp 45 Zentimeter breit und etwa 38 Zentimeter hoch, ein von der Wand abgelöstes und in einen Rahmen verbrachtes Gipsputzstück (Fresko), nicht dicker als eine Postkarte. Die erste Erwähnung des Bildnisses datiert vom 25. April 1467, als es bei der Renovierung der Kirche entdeckt wurde. Aufzeichnungen eines Notars aus der Gegend belegen, dass in den vier Monaten nach seiner Entdeckung 171 Wunder vor dem Bild geschahen.

Irgendwann später wandelte sich dieses heilige Bildnis von Jungfrau und Kind von einem wunderwirkenden Bild, einem Gnadenbild, in einen Gegenstand besonderer Verehrung – dass Maria all diejenigen erleuchten und führen werde, die sie unter dem Titel »Mutter vom Guten Rat« anrufen würden. Viele Päpste haben gezielt bei der Mutter vom Guten Rat um Tipps gebeten. 1680 trat Urban VIII. eine Pilgerreise zum Heiligtum an, ebenso wie Pius IX. 1864 und Johannes XXIII. 1959. 1939 stellte Pius XII. sein gesamtes Pontifikat unter den Schutz der Mutter vom Guten Rat. Und auch Papst Johannes Paul II. und die seliggesprochene Mutter Teresa besuchten das Gnadenbild.

Im Zweiten Weltkrieg fiel eine Bombe durch das Kirchendach und zerstörte den Altarraum sowie den Altar selbst. Obwohl das zerbrechliche Bildnis sich nur ein paar Meter entfernt befand, blieb es unbeschädigt. Das Fest »Consuleo – Unsere Liebe Frau vom Guten Rat« (26. April) wird in Genazzano seit 1727 gefeiert.

SIEHE HEILIGENBILD AUF SEITE 125

EROBERER
Der heilige Jakobus der Ältere
1. Jahrhundert – Gedenktag: 25. Juli

Die Christen Spaniens brauchten siebenhundert Jahre, um die Mauren zu vertreiben. Der endgültige Sieg fand 1492 statt, als das berühmte Herrscherpaar Ferdinand II. und Isabella I., vom Papst mit dem Ehrennamen »katholische Könige« ausgezeichnet, die Stadt Granada, den letzten maurischen Besitz, zurückeroberten.

Während der langen Jahre der *reconquista* bzw. Rückeroberung erwählten die Spanier als Schlachtruf »Santiago!«, auf Deutsch »heiliger Jakobus«, die Anrufung ihres Landespatrons. Laut einer alten Legende war der Apostel Jakobus der Ältere der Erste, der in Spanien das Evangelium predigte; seine Gebeine befinden sich angeblich in einem Schrein in der wunderbaren Basilika von Compostela.

In einem der ersten Kriege gegen die Mauren, der Schlacht von Clavijo 844, verloren die spanischen Christen an Boden, als Jakobus der Ältere plötzlich auf dem Schlachtfeld auf einem weißen Streitross erschien. In voller Rüstung und mit einem Schwert in der Hand griff der Heilige die Mauren an, metzelte sie nieder und ließ sie von seinem Pferd zertrampeln. »Santiago!« rufend, sammelten sich die spanischen Truppen, griffen nun ebenfalls wieder an und vernichteten ihre Feinde. Dieser wundersamen Heiligenintervention wird in fast jeder spanischen Kirche durch eine Skulptur oder ein Bild gedacht, auf dem Jakobus der Ältere als Ritter über verängstigte Mauren hinwegreitet. Das Motiv ist bekannt als Santiago Matamoros bzw. Jakobus der Mohrenschlächter.

Als die spanischen Eroberer ein Reich in der Neuen Welt schufen, lautete ihr Schlachtruf beim Kampf gegen Azteken, Inkas und andere indianische Völker weiterhin »Santiago!«. Sie benannten sogar eine Stadt in Mexiko zu Ehren ihres siegreichen Schutzpatrons »Matamoros«.

SIEHE HEILIGENBILD AUF SEITE 125

ESEL UND MAULTIERE

Der heilige Antonius von Padua

1195–1231 – GEDENKTAG: 13. JUNI

Antonius von Padua war ein begnadeter Prediger. Er war so gut und so bekannt, dass Städte und Dörfer in ganz Europa um seinen Besuch buhlten. Einmal reiste er als Prediger in die kleine Stadt Rimini an Italiens Adriaküste. Einer der offenherzigsten und nervtötendsten Bürger der Stadt war ein Kaufmann namens Bonillo, ein Mann, der bekannt dafür war, den Glauben seiner Nachbarn an die kirchliche Lehre von der realen Gegenwart Christi zu verspotten, die besagt, dass in der Wandlung Brot und Wein »wahrhaft, wirklich und wesentlich« zu Fleisch und Blut des auferstandenen Christus werden, der ebenso aus Leib und Seele besteht. Während seines Aufenthalts in Rimini versuchte Antonius, Bonillo davon zu überzeugen, dass die Realpräsenz keine »Fabel« sei, wie der Zweifler behauptete. Aber die Argumente des Heiligen stießen auf taube Ohren.

Ein paar Tage später trug Antonius das Allerheiligste in einer feierlichen Prozession durch die Straßen der Stadt.

Als die Hostie vorbeigetragen wurde, knieten sich alle Zuschauer hin – bloß nicht der Kaufmann Bonillo. Er fütterte gemütlich seinen Esel, während die Prozession auf ihn zukam. Aber als Antonius und das Allerheiligste bei ihm anlangten, wandte sich Bonillos Esel von seinem Futter ab, kniete nieder und neigte den Kopf. Bonillo, den kein menschliches Argument hatte überzeugen können, wurde durch den wundersamen Akt der Anbetung eines Esels bekehrt.

Aufgrund dieses Wunders wird Antonius von Padua als Schutzpatron von Eseln und Maultieren angesehen.

Der heilige Antonius wurde als Fernando de Bulhões in eine wohlhabende, angesehene Familie in Lissabon, Portugal, hineingeboren. Er sehnte sich nach dem einfachen Leben der Franziskaner und schloss sich im Jahre 1220 diesem Orden an, wobei er den Namen Antonius zu Ehren des Eremiten Antonius in der Wüste annahm.

SIEHE HEILIGENBILD AUF SEITE 126

EXILANTEN

Die heilige Rosa von Viterbo

1235–1252 – GEDENKTAG: 4. SEPTEMBER

Die Geschichten der Heiligen stecken voller Legenden wunderbegabter Kinder, aber bei Rosa von Viterbo stimmte das. Rosa war erst zwölf Jahre alt, als ihr die Gottesmutter erschien und befahl, in die Straßen Viterbos zu gehen und ihre Nachbarn aufzufordern, den Papst zu verteidigen. Kaiser Friedrich II., Kaiser des Heiligen Römischen Reichs, versuchte nämlich, die Macht in Europa auf Kosten des Papstes an sich zu reißen. Obwohl Viterbo eine italienische Stadt war und sich bloß zweihundertfünfzig Kilometer nördlich von Rom befand, beugte sie sich dem Kaiser – jedenfalls bis Rosa begann, die Massen auf Plätzen und an Straßenecken zusammenzutrommeln. Da der Kaiser begonnen hatte, seine Macht zu steigern, argumentierte Rosa, würden Italien und alle unter seiner Regierung befindlichen Völker von Bürgeraufständen, politischen Unruhen und Ketzerei heimgesucht werden. Gottes Regeln stünden über allen, sagte sie. Daher wäre der Papst, Gottes Stellvertreter auf Erden, die ultimative Autorität der

Christenheit. Rosa hielt drei Jahre lang ihr Argument aufrecht und machte solche Fortschritte, dass der Präfekt, der Vertreter des Kaisers in Viterbo, sie und ihre Eltern verbannte. Rosa war fünfzehn Jahre alt. Die ins Exil geschickte Familie fand Zuflucht auf päpstlichem Territorium. Weniger als ein Jahr später, am 5. Dezember 1250, prophezeite Rosa, dass Friedrich II. sterben würde. Am 13. Dezember tat der Kaiser genau das, und die Bürger Viterbos bedurften keiner weiteren Beweise für Rosas Heiligkeit. Sie baten sie und ihre Eltern, nach Hause zurückzukehren. Obwohl Rosa berühmt und anerkannt war, blieben sie und ihre Familie arm. Als Rosa versuchte, ins Kloster einzutreten, wies die Mutter Oberin sie ab, weil Rosa keine Mitgift hatte, das traditionelle Geschenk der Familie einer Novizin. Rosa kehrte nach Hause zurück und versuchte im Haus ihrer Eltern wie eine Nonne zu leben, bis sie mit siebzehn Jahren starb.

SIEHE HEILIGENBILD AUF SEITE 126

Explosivstoffe

Die heilige Barbara von Nikomedien

GEST. 306 – GEDENKTAG: 4. DEZEMBER

Der Legende der heiligen Barbara von Nikomedien, die zu den 14 Nothelfern zählt, haftet eine märchenhafte Qualität an. Laut Überlieferung sperrte ihr Vater sie in der Hoffnung, sie von ungeeigneten Männern fernzuhalten, in einen Turm mit nur einem einzigen Fenster. Eines Tages, als sie an ihrem Fenster saß, ging ein Mann vorbei, der ein Lied sang, das sie noch nie gehört hatte. Die unbekannte Musik war eine christliche Hymne, der Mann ein Priester. Die junge Frau im Turm und der Mann auf der Straße begannen zu reden – und als sie aufhörten, war Barbara zur Christin konvertiert. Nicht lange danach schickte Barbaras Vater Architekten in den Turm seiner Tochter, um ein zweites Fenster einbauen zu lassen. Barbara wies sie an, ein drittes hinzuzufügen zu Ehren der allerheiligsten Dreieinigkeit (Trinität). Als die Arbeiter berichteten, um was Barbara gebeten hatte, bekam ihr Vater einen Wutanfall. Er lief zum Turm, zerrte Barbara am Haar heraus und denunzierte sein eigenes Kind beim Statthal-ter. (Das Ganze geschah noch während einer weiteren Welle der Christenverfolgung im Römischen Reich.) Der Statthalter verurteilte Barbara zum Tod, und ihr Vater vollstreckte das Urteil selbst. Aber in dem Augenblick, in dem er seine Tochter enthauptete, verbrannte ihn ein himmlisches Feuer. Barbara von Nikomedien ist ein frühes Beispiel für Schutzpatrone, die mit der Zeit gehen. Obwohl ihre Beliebtheit in der christlichen Welt jahrhundertealt ist, führte ihr die weitverbreitete Nutzung von Schießpulver in Europa im 15. Jahrhundert neue Verehrer zu. Die neuen Geschütze erinnerten Soldaten an das himmlische Feuer, das Barbaras grausamen Vater niedergestreckt hatte, daher ernannten sie sie zur Schutzpatronin der Artilleristen. In der Erweiterung wurde sie auch Patronin der Bombenhersteller und der Munitionsfabrikarbeiter sowie der Pyrotechniker und Nothelferin bei Explosivstoffen aller Art.

SIEHE HEILIGENBILD AUF SEITE 126

UNGLÜCKLICHE EHEN
Der heilige Guntmar von Nivesdonck

EIFERSUCHT
Die heilige Elisabeth von Portugal

**EINHEIT VON LATEINISCHER KIRCHE
UND OSTKIRCHEN**
heilige Kyrill und der heilige Method(ius)

EINKEHRTAGE
Der heilige Ignatius von Loyola

EINSIEDLER
Der heilige Paulus von Theben

EINTRACHT
Der heilige Norbert von Xanten

EINWANDERER
Die heilige Franziska Xavier Cabrini

ELTERN ENTTÄUSCHENDER KINDER
*Die heilige Mathilde, auch
Mathilde die Heilige*

EPILEPSIE UND NERVENLEIDEN
Der heilige Willibrord von Echternach

ERDBEBEN
Der heilige Emidius

ERLEUCHTUNG

EROBERER

Sanctus Antonius de Padua

Die hl. Rosa von Viterbo, Jungfrau.

ESEL UND MAULTIERE

Der heilige Antonius von Padua

EXILANTEN

Die heilige Rosa von Viterbo

S. BARBARA

FALLSCHIRMJÄGER

Der heilige Erzengel Michael

GEDENKTAGE: 29. SEPTEMBER UND 8. MAI

Natürlich gibt es eine offensichtliche optische Verbindung zwischen Fallschirmjägern und Engeln, die sich beide vom Himmel zur Erde bewegen. Aber die Schutzherrschaft des Erzengels Michael für die Fallschirmjäger geht darüber hinaus. Erstens ist er ein kriegerischer Engel – der Anführer der guten Engel, die Luzifer und die rebellischen Engel aus dem Himmel jagten. Zweitens ist er ein glühender Advokat der Kirche und aller gläubigen Christen.

Eines der ältesten Heiligtümer des Erzengels Michael ist das im Jahr 500 auf dem Monte Gargano in Süditalien geweihte. Die Legende erzählt, dass am 8. Mai 663 die Christen in der Gegend um das Heiligtum herum von einem großen heidnischen Heer angegriffen wurden. Der Bischof rief zu einem dreitägigen Fasten mit ständigem Gebet zum Erzengel Michael auf,

dass er ihnen zu Hilfe komme. In einer Vision versprach Michael dem Bischof, ihm und seinen Christen am vierten Tag zu einem Sieg zu verhelfen. Als die drei Tage des Fastens und Betens vorbei waren, rückte das christliche Heer aus, um den Angreifern gegenüberzutreten. Plötzlich zeigte sich der Erzengel Michael in Form eines schweren Erdbebens, das den Monte Gargano erschütterte. Während beide Heere zusahen, verhüllte eine große dunkle Wolke den Gipfel. Dann schossen Blitze aus der Wolke und streckten sechshundert der Feinde nieder. Die Überlebenden flohen.

Deswegen sehen Fallschirmjäger den Erzengel Michael als ihren Schutzpatron an, denn er kam vom Himmel herunter, um die Christen von Monte Gargano zu retten.

SIEHE HEILIGENBILD AUF SEITE 145

ZERRISSENE FAMILIEN

Der heilige Eugen von Mazenod

1782–1861 – GEDENKTAG: 21. MAI

Die Familie Mazenod war von Anfang an verloren. Charles-Antoine de Mazenod war ein Mitglied der französischen Aristokratie, ein Mann hoher Geburt, der eine ausgezeichnete humanistische Erziehung genossen hatte. Unglücklicherweise waren sein Titel und seine guten Manieren alles, was er besaß – das einst respektable Vermögen der Mazenods war von Charles-Antoines Vater und Großvater durchgebracht worden.

Marie-Rose Joannis hingegen entstammte einer Familie, die eindeutig *bourgeois* und sehr reich war. Als Charles-Antoine und Marie-Rose ihre Verlobung bekanntgaben, bestand die Familie der Braut darauf, dass die Braut ihre Mitgift behielt, so dass Charles-Antoine darauf keinen Zugriff hatte. Das war nur der erste Streich in einer steten Abfolge von Einmischungen des Joannis-Clans in die Ehe des Paares.

Dennoch ließ die Familie Joannis Marie-Rose zuliebe stets Geld auf das Bankkonto des Paares fließen. Aber diese Großzügigkeit hatte einen Preis. Marie-Roses Mutter mischte sich in jede Entscheidung des Paares ein, ihre emotional unausgeglichene Tante verlangte nach ständiger Aufmerksamkeit, und die Frauen der Familie Joannis nutzten jede Gelegenheit, Charles-Antoine zu demütigen, indem sie ihn daran erinnerten, dass er vollkommen verarmt in die Familie gekommen war. Am 1. August 1782 wurde Eugen von Mazenod in der Provence in diese schräge Familie hineingeboren. Noch in seiner frühesten Kindheit wurden die Probleme der Familie durch die Französische Revolution, bei der Tausende von aristokratischen Familien ums Leben kamen, weiter verkompliziert. Um der Guillotine zu entgehen, flohen die Mazenods 1791 nach Venedig. Vier Jahre später verließ Marie-Rose ihren Mann und ihren Sohn, kehrte nach Frankreich zurück und reichte die Scheidung ein. Als die Scheidung rechtskräftig war, schrieb sie ihrem Ex-Mann: »Jetzt hast du nichts.«

Eugen suchte Zuflucht bei der Kirche, womit er seinem elenden Zuhause entkam. 1808 trat er in Paris in das Priesterseminar ein, 1811 wurde er zum Priester geweiht. Er bat darum, bei den armen Bauern im Süden Frankreichs arbeiten zu dürfen. Seine Oberen genehmigten seine Bitte, teilweise auch deshalb, weil Eugen in der Gegend aufgewachsen war und daher den lokalen Dialekt beherrschte.

Die Französische Revolution hatte das kirchliche Leben im ganzen Land im höchsten Maße durcheinandergewirbelt. Bischöfe, Priester, Mönche und Nonnen, die nicht getötet worden waren, lebten im Exil oder hatten jedenfalls ihren Beruf im Stich gelassen. Kirchen und Schulen standen leer, viele Klöster waren nur noch Ruinen. Eine ganze Generation war praktisch ohne jede religiöse Anleitung aufgewachsen. 1815 hatte Eugen eine Reihe hingebungsvoller Priester um sich gesammelt, die mit ihm zusammen als Missionare in den ländlichen Gebieten der Provence arbeiteten und Menschen, die nur noch formal Christen waren, für ihren alten Glauben zurückgewannen. In Anerkennung des Erfolges der Gruppe vereinigte der Papst sie zu einer neuen religiösen Ordensgemeinde, einer Klerikerkongregation, und gab ihnen den Namen Oblati Mariae Immaculatae – Oblaten der unbefleckten Jungfrau Maria. Der Oblate ist jemand, der in einer Ordensgemeinschaft sein Leben und alle seine Werke Gott weiht (oder in diesem Fall der Jungfrau Maria) zum Wohle der anderen. Eugen wurde mit der Ernennung zum Bischof von Marseille belohnt, eine Position, die er von 1837 bis zu seinem Tod 1861 innehatte.

Eugen schaffte es vielleicht nicht, seine Eltern zu versöhnen oder in seiner Familie Frieden zu stiften, aber ihm und seinen Priesterkollegen gelang es, Tausende zurück in den Schoß der Kirche zu holen.

SIEHE HEILIGENBILD AUF SEITE 145

FEHLGEBURTEN

Die heilige Katharina von Schweden

1331–1381 – GEDENKTAG: 24. MÄRZ

Es ist unklar, warum genau Katharina gegen Fehlgeburten angerufen wird, aber vielleicht hat es etwas mit der Größe ihrer Familie zu tun: Sie war eines von acht gesunden Kindern. Katharinas Eltern, Birgitta und Ulf Gudmarsson, waren wohlhabend, aus gutem Haus (Birgitta war mit der schwedischen Königsfamilie verwandt) und zutiefst religiös. Während ihre Kinder noch jung waren, beschloss das Paar, eine Wallfahrt zum Grab des heiligen Jakobus in Santiago de Compostela in Spanien zu machen. Als sie zurückkehrten, war Ulf tödlich erkrankt. Bevor er starb, arrangierte er aber noch die Eheschließung seiner damals dreizehnjährigen Tochter Katharina mit einem Mann namens Edgard Kryn.

Dem Vorbild ihrer Eltern folgend, war auch Katharina sehr fromm, und zu ihrem Glück war Edgard beinahe ebenso religiös. Irgendwie gelang es dem jungen Mädchen, seinen Ehemann zu überreden, die Ehe nicht zu vollziehen. Sie lebten getrennt in ihrem Haus, keusch wie ein Mönch und eine Nonne.

Derweil intensivierte Birgitta ihr religiöses Leben. Sie gründete einen Doppelorden für Männer und Frauen, den Orden des Allerheiligsten Erlösers (nach seiner Gründerin Birgittenorden genannt) und erbaute in Vadstena ein Doppelkloster für Mönche und Nonnen. Es heißt, dass ihr täglich Christus und die Jungfrau Maria erschienen wären. Dann, 1349, verabschiedete sich Birgitta von ihren Kindern und reiste nach Rom. Jahre später gestand Katharina einem Freund, dass die Abreise ihrer Mutter für sie so schmerzhaft gewesen wäre, dass sie vergessen hatte, wie man lächelte. Tatsächlich wurde ihr die Trennung nach nur einem Jahr zu viel, und mit dem Segen des stets geduldigen Edgard brach Katharina ebenfalls nach Rom auf. Sie war neunzehn und, darin sind sich alle einig, von atemberaubender Schönheit.

Rom war ein buntes Gemisch aus Faszination, Enttäuschung und Frustration. Katharina war begeistert von der Schönheit der Kirchen und erfreut, dass sie an den Grabstätten so vieler berühmter Heiliger beten konnte. Für eine Frau, die das gesunde Landleben gewohnt war, waren der Schmutz der Großstadt und die drückende Hitze jedoch schwer zu ertragen. Die Situation wurde noch dadurch verkompliziert, dass Birgitta Bedenken hatte, ihre Tochter allein aus dem Haus gehen zu lassen. Die Schönheit ihrer Tochter fiel auf, und Birgitta hatte zu viele Geschichten darüber gehört, wie bezaubernde junge Frauen von lasziven Herren entführt, vergewaltigt oder zur Ehe gezwungen wurden. »Ich führe hier ein jämmerliches Leben«, schrieb Katharina einer Freundin, »eingesperrt wie ein Tier in einem Käfig.« Schließlich einigten Mutter und Tochter sich. Sie begannen, gemeinsam zu arbeiten, sie besuchten Heiligtümer, pflegten die Kranken, suchten die großen Familien Roms auf, um ihre Hilfe und ihre Unterstützung zu gewinnen. Bis zu Birgittas Tod in Rom im Jahre 1373 waren die beiden Frauen praktisch untrennbar. Dann fiel es Katharina zu, den Leichnam ihrer Mutter nach Schweden zu überführen.

Die Reise dauerte elf Monate, und Katharina hoffte, den Rest ihres Lebens in ihrem Heimatland verbringen zu können. Aber die Bischöfe des Landes wollten Birgitta zur Heiligen erheben lassen und waren der Meinung, dass Katharina die beste Advokatin war. Also musste sie zurück nach Rom.

Die nächsten fünf Jahre sammelte Katharina die Aussagen derjenigen, die ihre Mutter gekannt hatten, sowie Beweise für die Wunder, die auf Birgittas Eingreifen zurückzuführen waren. Als die Dokumentation vollständig war, begann Katharina die lange Rückreise nach Schweden. Sie langte im Juli 1380 in Vadstena an, erschöpft und krank, und starb im folgenden März.

Katharina und Birgitta wurden gemeinsam begraben. Bis heute befinden sich ihre sterblichen Überreste in der Kirche des Birgittenklosters Pax Mariae in Vadstena.

SIEHE HEILIGENBILD AUF SEITE 145

FELDARBEITER

Die heilige Notburga von Rattenberg

CA. 1265–1313 – GEDENKTAG: 14. SEPTEMBER

Die Bauerntochter Notburga wurde im Dorf Rattenberg am Inn im österreichischen Tirol geboren. Mit achtzehn arbeitete sie als Dienstmagd im Haushalt des Grafen Heinrich von Rattenberg, Gräfin Ottilia wies Notburga die Küche zu. Notburga verteilte auf eigene Faust die Reste des Essens an die Armen. Die Familie wusste von ihrer Wohltätigkeit – die Massen der Hungrigen, die vor der Küchentür des Schlosses auf Notburga warteten, waren nicht zu übersehen. Gräfin Ottilia ärgerte sich, schwieg aber, weil die Mutter ihres Mannes Notburgas Tun als heiliges Tun betrachtete. Aber nachdem die alte Gräfin verstorben und Ottilia die Hausherrin war, lautete eine ihrer ersten Anweisungen an Notburga, dass sie die Reste an die Schweine zu verfüttern hatte. Notburga versuchte, einen Kompromiss zu erreichen, indem sie die Reste vom Tisch den Schweinen gab und ihre eigenen Mahlzeiten mit den Armen teilte. Als Küchenmagd bekam sie jedoch nicht genug zu essen, und so

nahm sie ihre alte Verteilung wieder auf, so heimlich wie möglich. Doch Ottilia fand es bald heraus und warf sie hinaus. Notburga fand dann Arbeit als Feldarbeiterin bei einem Bauern im nahe gelegenen Dorf Eben. Ihr Brotherr erlaubte ihr, die Arbeit am Samstag sowie an den Vorabenden von Feiertagen früher zu beenden, damit sie den Abendgottesdienst, den man Vesper nannte, besuchen konnte. An einem Samstag während der Ernte hörte Notburga die Vesperglocke, ließ alles stehen und liegen und lief zur Kirche. Ihr Brotherr sah es und wies sie an, zu ihrer Arbeit zurückzukehren, weil er die Ernte einbringen wollte, bevor das Wetter umschlug. Notburga erinnerte den Bauern an ihre Vereinbarung, aber er gab nicht nach. Notburga ebenso wenig. Sie schlug vor, dass sie Gott entscheiden ließen, und warf ihre Sichel in die Luft. Da sie in der Luft stehen blieb, ging Notburga in die Kirche.

SIEHE HEILIGENBILD AUF SEITE 145

132

FERNSEHEN

Die heilige Klara von Assisi

Klara von Assisi war die erste Frau, die sich jener religiösen Bewegung anschloss, die als die franziskanische bekannt werden würde. In der Nacht zum Palmsonntag 1212 schlich sich das achtzehnjährige Edelfräulein Klara aus dem Haus ihrer Eltern und eilte zu einer Kapelle außerhalb der Stadt, wo Franz von Assisi und seine Brüder auf sie warteten. Dort, im flackernden Licht der Kerzen und Fackeln, legte Klara das Gelübde des Gehorsams, der Keuschheit und der Armut ab. Dann schnitt Franz ihr das Haar ab und gewandete sie mit einem Habit. Da es noch kein franziskanisches Frauenkloster gab, lebte Klara in einer gastfreundlichen, nahe gelegenen Gemeinschaft von Benediktinerschwestern.

Im 13. Jahrhundert gelobten alle Nonnen und Mönche, in Armut zu leben, was hieß, dass sie keinerlei persönlichen Besitz hatten. Die bis dahin existierenden Orden besaßen hingegen Ackerland, Wälder, Mühlen, Herden und oft sogar Immobilien in Dörfern und Städten, die allesamt ein Einkommen abwarfen, mit welchem die Gemeinschaft finanziert wurde.

Franz entschied sich für eine radikalere Auffassung der Armut. Wie Christus und die zwölf Apostel hatten auch er und seine Anhänger keine Einkommensquellen und kein festes Dach über dem Kopf. Sie wussten am Morgen nie, wo sie am Abend schlafen konnten, in einer Scheune oder auf einem Feld. Von Stunde zu Stunde wussten sie nicht, woher ihre nächste Mahlzeit käme. All ihre Grundbedürfnisse vertrauten sie Gott und der Wohltätigkeit der Menschen um sie herum an. Klara, die Tochter italienischer Aristokraten, hatte sich vorgenommen, Franz' Ideal zu ihrem eigenen zu machen.

Bald schon schlossen sich ihr weitere Frauen an – darunter auch ihre Mutter und ihre Schwester –, und um 1226 verfügten sie über ihr eigenes Kloster namens San Damiano außerhalb von Assisi. Das Kloster war kein Zugeständnis, sondern eine Notwendigkeit, es war für Frauen einfach zu gefährlich, die Straßen entlangzuspazieren, wie die Franziskanerbrüder es taten. Aber in jeder anderen Hinsicht hielten sich die Nonnen getreulich an Franz' Prinzipien. Sie besaßen nichts und überlebten ausschließlich durch Wohltätigkeit.

Aber die Regeln eines neuen geistlichen Ordens bedürfen der päpstlichen Genehmigung, und viele Jahre lang fehlte Klara und ihren Schwestern diese Unterstützung. Eine Reihe Päpste drängten sie, Franz' Ideale zu modifizieren, damit die Nonnen wenigstens ein wenig finanzielle Sicherheit hätten. In dieser Hinsicht jedoch verweigerte Klara jeden Kompromiss. Die Meinungsverschiedenheit zwischen ihr und den Päpsten zog sich zweiundvierzig Jahre lang hin. Schließlich, als sie bereits auf dem Totenbett lag, erteilte Papst Innozenz IV. der Franziskanerregel in all ihrer Strenge seinen Segen. Klaras Heiligkeit und Entschlossenheit Tribut zollend, reiste Innozenz nach Assisi, um ihr das Dokument der Anerkennung der Ordensregel persönlich zu übergeben. Klara starb am Tag nach der Übergabe, und Innozenz begann sofort mit dem Verfahren zu ihrer Kanonisierung. Im Laufe des Verfahrens sagte eine Klosterfrau aus San Damiano aus, dass Klara einmal an Weihnachten so krank gewesen sei, dass sie ihr Bett nicht habe verlassen können, um an der Mitternachtsmesse teilzunehmen. Nachdem alle Schwestern in die Kapelle gegangen waren, seufzte Klara und sagte: »Guter Herr, sieh nur, ich bin hier ganz allein mit dir.« In diesem Moment schickte Gott Klara eine Vision, in der sie die Messe so deutlich sah und hörte, als befände sie sich selbst in der Kapelle des Klosters. 1958, als Fernsehen eine nagelneue Technik war, erinnerte sich Papst Pius XII. an diese Geschichte. Er interpretierte die Vision als eine Art wundersame Übertragung und ernannte Klara von Assisi zur Schutzpatronin des Fernsehens.

SIEHE HEILIGENBILD AUF SEITE 146

FEUERWEHRLEUTE

Der heilige Florian von Lorch

GEST. 304 – GEDENKTAG: 4. MAI

Mut ist der gemeinsame Nenner aller Feuerwehrleute, also erscheint es nachvollziehbar, dass sie einen Mann zum Schutzpatron erkoren haben, der sowohl Soldat als auch Märtyrer war. Florian war ein hochrangiger römischer Offizier. Er war in Lauriacum (Lorch) in Noricum (Österreich) stationiert, war Vorstand der Kanzlei des römischen Statthalters Aquilinus, der ganz besonders skrupellos bei der Verfolgung von Christen vorging. Eines Tages traf Florian eine Reihe Soldaten, die Christen zusammentrieben. Einige der Legionäre waren alte Kameraden, also hielt Florian an, um sie zu begrüßen. »Wo wollt ihr hin, Freunde?«, fragte er. »Wir jagen Christen«, entgegnete einer der Soldaten. »Brüder«, sagte Florian, »ich bin ein Christ.« Die Legionäre wollten nicht gern einen der ihren gefangen nehmen, aber sie waren durch Eid verpflichtet, die Befehle des Kaisers auszuführen. Sie fesselten Florian und führten ihn vor das Tribunal. Aquilinus bot an, Florians Leben zu schonen, wenn er den römischen Göttern huldigte, aber Florian weigerte sich, und Aquilinus drohte, ihn bei lebendigem Leib zu verbrennen. »Ich werde dann in einer Flamme zum Himmel aufsteigen«, entgegnete Florian. Stattdessen verurteilte Aquilinus Florian also dazu, erst ausgepeitscht und dann ertränkt zu werden. Die Folterknechte prügelten ihn, bis er kaum noch gehen konnte, und dann schleppten sie ihn zu der Brücke über die Enns, banden ihm einem Mühlstein um den Hals und stießen ihn ins Wasser. Als ein Heiliger, der vom Feuer bedroht gewesen war, aber dessen Leben schließlich vom Wasser ausgelöscht wurde, ist Florian der natürliche Schutzpatron der Feuerwehrleute. Im Mittelalter bildete sich eine weitere Legende, die seine Position festigte. Es heißt, Florian habe eine ganze Stadt gerettet, indem er eine wilde Feuersbrunst mit einem einzigen Eimer Wasser löschte.

SIEHE HEILIGENBILD AUF SEITE 146

FIEBER

Der heilige Domitian

GEST. 560 – GEDENKTAG: 7. MAI

Domitian ist einer dieser unermüdlichen missionarisch tätigen Bischöfe des 6. und 7. Jahrhunderts, die zahllose Christen gewannen und Vorbilder der Wohltätigkeit waren. Zu der Zeit agierten die Bischöfe mehr als Missionare denn als Administratoren. Es blieb ihnen gar nichts anderes übrig – sie hatten keine Kathedrale (eigene Kirche), keine Bistumsverwaltung, oft nicht mal eine Gemeinde. Bischöfe wie Domitian trugen den christlichen Glauben, ebenso wie die römische Zivilisation, in Länder, wo beides praktisch unbekannt gewesen war.

Domitian reiste durch das Meuse-Tal im südlichen Belgien, taufte Heiden, baute Kirchen und drängte die frischgebackenen Christen, großzügig zu den Armen, Kranken und Schwachen zu sein. Er ging mit seinem Beispiel voran, indem er Hospitäler errichtete und all sein Geld verschenkte. Einmal, als ihm auffiel, dass die Spenden abgenommen hatten, prophezeite er eine Rekorderte. Beruhigt durch ihren Bischof, begann die Gemeinde wieder, großzügiger zu geben.

In der Kunst wird Domitian manchmal mit einem Drachen dargestellt, ein Bezug auf die Legende, dass er einen Drachen getötet habe, der das Trinkwasser vergiftet hatte. Als das Monster tot war, reinigten Domitians Gebete den Wasservorrat.

Nach Domitians Tod fiel Pilgern an seinem Grab auf, dass, obwohl viele ihrer Gebrechen bei dem Besuch geheilt wurden, die Gebete derjenigen, die an Fieber litten, am häufigsten erhört wurden. Daher wurde Domitian zum Patron der Fieberkranken. Die belgischen Städte Huy (wo er begraben liegt), Liege und Tongres verehren Domitian allesamt, ebenso wie Maastricht in den Niederlanden.

SIEHE HEILIGENBILD AUF SEITE 146

FISCHER

Der heilige Andreas

Andreas und sein Bruder Simon Petrus saßen in ihrem Fischerboot auf dem See von Galiläa (See Genezareth) und flickten ihre Netze, als Christus nach ihnen rief. Er sagte: »Kommt, folgt mir nach, und ich werde euch zu Menschenfischern machen!« (Mt 4,19). Obwohl die Brüder tatsächlich ihr Boot verließen, um dem Herrn zu folgen, hörten sie nie auf, Fische zu fangen – so ernährten sie sich und ihre Familien. Immer und immer wieder führen uns die Evangelien zurück an den See Genezareth: Einmal stieg Jesus in das Boot von Petrus und Andreas, um einer Menschenmenge am Ufer zu predigen, ein andermal, während die Brüder und einige andere Jünger beim Fischen waren, sahen sie Christus auf sie zukommen, er ging über das Wasser. Nach einer langen Nacht, in der sie nichts gefangen hatten, riet Christus den Brüdern, an die tiefste Stelle des Sees zu fahren und ihre Netze noch einmal auszuwerfen. Diesmal war ihr Fang so reich, dass die Fischernetze rissen und Petrus und Andreas ihre Mitapostel und Geschäftspartner Jakobus den Älteren und Johannes herbeirufen mussten, damit sie ihnen halfen, die Fische zu bergen. Und dann, als es für eine Menschenmenge von fünftausend nichts zu essen gab, war Andreas derjenige, der einen Jungen holte, der fünf Gerstenbrote und zwei Fische bei sich hatte, die Christus vermehrte, bis alle satt waren. Die Überlieferung berichtet, dass der Apostel Andreas das Evangelium nach Griechenland getragen hatte. Es heißt, er wurde in der Stadt Patras festgenommen und an ein X-förmiges Kreuz gebunden. Laut Legende dauerte es drei Tage, bis er starb, und die ganze Zeit, die Andreas am Kreuz hing, predigte er allen, die vorbeikamen.

SIEHE HEILIGENBILD AUF SEITE 146

FLORISTEN

Die heilige Therese von Lisieux, auch kleine Theresia

1873–1897 – GEDENKTAG: 3. OKTOBER

Es erscheint logisch, dass eine Heilige, die den liebevollen Beinamen »die kleine Blume« trägt, die Patronin von Floristen ist. Es ist ein Name, den Therese (frz. Thérèse) selbst auswählte, sie wollte damit ihrer Bescheidenheit und Demut Ausdruck verleihen, ebenso wie ihrem Glauben, dass selbst die kleinste Aufgabe, wenn man sie voller Liebe für Gott ausführte, ihren Nutzen hatte. In ihrer Autobiografie L'Histoire d'une Âme – Geschichte einer Seele – schrieb sie: »Die Pracht der Rose und das Weiß einer Lilie berauben das kleine Veilchen nicht seines Duftes und nicht das Gänseblümchen seines schlichten Charmes … Und ebenso ist es in der Welt der Seelen … Er hat große Heilige erschaffen, die wie Lilien und Rosen sind, aber er hat auch geringere Heilige erschaffen, und sie müssen zufrieden sein damit, Gänseblümchen oder Veilchen zu sein, die seinen Augen Freude bereiten, wann immer er herabschaut.« Therese lebte ein stilles Leben, erst in ihrer Familie in Lisieux, Frankreich, dann im Karmel (Karmeliterinnenklos-

ter) ihrer Heimatstadt. In ihrem kurzen Leben – sie starb mit vierundzwanzig an Tuberkulose – hörte niemand außerhalb ihrer Heimat von ihr. Erst ihre Autobiografie, die nach ihrem Tod erschien, machte auf sie aufmerksam. Und dann kamen die Wunder. Auf ihrem Totenbett hatte Therese versprochen: »Ich werde meine Zeit im Himmel damit verbringen, Gutes auf Erden zu tun«, und Gebete, die sie erhörte, würden fallen »wie ein Regen aus Rosen«. Therese wurden so viele Wunder zugeschrieben, dass der Vatikan 1914 die übliche Wartezeit von fünfzig Jahren reduzierte und begann, ihr Leben und ihre Taten zu untersuchen. Elf Jahre später wurde sie zur Heiligen erhoben. Ein letzter floraler Aspekt kennzeichnet die Verehrung von Therese von Lisieux: Es heißt, dass man, ob Therese ein Gebet erhört hat, immer dann erkennen könne, wenn einem jemand aus heiterem Himmel eine Rose schenkt.

SIEHE HEILIGENBILD AUF SEITE 147

FLÜCHTLINGE

Der heilige Alban

GEST. UM 303 – GEDENKTAG: 22. JUNI

Der heilige Alban ist der erste uns bekannte in England hingerichtete Christ. Er lebte in der römischen Stadt Verulam (heute St. Albans). Es war die Zeit der Christenverfolgung, aber als Heide hatte Alban keine Probleme mit den Autoritäten. Jedenfalls, bis eines Tages jemand an seine Tür klopfte. Ein Fremder, ein christlicher Priester, bat Alban, ihn vor den römischen Soldaten zu verstecken, die ihm auf den Fersen waren. Alban zog den verängstigten Mann herein und verriegelte die Tür. In den nächsten paar Wochen begann Alban von seinem Gast, der den Namen Amphibalus trug, beeindruckt zu werden, der viele Stunden betend und meditierend verbrachte. Er bat den Priester, ihn im christlichen Glauben zu unterweisen und dann zu taufen. Kurz nach Albans Konversion gab es wieder Hausdurchsuchungen nach Christen, und Soldaten stürmten die Wohnungen. Alban drängte Amphibalus, sich zu retten, dann zog er dessen Soutane an. Einen Moment später standen Soldaten im Zimmer und wollten wissen, wer und was Alban war. »Mein Name ist Alban«, antwortete er, »und ich verehre den einen lebendigen Gott.« Die Soldaten banden Alban die Hände auf den Rücken und führten ihn dem Richter vor.

Vor Gericht gestand Alban erneut, dass er Christ war und dass er nicht den heidnischen Göttern opfern würde. Er gestand, kein Priester zu sein, weigerte sich aber, preiszugeben, wo der Priester, den er beherbergt hatte, zu finden wäre. Auf Befehl des Richters schleppten die Soldaten Alban zum Holmhurst Hill, wo sie ihn auspeitschten und dann enthaupteten. Einige Tage später wurde auch Amphibalus gefangen genommen und enthauptet.

Am Ort von Albans Martyrium entstand später eine Benediktinerabtei, und die sterblichen Überreste beider Heiligen ruhten dort – bis zur Reformation, als König Heinrich VIII. befahl, die Heiligtümer zu zerstören.

SIEHE HEILIGENBILD AUF SEITE 147

FLUGKAPITÄNE UND FLUGGÄSTE

Unsere Liebe Frau von Loreto

HEILIGTUM ERRICHTET VOR 1472 – GEDENKTAG: 10. DEZEMBER

Die Basilika Santuario della Casa in Loreto, Italien, ist nicht so bekannt wie Lourdes oder Fatima, aber mindestens fünfzig Päpste haben das Heiligtum in den letzten sechshundert Jahren besucht (Johannes Paul II. sogar dreimal in seinem sechsundzwanzigjährigen Pontifikat). Im Inneren der wundervollen Basilika befindet sich ein kleines Steingebäude, bei dem es sich angeblich um das Haus handelt, in dem Jesus, Maria und Josef in Nazareth gelebt haben. Jede Menge historische Gebäude sind zerlegt und anderswo wieder aufgebaut worden, aber diese Geschichte ist noch viel unglaublicher. 1291, nachdem ein mohammedanisches Heer die letzten Kreuzritter aus dem Heiligen Land vertrieben hatte, erschienen Engel in Nazareth, hoben das Heilige Haus (Santa Casa) von seinem Fundament und brachten es nach Italien in Sicherheit. Natürlich wird diese Geschichte bezweifelt. Skeptiker weisen darauf hin, dass die erste Erwähnung des Heiligen Hauses in Loreto aus dem Jahr 1472 stammt, knapp zweihundert Jahre nachdem die Engel es dort abgestellt haben sollen. Warum gibt es keine Augenzeugen des Wunders? Gläubige argumentieren, dass zahlreiche historische Dokumente über die Jahrhunderte verlorengegangen sind oder zerstört wurden; außerdem ist die Bauweise überhaupt nicht typisch für Italien, die verwendeten Steine sind in der Region praktisch unbekannt, in Galiläa aber üblich. Und so schreitet die Debatte fort.

Der Vatikan hat die Authentizität des Heiligen Hauses nie anerkannt. Aber 1920, nur siebzehn Jahre nachdem den Brüdern Wright die ersten gesteuerten Motorflüge gelungen waren, ernannte Papst Benedikt XV. Unsere Liebe Frau von Loreto zur Patronin der Flugzeugpiloten und ihrer Passagiere, ein Patronat, das sich mittlerweile auch auf Flugbegleiter erstreckt.

SIEHE HEILIGENBILD AUF SEITE 147

Förster und Parkverwalter

Der heilige Johannes Gualbertus

CA. 993–1073 – GEDENKTAG: 12. JULI

Johannes (ital. Giovanni) war der jüngere Sohn einer stolzen, wohlhabenden aristokratischen Familie in Florenz. Nach der Ermordung seines älteren Bruders Hugo machte Johannes es sich zur Aufgabe, den Mörder zu finden und zu töten. Durch Zufall trafen sich die beiden Männer am Karfreitag von Angesicht zu Angesicht in einer schmalen Sackgasse. Der Mörder konnte nicht entkommen. Als Johannes sein Schwert zog und vortrat, fiel der Mörder auf die Knie, breitete die Arme aus und vertraute Gott seine Seele an. Johannes war vielleicht nicht der beste Katholik der Welt, aber für einen Mann des 11. Jahrhunderts war es unmöglich, die Bedeutsamkeit des Augenblicks zu ignorieren. Es war Karfreitag, und Johannes wollte sich an einem Mann rächen, der verängstigt, wehrlos und reuig war. Und, mehr noch, er hatte die Haltung des gekreuzigten Christus angenommen. Das war zu viel, selbst für jemand wie Johannes Gualbertus. Er steckte sein Schwert ein, vergab dem Mörder und begab sich dann in die Klosterkirche San Miniato, um Gott zu danken, dass er ihn davor bewahrt hatte, eine so schwere Sünde zu begehen. Während Johannes betete, erwachte der Leib Christi am Kreuz über dem Altar zum Leben, und Christus neigte den Kopf in Anerkennung von Johannes' Gnadenakt. Nach etlichen Jahren klösterlicher Lebensweise beschloss Johannes, ein asketisches Leben zu führen. Knapp dreißig Kilometer vor der Stadt bot ihm ein Nonnenkloster ein großes Grundstück namens Vallombrosa an. Das klang gut, doch das Geschenk war nicht sonderlich großzügig. Die Nonnen entledigten sich bloß eines unfruchtbaren Bodens, mit dem sie nichts hatten anfangen können. Aber Johannes und seine Mönche pflanzten Bäume, bis ihr Land mit Wald bestanden war. Aus diesem Grunde wird Johannes Gualbertus als Schutzpatron von Mitarbeitern der Parkverwaltung und auch von Förstern angesehen.

SIEHE HEILIGENBILD AUF SEITE 147

FOTOGRAFEN

Die heilige Veronika

1. Jahrhundert – Gedenktag: 12. Juli

Die vielleicht beliebteste Szene der katholischen Verehrung, bekannt als der Kreuzweg, zeigt Veronika, die aus der Menge hervortritt, um Blut, Schweiß und Speichel vom Gesicht Jesu zu wischen. Als Lohn für ihr Mitgefühl ließ Christus auf ihrem Schleier oder Tuch ein perfektes Abbild seines Gesichts zurück. Diese Geschichte machte Veronika zur Schutzpatronin der Fotografen.

Es ist eine wunderschöne Geschichte, aber keines der Evangelien, die über Christi traurigen Weg nach Golgatha berichten, erwähnt eine Veronika oder überhaupt irgendeine Frau, die dem Herrn den Schweiß vom Gesicht wischte. Veronikas Name taucht auch nicht in den alten Märtyrerlisten auf. Aber wie es bei den besten Legenden so ist, ihrer Beliebtheit tut das keinen Abbruch trotz des Mangels an Beweisen.

Und was jene Reliquie betrifft, die als Schweißtuch der Veronika bekannt ist, so erheben zwei Kirchen Anspruch darauf: St. Peter in Rom und das Kapuzinerkloster in Manoppello in den Abruzzen. 2006 besuchte Papst Benedikt XVI. Manoppello und betete vor dem Heiligen Schleier, äußerte sich aber nicht zu der Authentizität der Reliquie.

Mittelalterliche Geschichtenerzähler bemühten sich, die Lücken in Veronikas Leben zu füllen. Eine Überlieferung erzählt davon, dass es sich bei ihr um die namenlose Frau handelte, die, nachdem sie Christi Mantel berührt hatte, von einer schweren Blutung geheilt wurde. Eine andere Geschichte erzählt, dass Veronika ihr wundersames Bild Christi nach Rom brachte, es benutzte, um Kaiser Tiberius zu heilen, und es auf ihrem Totenbett den Päpsten vermachte. Die hübscheste Geschichte ist die, wo man sie zur Frau von Zachäus macht, dem kleinen Mann, der auf eine Platane kletterte, um Jesus vorbeigehen sehen zu können.

Siehe Heiligenbild auf Seite 148

GEFALLENE FRAUEN

Die heilige Maria von Ägypten

CA. 344–CA. 421 – GEDENKTAG: 2. APRIL

Maria begann ihre sexuellen Abenteuer mit zwölf Jahren. Einige Sammlungen von Heiligengeschichten bezeichnen sie als Prostituierte, aber in einem Text aus dem 6. Jahrhundert, der angeblich auf ihren eigenen Memoiren basiert, wird Maria mit der Aussage zitiert, sie hätte ihre Liebhaber nie um Geld gebeten, sondern Freude daran gehabt, »kostenlos zu tun, was mir Vergnügen bereitete«. Ihre Spezialität bestand in der Verführung naiver junger Männer. »Es gibt keine nennbare oder unnennbare Verderbtheit«, sagte sie, »die ich ihnen nicht beibrachte.« Nach Jahren der Suche nach immer neuen sexuellen Eroberungen auf den Straßen Alexandrias, Ägypten, bemerkte Maria eines Tages eine Gruppe Männer, die an Bord eines Schiffes gingen. Ein Seemann verriet ihr, dass die Männer Pilger und auf der Reise nach Jerusalem waren. Spontan schloss Maria sich der Gruppe an. Als das Schiff im Heiligen Land anlegte, hatte Maria jeden Mann an Bord verführt. Anschließend beschloss sie, ihre Talente in Jerusalem zum Einsatz zu bringen. Wiederum spontan schloss sie sich einer Menschenmenge an, die zum Fest der Kreuzerhöhung in der Kirche des heiligen Kreuzes unterwegs war. Als sie die Tür erreichte, hinderte eine unsichtbare Kraft sie daran, den heiligen Ort zu betreten. Wieder und wieder versuchte sie, die Schwelle zu überschreiten, aber es war, als hielten starke Hände sie zurück. Dann begriff sie: Ihr sündiges Leben ließ nicht zu, dass sie dem Grab Christi näher kam. Voller Scham begann sie zu weinen, doch durch den Tränenschleier sah sie ein Bildnis der Jungfrau Maria. Sie rief die Muttergottes an und versprach, Buße für all ihre Sünden zu tun. Maria betete: »Hilf mir, denn ich habe keine andere Hilfe!« Augenblicklich ließ die unsichtbare Macht von ihr. Maria erfüllte ihr Versprechen. Sie beichtete ihre Sünden und reiste dann tief in die Wüste, wo sie den Rest ihres Lebens als Einsiedlerin verbrachte, um zu beten und Buße zu tun.

SIEHE HEILIGENBILD AUF SEITE 148

Unverheiratete Frauen
Die heilige Gudula von Brüssel
GEST. 712 – GEDENKTAG: 8. JANUAR

Tausende weiblicher Heiliger haben nie geheiratet, aber fast alle von ihnen waren Nonnen. Gudula ist die seltene Ausnahme – sie entschied sich für Keuschheit und ein gläubiges Leben, ohne dafür ins Kloster zu gehen. Deswegen wurde sie zur Schutzpatronin alleinstehender Frauen. Gottesfürchtigkeit hatte in Gudulas Familie Tradition. Ihre Mutter Amalberga, ihre Schwester Rainildis und ihre Cousinen Begga und Gertrud von Nivelles wurden alle Heilige. Die Familie gehörte zur flämischen Oberschicht und war wohlsituiert, also verfügte Gudula über die Zeit und das Geld, ihre Tage damit zu füllen, karitative Arbeit in der Nachbarschaft zu leisten. Ihr Tag begann vor Sonnenaufgang mit einem Fußmarsch zu ihrer Lieblingskirche in der Stadt Moorsel, drei Kilometer entfernt. Da es meist noch dunkel war, wenn sie bei der Kirche ankam, nahm Gudula eine Laterne mit auf den Weg. Dieses schlichte Detail bot den Stoff für eine Legende. Sie erzählt, dass, während Gudula betete, der Teufel die Flamme in der Laterne ausblies, aber durch ein Wunder entzündete sie sich jedes Mal wieder von neuem. Auch wird erzählt, dass ein Engel aktiv war. Nach ihrem Tod wurde Gudula in ihrer Pfarrkirche beigesetzt. Etwa achtzig Jahre später ließ Karl der Große (der entfernt verwandt mit Gudulas Familie war) ihre Gebeine in ihre Lieblingskirche in Moorsel übertragen und gründete dort ihr zu Ehren ein Frauenkloster. Während der Wikingereinfälle in Belgien im 10. Jahrhundert wurden die Gebeine sicherheitshalber nach Brüssel in die Kirche St. Michael übertragen; die später an ihrer Stelle errichtete Kathedrale St. Michael und St. Gudula bewahrte Gudulas Gebeine, bis calvinistische Extremisten 1597 den Schrein mit Gudulas sterblichen Überresten zerstörten. Heute findet sich wenigstens das Haupt der Heiligen an geweihtem Ort, im Eibinger Reliquienschatz in Deutschland.

SIEHE HEILIGENBILD AUF SEITE 148

FALLSCHIRMJÄGER
Der heilige Erzengel Michael

BLESSED
EUGENE DE MAZENOD
BISHOP OF MARSEILLES
Founder of the Congregation
of the Missionary Oblates of Mary Immaculate

ZERRISSENE FAMILIEN
Der heilige Eugen von Mazenod

FEHLGEBURTEN

S. Nothburga

FELDARBEITER

FERNSEHEN

Die heilige Klara von Assisi

FEUERWEHRLEUTE

Der heilige Florian von Lorch

FIEBER

FISCHER

Świȩta
Teresa od Dzieciątka Jezus

"Ufność w Bogu tak dobrym,
potȩżnym i miłosiernym nie
jest nigdy zbyt wielką".

FLORISTEN
Die heilige Therese von Lisieux,
auch kleine Theresia

IHS

Der hl. Alban.
Martirer.

Daran werden Alle erkennen, daß ihr meine
Jünger seid, wenn ihr einander liebt. Joh. 13, 35.

Erweise gerne Liebesdienst.

Bete für die von der Selbstsucht Befangenen.

FLÜCHTLINGE
Der heilige Alban

Prodigieuse Translation de la Sainte
Maison de Loreto.

FLUGKAPITÄNE UND FLUGGÄSTE
Unsere Liebe Frau von Loreto

SAN GIOVANNI GUALBERTO

FÖRSTER UND PARKVERWALTER
Der heilige Johannes Gualbertus

ST. VERONICA.

FOTOGRAFEN
Die heilige Veronika

Sᵗᵃ MARIA EGYPTIANA.

GEFALLENE FRAUEN
Die heilige Maria von Ägypten

S. GUDULA.

UNVERHEIRATETE FRAUEN
Die heilige Gudula von Brüssel

Si quelqu'un mange ce pain, il vivra
éternellement.   (S. Jean VI.)
   Wie mijn vleesch eet, Zal
eeuwig leven.
               (Sᵗ Jan. VI.)

GUTE FREUNDSCHAFTEN
Der heilige Johannes

GUTE FREUNDSCHAFTEN

Der heilige Johannes

GEST. CA. 100 – GEDENKTAG: 27. DEZEMBER

Unter den zwölf Aposteln waren Jesu engste Freunde Simon Petrus, Jakobus der Ältere und Johannes, der spätere Evangelist. Innerhalb dieses inneren Kreises war Johannes, der Favorit des Herrn, derjenige, »welchen Jesus liebhatte« (so das Johannesevangelium 19,26). Traditionell wird auch davon ausgegangen, dass Johannes der jüngste der Apostel gewesen war, vielleicht gerade erst den Teenagerjahren entwachsen, als er sich Jesus anschloss. Um seine Jugend zu betonen, neigen Künstler dazu, Johannes als bartlos, mit langem Haar und einem frischen Jungengesicht darzustellen.

Nachdem Jesus verhaftet worden war, war Johannes der einzige der Apostel, der bei ihm blieb. Er war Zeuge von Jesu Verhandlung vor Pontius Pilatus, folgte ihm, als er das Kreuz durch die Straßen Jerusalems trug, stand mit der Gottesmutter am Fuß des Kreuzes und half, Jesu Leichnam vom Kreuz zu nehmen und in das Grab zu legen. Be-

vor Jesus starb, belohnte er seinen treuesten Freund, indem er ihm die Sorge für Maria übertrug: »Frau, siehe, dein Sohn.« Dann sprach er zu Johannes: »Siehe, deine Mutter« (Joh 19,26 und 27).

Anfangs predigte Johannes in Jerusalem, dann zog er nach Ephesus, in die größte Stadt im Osten des Römischen Reichs. Eine Überlieferung, die zumindest bis ins 2. Jahrhundert zurückreicht, berichtet, dass Johannes Maria mit sich nahm. In den Ruinen von Ephesus fand sich ein kleines Steinhaus, von dem man annahm, dass es Marias Haus gewesen sei.

Johannes starb friedlich im Alter von vierundneunzig Jahren, der einzige der Apostel, der nicht den Märtyrertod erlitt. Ihm einen grausamen Tod erspart zu haben war vielleicht Jesu letztes Geschenk an seinen besten Freund.

SIEHE HEILIGENBILD AUF SEITE 148

Friedensstifter

Der heilige Niklaus von Flüe

1417–1487 – Gedenktag: 21. März

Niklaus lernte auf harte Weise den Frieden zu schätzen. Im 15. Jahrhundert war seine Heimat, die Schweiz, keine geeinte Nation, sondern eine Region rivalisierender Kantone (Provinzen). Häufig wurde aus dieser Rivalität offener Kampf. Schlimmer noch, Frankreich und Österreich versuchten ständig, Schweizer Boden zu annektieren und die eigenen Grenzen auszudehnen. Schon als Jugendlicher und bis er dreiundvierzig war, diente Niklaus in einer Reihe von Kleinkriegen. Mit fünfundzwanzig heiratete er eine gläubige junge Frau namens Dorothee Wyss. Sie hatten zehn Kinder – fünf Jungen und fünf Mädchen. Als wohlhabender Bauer konnte Niklaus seiner großen Familie ein gutes Leben bieten. Als gläubiger Mann unerschütterlicher Integrität gewann er zudem die Bewunderung seiner Nachbarn. Er wurde zum Berater seines Kantons und zum Richter ernannt; bekannt für seine Gerechtigkeit, avancierte er zum beliebtesten Schlichter der schwierigsten Lokalstreitigkeiten. Dann, nach fünfundzwanzig Jahren

Ehe und Dienst an der Allgemeinheit, küsste Niklaus seine Frau und seine Kinder zum Abschied, sagte seinen Nachbarn Lebewohl und zog sich als Einsiedler in den Wald zurück. Er versuchte, in einer selbstgebauten Hütte zu hausen, aber die Menschen der Gegend bestanden darauf, ihm eine Holzhütte und eine steinerne Kapelle zu errichten. Der hilfsbereite Bischof von Konstanz weihte die Kapelle und entsandte sogar einen Priester, der als Niklaus' persönlicher Kaplan dienen sollte, damit er jeden Tag die Messe hören konnte. 1481 trafen sich Vertreter etlicher Schweizer Kantone, um zu versuchen, eine Gemeinschaft zu bilden, aber die alten Feindschaften und das alte Misstrauen standen ihnen im Weg. Als ein Bürgerkrieg drohte, schlugen kluge Delegierte vor, Niklaus von Flüe hinzuzuziehen, um eine Einigung zu erreichen. Innerhalb einer Stunde fand Niklaus eine zufriedenstellende Lösung – dann kehrte er in seine Einsiedelei zurück.

Siehe Heiligenbild auf Seite 167

FRIEDHOFSARBEITER

Der heilige Calixtus, eigtl. Kallistus

GEST. CA. 222 – GEDENKTAG: 14. OKTOBER

Calixtus, der Sklave von Carpophorus, einem römischen Christen, konnte ausgezeichnet rechnen. Als sein Herr eine Art Bank für andere Christen gründete, wurde Calixtus die Aufgabe übertragen, die Konten zu führen. Aber bald schon stellte sich heraus, dass er nichts als Ärger machte: Er veruntreute Geld. Wütend und gedemütigt befahl Carpophorus Calixtus, das steinerne Rad in einer Getreidemühle zu drehen. Kunden, die wenigstens einen Teil ihrer Ersparnisse wiedersehen wollten, überzeugten Carpophorus jedoch, Calixtus freizulassen, wenn der freche Sklave nur schwöre, die Gelder, die er bei jüdischen Händlern angelegt hatte, wiederzubeschaffen. So unterbrach Calixtus an einem Samstagmorgen den Sabbat-Gottesdienst in der römischen Synagoge und verlangte von den Händlern das Geld zurück. Im folgenden Aufruhr wurde Calixtus verhaftet und dann zur Arbeit in den Minen Sardiniens verschifft. Aber bald schon war er zurück in Rom, freigekommen in einer Generalamnestie für christliche Gefangene. (Man kann sich nur das genervte Stöhnen unter den Christen und Juden der Stadt vorstellen.) Papst Victor griff schließlich ein. Er bot Calixtus ein regelmäßiges Gehalt und ließ ihn in ein kleines Haus weit außerhalb der Stadtmauern und fern irgendwelcher Schwierigkeiten ziehen. Dort, vielleicht unter dem Einfluss des Papstes, begann Calixtus' Umdenken. Der Papst machte den frischgebackenen Christen zum Vorsteher einer Katakombe, dessen Namen sie heute trägt. So ist Calixtus' Position als Schutzpatron der Friedhofsarbeiter nur logisch. Später, zum Priester geweiht, diente Calixtus dem Papst Cephyrinus als Berater. Aber es sollte noch besser kommen: Calixtus wurde schließlich selbst zum Papst gewählt. Nach einem kurzen, nur fünf Jahre dauernden Pontifikat starb er als Märtyrer, er wurde auf der Straße von einem heidnischen Mob erschlagen.

SIEHE HEILIGENBILD AUF SEITE 167

FRISEURE

Die heilige Maria Magdalena

1. Jahrhundert – Gedenktag: 22. Juli

Der Evangelist Lukas berichtet, dass eine Frau, bei der es sich um eine notorische Sünderin handelte, ein Haus betrat, in dem Jesus gerade mit seinen Freunden aß, und zu jedermanns Erstaunen kniete sie sich hin, badete seine Füße in ihren Tränen und trocknete sie dann mit ihrem Haar. Lukas nennt den Namen der Büßerin nicht, aber eine Überlieferung, die bis zu Papst Gregor dem Großen (590–604) zurückreicht, besagt, dass es Maria Magdalena gewesen war. Seitdem malen Künstler Maria mit vollem Haar. Und deswegen haben Friseure Maria Magdalena zur Schutzpatronin auserkoren. Maria Magdalena war keine Prostituierte. Die Evangelien sagen nicht, obwohl Christus sieben Dämonen aus ihr austrieb, dass sie promiskuitiv gelebt hätte. Christus trieb auch aus Männern Dämonen aus, und niemand behauptet, dass es sich bei ihnen um Gigolos gehandelt hätte. Es war Gregor der Große, der versuchte, die Dinge zu vereinfachen, indem er Maria Magdalena, ihre Schwester Martha und die anonyme »Sünderin« des Lukas miteinander gleichsetzte. Statt die Situation zu klären, machte Papst Gregor sie jedoch nur noch schlimmer – seinetwegen unterhielten Christen die nächsten fünfzehnhundert Jahre lang höchst eigenartige Vorstellungen über den Charakter dieser drei unterschiedlichen Frauen. Eine Legende aus dem Mittelalter behauptet, nachdem Christus in den Himmel aufgefahren gewesen sei, seien Maria Magdalena, ihre Schwester Martha und ihr Bruder Lazarus nach Südfrankreich gesegelt, um dort zu predigen. Maria habe sich dann in eine Höhle östlich Marseilles zurückgezogen, wo sie als Einsiedlerin gelebt habe. Mit der Zeit sei ihre Kleidung zu Lumpen geworden, die von ihrem Körper fielen, aber wie durch ein Wunder wuchs ihr Haar so dicht und lang, dass es sie gänzlich bedeckte. So konnte sie nach wie vor gesittet ausgehen – und die Friseure waren von der Story ebenfalls beeindruckt.

Siehe Heiligenbild auf Seite 167

FRONLEICHNAM

Die heilige Juliana von Lüttich

1192–1258 – GEDENKTAG: 6. APRIL

Einer der Grundlagen des katholischen Glaubens ist der Glaubenssatz, dass bei der Messe – wenn der Priester die Worte Christi wiederholt: »Dies ist mein Leib … dies ist mein Blut« – Brot und Wein wirklich Leib und Blut Jesu Christi werden, so dass der Herr wahrhaft und wesentlich in der Kirche anwesend ist. Die katholische Verehrung dieses Geheimnisses, das auch unter den Bezeichnungen Eucharistie, heilige Kommunion, Allerheiligstes oder heiliges Abendmahl bekannt ist, war stets stark. Im frühen 13. Jahrhundert lebte in dem Augustinerfrauenkloster Mont Cornillion (Kloster Kornelienburg) im heutigen Belgien eine junge Nonne namens Juliana. Sie verehrte vor allem das Allerheiligste, und während sie vor dem Tabernakel betete (dem Schränkchen, in dem das Allerheiligste, das gewandelte Brot, aufbewahrt wird), hatte sie eine Vision. Darin wies Christus Juliana darauf hin, dass es im kirchlichen Kalender keinen Festtag für das Allerheiligste gab, und er wünschte, dass sie einen solchen etablierte. Es war eine hohe Anforderung, aber Juliana ging sie systematisch an. Erst fragte sie einen weisen Priester nach seiner Meinung, dann bat sie ihn, die Idee einigen lokalen Theologen vorzuschlagen. Mit deren Unterstützung wandte sich Juliana an den zuständigen Bischof, der sich ebenfalls einverstanden erklärte. 1246 wurde Fronleichnam (mhd. der vrone licham, lat. Corpus Domini [Leib des Herrn] bzw. Corpus Christi [Leib Christi] zum ersten Mal in Lüttich, Belgien, begangen, mit einer feierlichen Messe und einer großen Prozession. Es hätte ein lokaler Feiertag bleiben können, wäre nicht etwas Unerwartetes geschehen. 1261 wurde Jacques Pantaléon, einer der Theologen, die Juliana konsultiert hatte, zum Papst gewählt. Als Urban IV. wies er die katholische Welt an, Fronleichnam bzw. Corpus Domini am Donnerstag nach dem Dreifaltigkeitsfest am ersten Sonntag nach Pfingsten zu begehen. Das Fronleichnamsfest ist seitdem ein wichtiger religiöser Feiertag.

SIEHE HEILIGENBILD AUF SEITE 167

GÄRTNER

Die heilige Rosa von Lima

1586–1617 – GEDENKTAG: 23. AUGUST

Ihre Eltern gaben ihr den Namen Isabel, aber das Hausmädchen der Familie, eine Inka-Indianerin, bezeichnete das Baby als bezaubernd »wie eine Rose«, und das war der Name, der hängenblieb. Rosa wuchs in einer schönen Villa in Lima, Peru, auf. Hinter dem Haus befand sich ein großer Garten, den sie besonders liebte. Wegen Rosas Reichtum, Rang und Schönheit erwarteten die Eltern, dass sie eine großartige Hochzeit feiern würde. Rosa aber wollte Nonne werden. Nach einer Zeit des Streites fanden sie einen Kompromiss: Rosa musste nicht heiraten, durfte aber auch nicht ins Kloster gehen. Aber es wurde ihr erlaubt, sich dem Dritten Orden der Dominikaner anzuschließen, was ihr ermöglichte, die Gelübde abzulegen und den Schleier zu tragen, auch während sie zu Hause lebte. Mit Hilfe eines ihrer Brüder errichtete Rosa eine kleine Hütte für sich im Garten der Familie. Sie hatte nicht sehr lange in ihrer »Einsiedelei« gelebt, als das Vermögen ihrer Familie verlorenging. Um die Not zu lindern, begann Rosa zu klöppeln und zu sticken. Zudem wurde sie eine professionelle Gärtnerin und verkaufte ihre Blumen auf dem Markt Limas. Die Not ihrer Familie sensibilisierte Rosa noch mehr für das Unglück anderer. Mit Erlaubnis ihrer Eltern nutzte sie ein Zimmer ihres Hauses als Hospital. Bald erzählten die Bürger der Stadt einander Geschichten von den Wundern, die Rosa gewirkt haben soll – ihre Gebete retteten Lima vor einem Piratenangriff, ihre Berührung heilte die Kranken in ihrem Hospital. Als sie 1671 von Papst Clemens X. heiliggesprochen wurde, avancierte Rosa von Lima zur ersten Heiligen der Neuen Welt. Aufgrund von Rosas Liebe zu ihrem Garten und ihrer Arbeit als Blumenzüchterin wählten Gärtner sie als ihre Patronin, die ihnen hilft, bezaubernde Blumen zu ziehen und schädliche Insekten fernzuhalten.

SIEHE HEILIGENBILD AUF SEITE 168

GASTFREUNDSCHAFT

Der heilige Meinrad von Einsiedeln

GEST. 861 – GEDENKTAG: 21. JANUAR

Meinrads Gastfreundschaft war sein Problem. Als Benediktinerpriester hatte er dreißig Jahre in seiner Einsiedelei tief im Wald vor Zürich verbracht, als zwei Fremde an seine Tür klopften. Meinrad bat sie herein, gab ihnen zu essen, bereitete ihnen ein Bett für die Nacht und behandelte sie wie alte Freunde. Aber es waren keine Reisenden, die sich im Wald verlaufen hatten – es waren Räuber, die gezielt nach Meinrads Klause gesucht hatten aufgrund des Gerüchts, er wäre ein reicher Sparfuchs, der im Wald lebte, um sein Gold zu schützen. Die beiden Männer forderten Meinrad auf, seinen Schatz auszuhändigen. Es dauerte eine Weile, aber es gelang dem heiligen Mann, die Räuber davon zu überzeugen, dass er wirklich nur ein armer Einsiedler war, genau wie es aussah, und dass er kein Gold an einem geheimen Ort versteckt hatte. Wütend, weil sie auf Gerüchte hereingefallen waren, stürzten sich die Räuber auf Meinrad und prügelten ihn tot. Die Legende erzählt, dass Raben die Mörder angriffen, als sie Meinrads Klause verließen; sie hackten nach ihren Köpfen und trieben sie aus dem Wald zurück gen Zürich, wo sie ihr Verbrechen gestanden und exekutiert wurden. Nach Meinrads Ermordung errichteten die Benediktinermönche über seiner Zelle ein Kloster. Als Einsiedeln bekannt, ist dieser Ort ein berühmter Wallfahrtsort, nicht nur wegen des Grabes des heiligen Meinrad, sondern auch wegen des Schreins der Muttergottes von Einsiedeln, auch Schwarze Madonna von Einsiedeln genannt – eine kleine Holzstatue der Jungfrau mit Kind, wahrscheinlich Meinrads einziger Schatz.

SIEHE HEILIGENBILD AUF SEITE 168

GESTRESSTE GASTGEBER

Die heilige Martha von Bethanien

I. JAHRHUNDERT – GEDENKTAG: 29. JULI

Wenn überhaupt ein Heiliger versteht, wie anstrengend es ist, das Haus für Gäste vorzubereiten, dann Martha. Immerhin servierte sie dem Sohn Gottes Abendessen.

Das Lukas- und das Johannesevangelium berichten uns, dass Martha, ihre Schwester Maria und ihr Bruder Lazarus enge Freunde von Jesus waren. Lukas beschreibt einen der Besuche des Herrn im Haus der Familie in Bethanien. Martha war damit beschäftigt, ein Mahl zu bereiten und alles perfekt für Jesus vorzubereiten. Maria hingegen half überhaupt nicht. Stattdessen saß sie auf dem Boden, zu Füßen des Herrn, um keines seiner Worte zu versäumen. Martha fand die Situation unerfreulich, zweitausend Jahre später können wir immer noch die Gereiztheit in ihrer Stimme hören, als sie sich an Jesus wendet: »Herr, fragst du nicht danach, dass mich meine Schwester lässt allein dienen? Sage ihr doch, dass sie mir helfen soll!« Christus antwortet: »Martha, Martha, du machst dir Sorge und Unruhe um vieles; eines nur ist notwendig. Maria hat den guten Teil erwählt; der wird nicht genommen werden von ihr« (Lk 10,40–42).

Der Legende nach hat Martha, nachdem Christus in den Himmel auffuhr, das Evangelium nach Südfrankreich getragen. Einmal versuchte ein Halbwüchsiger, während sie predigte, quer durch die Rhône zu schwimmen, um sie besser hören zu können. Die Strömung war jedoch stärker als der junge Schwimmer, und er ertrank. Als die trauernde Familie und Freunde den Leichnam des Jungen zu Martha brachten, betete sie aufrichtig zu Christus. Sie sprach den Herrn als »meinen lieben Gast« an und bat ihn, das Leben des jungen Mannes wiederherzustellen. Nach dem Gebet erhob sich Martha und nahm die Hand des Jungen. Augenblicklich erwachte er wieder zum Leben.

SIEHE HEILIGENBILD AUF SEITE 168

GEBÄRENDE

Die heilige Margareta von Antiochia

GEST. 304 – GEDENKTAG: 20. JULI

Die Geschichte von Margareta verunsichert viele heutige Leser. Es heißt, als sie wegen ihres Glaubens im Kerker gesessen hatte, sei Satan in Form eines riesigen Drachen in ihrer Zelle erschienen und habe sie im Ganzen verschluckt. Im Bauch des Biestes schwang Margareta ein kleines Kreuz, das sie bei sich trug, und augenblicklich platzte der Bauch des Monsters, und Margareta entstieg ihm lebendig und unbeschadet. Obwohl wir diese Geschichte heute verstörend finden, ist sie nun einmal die Ursache dafür, dass Margareta von Antiochia die Schutzpatronin gebärender Frauen ist. Und soweit Bilder, Statuen und ihr geweihte Kirchen auf etwas schließen lassen, hat die Geschichte zahllosen schwangeren Frauen über viele Jahrhunderte Trost gespendet. Im mittelalterlichen Europa war Margareta eine sehr beliebte Heilige. In England allein wurden ihr über zweihundertfünfzig Kirchen geweiht. Der Rest der Geschichte erzählt, dass Margareta die Tochter eines heidnischen Priesters war, der sie nach ihrem Übertritt zum Christentum enterbte. Da sie nirgendwohin konnte, verließ sie ihr Heim in Antiochia und zog aufs Land, um bei ihrer Amme zu leben. Während sie die Schafe ihrer Amme hütete, erblickte der Präfekt der Region Margareta. Er schlug ihr die Ehe vor, aber sie entgegnete, dass sie ihre Jungfräulichkeit Christus geschenkt habe. Dieses offenherzige Eingeständnis führte zu Margaretas Verhaftung, ihrem Zusammentreffen mit dem Drachen und letztlich zu ihrem Märtyrertod. Dass eine christliche Jungfrau namens Margareta während der Christenverfolgung des Kaisers Diokletian in Antiochia den Märtyrertod starb, ist beinahe sicher, aber das ist auch das Einzige. Noch etwas – Johanna von Orléans hat gesagt, eine der drei himmlischen Stimmen, die sie gehört hatte, sei die Margaretas von Antiochia gewesen.

SIEHE HEILIGENBILD AUF SEITE 168

GEFANGENE

Der heilige Leonhard und das Heilige Kind von Atocha

GEST. CA. 559 – GEDENKTAG: 6. NOVEMBER
GEDENKTAG: 15. DEZEMBER

Die Verehrung des heiligen Leonhard als Schutzpatron der Gefangenen geht zurück auf die Zeit des ersten Kreuzzugs. 1100 wurde Bohemund, ein normannischer Ritter und einer der Heerführer, von einem türkischen Stamm gefangen genommen und in Ketten in einem Verlies gehalten. Am Rande der Verzweiflung, betete der Ritter zu Leonhard, einem Eremiten, der wohl im 6. Jahrhundert im Wald in der Nähe von Limoges, Frankreich, gelebt hatte. Nach drei Jahren Gefangenschaft ließen die Türken Bohemund frei. Als er nach Frankreich zurückkehrte, wallfahrte er aus Dankbarkeit zu Leonhards Grab in Noblat, wo er ein Geschenk hinterließ – eine schwere Kette aus Silber, gleich der eisernen, mit der er angekettet gewesen war.

Über Leonhard selbst wissen wir nur wenig: Er lebte zur Regierungszeit von Chlodwig I., dem ersten christlichen Großkönig der Franken, und seiner Königin Chrodechilde, und er lebte als Einsiedler. Nach seinem Tod begannen die Menschen in und um Limoges, ihn als Heiligen zu verehren. Um die Lücken zu füllen, entstanden später Legenden, zum Beispiel jene, die erzählt, wie Chrodechilde, im neunten Monat schwanger, mit ihrem Gemahl in der Nähe von Leonhards Hütte jagen ging. Auf der Jagd bekam die Königin Wehen. Sie hatte keine ihrer Dienerinnen an der Seite, kein Dorf oder eine Hebamme waren in der Nähe, die nächste Unterkunft war Leonhards Klause. Leonhard hatte keine Erfahrung darin, ein Baby zur Welt zu bringen, aber Gebete halfen ihm bei der Aufgabe – die Königin gebar einen gesunden Jungen.

Aus Dankbarkeit vermachte Chlodwig Leonhard ein großes Stück Land, auf dem später das Kloster Noblat errichtet wurde, und nahm den Einsiedler in den inneren Kreis seiner Berater auf. Eine andere Legende erzählt, dass Leonhard nach einer Schlacht Chlodwig gebeten habe, gnädig seinen Gefangenen gegenüber zu sein, und der König versprach, jeden freizulassen, bei dem Leonhard dies für angemessen hielt. Diese Legende mag der Grund dafür sein, warum sich Bohemund, als er im Gefängnis saß, hilfesuchend an Leonhard wandte.

Die Verehrung des Heiligen Kindes von Atocha geht zurück ins 13. Jahrhundert, als die Afrikaner Atocha besetzten (heute ein Stadtteil Madrids) und alle Männer der Stadt gefangen nahmen. Die Afrikaner weigerten sich, den Gefangenen Essen oder Trinken zu reichen. Sie erlaubten, dass den Gefangenen Essen und Trinken von draußen gebracht wurde, aber nur von Kindern unter zwölf, die auch nur ihre eigenen Familienmitglieder füttern durften. Gefangene ohne Kinder oder deren Kinder zwölf oder älter waren, mussten verhungern.

Die Frauen Atochas wandten sich hilfesuchend an die Jungfrau Maria und baten sie, bei ihrem Sohn für ihre Söhne, Brüder und Ehemänner ein gutes Wort einzulegen. In jener Nacht erschien ein kleiner Junge im Gefängnis, gekleidet wie ein Santiago-de-Compostela-Pilger (Spaniens wichtigster Wallfahrtsort), mit einem Korb voll Essen und einem Krug Wasser – bei weitem nicht genug für alle Gefangenen. Doch das Kind ging von Mann zu Mann, jeder aß und trank, und das Körbchen und der Krug wurden stets von neuem gefüllt. Als der kleine Junge Nacht um Nacht ins Gefängnis kam, erkannten die Gefangenen sowie die Frauen Atochas, dass es sich bei ihm um das Christuskind handelte.

Die Verehrung des Heiligen Kindes von Atocha erfasste ganz Spanien, und besonders stark ist sie bei den spanischsprechenden Katholiken in Amerika. Das Heiligtum des Heiligen Kindes steht in der Nähe des Bahnhofs Atocha in Madrid.

SIEHE HEILIGENBILD AUF SEITE 169

Freilassung Gefangener

Der heilige Johannes von Matha

1160–1223 – Gedenktag: 8. Februar

Am Tag nach seiner Priesterweihe, als er seine erste Messe las, hatte Johannes von Matha eine Vision; ihm erschien ein Engel in Begleitung von zwei christlichen Gefangenen. Die Erscheinung war rätselhaft. Etwas später sprach Johannes mit Felix von Valois darüber, einem Einsiedler, der später auch heiliggesprochen wurde. Sie überlegten, dass die Vision vielleicht ein Zeichen sein könnte, dass Johannes sein Leben dem Freikaufen von christlichen Gefangenen oder von den Mauren versklavter Christen widmen sollte. Im späten 12. Jahrhundert stand immer noch mehr als die Hälfte von Spanien unter maurischer Herrschaft. Spanische Christen, die mit ihren Herren in Konflikt gerieten, wurden oft als Sklaven verkauft. Christliche spanische Soldaten, die im Krieg gegen die Mauren gefangen genommen wurden, warf man in den Kerker oder verkaufte sie auf den Sklavenmärkten in Marokko, Tunesien und Algerien. Zur Zeit des Johannes von Matha befanden sich mehrere zehntausend Christen in Gefangenschaft oder lebten in Sklaverei, und da niemand versuchte, sie wieder freizubekommen, übernahm Johannes von Matha diese Aufgabe. In Paris sammelte er eine Gruppe mutiger Männer zusammen, die bereit waren, in Feindesland zu gehen und über die Freilassung der Gefangenen zu verhandeln. Die Gemeinschaft nannte sich selbst Orden der Allerheiligsten Dreifaltigkeit vom Loskauf der Gefangenen, kurz Trinitarier, und schwärmte nach Frankreich und Italien aus, um dort Adelige und Bischöfe um Gelder für den Freikauf ihrer Mitchristen zu bitten. Johannes und seine Trinitarier waren durchaus erfolgreich – sie konnten Hunderte von Gefangenen loskaufen. Aber es gab viele weitere Tausende mehr, die die Mauren sich weigerten freizulassen. Die Trinitarier haben bis heute überlebt und immer noch mit Gefangenen zu tun – sie arbeiten als Gefängnispriester.

Siehe Heiligenbild auf Seite 169

POLITISCHE GEFANGENE

Der heilige Maximilian Kolbe

1894–1941 – GEDENKTAG: 14. AUGUST

Am Vorabend des Nazi-Einmarsches in Polen befahl Adolf Hitler der Wehrmacht: »Töten Sie ohne Mitleid und Gnade jeden Mann, jede Frau und jedes Kind polnischer Abstammung … Seien Sie brutal. Es ist notwendig, mit größtmöglicher Härte vorzugehen.« Ihrem Führer ergeben, töteten die Nazis zwischen 1939 und 1945 über sechs Millionen Polen – 22 Prozent der Bevölkerung –, darunter etwa vier Millionen Christen.

Nach der Niederlage Polens kamen neue Anweisungen von Heinrich Himmler: »Erschießen Sie Tausende wichtiger Polen.« Mit gnadenloser Effizienz trieben die Soldaten Tausende polnischer Anwälte, Ärzte, Professoren und Geistlicher zusammen und ermordeten sie. Unter den Festgenommenen war Pater Maximilian Kolbe, ein Franziskaner-Konventuale, der Obere von 760 Priestern und Brüdern, der Gründer der international tätigen katholischen Organisation Militia Immaculatae – Soldaten der Unbefleckten – und der Chefredakteur eines der größten Verlage Polens. Als wäre er damit nicht schon Ziel genug, hatte Kolbe sein großes katholisches Pressehaus geöffnet, um Hunderten Juden und polnischen, ukrainischen und griechisch-orthodoxen Flüchtlingen Zuflucht zu gewähren. Die Nazis verhafteten Kolbe zusammen mit den verängstigten Männern, Frauen und Kindern, die er versteckt hatte, und schickten sie allesamt nach Auschwitz. Im Konzentrationslager wurde Kolbe zu Sklavenarbeit verpflichtet. Nachts nahm er, obwohl dies gegen die Lagervorschriften verstieß, katholischen Gefangenen die Beichte ab und betete mit Häftlingen. Besonders intensiv arbeitete er mit Männern, die wegen der Brutalität der Nazi-Besatzer und der Schrecken in Auschwitz nicht mehr länger an Gott glaubten.

Ende Juli 1941 entkam ein Mann aus Kolbes Baracke. SS-Hauptsturmführer Karl Fritzsch, erster Schutzhaftlagerführer, Adjutant des Kommandanten Rudolf Höß von Auschwitz, wählte nach dem Zufallsprinzips zehn

Männer aus Kolbes Baracke für eine besondere Bestrafung aus: Hungertod im Strafbunker 11 des Lagers. Einer der verurteilten Männer, ein polnischer Unteroffizier namens Franciszek Gajowniczek, rief: »Meine Frau! Meine armen Kinder! Ich werde sie nie wiedersehen.«

Als Fritzsch sich zum Gehen wandte, bat Kolbe ihn: »Bitte, ich möchte den Platz dieses Mannes einnehmen.« Er deutete auf Gajowniczek.

»Warum?«, fragte Fritzsch. »Wer sind Sie?«

»Ich bin ein katholischer Priester«, entgegnete Kolbe. »Ich bin krank. Ich kann kaum noch arbeiten. Dieser Mann ist jung und kräftig und hat eine Familie. Ich möchte an seiner Stelle sterben.«

»Akzeptiert«, sagte Fritzsch.

Gajowniczek kehrte zu den Gefangenen zurück, und Kolbe schloss sich den zum Tode Verurteilten an. Sie wurden alle entkleidet, durch das KZ getrieben und dann in den sogenannten Hungerbunker gesperrt. Wie vorgeschrieben erhielten sie weder Wasser noch Nahrung. Am 14. August betrat ein Nazi-Wächter den Raum und verabreichte Kolbe sowie den vier übrigen noch lebenden Gefangenen eine tödliche Phenolinjektion. Ihre Leichen wurden verbrannt und die Asche in ein großes offenes Grab geschüttet. Gajowniczek überlebte den Krieg, so wie seine Frau, und er spürte später Mitglieder von Kolbes Organisation auf, um ihnen zu berichten, was ihr Gründer für ihn getan hatte. Als die Kirche begann, Pater Kolbes Leben zu untersuchen, war Franciszek Gajowniczeks Aussage entscheidend. 1982 reiste er wieder nach Rom (der Seligsprechung hatte er auch beigewohnt), wo er von einem der besten Plätze aus verfolgen durfte, wie der polnische Papst Johannes Paul II. Maximilian Maria Kolbe heiligsprach.

Franciszek Gajowniczek starb am 13. März 1995 in Polen. Der Heilige, Pater Maximilian Kolbe, hatte ihm fünfundfünfzig zusätzliche Jahre auf dieser Erde geschenkt.

SIEHE HEILIGENBILD AUF SEITE 169

GEFÄNGNISWÄRTER

Der heilige Hippolyt von Rom

CA. 170–235 – GEDENKTAG: 31. AUGUST

Etwa hundert Jahre nach Hippolyts Märtyrertod schrieb Ambrosius von Mailand, der Mann sei ein römischer Soldat gewesen, bestimmt zur Bewachung von christlichen Gefangenen, die in Kaiser Valerians Christenverfolgung gefangen gesetzt worden waren. Einer von Hippolyts Gefangenen war Laurentius von Rom, der Diakon, von dem Ambrosius berichtet, er habe Hippolyt bekehrt. Der wiederum gab seinen neuen Glauben an sein ältliches Kindermädchen Concordia und neunzehn Sklaven in seinem Haushalt weiter. Kurz nachdem Laurentius bei lebendigem Leib geröstet worden war, war den römischen Autoritäten Hippolyts Konversion verraten worden – er, Concordia und seine christlichen Sklaven wurden verhaftet und gemeinsam vor den Richter geschleppt. Um den Sklaven Angst einzujagen, befahl der Richter, Hippolyt zu schlagen und zu foltern. Aber das erschütterte die Standhaftigkeit der neuen Christen nicht. Selbst die arme Concordia zu Tode gepeitscht zu sehen brachte Hippolyt und seine Sklaven nicht dazu, den römischen Göttern zu huldigen. Sie wurden zum Tode verurteilt und zur Hinrichtung vor die Tore Roms geschafft. Wie die Sklaven ums Leben kamen, ist unbekannt, aber der Überlieferung nach wurde Hippolyt mit Armen und Beinen an vier Pferde gebunden, die dann in vier unterschiedliche Richtungen gejagt wurden, was ihn zerriss.

Die Geschichte von Hippolyt, Concordia und ihren Gefährten scheint eine Mischung aus Tatsachen und Legende zu sein. Dennoch ist es, wenn man dem großen Ambrosius glauben darf, höchst wahrscheinlich, dass dieser Märtyrer tatsächlich einmal als Gefängnisaufseher tätig gewesen war.

SIEHE HEILIGENBILD AUF SEITE 170

BÖSE GEISTER UND BESESSENHEIT

Der heilige Cyriacus

GEST. 303 – GEDENKTAG: 8. AUGUST

Fakten und Fiktion mischen sich in der Geschichte von Cyriacus, einem Diakon, der möglicherweise zusammen mit bis zu zwanzig anderen Christen außerhalb Roms den Märtyrertod starb. Zum Ende des 4. Jahrhunderts begingen römische Christen den Jahrestag seines Märtyrertodes am 8. August. Es sind jedoch die unwahrscheinlicheren Teile der Geschichte des Cyriacus, die ihn zu dem Heiligen machten, der gegen den Teufel angerufen wird. Laut dieser Überlieferungen war Cyriacus ein wohlhabender römischer Patrizier und eng befreundet mit Kaiser Diokletian. Um die Zeit herum, als Diokletian mit der Verfolgung der Kirche begann, wurde Cyriacus Christ und zum Diakon geweiht. Er verwandte seinen großen Reichtum, um den Armen zu helfen, vor allem versklavten Christen, die dazu verurteilt waren, ein riesiges Bauwerk zu errichten, das als Diokletiansthermen bekannt wurde. Zu dieser Zeit war Diokletians Tochter Artemesia von bösen Geistern beherrscht. Als es den Ärzten und Priestern Roms nicht gelang, das Mädchen von seiner Besessenheit zu heilen, schickte Diokletian nach Cyriacus, dem es gelang, den Dämon auszutreiben. Aus Dankbarkeit traten Artemesia und ihre Mutter Serena zum Christentum über. Dann schickte Diokletian Cyriacus zum König der Perser, dessen Tochter Jobias ebenfalls besessen war. Cyriacus triumphierte erneut, und der König und sein ganzer Hof wurden Christen.

Cyriacus kehrte nach Rom zurück, wo Maximian, Diokletians Mitregent, den Diakon zusammen mit Christen namens Largus, Smaragdus und Crescentianus sowie einigen anderen festnahm. Sie wurden gefoltert, vor die Tore der Stadt geschleppt und enthauptet. Im Mittelalter wurde Cyriacus als einer der 14 Nothelfer verehrt, einer Gruppe Heiliger, von denen man glaubte, dass sie besonders gut gegen weitverbreitete Probleme halfen – in diesem Fall gegen den Teufel.

SIEHE HEILIGENBILD AUF SEITE 170

GESCHÄFTSFRAUEN

Die heilige Margaret Clitherow

CA. 1553–1586 – GEDENKTAG: 25. MÄRZ

Margaret Middleton Clitherow wuchs zwischen hart arbeitenden Geschäftsleuten auf. Ihre Eltern verdienten gut als Kerzenmacher in York, England, und von ihnen lernte sie, wie man ein Geschäft und die Bücher führte. Mit etwa achtzehn heiratete Margaret John Clitherow, einen Metzger und zugleich einen der reichsten Männer der Stadt. Sie übernahm die Leitung seines Geschäfts, und die Schlachterei Clitherow wurde noch erfolgreicher.

Margaret war protestantisch aufgewachsen, aber John hing dem katholischen Glauben an. Das Leben zur Zeit von Elisabeth I. war gefährlich für Katholiken, also trat John zur anglikanischen Kirche über, um die konfessionellen Probleme in seinem eigenen Haushalt zu klären. Dachte er zumindest. Johns Bruder William war oft zu Besuch im Haus der Clitherows. William war Katholik geblieben und hatte sich entschlossen, Priester zu werden. Höchstwahrscheinlich war er derjenige, der Margaret zuerst zurück zur »alten Religion« brachte.

1574 trat Margaret zum Katholizismus über, sie war entschlossen, täglich zur Messe zu gehen und ihre Kinder katholisch zu erziehen. Um dies sicherzustellen, half sie einem jungen Katholiken, aus dem Gefängnis freizukommen, und übernahm ihn als Privatlehrer. Dann wies sie Zimmerleute an, eine geheime Kammer zu bauen, die einen Priester ebenso beherbergte wie Stauraum für liturgische Gefäße, Texte und Gewänder, die für eine Messfeier benötigt wurden, bot.

In der Folge wurde das Haus der Clitherows ein aufregender Wohnplatz, mit einem Priester und einem katholischen Lehrer unter dem Dach; Katholiken aus der Gegend kamen regelmäßig zur Messe, Margaret selbst kümmerte sich um eingekerkerte Gläubige oder schlich nachts davon, um an den Galgen zu beten, wo Priester gehängt worden waren. Doch aufgrund der Loyalität ihrer Familie, der Dienerschaft und sogar der protestantischen Nachbarn überdauerte Margarets katholischer Vorposten immerhin zwölf Jahre.

Dann, im März 1586, stürmte die Polizei unangemeldet das Haus. Der Lehrer floh, und der Priester konnte sich in sein Geheimzimmer flüchten, aber die Eindringlinge verhafteten einen elfjährigen Jungen, der bei den Clitherows lebte. Sie drohten ihm mit Stockschlägen, wenn er nicht redete. Das verängstigte Kind gestand, dass jeden Tag im Haus eine Messe gefeiert würde, und zeigte ihnen die Geheimtür zu dem Zimmer des Priesters. Margaret wurde verhaftet und angeklagt wegen Besuchs der Messe und des Beherbergens eines Priesters. Als das Gericht sie aufforderte, sich schuldig oder nicht schuldig zu bekennen, zeigte sich ihre Klugheit ebenso wie ihr Mut. Im Falle einer Verhandlung wären ihre Kinder, ihr Mann und ihre Bediensteten durch Drohungen oder Folter genötigt worden, gegen sie auszusagen. Um ihnen das zu ersparen, bediente sich Margaret eines Rechts, das nur wenige zu nutzen wagten: Sie weigerte sich, Auskunft darüber zu geben, ob sie schuldig oder unschuldig war. Dadurch waren ihre Familie und Freunde aus dem Schneider, doch Margaret selbst zu einer schrecklichen Strafe verdammt. Laut englischem Gesetz wurden Gefangene, die sich weigerten, sich schuldig oder unschuldig zu bekennen, langsam zu Tode gequetscht. Ihre Richter erinnerten sie an diese Tatsache, aber Margaret blieb entschlossen.

Am 25. März kamen die Wärter sie holen. Vor einer großen Menschenmenge pflockten die Henker sie mit ausgebreiteten Armen wie Christus am Kreuz auf den Boden, legten eine schwere Holztür auf sie und packten dann insgesamt etwa achthundert Pfund Steine auf diese Tür. Es dauerte fünfzehn Minuten, bis Margaret starb, aber sie verlor dabei nie das Bewusstsein. Sie rief bloß: »Jesus, Jesus, Jesus! Habe Gnade mit mir!«

Margarets drei Kinder blieben allesamt treue Katholiken. Ihre Tochter wurde sogar Nonne, ihre beiden Söhne wurden Priester. Ihr Haus steht noch immer in York, in einer Straße, die man dort als Shambles kennt.

SIEHE HEILIGENBILD AUF SEITE 170

Sel. Nicolaus von der Flüe

FRIEDENSSTIFTER
Der heilige Niklaus von Flüe

14 Ottobre
S. CALLISTO PAPA

FRIEDHOFSARBEITER
Der heilige Calixtus, eigtl. Kallistu

Ste Marie Madeleine

FRISEURE
Die heilige Maria Magdalena

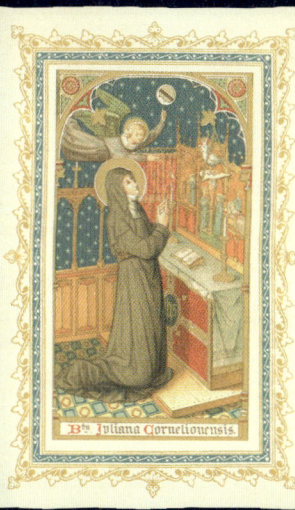

Bta Juliana Corneliovensis.

FRONLEICHNAM
Die heilige Juliana von Lüttich

GÄRTNER

Die heilige Rosa von Lima

Ste. Rose de Lima.

GASTFREUNDSCHAFT

Der heilige Meinrad von Einsiedel

S. MEINRADE, O. P. N.

R. Margreiter   GL. 1038

ST. MARTHA

GESTRESSTE GASTGEBER

Sancta Margarita virgo et Martyr

GEBÄRENDE

GEFANGENE
Der heilige Leonhard

GEFANGENE
Das Heilige Kind von Atoch

FREILASSUNG GEFANGENER

POLITISCHE GEFANGENE

SANT' IPPOLITO MARTIRE
PREGATE PER NOI

CONJVNBOR
TIBICHRISTE

SANCT CYRIACVS MART

VLA 411   Made in Austria
S. Cyriacus Martyr

GEFÄNGNISWÄRTER
Der heilige Hippolyt von Rom

BÖSE GEISTER UND BESESSENHEIT
Der heilige Cyriacus

"I have trodden the wine-press alone."

The Martyrdom of the Ven. MARGARET CLITHEROE.
"The Pearl of York" who suffered on March 25th 1586.

S. OMOBONO

GESCHÄFTSFRAUEN
Die heilige Margaret Clitherow

GESCHÄFTSMÄNNER
Der heilige Homobonus von Cremona

Geschäftsmänner

Der heilige Homobonus von Cremona

GEST. 1197 – GEDENKTAG: 13. NOVEMBER

Der heilige Homobonus stammte aus Cremona, Italien. Er war ein harter Arbeiter, ehrlich, religiös, großzügig und zudem ein erfolgreicher Unternehmer. Sein Unternehmertum stellte den Grund dar, dass Geschäftsleute ihn seit neunhundert Jahren als ihren Schutzpatron betrachten. Er erbte die Schneiderei seines Vaters zu einer Zeit, in der italienische Städte mit der Herstellung edler Stoffe Reichtümer anhäuften. Er ahnte die Entwicklung der Märkte voraus und verlagerte seinen Geschäftsschwerpunkt von der Herstellung auf den Verkauf. Ein neues Geschäft zu etablieren ist zeitaufwendig, doch trotzdem fand Homobonus Zeit, die Armen zu besuchen und ihnen zu bringen, was immer sie benötigten. Am Ende jedes Arbeitstages besuchte er die Messe in der Kirche St. Egidio. Mit fünfzig war Homobonus wohlhabend genug, um sich zur Ruhe zu setzen und sich ganz der Wohltätigkeit zu widmen. Am 13. November 1197 besuchte er wie üblich die Abendmesse, als er plötzlich die Arme ausbreitete und mit dem Gesicht voran auf den Kirchenboden stürzte. Erst dachten die Messbesucher, es sei bloß eine großartige Geste der Frömmigkeit. Aber als Homobonus nicht wieder aufstand, begannen einige, sich Sorgen zu machen. Sie beugten sich über ihn und stellten fest, dass der gute Mann tot war, höchstwahrscheinlich an einem schweren Herzanfall verstorben. Der Bischof von Cremona reiste nach Rom, um persönlich Papst Innozenz III. Homobonus' Lebensgeschichte darzulegen, der so beeindruckt war, dass er sogleich den Prozess der Heiligsprechung einleitete. Zwei Jahre später wurde es amtlich. Die Kanonisierung sorgte für Aufruhr, denn im 12. Jahrhundert wurden nur selten Laien heiliggesprochen, die nicht als Märtyrer gestorben waren. Aber Innozenz III. war ein praktischer Mann, und Homobonus' geradliniges frommes Leben gefiel ihm.

SIEHE HEILIGENBILD AUF SEITE 170

GESCHIEDENE ODER SICH SCHEIDENDE PAARE

Die heilige Helena

CA. 257–CA. 336 – GEDENKTAG: 18. AUGUST

Helenas Ehe mit Constantius Chlorus war eine Liebesheirat. Sie heirateten im Jahr 270, und zwei Jahre später gebar Helena ihren Sohn Konstantin. Constantius' Karriere verlief glänzend, und 288 wurde er zum Statthalter in Dalmatien (heute Kroatien) ernannt. Beeindruckt von Constantius' Verwaltung der Provinz, machten ihn 293 Kaiser Diokletian Augustus und sein Mitregent Maximian Augustus zum Caesar (Thronfolger) und Unterregenten. Er erhielt Gallien, Spanien und Britannien. Dann ehrte Maximilian den neuen Unterregenten mit einem großen Kompliment – er bot Constantius die Hand seiner Stieftochter Flavia. Natürlich musste Helena, damit Constantius das Angebot des Kaisers annehmen konnte, gehen. Constantius zögerte nicht. Er ließ sich nach zweiundzwanzig Jahren von seiner Frau scheiden und heiratete in die Kaiserfamilie ein. Es gibt keinerlei Berichte darüber, was Helena zwischen ihrer Scheidung 292 und 312 tat, als ihr Sohn Konstantin unter dem Namen Konstantin der Große zum alleinigen Kaiser Roms aufstieg. Wir wissen, dass Constantius 305 starb und Helena 309 Christin wurde. Helena beeinflusste höchstwahrscheinlich die Entscheidung ihres Sohnes, Roms Christenverfolgung zu beenden. Vielleicht als Wiedergutmachung für den Schmerz und die Demütigung, von Constantius verlassen worden zu sein, ließ Konstantin seiner Mutter eine Reihe von Ehrungen zuteilwerden. Er benannte ihren Geburtsort in Helenopolis um; er ließ ihr Bildnis auf Münzen prägen; zudem ernannte er sie 325 zur Kaiserin und verlieh ihr den Ehrennamen der römischen Kaiser: Augusta. Sie baute in Jerusalem mehrere Kirchen, und wie die Legende erzählt, habe sie das Kreuz des Herrn aufgefunden.

SIEHE HEILIGENBILD AUF SEITE 189

GESCHWÜRE

Der heilige Ijob, auch Hiob

LEBENSDATEN UNBEKANNT – GEDENKTAG: 10. MAI

Nikolaus II., der letzte Zar Russlands, der 1918 von den Bolschewiken ermordet wurde, kam am Gedenktag des heiligen Ijob zur Welt. Er betrachtete diesen Zufall stets als schlechtes Omen und schrieb ihm alles Unglück seines Lebens zu.

Ijob ist die zentrale Gestalt eines Buches des Alten Testaments, das nach ihm benannt wurde, weil der Verfasser unbekannt ist. Ijob ist ein Mann, der als »schlecht und recht, gottesfürchtig und das Böse meidend« beschrieben wird. Mit Gottes Erlaubnis testete Satan Ijob, indem er ihm alles Gute wegnahm, was Gott ihm geschenkt hatte – seinen Wohlstand, seine Diener, selbst das Leben seiner zehn Kinder. Schließlich verpasste Satan Ijob noch eine schreckliche Krankheit, aufgrund deren sein Körper mit Geschwüren bedeckt war. Ijobs Geschichte ist die schrecklichste, aber auch faszinierendste in der Bibel. Es geht um das Leid und die Frage, warum Gott sich nicht einmischt, um gute Menschen vor Leid und Schmerz zu schützen. Verzweifelt drängt Ijobs Frau ihn, seinem Leid ein Ende zu setzen. »Sage Gott ab«, sagt sie, »und stirb!« Ijob aber wollte davon natürlich nichts wissen. »Haben wir Gutes empfangen von Gott«, fragte er, »und sollten das Böse nicht auch annehmen?« (Ijob 2,10) Drei Freunde, die zu Besuch kommen, um ihn in seinem Unglück zu trösten, sagen Ijob, dass er diese Strafe für irgendeine geheime Sünde verdient haben muss, aber Ijob weist dieses Argument zurück – er war treu, liebt Gott und hätte all seine Sünden gebeichtet. Obwohl Gott Ijob keine direkte Antwort darauf zuteilwerden lässt, warum es Leid auf der Welt gibt, stellt er am Ende doch alles wieder her, was Ijob verloren hat, und heilt ihn von seinen Geschwüren.

SIEHE HEILIGENBILD AUF SEITE 189

GLÜCKSSPIELER

Der heilige Kajetan von Thiene

1480–1547 – GEDENKTAG: 7. AUGUST

Kajetan von Thiene (ital. Gaetano), Sohn eines venezianischen Grafen, und seine Gemeindemitglieder in Vicenza, Italien, spielten gern ein kleines Spiel. Wenn er herausfand, dass jemand Schwierigkeiten hatte, wettete er mit demjenigen, dass er das Problem lösen könnte. Wenn er seinen Teil des Handels erfüllt hatte, musste das Gemeindemitglied »zahlen«, indem es bei der Messe diente, den Rosenkranz betete oder die Kerzen anzündete. Wenn er verlor, würde Kajetan die Aufgaben selbst übernehmen. Das Ganze lief problemlos, weil alle wussten, dass Kajetan alles in Ordnung brachte, was in Ordnung gebracht werden musste, aber das schien die Verlierer nicht zu kümmern. Und Kajetan machte es zum Schutzpatron der Spieler, sowohl der Spielsüchtigen, die aufhören wollten, als auch der Gelegenheitsspieler, die verloren und einen Spielgewinn brauchen könnten. Kajetan lebte zu der Zeit, als das lasterhafte Leben von Priestern, Bischöfen und sogar Päpsten überhandnahm

und schließlich zu einer Revolte führte, die wir als Reformation kennen. In dem Bemühen, die peinlichen Missstände um sich herum zu korrigieren, begründete Kajetan einen Klerikerorden (Gemeinschaft der »regulierten Kleriker«) mit hohen Zielen – die Laien ordnungsgemäß im Glauben zu unterrichten sowie die Kirchenmänner auf den heiligen Weg des Lebens zurückzuführen, inklusive Verbesserung der Predigt, erneuerter Pflege der Pfarrgemeinde und wahrhafter Ehrfurcht beim Lesen der Messe.

Als reichte das alles noch nicht, widmete Kajetan sich auch der Hilfe für unheilbar Kranke. Einer seiner ersten Unterstützer war Giampetro Caraffa, der Bischof von Theate (heute Chieti), der Kajetans Priestergemeinschaft als Mitbegründer und erster Leiter seinen Namen gab: die Theatiner. Die Theatiner setzten ein Beispiel dafür, was der katholische geistliche Stand sein sollte.

SIEHE HEILIGENBILD AUF SEITE 189

GNADESUCHENDE

Die heilige Teresa von Ávila

1515–1582 – GEDENKTAG: 15. OKTOBER

Mit einundzwanzig trat Theresia in das Karmeliterinnenkloster der Fleischwerdung in ihrer Heimatstadt Ávila in Spanien ein. Die Gemeinschaft war nicht allzu streng, zu normalen Zeiten wurden Besucher zugelassen, und Nonnen aus reichen Familien brachten ihre eigenen Bediensteten mit. Theresia verfügte über eine Reihe Zimmer – ein Schlafzimmer, einen privaten Gebetsraum, ein Gästezimmer und sogar über eine eigene Küche. Die Nonnen waren entschieden weltzugewandt, hielten sich aber dennoch an die Routine des täglichen Besuchs der Messe, des Stundengebets, der Fastenzeiten und legten zumindest zweimal im Monat die Beichte ab. Aber ein kontemplatives Leben gab es in diesem Kloster nicht wirklich.

Einige Jahre vergingen, und Theresia entdeckte ein Buch von einem Franziskanerpriester namens Osuna über das nach innen gewandte Gebet. Sie beschäftigte sich ein bisschen mit Kontemplation, gab aber schnell auf.

Es folgte eine Zeit spiritueller Dürre, als ihr alle Gebete langweilig vorkamen und es ihrem Leben an Gottes Gegenwart fehlte. Sie fühlte sich zum kontemplativen Gebet hingezogen, widerstand jedoch. »Einerseits rief Gott mich«, erinnerte sie sich später, »andererseits folgte ich der Welt.« Sie brauchte Gottes Gnade, aber sie schreckte auch davor zurück. Schließlich aber ergab sich Teresa in Gottes Willen und begann erneut zu meditieren. Augenblicklich war sie von Gnade erfüllt. Sie genoss eine vollständige Erneuerung ihres Gebets und begann, sogar Erscheinungen zu haben.

Das ist häufig so, nicht nur unter Heiligen, sondern auch unter ganz normalen Menschen. Jeden Tag, den ganzen Tag lang, gießt Gott seine Gnade auf die Welt aus. Diejenigen, die sie annehmen, die Gottes Willen annehmen, kommen dem Herrn näher – wie im Fall von Teresa von Ávila, die zur Schutzpatronin jener Seelen wurde, die göttlicher Gnade bedürfen.

Das bequeme Leben im Kloster – mit

all seinen Annehmlichkeiten, Privilegien und Ablenkungen – war dem kontemplativen Leben nicht dienlich. Also begann Teresa einen neuen Zweig, eine neue Richtung des Karmeliterordens zu planen, eine, die Nonnen (Karmeliterrinnen) und Mönche (Karmeliter) zum ursprünglichen Zweck eines Lebens der Entsagung und des tief gehenden Gebets zurückführte. Bis zu ihrem Tod hatte sie neun reformierte Nonnenklöster und zwei reformierte Mönchsklöster gegründet. Sie erfuhr großen Widerstand, aus den eigenen Reihen, vor allem von Karmelitern, die nicht reformiert werden wollten, als auch von Laien, die kein weiteres Kloster dieses Bettelordens in ihrer Stadt haben wollten, das sie unterstützen mussten. Aber Teresa setzte sich mit Unterstützung des Königs von Spanien, Philipps II., sowie des Superiors der spanischen Karmeliter durch. Ihre Entschlossenheit wurde noch bestärkt durch ihr eigenes Leben des Gebets und das ihres oft unwilligen Mitreformers Johannes vom Kreuz, eines Mannes von kontemplativem Geist, der Streitigkeit und Geschäftigkeit des Alltagslebens als lästig empfand.

Teresas Vermächtnis besteht vor allem in ihrer Sammlung spiritueller Schriften. Sie war die erste katholische Denkerin, die sich systematisch über Gebet und Innerlichkeit äußerte. 1970, als Papst Paul VI. Teresa zur Kirchenlehrerin erhob, bezeichnete er sie als »Lehrerin von bemerkenswerter Tiefe«. Auch heute noch wird sie gern gelesen: Im 20. Jahrhundert wurden sechshundert Ausgaben ihres Werks in jeder wichtigen Sprache herausgebracht.

Siehe Heiligenbild auf Seite 189

GROSSELTERN

Die heilige Anna und der heilige Joachim

Im Neuen Testament werden die Eltern der Heiligen Jungfrau nie erwähnt. Offensichtlich hatte sie eine Mutter und einen Vater, aber die einzige Quelle für ihre Namen und ihre Geschichte ist ein Buch, das wir als *Protoevangelium des Jakobus* kennen, eine apokryphe Schrift, die etwa um das Jahr 150 entstand. Dieses »Evangelium« verrät uns, dass Marias Eltern Anna und Joachim hießen, dass sie in Jerusalem lebten und dass sie nach vielen Jahren der Kinderlosigkeit beide von einem Engel besucht wurden, der ihnen verkündete, dass sie eine Tochter gebären würden, von der man »sprechen wird in aller Welt«. Möglicherweise haben die ersten Christen in Judäa die Namen von Marias Eltern weitergegeben, die natürlich die Großeltern Jesu waren. Sicherer kann man sich schon des Bedürfnisses unter den Urchristen sein, mehr über die Familie von Jesus und Maria zu erfahren. Um 550 war die Verehrung der heiligen Anna so weit verbreitet, dass Kaiser Justinian ihr zu Ehren eine Kirche in Konstantinopel errichten ließ. Die Verehrung Joachims entwickelte sich langsamer, aber im 8. Jahrhundert wurde er sowohl im Osten als auch im Westen verehrt. Als Jesu Großeltern konnten sie sich anhaltender Beliebtheit sicher sein. Im späten Mittelalter verbreiteten sich weitere Legenden in den deutschsprachigen Ländern; angeblich hatte Maria eine weitreichende Familie aus Tanten, Onkeln und Cousinen, die insgesamt als »Heilige Verwandtschaft« bezeichnet wurde. Während der Gegenreformation untersagte die Kirche deren Verehrung als zu viel des Guten. Heute steht in Jerusalem die St.-Anna-Kirche in der Nähe des Stephanstors. Archäologen haben eine Grabung unterhalb der mittelalterlichen Kirche durchgeführt und die Überreste von etwas gefunden, was ein Haus zu sein scheint. Ob es sich um das Heim von Anna, Joachim und ihrem heiligen Kind Maria handelt, werden wir jedoch nie erfahren.

SIEHE HEILIGENBILD AUF SEITE 190

GROSSFAMILIEN

Der heilige Niklaus von Flüe

1417–1487 – GEDENKTAG: 21. MÄRZ

In der Schweiz verehren sowohl die Katholiken als auch die Protestanten Niklaus von Flüe als einen Mann großer Heiligkeit und persönlicher Integrität – jemanden, der über das Geschick verfügte, auch die schwierigsten Streitigkeiten zu schlichten. Er hatte auf ganz natürlichem Weg zu seinem Glauben gefunden: Seine Mutter Emma gehörte zu den Gottesfreunden, einer katholischen religiösen Bewegung, die ihre Mitglieder dazu anhielt, sich mit Hilfe konzentrierter Gebete, von Meditationen über das Leid Christi, der Selbstentsagung sowie guter Taten für die Nächsten Gott näherzukommen. Emma lehrte diese Methode ihre Kinder, und ihr Sohn Niklaus reagierte besonders darauf. Die Gottesfreunde waren vor allem Laien, daher empfand Niklaus keinen Druck, sich einem geistlichen Orden anzuschließen. Und man hätte ihn auch abgelehnt, hätte er es versucht – denn Niklaus konnte weder lesen noch schreiben. Er wurde Bauer und heiratete mit fünfundzwanzig eine gläubige junge Frau namens Dorothee Wyss. Die Ehe war möglicherweise arrangiert, aber Niklaus und Dorothee verliebten sich tatsächlich ineinander. Sie hatten zehn Kinder, fünf Jungen und fünf Mädchen – was erklärt, wieso Niklaus als Schutzpatron von Großfamilien gilt. Er muss ein Mann mit viel Energie gewesen sein, denn es gelang ihm, einen ertragreichen Bauernhof zu führen, als Richter seiner Gemeinde zu dienen, Frieden zu stiften, wenn Streitigkeiten unter Nachbarn auftraten, und dabei noch die Zeit zu finden, ausführlich zu beten. Nach fünfundzwanzig Ehejahren wollte Niklaus den Bauernhof verlassen und endlich als Einsiedler leben, würde aber nur gehen, wenn seine Familie es erlaubte. Dorothee erklärte sich einverstanden, seine Kinder ebenfalls. Er wanderte nicht weit, bloß in das Nachbartal. Sie müssen alle in Kontakt geblieben sein, denn als Niklaus im Sterben lag, saßen Dorothee, seine Kinder und einige seiner Enkel an seinem Bett.

SIEHE HEILIGENBILD AUF SEITE 190

HAGELSCHLAG

Der heilige Barnabas

Im Neuen Testament erzählt die Apostelgeschichte des Lukas vom missionarischen Wirken des Paulus und Barnabas in der Stadt Lystra in der heutigen Türkei. Paulus heilte einen Lahmen, und die Heiden werteten das Wunder als ein Zeichen dafür, dass Paulus und Barnabas die Götter Merkur und Jupiter wären. Obwohl sie darauf bestanden, dass sie bloß Menschen seien, holten die heidnischen Priester einen Bullen, den sie ihnen opfern wollten. Die beiden Jünger protestierten immer weiter, bis die Bürger Lystras es schließlich verstanden. Die Euphorie der Masse schlug in Wut um, man bewarf Paulus und Barnabas mit Steinen und trieb sie aus der Stadt. In der Kunst wird Barnabas oft mit einem kleinen Steinhaufen vor den Füßen dargestellt. Wenn man dieses ikonografische Detail mit dem Gedenktag des Heiligen, dem 11. Juni, dem Beginn der Wachstumszeit im Großteil Europas, kombiniert, erklärt sich sein Patronat. Bauern, die in der Geschichte nicht bewandert waren, glaubten,

dass es sich bei den Steinen um Hagelkörner handelte, und riefen Barnabas an, damit er ihre junge Ernte vor Hagelschlag schützte.

Barnabas war auf der Insel Zypern in eine jüdische Familie hineingeboren worden. Er war ein Levit, Mitglied eines israelitischen Stammes, der in Israel priesterliche Verrichtungen übernahm (Tempeldienst). Und so lebte er in Jerusalem, als Christus in Galiläa und Judäa predigte. Nach dem ersten Pfingsten nach der Auferstehung des Herrn war der Tempeldiener Barnabas unter den ersten Juden, die zum Christentum übertraten.

Barnabas hatte ein Talent zum Reden, daher schickten die Apostel ihn als Prediger nach Antiochia, wo er sich großer Erfolge erfreute und für die junge Kirche zahlreiche neue Gläubige gewann. Die Kirche in Jerusalem begann ihn als einen ihrer besten Außendienstmitarbeiter anzusehen, und Barnabas nutzte seinen Status, indem er als Fürsprecher für den frisch bekehrten Saulus auftrat, heute als heiliger Paulus bekannt, und ihn persönlich den Aposteln vorstellte.

Paulus und Barnabas wurden enge Freunde und arbeiteten auf Missionsreisen in Kleinasien zusammen. Barnabas bat zudem seinen jungen Cousin Johannes Markus, ihnen zu helfen. Sie tauften Tausende und erlebten etliche Abenteuer zusammen, aber Johannes Markus stellte die Freundschaft auch auf die Probe, als Paulus zum Schluss kam, dass der Junge unzuverlässig und wankelmütig wäre. Als die beiden Freunde eine zweite Missionsreise nach Kleinasien planten, schlug Barnabas erneut vor, Johannes Markus mitzunehmen, aber Paulus blieb stur – er würde nicht wieder mit dem Jungen zusammen reisen. Barnabas war beleidigt, Paulus empört, also trennten sie sich. Paulus und ein weiterer Jünger, Silas, reisten nach Kleinasien, Barnabas und Johannes Markus nach Zypern.

Niemand weiß, was nach dem Streit mit Paulus aus Barnabas wurde. Es heißt, er sei in Zypern den Märtyrertod gestorben. Es ist unmöglich, das zu verifizieren, dennoch betrachtet Zypern Barnabas als seinen ersten Bischof und Schutzpatron.

SIEHE HEILIGENBILD AUF SEITE 190

HALSLEIDEN
Der heilige Blasius von Sebaste
GEST. CA. 316 – GEDENKTAG: 3. FEBRUAR

Jeden 3. Februar gehen Katholiken zuhauf in die Kirche, um den Blasiussegen zu empfangen. Der Brauch ist uralt und eine beliebte Art, den Heiligen gegen Halsleiden, den heiligen Blasius von Sebaste, zu ehren. Blasius war Bischof von Sebaste in Kleinasien, einer Stadt, die heute Siras heißt und in der Türkei liegt. Während einer Welle der Christenverfolgung wurde er verhaftet. Als die Soldaten ihn ins Gefängnis brachten, beobachteten sie eine mitleiderregende Szene: Vor ihnen rannte ein Wolf mit einem kleinen Schwein im Maul, und eine arme Witwe versuchte, das Tier einzuholen. Mit lauter Stimme befahl Blasius dem Wolf anzuhalten. Zum Erstaunen aller tat das Tier wie geheißen. »Lass das Schwein los«, wies Blasius den Wolf an. Wieder gehorchte dieser. Das Schweinchen lief zurück zu seiner Herrin, der Wolf verdrückte sich in den Wald, und die Wächter brachten Blasius ins Gefängnis. In dieser Nacht, als Blasius allein in seiner dunklen Zelle saß, hatte er einen Besucher. Die Witwe, deren Schwein er gerettet hatte, brachte ihm einen Korb Essen und zwei lange Wachskerzen, um die Dunkelheit zu vertreiben. Blasius sollte am nächsten Tag hingerichtet werden. Bevor er seine Zelle verließ, kam noch eine Besucherin zu ihm, eine Mutter, die ihren jungen Sohn bei sich hatte, der an einer Fischgräte zu ersticken drohte. Die Frau bat Blasius, das Leben ihres Sohnes zu retten. Blasius bildete ein Kreuz mit den zwei Kerzen, legte es auf den Hals des Kindes und segnete den sterbenden Jungen. Augenblicklich löste sich die Gräte, und der Junge wand sich, vollständig genesen, aus den Armen seiner Mutter. Noch heute spenden katholische Priester an Blasius' Gedenktag über zwei gekreuzten, den Gläubigen vor den Hals gehaltenen brennenden Kerzen den Segen mit den Worten: »Auf die Fürsprache des heiligen Blasius bewahre dich der Herr vor Halskrankheit und allem Bösen. Es segne dich Gott, der Vater und der Sohn und der Heilige Geist.«

SIEHE HEILIGENBILD AUF SEITE 190

HANDLUNGSREISENDE

Der heilige Menas

GEST. CA. 300 – GEDENKTAG: 11. NOVEMBER

In Ägypten verbreitete sich das Christentum schon früh. Der Überlieferung nach begann der Evangelist Markus bereits im Jahr 43 in Alexandria zu predigen. Man kann unmöglich wissen, ob das stimmt, sicher ist jedoch, dass es im Jahr 300 in Ägypten eine der größten Christengemeinschaften rund um das Mittelmeer gab. Menas wurde etwa 280 in eine christliche ägyptische Familie hineingeboren. Mit vierzehn übernahm er einen Job als Kameltreiber für Kaufmannskarawanen. Mit fünfzehn ging er zum römischen Heer. Drei Jahre später, als Kaiser Diokletian begann, die Christen zu jagen, floh Menas in die Wüste. Was als das Leben eines Flüchtlings begann, wandelte sich in das eines Einsiedlers. Ein oder zwei Jahre Einsamkeit und Gebete verliehen Menas frischen Mut, so dass er in ein Amphitheater marschierte, in dem zahlreiche Christen den Märtyrertod starben, und verkündete, er sei ebenfalls ein Christ. Die Leitung der Spiele befahl Menas' sofortige Hinrichtung. Die Folterknechte schlugen ihm die Hände ab, rissen ihm die Augen heraus und köpften ihn anschließend. Christen gelang es, seinen Leichnam zu retten, und sie begruben ihn südlich von Alexandria an einem Ort, der heute als Karm Abu-Mina bekannt ist. Fast augenblicklich wurde Menas zu einem der beliebtesten Heiligen Ägyptens, seine Grabstätte wurde berühmt für die Wunder, die dort geschahen. Reisende Kaufleute – die Menas zu ihrem Schutzpatron wählten – berichteten ihren Kunden und Geschäftskollegen davon, und bald schon besuchten Pilger aus jeder Ecke Europas, Nordafrikas und Kleinasiens das Grab des Märtyrers. Die Kirche Ägyptens weiß Menas immer noch zu schätzen. 1943, nach dem Sieg der Alliierten in der Schlacht von El-Alamein, pries der orthodoxe Erzbischof Alexandrias in einem offenen Brief »den heiligen und glorreichen Märtyrer, den Wunderwirker Ägyptens«, der mit Hilfe seiner Gebete das Land vor einer Besetzung durch die Nazis gerettet habe.

SIEHE HEILIGENBILD AUF SEITE 191

HAUTKRANKHEITEN
Der heilige Markulf
GEST. 558 – GEDENKTAG: 1. MAI

Mit das Erste, was ein König des Frankenreiches nach der Krönung unternahm, war eine Reise nach Corbigny, um am Grab von Markulf zu beten und dann seine Reliquien zu berühren. Man glaubte, dass der Heilige in der Lage wäre, ihm die Macht zu übertragen, eine Hautkrankheit zu heilen, die als Skrofulose bekannt war, im Volksmund auch als fressende Flechte. Alles, was der Monarch noch tun musste, war, die erkrankte Person zu berühren, und mit Hilfe von Markulfs Gebeten würde der Ausschlag abklingen.

Wieso Markulf im Ruf stand, Entzündungen und Irritationen der Haut heilen zu können, wissen wir nicht. Er wurde in Bayeux geboren, als Sohn einer wohlhabenden christlichen Familie. Nachdem seine Eltern gestorben waren, verschenkte er sein gesamtes Vermögen und zog davon, um als Mönch zu leben. Er reiste durch Nord-frankreich, und überall, wo er hinkam, gründete er ein Kloster. Irgendwann zog er nach Jersey, eine der Kanalinseln zwischen England und Frankreich. Die Inselbewohner mochten Markulf, vor allem, nachdem er sie vor einem Angriff sächsischer Piraten bewahrt hatte. Als die Heiden näher kamen, stand Markulf betend am Ufer. Plötzlich kam ein wilder Sturm auf, zerstörte alle Schiffe und ließ die Plünderer ertrinken.

Die Tradition, dass der König die Gebeine Markulfs berühren musste, hielt sich bis ins 18. Jahrhundert. Unglücklicherweise wurde sein Heiligtum, da Markulf von königlichem Geblüt war, Opfer der Französischen Revolution. 1793 zog ein Mob durch die Kirche, in der seine Gebeine lagen, brach das Grab auf und zerstörte die sterblichen Überreste des Heiligen.

SIEHE HEILIGENBILD AUF SEITE 191

Heere
Der heilige Mauritius und die Thebäische Legion
GEST. CA. 287 – GEDENKTAG: 22. SEPTEMBER

Wie der Name impliziert, stammt die Thebäische Legion aus der Nähe der ägyptischen Stadt Theben. Mauritius, ihr *primicerius*, der Anführer, war Christ ebenso wie alle seine Legionäre. Kaiser Maximian schickte die Legion aus Ägypten in die Schweiz (Wallis), um einen gallischen Stamm niederzuschlagen, der gegen Rom rebelliert hatte. Bevor die Legion in die Schlacht zog, befahl der Kaiser jedem Soldaten, den Göttern Roms ein Opfer darzubringen. Mit Mauritius als ihrem Anführer weigerte sich die christliche Legion, dies zu tun.

Um ihren Geist zu brechen, befahl Maximian eine Dezimierung, bei der loyale römische Truppen jeden zehnten christlichen Legionär töteten. Als sie sich immer noch weigerten, dem Befehl des Kaisers nachzukommen, ordnete Maximian eine zweite Dezimierung an, wiederum erfolglos. Danach befahl der Kaiser seinen Truppen, die Thebäische Legion komplett zu massakrieren, wodurch er zehntausend christliche Soldaten auf einmal zu Märtyrern machte.

Es ist eine dramatische Story – ungeheuer viele Christen wurden an einem Tag abgeschlachtet. Kombiniert man die Tragödie mit dem Mut, der Redlichkeit und der Disziplin von Mauritius und seinen Männern, dann ist es nur logisch, dass sie mittlerweile als die Schutzpatrone der Heere gelten.

Als Anführer der Legion genoss der heilige Mauritius die größte Aufmerksamkeit bei der Nachwelt. Kirchen in ganz Zentraleuropa sind ihm geweiht, und in Frankreich tragen über fünfzig Städte und Dörfer den Namen »St. Maurice«. Der heilige Mauritius ist auch Schutzpatron Österreichs und der Schweizergarde.

SIEHE HEILIGENBILD AUF SEITE 191

HEXEREI

Die heilige Columba von Rieti

1467–1501 – GEDENKTAG: 20. MAI

Ihre Eltern nannten sie Angela, aber bei der Taufe des Kindes flog eine Taube in die Kirche und setzte sich auf den Rand des Taufbeckens. Danach war das kleine Mädchen nur noch als Columba bekannt, lateinisch für »Taube«. Columba wurde auch ihr Ordensname, den sie als Nonne des Dritten Ordens der Dominikanerinnen trug.

Columba lebte, als befände sie sich halb im Himmel und halb auf Erden. Beim Beten fiel sie oft in Ekstase, und es hieß, dass sie mit Katherina von Siena (1347–1380) sprach. Aber Columba heilte auch Kranke mit einer Berührung, stiftete Frieden zwischen streitenden Parteien in der Stadt Perugia, Italien, beendete wundersamerweise eine Pestepidemie und bekehrte die größten Sünder, darunter sogar einen verurteilten Mörder. Ihr ging ein so heiliger Ruf voraus, dass die Bürger der benachbarten Stadt Narni sie zu kidnappen versuchten, um sie zu ihrer eigenen Wunderwirkerin zu machen. Doch nicht jeder mochte Columba. Als Lucrezia Borgia sie ken- nenlernte, waren die beiden Frauen einander sofort unsympathisch. Jahrhundertelang waren Gerüchte im Umlauf, dass Lucrezia ihre Feinde vergiftet und Inzest mit ihrem Bruder begangen hätte. Echte Beweise für diese Vorwürfe gibt es kaum, aber vielleicht erkannte Columba einfach den wahren Charakter ihres Gegenübers und mochte nicht, was sie sah. Und was Lucrezia angeht, eine Großmeisterin machiavellistischer Politik – ihr mochte es unangenehm gewesen sein, jemand zu treffen, den sie nicht manipulieren konnte. Sicher ist, dass sie Gerüchte verbreitete, dass Columba keine heilige Frau sei, sondern eine Hexe, die ihre »Wunder« durch Zauberei zustande brachte. Niemand glaubte diesen Vorwürfen, aber sie führten dazu, dass Columba wohl ihr Amt als Priorin verlor, aber zu derjenigen Heiligen wurde, die gegen Talismane, Zaubersprüche und alle Formen der Hexerei zu Hilfe gerufen wird.

SIEHE HEILIGENBILD AUF SEITE 191

HOCHSCHULEN UND UNIVERSITÄTEN

Der heilige Thomas von Aquin

1224/25–1274 – GEDENKTAG: 28. JANUAR

Als lebenslanger Lehrer und unzweifelhaftes Genie in den Disziplinen Philosophie und Theologie ist Thomas von Aquin der geborene Schutzpatron der Hochschulen und Universitäten.

Thomas war ein Mann erstaunlichen Intellekts, der die Überzeugung vertrat, dass man die Lehre der Kirche durch Vernunft (mit dem Verstand, *intellectus*) ebenso wie durch Glauben und Offenbarung erklären konnte. Ob es die Existenz Gottes zu beweisen galt, es um die Notwendigkeit von Christi Tod am Kreuz ging oder um die Rolle der Sakramente im Leben von Christen, Thomas begründete es rational und systematisch. Leser mögen seinen Schlussfolgerungen widersprechen, aber es ist schwer, seine Methode nicht zu bewundern.

Aber Thomas war nicht bloß ein Intellektueller. Er war auch ein tief frommer und auch spiritueller Mensch, was sich in seinen eucharistischen Liedern und Gebeten zeigte, die er zu Ehren des allerheiligsten Altarsakraments schrieb und die fast alle noch heute gebetet und gesungen werden (so das berühmte »Tantum ergo«). Auch war er nicht der Meinung, Theologie wäre nur für die Theologen da. Er schrieb das große theologische Werk *Summa contra Gentiles* – Summe gegen die Heiden oder Buch der Wahrheit des christlichen Glaubens gegen die Irrtümer der Ungläubigen –, ein Handbuch für die Ausbildung der Dominikanermissionare.

In den letzten achthundert Jahren ging die Begeisterung für Thomas von Aquin rauf und runter – Theologen und Philosophen sind genauso anfällig für die neuesten akademischen Moden wie jedermann. Aber aufgrund seiner einleuchtenden Argumente und der ausgezeichneten logischen Methode bleibt der heilige Thomas der ewige Prüfstein der katholischen Theologie und Philosophie.

SIEHE HEILIGENBILD AUF SEITE 192

HOCHWASSER

Der heilige Gregorios Thaumaturgos

CA. 213–CA. 270 – GEDENKTAG: 17. NOVEMBER

Thaumaturgos ist ein griechisches Wort und heißt »Wundertäter«, und seinem Namen getreu soll Gregorios zu Lebzeiten zahlreiche Wunder gewirkt haben. Der Lycus, der durch sein Heimatland, die heutige Türkei, floss, trat oft über die Ufer und überschwemmte das Land, vernichtete Ernten und riss ganze Dörfer mit sich. Gregorios trat an das Ufer des Flusses, stieß seinen Stab in den Boden und bat Gott, den Fluss niemals wieder über diesen Punkt ansteigen zu lassen. Die Legende erzählt, dass Gregorios' Stab Wurzeln schlug und zu einem ungeheuren Baum heranwuchs, einem beeindruckenden Zeichen dafür, dass Gott ihm, Gregorios, wohlgesinnt war. Seitdem bittet man Gregorios den Wundertäter um Schutz vor Hochwasser.

Gregorios war der Sohn einer reichen heidnischen Familie in Kleinasien. Als Halbwüchsiger beschloss er, Rechtswissenschaften zu studieren, aber auf dem Weg zur Universität traf er den christlichen Theologen Origenes. Ein paar Gespräche mit Origenes reichten, dass Gregorios von seinem Plan abließ, Anwalt zu werden. Er trat zum Christentum über und verbrachte die nächsten sieben Jahre damit, bei Origenes Philosophie und Theologie zu studieren.

Gregorios' Wissen beeindruckte die Geistlichkeit Kleinasiens, und obwohl er noch ein junger Mann war, ernannte man ihn zum Bischof von Caesarea. Es heißt, dass es bei Gregorios' Amtsantritt in seinem Bistum nur siebzehn Christen gab, bei seinem Tod aber nur noch siebzehn Heiden. Er war ein unermüdlicher und einfallsreicher Bischof. Eine seiner Lieblingsmethoden, um Heiden für das Christentum zu interessieren, bestand darin, in die Gedenkfeiern für die Märtyrer profane Musik, Tanz und öffentliche Bankette aufzunehmen. Viele Heiden, die ursprünglich nur zum Vergnügen kamen, blieben, um mehr über den Glauben zu erfahren.

SIEHE HEILIGENBILD AUF SEITE 192

HÖHLENFORSCHER

Der heilige Benedikt von Nursia

CA. 480–543 – GEDENKTAG: 11. JULI

Benedikts Eltern konnten es sich als wohlhabende Patrizier leisten, ihren Sohn an einer der besten Akademien Roms studieren zu lassen. Die Lehrer dort konnten ausgezeichnet sein, die Schüler aber waren von deutlich geringerem Kaliber. Benedikt stellte empört fest, dass seine Mitschüler ignorant, denkfaul und schrecklich unmoralisch waren. Nun hätte er daraufhin einfach die Schule wechseln können, Benedikt jedoch entschied sich, der säkularen Welt insgesamt abzuschwören und nur für Gott allein zu leben.

Etwa sechzig Kilometer von Rom entfernt, hoch in den Bergen, befand sich ein Ort namens Subiaco – Benedikt ging zu Fuß dorthin, er hatte vor, sich im Wald zu verlieren. Doch noch gar nicht weit von der Stadt entfernt traf er einen Mönch namens Romanus, der in einem benachbarten Kloster lebte. Romanus zeigte ihm eine geräumige Höhle, schenkte ihm das geistliche Gewand eines Mönchs und versprach ihm, Essen zu bringen.

Die Höhle, in der Benedikt sich niederließ, gibt es immer noch, man hat von ihr aus einen fantastischen Blick auf einen Gipfel über dem Kloster der Stadt. Es ist eine große Höhle, die Benediktinermönche über die Jahrhunderte in eine Kirche verwandelt haben. Aber Aussehen und Eindruck blieben unverändert. Drinnen kann kein Pilger Zweifel daran hegen, eine Höhle unterhalb des Berges betreten zu haben.

Benedikt verbrachte mehrere Jahre in Anonymität, bevor es sich herumzusprechen begann, dass der heilige Mann in Subiaco lebte. Andere, die ebenfalls ein heiliges Leben anstrebten, wanderten zu seiner Höhle und bauten sich dann in der Nähe Hütten.

SIEHE HEILIGENBILD AUF SEITE 192

Die heilige Helena, Kaiserin.

Benziger & Co.   Bigend. 2020.   Geradult, Schweiz.

GESCHIEDENE ODER SICH SCHEIDENDE PAARE
Die heilige Helena

LE SAINT HOMME JOB

Abbaye Ste Gertrude, Louvain. G. 81.   Th. Galle sc.

GESCHWÜRE
Der heilige Ijob, auch Hiob

GLÜCKSSPIELER

S. Teresia   S. Thérèse,
Reformatorin der   Réformatrice de l'ordre
Carmeliten - Orde.   de N.D. du Mont-Carmel.
of. Jean de Vigne, Petit Bruges

GNADESUCHENDE

GROSSELTERN
*Die heilige Anna und
der heilige Joachim*

B. Nicolaus de Flue.

GROSSFAMILIEN
Der heilige Niklaus von Flüe

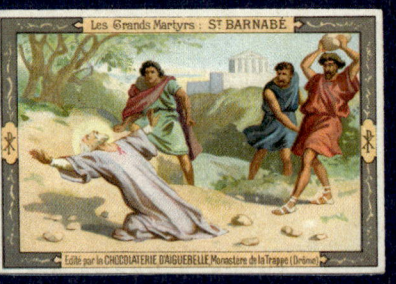

Les Grands Martyrs : St BARNABÉ

Edité par la CHOCOLATERIE D'AIGUEBELLE, Monastère de la Trappe (Drôme)

HAGELSCHLAG

S. Blasius.

HALSLEIDEN

HANDLUNGSREISENDE
Der heilige Menas

HAUTKRANKHEITEN
Der heilige Markulf

HEERE
*Der heilige Mauritius und
die Thebäische Legion*

HEXEREI
Die heilige Columba von Rie

SAINT THOMAS D'AQUIN
DOCTEUR DE L'ÉGLISE

HOCHSCHULEN UND UNIVERSITÄTEN
Der heilige Thomas von Aquin

HOCHWASSER
Der heilige Gregorios Thaumaturgos

S. Benedictus

HÖHLENFORSCHER

Saint Simon.

Sancte Simon Apostole, ora pro nobis.

HOLZFÄLLER

HOLZFÄLLER

Der heilige Simon Zelotes

Jedes Mal, wenn die Evangelisten die zwölf Apostel aufzählen, ist auch Simons Name darunter. Matthäus und Markus bezeichnen ihn als Simon Kananaus, was möglicherweise bedeutet, dass er aus der Region Kanaan, Israel, stammte, in der Nähe des heutigen Gaza. Lukas gibt Simon den Beinamen Eiferer (Zelot), ein Name, der zu einer fast zweitausend Jahre andauernden Debatte geführt hat. Einige Bibelforscher behaupten, dass er sich auf Simons Ehrgeiz bezöge, sich an Gottes Regeln zu halten. Andere gehen davon aus, dass er Mitglied der Partei der Zeloten gewesen war, einer jüdischen gewalttätigen Widerstandsbewegung gegen die römische Besatzung. Simon spricht nie in den Evangelien, und er schrieb auch keines, wir sind nicht einmal sicher, wo er predigte, als er und die anderen Apostel auszogen, um allen Völkern das Reich Gottes zu verkünden. Aber es gibt Legenden über sein Leben. Eine erzählt, dass sich Simon mit Judas Thaddäus zusammengeschlossen hatte, gemeinsam seien sie nach Persien gereist, wo sie das Evangelium predigten und eine Reihe erstaunlicher Wunder wirkten. Sie heilten eine Gruppe Hexenmeister, die von Giftschlangen gebissen worden waren. Sie bezähmten zwei wilde, menschenfressende Tiger. Sie erweckten dreißig Menschen, die ertrunken waren, wieder zum Leben. Als eine Frau ein uneheliches Kind gebar und die Vaterschaft einem ehrbaren Diakon anlastete, befahlen Simon und Judas dem Neugeborenen, den Namen seines Vaters zu nennen, und augenblicklich sprach der Säugling und wusch den Diakon rein. Die Legende endet mit Simons Märtyrertod, als ein heimtückischer Heidenkönig ihn zum Tod durch Zersägen verurteilte. In der Kunst wird Simon fast immer mit einer großen Säge mit dolchartigem Sägeblatt in Händen dargestellt. Sie soll der ähneln, die ihn tötete. Auch wenn Holzfäller mit Zugsägen arbeiten, haben sie Simon zum Schutzpatron erwählt.

SIEHE HEILIGENBILD AUF SEITE 192

HOTELIERS

Der heilige Julianus Hospitator

Ein Hauch griechischer Mythologie bereichert die Geschichte von Julianus Hospitator, auch bekannt als Julian der Arme. Julianus, ein wohlhabender junger Edelmann, jagte gerade einen herrlichen Hirsch, als das Tier mit ihm zu sprechen begann. »Warum versuchst du mich zu töten«, fragte der Hirsch, »wenn du deine eigenen Eltern töten wirst?« Entsetzt über die Vorhersage des Hirsches kehrte Julianus nie zurück nach Hause. Stattdessen floh er in ein fernes Land, wo er dem Fürsten seine Dienste anbot. Julianus erwies sich als wackerer, heldenhafter Ritter. Voller Dankbarkeit gab der Fürst Julianus eine wohlhabende verwitwete Adelige zur Frau.

Während Julianus sein neues Leben einrichtete, suchten ihn seine verzweifelten Eltern in ganz Europa. Eines Tages standen sie auch vor Julianus' Schloss. Julianus war abwesend, aber seine Frau hieß die Fremden willkommen, und als sie ihre Geschichte hörte, erkannte sie darin Julianus' eigene. Als ihr klar war, dass das reise-

müde Paar seine Eltern sein mussten, wurde sie noch freundlicher zu ihren Gästen, sie bestand sogar darauf, dass sie im besten Bett des Hauses schliefen – dem Bett, das sie mit Julianus teilte.

Julianus kehrte in jener Nacht sehr spät nach Hause zurück, betrat sein Schlafzimmer und fand einen Mann und eine Frau darin schlafend vor. Da er davon ausging, dass seine Frau sich einen Liebhaber genommen hatte, zog er sein Schwert und tötete die Schlafenden, er begegnete seiner Frau erst, als er aus dem Zimmer lief.

»Wer sind der Mann und die Frau in unserem Bett?«, wollte er wissen.

»Es sind deine Eltern«, entgegnete seine Frau. »Sie haben dich überall gesucht, und jetzt seid ihr wieder beisammen!«

Voller Pein rief Julianus aus: »Ich habe sie getötet! Ich dachte, du hättest mich betrogen. Ich dachte, das wäret du und dein Liebhaber gewesen.«

Um für seine schreckliche Sünde zu büßen, beschloss Julianus, zu Fuß bis nach Rom zu gehen, um den Papst um Absolution zu bitten. Seine Frau sagte, sie würde ihn begleiten.

In Rom nahm der Papst Julianus die Beichte ab und erteilte ihm die Absolution, aber als Buße befahl er Julianus, eine Möglichkeit zu finden, Fremden und Reisenden, wie es seine Mutter und sein Vater gewesen waren, zu helfen. Julianus und seine Frau errichteten ein Hospiz neben einem breiten, reißenden Strom und kauften ein Boot, mit dem Julianus die Reisenden sicher von einer Seite zur anderen befördern konnte.

In einer bitteren Winternacht trat ein Bettler, halb erfroren und sehr krank, vor die Tür des Hauses. Julianus ließ den armen Mann ein und setzte ihn vor das Feuer. Der Bettler zitterte immer noch, also bat Julianus den Fremden in sein eigenes Zimmer, steckte ihn in sein eigenes Bett und bedeckte ihn mit den wärmsten Decken im Haus. Er hatte es dem Bettler so gemütlich wie möglich gemacht, als der arme Mann sich in einen Engel verwandelte. »Julianus«, sagte der Engel, »Christus unser Herr hat mich geschickt, um dir zu sagen, dass er deine Buße angenommen hat, ein Platz für dich und deine Frau ist im Himmel bereit.« Dann verschwand der Engel. Wenig später starben Julianus und seine Frau und konnten ihre ewige Belohnung in Empfang nehmen.

SIEHE HEILIGENBILD AUF SEITE 211

HUNDE

Der heilige Rochus von Montpellier

GEST. 1378 – GEDENKTAG: 16. AUGUST

Die Geschichte des Rochus von Montpellier stammt aus der Zeit, als der Schwarze Tod erstmals in Europa umging. Die Epidemie erreichte den Kontinent im Oktober 1347, als ein Schiff voll kranker und sterbender Seeleute im Hafen von Messina auf Sizilien anlegte. Die Ärzte konnten mit den Symptomen der Seeleute nichts anfangen; die Männer schwitzten stark, husteten Blut und zeigten große schwarze Beulen in den Achselhöhlen und dem Lendenbereich. Alle Mitglieder der Schiffsbesatzung starben, und die rätselhafte Krankheit befiel die Bürger der Stadt. Aus Messina breitete sich die Pest in alle Teile Europas aus und kostete innerhalb von vier Jahren zwanzig Millionen Menschen das Leben. 1372 war Rochus von einer Pilgerreise nach Rom auf dem Weg nach Hause, als er in der italienischen Stadt Piacenza haltmachte. Dort war gerade die Pest ausgebrochen. Betroffen von dem Leid, begann Rochus als Krankenpfleger in einem der Hospitäler Dienst zu tun. Es heißt, dass er Hunderte von Pestopfern heilte, indem er über ihren fieberheißen Stirnen das Kreuzzeichen machte. Aber dann, eines Morgens, erwachte Rochus selbst erkrankt. In seinen Achselhöhlen und der Lendenbeuge fand er die verräterischen dunklen Beulen. Statt noch jemand anzustecken, schleppte er sich aus der Stadt, um allein im Wald zu sterben. Rochus hatte sich gerade ein Bett aus Blättern bereitet, als ein Hund auftauchte mit einem großen Laib Brot im Maul. Danach brachte der Hund ihm täglich einen weiteren frischen Laib Brot. Unglaublicherweise gesundete Rochus. Er kehrte nach Piacenza zurück und nahm seine Arbeit im Hospital wieder auf. Dank des freundlichen Vierbeiners können nun alle Hunde Rochus von Montpellier als ihren Beschützer betrachten. Sein Attribut, das auf praktisch jedem Bild und jeder Skulptur erscheint, ist ein Hund mit einem Laib Brot im Maul.

SIEHE HEILIGENBILD AUF SEITE 211

HUNGERSNOT

Die heilige Walburga

CA. 710–779 – GEDENKTAG: 25. FEBRUAR

Im Mittelalter gab es für Heilige oft mehrere Gedenktage, wobei der wichtigste davon der Todestag war. Lokale Kirchen feierten auch den Tag der Übertragung von Reliquien eines Heiligen von einem Ort (Grab) zu einem neuen Schrein. Am 1. Mai 780 wurden Walburgas sterbliche Überreste von ihrem Kloster in Heidenheim in das von Eichstätt (beide im Bistum Eichstätt in Bayern) übertragen, so dass sie neben ihrem Bruder, dem heiligen Wunibald ruhte. Weil der 1. Mai den Beginn der Pflanzsaison markiert, beteten deutsche Bauern an diesem Tag zu Walburga, ihnen eine gute Ernte zu bescheren und sie vor einer Hungersnot zu bewahren.

Walburga war eine angelsächsische Benediktinernonne und die Nichte des heiligen Bonifatius, eigtl. Winfrid, des großen Missionars heidnischer Stämme in Deutschland, wo er heute der »Apostel der Deutschen« genannt wird. Er hatte Walburgas Brüder Winnibald und Willibald mit auf seine Reise genommen. Die drei angelsächsischen Mönche bekehrten so viele Menschen, dass sie die Klöster zu Hause um die Entsendung von Nonnen bitten mussten, die ihnen helfen sollten, vor allem Frauen und Kinder im Glauben zu unterweisen. So wurde Walburga eine der ersten in der Germanenmission tätigen Nonnen. Sie ließ sich in einem Kloster an der Tauber südlich von Würzburg nieder, wo sie den Glauben lehrte und ein Hospital errichtete. Aufgrund ihrer Lehren und ärztlichen Fähigkeiten gewann sie auch selbst Bekehrte.

Nach ihrem Tod wurde Walburgas Heiligkeit durch ein bemerkenswertes Öl bestätigt, das aus ihrem Grab sickert. Das Öl fließt bis zu diesem Tage und soll Wunderheilungen vollbringen können. Obwohl sie gegen Hungersnöte angerufen wird, ist Walburga vor allem für das heilige Öl berühmt. In der Kunst wird sie fast immer mit einem kleinen Fläschchen davon dargestellt.

SIEHE HEILIGENBILD AUF SEITE 211

HUSTEN

Der heilige Quintinus

GEST. 287 – GEDENKTAG: 31. OKTOBER

Die meisten der von den Römern gemarterten Christen starben eines grausamen Todes. Doch über die Jahrhunderte haben die Geschichtenerzähler die Qualen noch ausgeschmückt. Geschichtlich gesichert ist, dass ein Christ namens Quintinus im 3. Jahrhundert den Märtyrertod starb, aber die Einzelheiten seines Todes sind unklar. Eine Version erzählt von zwei eisernen Spießen, die durch seinen Körper gestoßen wurden, bevor man ihn enthauptete. In einer anderen Version wurde er ausgepeitscht, auf die Streckbank gelegt, bekam Holzstifte unter die Fingernägel gerammt und wurde dann in die Somme geworfen, damit er ertrank. Eine weitere Version behauptet, Quintinus' Henker hätten ihm eine Mischung aus Limone, Essig und Senf in den Hals gegossen, was erklärt, warum man ihn gegen Husten anruft (andererseits fragt man sich, warum er nicht auch gegen Würgreiz hilft).

Wir wissen, dass Quintinus ein Römer war, der in und um die Stadt Amiens in Frankreich das Evangelium predigte. Einige Legenden erzählen, dass er Bischof war, andere berichten von einem jungen Mann, einem römischen Soldaten, dem Sohn eines Senators. Es heißt auch, nachdem Quintinus den Märtyrertod starb, sei eine blinde Christin namens Eusebia von einem Engel zu seinem Leichnam geführt worden, damit sie ihm ein Ehrenbegräbnis bereitete. Mit ein paar Familienmitgliedern, Freunden und Dienern begab sich Eusebia auf die Suche nach den sterblichen Überresten des Märtyrers. Als sie diese fand, konnte sie wieder sehen. Irgendwann im 4. Jahrhundert wurde das Monument über Quintinus' Grab zerstört, und in den Jahrzehnten darauf geriet die genaue Grabstätte des Märtyrers in Vergessenheit. Sie wurde im Jahr 600 wiederentdeckt, und Eligius (der Schutzpatron der Juweliere) wurde angeheuert, um einen wundervollen Schrein für Quintinus' Gebeine zu fertigen.

SIEHE HEILIGENBILD AUF SEITE 211

HUTMACHER

Der heilige Jakobus, Sohn des Alphäus

GEST. 61 – GEDENKTAG: 3. MAI

Zwei Apostel hießen Jakobus. Da war Jakobus, der Bruder des späteren Evangelisten Johannes und Mitglied des inneren Kreises (Simon Petrus, Jakobus und Johannes), bekannt als Jakobus der Ältere. Und da war Jakobus, den die Evangelien als den Sohn des Alphäus und Bruder von Judas Thaddäus bezeichnen. Um diesen geht es hier – Jakobus, Sohn des Alphäus.

Dieser Jakobus ist höchstwahrscheinlich der Verfasser eines der »Katholischen Briefe« im Neuen Testament, des *Briefs des Jakobus*, eines Briefs, der im strengen Sinn keiner ist, der unter anderem die essenzielle Rolle guter Werke, wohltätiger Arbeit zum Erreichen der Erlösung betont. »Glaube ohne Werke«, schreibt Jakobus, »ist tot.«

Paulus kannte Jakobus sehr gut, er war der erste Bischof von Jerusalem, Befürworter der Idee, dass Judenchristen sich dennoch, was die Beschneidung angeht, an das Gesetz Mose halten und auch nur kosheres Essen zu sich nehmen sollten. Paulus berichtet uns, dass Jakobus einer der wenigen Apostel war, denen Christus nach seiner Auferstehung persönlich erschien.

Josephus, ein jüdischer Historiker aus dem 1. Jahrhundert, berichtet, dass Jakobus verhaftet und dem Hohen Rat vorgeführt wurde, der ihn zum Tod durch Steinigung verurteilte. Eine spätere Variante berichtet, dass Jakobus erst von der Spitze des Tempels geworfen, dann gesteinigt und schließlich durch einen Schlag mit einem Walkhammer auf den Kopf getötet wurde.

Ein Walker verwendet einen Holzhammer, um mehrere Lagen Stoff zusammenzuklopfen, die dann ein dickeres Gewebe ergeben, beispielsweise Filz, entweder für Bekleidung, häufiger jedoch für Hüte. Deswegen haben Hutmacher, die Stoff zu Filz klopfen, Jakobus, Sohn des Alphäus, zu ihrem Schutzpatron gemacht.

SIEHE HEILIGENBILD AUF SEITE 212

Imker

Der heilige Ambrosius

CA. 340–397 – GEDENKTAG: 7. DEZEMBER

Ambrosius von Mailand war zuerst Anwalt, nicht Priester, und während er Jura studierte, lernte er, Argumente überzeugend und einnehmend vorzutragen. Jahre später, als er von den Gerichten zur Kirche wechselte, konnte er diese Fähigkeiten gut brauchen. Hatte er ursprünglich seine Eloquenz benutzt, um Streitfälle zu gewinnen, verließ er sich jetzt auf dieses Talent, um Sünder dazu zu bewegen, Buße zu tun, um der Kirche neue Gläubige zuzuführen und um Christen anzuregen, ihren Glauben intensiver zu praktizieren. Ambrosius war dermaßen eloquent und überzeugend, dass er als »honigzüngiger Doktor« bezeichnet wurde, eine Qualität, die Künstler im Laufe der Jahrhunderte darstellten, indem sie Ambrosius mit einem Bienenkorb abbildeten. Diese Kombination wiederum führte dazu, dass die Imker Ambrosius zu ihrem Schutzpatron erwählten. In Ambrosius' Teenagerjahren entschied sich seine Schwester Marcellina (die ebenfalls später zur Heiligen wurde) für ein Leben als Nonne. Sie legte ihr Gelübde in Rom ab und empfing den Schleier vom Papst selbst. Den Rest seines Lebens betonte Ambrosius seine Bewunderung für Frauen, die ein Leben im Kloster wählten. Seine Predigten zu dem Thema waren so mitreißend, dass viele junge Frauen, nachdem sie seine Predigten gehört hatten, ebenfalls beschlossen, Nonnen zu werden. Mütter, die wollten, dass ihre Töchter heirateten, lernten die Messen des Bischofs Ambrosius zu meiden. Die geschmeidige Eloquenz und überzeugende Logik von Ambrosius veränderte die Welt. Er präsentierte den christlichen Glauben auf eine Art, die überzeugend, attraktiv und rational war, und so gelang es ihm, einen zögerlichen nordafrikanischen Philosophen namens Augustinus von Hippo in den Schoß der Kirche zu holen – er wurde zum zweiteinflussreichsten Theologen, den die Kirche je hatte (nach dem Apostel Paulus).

SIEHE HEILIGENBILD AUF SEITE 212

Immobilientransaktionen

Der heilige Josef von Arimathäa

1. Jahrhundert – Gedenktage: 19. März und 1. Mai

Kleine Plastikfiguren des heiligen Josef von Arimathäa gehören in den USA zu den beliebtesten Artikeln in religiösen Andenkengeschäften. Interessierte Hauskäufer vergraben das Figürchen im Vorgarten des Anwesens, das sie haben wollen, wobei der Heilige in Richtung des Hauses schauen muss. Diejenigen, die ihr Haus verkaufen wollen, vergraben ebenfalls ein Figürchen, aber mit dem Gesicht zur Straße. Es ist einer der eigenartigsten Bräuche unserer Zeit, und niemand weiß genau, wie dieser Trend seinen Anfang nahm. Die Verbindung zwischen Josef und Häusern ist nicht weit hergeholt. Als Ehemann der Jungfrau Maria und Pflegevater von Jesus wurde er stets mit einem glücklichen Heim in Verbindung gebracht. Eine wahrscheinliche Ursache für den Brauch, die Figürchen zu vergraben, bildet das Leben eines anderen Heiligen, der Josef sehr zugewandt war. André Bessett (1845–1937), ein französisch-kanadischer Bruder vom Heiligen Kreuz, träumte davon, seinen Lieblingsheiligen zu ehren, indem er ihm ein Heiligtum auf dem Mount Royal errichtete, von dem aus man einen großartigen Blick über Montreal hat. Er wusste auch schon, wo er es bauen wollte, aber die Besitzer des Grundstücks mochten nicht verkaufen. Nach jahrelangen fruchtlosen Verhandlungen nahm Bruder André eine Tasche voll Josefs-Medaillons und vergrub sie überall auf dem gewünschten Grundstück. Als er den Besitzern das nächste Mal ein Angebot machte, akzeptierten sie es.

Die Verbindung zu Bruder André erscheint noch plausibler, wenn man bedenkt, dass Papst Johannes Paul II. ihn 1982 seligsprach, und der Brauch, Josefsfigürchen zu vergraben, etwa 1984 aus dem Boden schoss.

Siehe Heiligenbild auf Seite 212

Indianer

Die heilige Kateri Tekakwitha

1656–1680 – Gedenktag: 14. Juli

Wenn sie die Interstate durch das Mohawk Valley im Staat New York entlangfahren, bemerken die meisten Autofahrer nicht einmal, dass sie den heiligsten Ort der Vereinigten Staaten passieren. Auf einem Hügel oberhalb des Highways befindet sich in Ossernenon (auch Auriesville genannt) ein Mohawk-Dorf, wo drei Jesuiten, drei Heilige, den Märtyrertod fanden – die Heiligen Isaac Jogues, Rene Goupil und John de Lande – und wo Kateri Tekakwitha, die erste heiliggesprochene (21.10.2012) amerikanische Ureinwohnerin, zur Welt kam.

Kateris Mutter war eine Algonkin-Christin, die von den Mohawk entführt worden war, und ihr Vater war ein Mohawk-Indianer, der seiner Stammesreligion anhing. Kateri war vier Jahre alt, als ihre Eltern und ihr kleiner Bruder während einer Pockenepidemie starben, so wuchs sie bei einem Onkel und zwei Tanten auf, Verwandten ihres Vaters. Pocken traten ihre ganze Kindheit über in ihrem Dorf auf, bis die Stammesältesten beschlossen, an einen neuen Ort namens Caughnawaga zu ziehen, nördlich des Mohawk River, in der Nähe des heutigen Fonda, New York. Im Jahr 1675, nicht lange nach dem Umzug, kam der Jesuitenpater Jacques de Lamberville, ein Missionar, in die neue Siedlung. Obwohl die Jesuiten ungeheuer erfolgreich darin waren, die Huronen zu bekehren, hießen die Mohawk die Priester nicht willkommen. Pater de Lamberville gelang es nur, eine einzige Seele in Caughnawaga zu bekehren – die zwanzigjährige Kateri, die er am Ostersonntag 1676 taufte.

Kateris Glaubenswechsel verärgerte ihre Familie und ihren Stamm. Ihre Tanten suchten geradezu nach Gründen, sie zu züchtigen. Wenn sie vor ihr Haus trat, jagten die Kinder sie und bewarfen sie mit Steinen. Eines Tages lief ein Krieger mit gezogener Streitaxt auf sie zu. Kateri war sicher, dass sie sterben würde, aber im letzten Augenblick stoppte der Angreifer und ging davon. Ängstlich und erschöpft durch die ständigen Bedrohungen wusste Kateri nicht mehr, wohin sie sich wenden sollte. Zu ihrer eigenen Sicherheit drängte Pater de Lamberville sie, Caughnawaga zu verlassen und in das Algonkin-Dorf bei Francisco de Xaviers Missionsstation zu ziehen, auf der Quebec gegenüberliegenden Seite des St.-Lorenz-Stroms. Kateri trat den Weg dorthin am 14. Juli 1677 ganz allein an. Es war eine Reise von gut dreihundert Kilometern, und sie ging die gesamte Strecke zu Fuß. Sie erreichte die Missionsstation im Oktober, drei Monate später.

Durch einen wunderbaren Zufall begegnete sie auf der Missionsstation einer getauften Algonkin-Indianerin namens Anastasia Tegonhatsihonga, die Kateris Mutter gekannt hatte. Anastasia lud Kateri ein, bei ihr zu wohnen. Endlich in Sicherheit und in einer Umgebung, wo andere Indianer sie verstanden, praktizierte Kateri ihren neuen Glauben ohne Angst. Sie besuchte jeden Morgen zwei Messen und kehrte am Ende des Tages zur Vesper in die Kapelle der Missionsstation zurück. Vor dem Altar kniend, um die Kommunion zu empfangen, sah sie so himmelsnah aus, dass die übrigen Vesperbesucher einander mit den Ellbogen zur Seite drängten, um neben ihr knien zu können. Kateri verfügte über einen unstillbaren Durst, alles zu erfahren, was sie über das Christentum lernen konnte; was sie bei den Jesuitenpatres lernte, berichtete sie dann ihren Freunden.

Kurz vor Ostern 1680 wurde Kateri krank. Während zwei französische Siedler und ein Missionar, Pater Pierre Cholenec, an Kateris Totenbett beteten, begab sich eine bemerkenswerte Veränderung ihres Körpers: All ihre Pockennarben verschwanden. Pater Cholenec bezeugte: »Innerhalb eines Augenblickes wurde ihr Gesicht so glatt und wunderschön, dass ich vor Überraschung aufschrie.«

In der Überzeugung, dass sie eine Heilige gekannt hatten, trugen die Jesuiten die für eine Heiligsprechung notwendigen Dokumente zusammen. Sie werden bis heute in Rom aufbewahrt, und darunter befindet sich eine reichverzierte Rentierhaut mit den Namen und Zeichen der Algonkin-Männer und -Frauen, die beim Papst den Antrag stellten, Kateri Tekakwitha zur Heiligen zu erklären.

SIEHE HEILIGENBILD AUF SEITE 212

INQUISITOREN

Der heilige Petrus von Verona

1205–1253 – GEDENKTAG: 6. ODER 29. APRIL

Im 12. Jahrhundert brachten Kaufleute aus Osteuropa eine religiöse Bewegung nach Südfrankreich und Norditalien mit. Ihre Vertreter nannten sich Katharer. Diese Katharer (in Südfrankreich Albigenser genannt) lehnten alle Sakramente sowie die Ordnung der Kirche ab, glaubten an die Reinkarnation und lehrten, dass der christliche Gott in Wahrheit der Satan sei. Für orthodoxe Christen war dieser letzte Glaubenssatz Blasphemie.

Mutter und Vater des Petrus von Verona waren Katharer und erzogen ihren Sohn entsprechend. Doch später fühlte Petrus sich zum katholischen Glauben hingezogen. Nachdem er Dominikus hatte predigen hören, trat er zum Katholizismus über. Er schloss sich den Dominikanern an, wurde zum Priester geweiht und begann fast augenblicklich, vor Katharergemeinden in Norditalien zu predigen. Einst unterwiesen in der Lehre der Katharer, war Petrus ein besonders effektiver Prediger, und bald schon ernannte der Papst ihn zum Inquisitor für Norditalien und verlieh ihm die Autorität zur inneren Erneuerung des katholischen Klerus zusätzlich zur Missionierung der Katharer.

Am 6. April 1253 wurde Petrus von einer Gruppe Katharer in einen Hinterhalt gelockt, sie spalteten ihm den Schädel und stießen ein Messer in sein Herz. Katholiken entführten seinen Leichnam und setzten ihn in einer Kirche in Mailand bei. So viele Wunder wurden aus dieser Gruft gemeldet, dass der Papst bereits ein Jahr später Petrus heiligsprach.

Nach seinem Tod gelang Petrus, dem Inquisitor, noch eine letzte Bekehrung: Carino, einer seiner Mörder, bereute seine Tat und trat in den Dominikanerorden ein. In der Gegend um Forli wird der bekehrte Heiligenmörder Carino Pietro da Balsamo immer noch verehrt.

SIEHE HEILIGENBILD AUF SEITE 213

INTERNET

Der heilige Isidor von Sevilla

560–636 – GEDENKTAG: 4. APRIL

Im Jahre 1999 baten in der boomenden dot-com-Industrie tätige Katholiken Papst Johannes Paul II. um einen eigenen Schutzpatron. Sie hatten sich sogar schon jemand ausgesucht: den gebildeten spanischen Bischof Isidor von Sevilla. Warum wurde ein obskurer spanischer Bischof Patron des größten Fortschritts der Informationstechnologie seit der Erfindung der Druckerpresse? Er verfasste ein zwanzigbändiges Nachschlagewerk, in dem der gesamte vorhandene Wissensstoff zusammengetragen war. Diese Enzyklopädie, erklärten die dot-com-Katholiken, könnte als erste Datenbank der Welt angesehen werden.

Über ein Jahrhundert vor seiner Geburt war Rom in die Hände der Barbaren gefallen. Eine römische Legion nach der anderen zog sich aus den Provinzen des Reiches zurück, zugleich rückten die Barbaren immer weiter vor, verbrannten Bibliotheken, zerstörten Kunstwerke, beschädigten Aquädukte und öffentliche Badeanstalten irreparabel und ließen Städte und Dörfer entvölkert und zerstört zurück. Für Männer wie Isidor war der Untergang der römischen Zivilisation unaussprechlich schmerzhaft. Und so entschied er sich, wie viele Mönche und Bischöfe in anderen Ecken der alten römischen Welt, zu handeln, bevor die großartigen Leistungen Roms für immer vergessen waren.

In seiner Enzyklopädie zeichnete Isidor die Grundzüge des römischen Rechtssystems auf, informierte über Regierungsstrukturen, Medizin, Architektur und Landwirtschaft, er beschrieb sogar, wie Straßen gebaut und Möbel gefertigt wurden. Es war eine atemberaubende Leistung. Das Web ist ein Informationssystem zur Sammlung, Speicherung und Verbreitung von Wissen – genau das, was Isidor leistete. Daher scheint Isidor von Sevilla, bis ein Webmaster oder Blogger kanonisiert werden wird, der richtige Schutzpatron für das Internet zu sein.

SIEHE HEILIGENBILD AUF SEITE 213

JÄGER

Der heilige Hubertus von Lüttich

GEST. 727 – GEDENKTAG: 3. NOVEMBER

Obwohl Hubertus von Lüttich im heutigen Belgien in eine christliche Familie hineingeboren wurde, hatte er keine Liebe für Gott. Ihn interessierte nur die Jagd, sie war ihm wichtiger als alles andere.

In jenen Tagen waren die Ardennen voller Wildschweine, Rehe, Hirsche und Wölfe, so dass ein leidenschaftlicher Jäger wie Hubertus glücklich war. Eines Karfreitags ritt Hubertus, während seine Familie in der Kirche war, auf einen weiteren Jagdausflug in den Wald. Plötzlich sah er einen wundervollen Hirsch, den schönsten, den er je zu Gesicht bekommen hatte. Ihn zu erlegen wäre die Krönung seiner Jagdkarriere gewesen. Hubertus gab seinem Pferd die Sporen und folgte dem Hirsch durch den Wald. Es war ein wilder Ritt, und das Tier führte Hubertus tiefer in die Ardennen, als er je zuvor gewesen war. Dann stoppte der Hirsch plötzlich auf einer großen Lichtung und wandte sich Hubertus

zu. Überrascht bemerkte der Jäger ein Kruzifix zwischen dem massiven Geweih des Hirsches. Dann begann der Hirsch zu sprechen. »Hubertus«, sagte er, »wenn du dich nicht dem Herrn wieder zuwendest, wirst du in der Hölle enden.«

Hubertus stieg vom Pferd und kniete nieder. »Was soll ich tun, Herr?«, fragte er.

»Besuche Lambert, den Bischof Maastrichts«, entgegnete der Hirsch. »Er wird dich führen.«

Hubertus ging tatsächlich zu Bischof Lambert. Er ließ von seinem frivolen Leben ab, wurde Priester und schließlich sogar Bischof und verbrachte den Rest seines Lebens damit, für Gott Seelen zu gewinnen, statt wilde Tiere zu jagen. Als er 727 starb, wurde er im Wald begraben – dort, wo er jene Vision gehabt hatte, die sein Leben veränderte.

SIEHE HEILIGENBILD AUF SEITE 213

JUNGGESELLEN

Der heilige Kasimir

1460–1483 – GEDENKTAG: 4. MÄRZ

Im Mittelalter erwartete man von allen Mitgliedern königlicher Familien, vorteilhaft zu heiraten. Ausgenommen waren diejenigen Prinzen und Prinzessinnen, die sich entschieden, Priester oder Nonnen zu werden. Insofern waren Junggesellen wie Kasimir ausgesprochen ungewöhnlich. Als drittes der dreizehn Kinder von König Kasimir IV. und Königin Elisabeth von Polen wäre es für Kasimir als jüngeren Sohn durchaus erlaubt gewesen, in den geistlichen Stand einzutreten. Aber obwohl er durchaus sehr gläubig war, tat er das nicht. Er war ausgesprochen zufrieden damit, unverheiratet zu bleiben. Prinz zu bleiben, statt Priester zu werden hatte seine Vorteile: Kasimir bezog ein gutes Einkommen, mit dessen Hilfe er die Armen unterstützte, Entführungsopfer freikaufte oder verzweifelten Pilgern unter die Arme griff, die keine Möglichkeit hatten, nach Hause zurückzukehren. Er machte es sich zur Aufgabe, die Aufmerksamkeit des Königs auf Ungerechtigkeiten und Unterdrückung zu lenken und zu fordern, dass solche Unbill korrigiert wurde. Kasimir kultivierte zudem das Gebet. Nicht nur besuchte er jeden Morgen die Messe, er besuchte sieben weitere Male im Verlaufe des Tages die Kapelle des Palastes, gemäß der klösterlichen Gebetsfolge. Manchmal stand er sogar mitten in der Nacht auf, um in die Kirche zu gehen. Wenn die Türen verschlossen waren, betete er auf den Stufen. Als König Kasimir 1481 nach Litauen gerufen wurde, um die politischen Probleme des Landes zu lösen, setzte er in seiner Abwesenheit seinen Sohn als Regenten Polens ein. In diesen zwei Jahren regierte der junge Kasimir im Namen seines Vaters und brachte dem Land bislang unbekannte Gerechtigkeit und Gnade. Er war unterwegs nach Litauen, um seinen Vater zu besuchen, als er mit vierundzwanzig Jahren an Tuberkulose starb.

SIEHE HEILIGENBILD AUF SEITE 213

Juweliere
Der heilige Eligius
CA. 588–CA. 660 – GEDENKTAG: 1. DEZEMBER

Als Junge wurde Eligius zu einem Goldschmied in die Lehre geschickt, der zugleich Münzmeister am königlichen Hof im Frankenreich war. Der Junge hatte ein Talent dafür, wundervollen Schmuck zu entwerfen und zu schmieden. Als seine Lehre abgeschlossen war, nutzte Eligius die königlichen Kontakte seines Meisters und reiste nach Paris, wo er König Chlothar II. seine Dienste anbot. Um zu sehen, was das junge Genie konnte, überreichte Chlothar Eligius einen Goldbrocken und ein Säckchen mit Edelsteinen und befahl ihm, einen Thron zu fertigen. Aus dem Material stellte der clevere Schmied sogar zwei Throne her. Beeindruckt von der Schönheit seiner Arbeit und der Ehrlichkeit des Künstlers sowie dem unerwarteten Vergnügen, zwei Throne zum Preis von einem zu erhalten, ernannte Chlothar Eligius zu seinem Hofgoldschmied. Weitere wichtige Aufträge folgten bald. Eligius erschuf Reliquienschreine für die Kirche Saint-Martin in Tours, die Abteikirche in Saint-Denis und die Kirche Sainte-Ge-nviève in Paris sowie für die Heiligen Crispinus und Crispinianus in Soissons. Durch die königlichen Aufträge und Arbeiten für einige der reichsten Klöster im Frankenreich vergrößerte sich auch Eligius' eigenes Vermögen. Seine Kleidung war aus Seide, von Goldfäden durchwirkt und mit Juwelen besetzt. Aber auch wenn er sich gern auffällig kleidete, so hatte er doch ein weiches Herz. Er gab derart großzügig Almosen, dass er kaum einen Schritt vor sein Haus tun konnte, ohne von den Armen überrannt zu werden. Obwohl er später zuerst Mönch und dann Bischof von Noyon wurde, fuhr Eligius fort, großartige Gold- und Silberarbeiten für die Kirche zu erstellen. Leider wurden die meisten seiner wichtigen Arbeiten während der Französischen Revolution zerstört. Die wenigen, die erhalten geblieben sind, zeugen davon, dass Eligius ein Mann von tiefem Glauben und unerreichtem Können war.

SIEHE HEILIGENBILD AUF SEITE 214

KANINCHEN

Die heilige Melangell

GEST. CA. 590 – GEDENKTAG: 27. MAI

Im Mittelalter bezeichneten Waliser Christen Kaninchen und Hasen als »Melangells Lämmchen« und betrachteten es als Sakrileg, die kleinen Pelztiere auf Kirchengrund zu töten. Melangell war eine irische Prinzessin. Sie wollte Nonne werden, aber ihr Vater, der König, hatte ihr bereits einen Ehemann ausgesucht. Statt sich dieser Ehe hinzugeben, floh Melangell nach Wales, wo sie sich eine kleine Hütte im Wald in der Nähe des heutigen Pennant errichtete. Eines Tages rannte, während sie vor der Hütte saß und las, ein verängstigter Hase auf die Lichtung, sprang ihr auf den Schoß und versteckte sich in ihrem Ärmel. Einen Augenblick später brachen ein Rudel knurrender Hunde und ein Jäger aus dem Wald. Als die Hunde Melangell erblickten, jaulten sie und krochen zurück zwischen die Bäume. Der erstaunte Jäger, ein Waliser Fürst namens Brochwel, fragte die Frau, wer sie sei und was sie hier im Walde täte. Als er Melangells Geschichte hörte, befand er, sie wäre »eine wahre Dienerin des wahren Gottes«. Sofort schenkte der Fürst Melangell einen großen Teil seines liebsten Jagdgebietes und erklärte es auf immer zur Schutzzone für Kaninchen und Hasen und alle anderen Tiere.

Melangell lebte noch weitere fünfunddreißig Jahre, und ihr Land wurde zur Zuflucht für alle Tiere, genau wie der Fürst es versprochen hatte. Sie erweiterte dieses Privileg auch auf menschliche Flüchtlinge.

Das Kaninchen wurde zu Melangells Attribut, und Künstler neigen dazu, sie in jenem dramatischen Augenblick darzustellen, in dem die Jagdhunde aus dem Wald brachen und der ängstliche Hase aus dem Ärmel der Heiligen lugte.

SIEHE HEILIGENBILD AUF SEITE 214

Karten- und Falschspieler

Der heilige Camillus von Lellis

1550–1614 – Gedenktag: 14. Juli

Als Camillus von Lellis zwölf Jahre alt war, war er bereits ein dermaßen kräftiger und gewalttätiger Junge, dass selbst seine Mutter Angst vor ihm hatte. Er weigerte sich, zur Schule zu gehen. Er weigerte sich, zur Messe zu gehen. Alle seine Familienmitglieder waren der Meinung, dass er mit seinem Temperament nur in einem einzigen Beruf Erfolg haben könnte. Also verließ Camillus mit siebzehn sein Heim in den Abruzzen in Mittelitalien, um seinem Vater als Söldner Gesellschaft zu leisten, er sollte Venedig gegen die Türken verteidigen. Das Soldatenleben gefiel dem Jungen. Er mochte das Herumhuren und Trinken, und er konnte gut Karten spielen und fluchen. Vater und Sohn wurden zu professionellen Söldnern, die durch ganz Europa zogen und stets demjenigen Fürsten dienten, der gerade am besten zahlte. Zwischendurch machten sie Geld, indem sie betrogen und andere beim Kartenspiel hereinlegten. Aber Camillus' Glück fand ein Ende, als er fünfundzwanzig wurde. Sein Vater starb, und er bekam eine offene Wunde, die nicht heilen wollte. In seiner dunkelsten Stunde traf er, fast wie ein Wunder, Philippus Neri, den berühmtesten Priester Roms. Philippus half dem einstmaligen Söldner und Spieler, seinen Süchten abzuschwören und zu lernen, Gott zu lieben. Camillus hatte kaum seine alten Gewohnheiten hinter sich gelassen, als er auf die Idee kam, in einem von Roms Armenvierteln ein Hospital zu eröffnen. Philippus warnte ihn, dass er einen echten Fehler beginge – die Gegend sei voller Versuchungen; er fürchtete, Camillus würde in sein altes Leben zurückfallen. Als der auf seinem Plan bestand, wurde die einst warme Freundschaft eisig. Doch Philippus hatte seinen Freund unterschätzt. Camillus nahm sein altes, sündiges Leben nicht wieder auf. Seine Hospitäler für die Armen waren ein großer Erfolg, und zum Ende seines Lebens hin war er einer der verehrtesten Männer Roms.

Siehe Heiligenbild auf Seite 214

HOTELIERS	**HUNDE**
Der heilige Julianus Hospitator	*Der heilige Rochus von Montpellier*

HUNGERSNOT	**HUSTEN**

Sanctus Jacobus min.

Mühlbauer & Behrle, Chicago.

HUTMACHER

Der heilige Jakobus,
Sohn des Alphäus

S. Ambrosius.

IMKER

Der heilige Ambrosius

Verein der christl. Familien.

(Kanonisirt, empfohlen und mit Ablässen versehen von Papst Leo XIII.
am 14. und 20. Juni 1892.)
Dépose. No. 4586.

IMMOBILIENTRANSAKTIONEN

KATERI TEKAKWITHA.

INDIANER

INQUISITOREN

Der heilige Petrus von Verona

INTERNET

Der heilige Isidor von Sevilla

JÄGER

JUNGGESELLEN

JUWELIERE
Der heilige Eligius

KANINCHEN
Die heilige Melangell

KARTEN- UND FALSCHSPIELER

KATASTROPHEN

KATASTROPHEN

Die heilige Genoveva von Paris

CA. 422–CA. 512 – GEDENKTAG: 3. JANUAR

Am intensivsten verehrt wird Genoveva (Geneviève) in Paris, der Stadt, die sie immer wieder vor Katastrophen bewahrte und deren Patronin sie heute ist. Mit fünfzehn legte sie das ewige Gelübde ab, trat aber weder in ein Kloster ein, noch lebte sie still zu Hause. Wie Johanna von Orléans hatte auch Genoveva ein Faible für das aktive Leben. Die Franken – der barbarische heidnische Stamm, der schließlich das römisch besetzte Gallien einnahm und dem Land seinen Namen gab – eroberten Paris nach einer langen Belagerung, die in der Stadt zu einer Hungersnot geführt hatte. Nach der Niederlage führte Genoveva eine Flottille Schiffe die Seine hinauf nach Troyes, um ihren hungernden Nachbarn Lebensmittel zu bringen.

Dann kamen 451 die Hunnen, geführt von Attila persönlich. Die Pariser Bürger wollten fliehen, aber Genoveva überzeugte sie, ihre Stadt zu verteidigen, intensiv zu beten und auf Gott zu vertrauen. Unerklärlicherweise machten die Hunnen kurz vor der Stadt kehrt und ritten in die Gegenrichtung davon. Später, als die Frankenkönige Childerich I. und später Chlodwig I. Paris einnahmen und zahlreiche angesehene Bürger festnahmen, war Genoveva diejenige, die die Eroberer überredete, das Leben ihrer Gefangenen zu verschonen. Selbst nach Genovevas Tod wandten sich Pariser Bürger in schwierigen Zeiten an sie. 834, als die Seine über die Ufer trat und die Stadt zu überfluten drohte, riefen sie Genoveva von Paris an, und das Wasser zog sich zurück. 1129, als Tausende an einer Vergiftung starben, ausgelöst durch den Verzehr von Roggenbrot aus Mutterkorn-infiziertem Getreide, organisierte der Erzbischof von Paris eine Schweigeprozession und trug die Gebeine Genovevas aus ihrem Schrein durch die Straßen der Stadt bis zur Kathedrale Notre-Dame. Die Epidemie endete wenig später.

SIEHE HEILIGENBILD AUF SEITE 214

KATECHETEN

Der heilige Robert Bellarmin

1542–1621 – GEDENKTAG: 17. SEPTEMBER

Robert Bellarmin setzte seinen ungeheuren Intellekt ausgesprochen praktisch ein. Er lebte im Zeitalter der Gegenreformation, der Zeit, in der sich die römisch-katholische Kirche bemühte, jene Seelen zurückzuerobern, die sie an Luther, Calvin und die übrigen protestantischen Reformatoren verloren hatte, während sie gleichzeitig mit dem Missbrauch und den Skandalen aufräumte, die überhaupt erst zur Reformation geführt hatten. Bellarmin schloss sich den Jesuiten an, der Gesellschaft Jesu, einem dynamischen neuen Orden, der sich dem Predigen, Schreiben, Erziehen und dem persönlichen Vorbild seiner Priester und Laienbrüder verschrieben hatte. Er hoffte, dass sie ihm helfen würden, die katholische Sicht des Streits auf die überzeugendste und attraktivste Weise darzubieten. Bellarmin stellte fest, dass vor allem Katholiken, die ihren eigenen Glauben kaum verstanden, oft leichte Beute für protestantischer Prediger waren. Um die vorherrschende Ignoranz zu beseitigen, verfasste er zwei Handbücher: ein kleines für Kinder, welches die Grundlagen des Katholizismus leicht verständlich erklärte, und ein Lehrbuch für Katecheten, das ihnen helfen sollte, ihren eigenen Glauben besser zu verstehen, und ihnen zeigen sollte, wie sie den Glauben jungen Menschen überzeugend vermitteln konnten. Er testete seine Methoden, indem er in Rom die Novizen der Jesuiten unterrichtete. Bellarmins Grundsätze klangen einfach, erforderten aber harte Arbeit: Wenn jemand die Grundlage der katholischen Lehre begreift, entnommen der Bibel und den Schriften der Kirchenväter, dann kann er sie auch verteidigen. Als Belohnung für ein Leben als Lehrer und Verteidiger des Glaubens ernannte der Papst Bellarmin zu seinem persönlichen Theologen, zum Kardinal und zum Leiter der Bibliothek des Vatikans. Stellt man seine Liebe zum Lesen und zur Recherche in Rechnung, so wusste Robert Bellarmin wahrscheinlich die Bibliothekspflichten am meisten zu schätzen.

SIEHE HEILIGENBILD AUF SEITE 237

KATER

Die heilige Bibiana

GEST. CA. 361 – GEDENKTAG: 2. DEZEMBER

Im Jahr 313 erließ Kaiser Konstantin der Große ein Edikt, das der fast dreihundertjährigen Christenverfolgung im Römischen Reich ein Ende machte. Er erwies sich in den folgenden Jahren als ebenso großzügig wie tolerant: Er beschenkte Päpste und Bischöfe mit Land und Geld und ließ etliche christliche Basiliken bauen, darunter Alt-St. Peter in Rom (den Vorgänger des heutigen Petersdoms). Auf Konstantin folgte sein Neffe Julian. Obwohl als Christ erzogen, wollte Julian die Uhr zurückdrehen. Er verbot das Christentum wieder, kehrte zur Verehrung der heidnischen Götter zurück und verhaftete und tötete jeden Christen, der sich ihm entgegenstellte. Aus diesen Gründen wurde er von den Christen Iulianus Apostata – Julian der Abtrünnige – genannt. Unter Julians Opfern befand sich eine komplette Familie römischer Christen: Flavian und Dafrosa mit ihren beiden Töchtern Bibiana und Demetria. Bibianas Name taucht in einem mittelalterlichen Text auf, der als *Liber Pontificalis –* Päpstliches Buch – bekannt wurde, wo es

heißt, dass Papst Simplicius im 5. Jahrhundert »der heiligen Märtyrerin Bibiana nahe des ›palatium Licinianum‹ eine Basilika weihte, in der sich ihr Leichnam befand«. Abgesehen von dieser kurzen Erwähnung und einigen zweifelhaften späteren Legenden, ist nur wenig über ihr Leben bekannt. Es dauerte lange, bis Bibiana als Schutzpatronin gegen den Kater verehrt wurde. In ihrer Grabkirche befand sich eine alte römische Säule – der Überlieferung nach hatte man Bibiana an diese Säule gebunden und dann zu Tode gepeitscht. Im Mittelalter glaubten Besucher der Kirche, dass ein wenig von der Säule gekratzter Putz Kopfschmerzen heilen könnte, wenn man ihn mit Minze aus dem Garten der Kirche mischte. Es ist auch möglich, dass ein Wortspiel mit Bibianas Namen dazu führte, dass sie mit den Folgen überreichen Alkoholgenusses in Verbindung gebracht wurde – im Lateinischen bedeutet das Wort *bibulus* »gern trinkend«.

SIEHE HEILIGENBILD AUF SEITE 237

VOM WEG ABGEKOMMENE KATHOLIKEN

Die heilige Monika von Tagaste

CA. 331–387 – GEDENKTAG: 27. AUGUST

Katholiken, die vom Glauben abgefallen sind, sind kein modernes Phänomen – das lehrt uns das Leben der heiligen Monika von Tagaste. Ihr eigener Sohn Augustinus, der spätere Heilige und Kirchenvater, wandte sich von dem Glauben ab, den sie ihn gelehrt hatte, und schloss sich den Manichäern, einer religiösen Bewegung aus dem Osten, an.

Monika wurde im Städtchen Tagaste (dem heutigen Souk Ahras in Algerien) in eine christliche Familie hineingeboren. Ihr Ehemann Patricius scheint religiös desinteressiert gewesen zu sein, störte sich aber auch nicht an Monikas Glauben und erlaubte es ihr, die Kinder als Christen großzuziehen.

Als Augustinus geboren wurde, ließ Monika ihn nicht taufen. In den ersten Jahrhunderten des Christentums warteten viele Gläubige mit der Taufe, bis sie sich auf ihrem Totenbett befanden. Dennoch bat Monika ihren Priester, das Kind Augustinus mit heiligem Öl im Zeichen des Kreuzes zu salben und

ihm geweihtes Salz, ein Zeichen des Exorzismus, auf die Zunge zu streuen. Diese Zeremonie machte ihn zu einem Katechumenen, zu jemandem, der im Glauben unterwiesen wurde, und Monika war seine Lehrerin.

Monika und Patricius hatten viel mit ihrem Sohn vor. Sie wollten, dass Augustinus eine humanistische Erziehung genoss, damit er später einen gehobenen Beruf ergreifen konnte. Bevor Augustinus zur Universität in Karthago abreiste – der »Harvard« des römischen Nordafrika –, bat Monika ihn, dort keusch zu bleiben. In seinen *Confessiones* – Bekenntnissen – gestand Augustinus jedoch später, ihren »Frauenrat« abgetan zu haben. Er sei, wie er sagte, in der Stimmung gewesen, »verführt zu werden«. Und tatsächlich nahm er sich, kurz nachdem er in Karthago angelangt war, eine Geliebte und zog auch gleich mit ihr zusammen. Ein Jahr später gebar die Frau (von der Augustinus in all seinen Schriften nie den Namen erwähnt) einen Jungen, den sie Adeodatus nannten, was »Geschenk Gottes« bedeutet.

Diese Nachricht war schlimm genug. Aber Augustinus setzte noch einen drauf, indem er dem katholischen Glauben abschwor und sich den Manichäern anschloss, einer Sekte, die sich für die intellektuelle und spirituelle Elite hielt. Die Manichäer lehrten, dass es zwei Götter gab – einen guten und einen bösen –, die ständig miteinander um die Kontrolle des Universums wetteiferten. In der Geschichte wären zahlreiche »Jesusse« auf die Erde gekommen, um auf der Seite des Guten zu kämpfen, aber keiner hätte je das Böse besiegt.

Dass ihr Sohn sich einer derartigen Sekte angeschlossen hatte, brach Monika das Herz. Sie wandte sich an einen Bischof, der einst selbst Manichäer gewesen war, und bat ihn, mit Augustinus zu sprechen. Der Bischof entgegnete ihr, dass Augustinus so kurz nach seinem Übertritt sicher nicht bereit wäre, irgendwelchen Gegenstimmen Gehör zu schenken. Aber Monika weigerte sich, ein Nein zu akzeptieren. Sie bettelte und weinte und nervte den Bischof so sehr, dass er die Geduld mit ihr verlor. »Verschwinde!«, schrie er. Doch augenblicklich bereute er sein schlechtes Benehmen und setzte hinzu: »Mach dir keine Sorgen. Es ist unmöglich, dass ein derart geliebter Sohn für immer verloren sein könnte.«

Siebzehn Jahre vergingen, bevor Augustinus bereit war, sein Leben zu überdenken. Zu diesem Zeitpunkt lehrte er Philosophie in Mailand. Monika war ebenfalls dort hingezogen, und in Ambrosius von Mailand, dem Bischof von Mailand, hatte sie einen Verbündeten gefunden – er war ein ebenso gelehrter und kultivierter Mann wie Augustinus. Um seiner Mutter einen Gefallen zu tun, begleitete Augustinus sie in die Kirche zu einer Predigt von Bischof Ambrosius. Mehr war nicht vonnöten. Augustinus begann, jede Messe zu besuchen, die Ambrosius hielt; mit Hilfe von Monikas Gebeten und Ambrosius' Eloquenz wandte sich Augustinus von den Manichäern ab und trat wieder in die katholische Kirche ein. In der Nacht vom 24. auf den 25. April 387, in der Ostermesse, taufte Ambrosius Augustinus und Adeodatus. Die Aussage, die ein gereizter afrikanischer Bischof so viele Jahre zuvor getätigt hatte, wurde dank der Tränen und Gebete der Monika von Tagaste endlich wahr.

SIEHE HEILIGENBILD AUF SEITE 237

Katholische Schulen

Die heilige Elisabeth Ann Bayley Seton, gen. Mutter Seton

1774–1821 – Gedenktag: 4. Januar

In den letzten zweihundert Jahren haben römisch-katholische Schulen zahllose Kinder in den USA mit einer ordentlichen Ausbildung versorgt, ihnen aber gleichzeitig beigebracht, wie sie gläubige Katholiken und gute Bürger werden. Die kirchlichen Schulen sind nicht mehr so häufig anzutreffen wie noch vor vierzig Jahren, und die lehrenden Nonnen, die einst dort unterrichteten, gibt es kaum noch. Aber die Situation ist dennoch bei weitem nicht so schlimm wie zu Elisabeth Ann Bayley Setons Zeit.

Elisabeth Ann lebte zur Zeit der Geburt der Vereinigten Staaten und der Etablierung der katholischen Kirche in Nordamerika. Sie wurde ein Jahr vor der Schlacht von Lexington und Concord geboren, in einer Zeit, als der katholische Glaube in jeder Kolonie außer Pennsylvania verboten war. Im britischen Teil Nordamerikas gab es keine Bischöfe, Nonnen, keine katholischen Schulen oder Priesterseminare. Nur etwa zwanzig Priester lebten in den Kolonien, die meisten davon inkognito und unter falschen Namen, um den strengen Gesetzen zu entgehen.

Elisabeth Ann wuchs als Tochter einer prominenten, wohlgestellten anglikanischen Familie auf Staten Island auf. Während der Revolution bewegte sich die Familie auf dem schmalen Grad zwischen Loyalität dem englischen König gegenüber und Unterstützung der Rebellen. Aber wo auch immer die wahren Sympathien ihrer Familie gelegen haben mögen, als George Washington zum Präsidenten gewählt wurde, befanden sie sich eindeutig im amerikanischen Lager: Die fünfzehnjährige Elisabeth tanzte auf dem ersten Präsidentschaftsball.

Mit neunzehn heiratete sie William Seton, einen wohlhabenden New Yorker Geschäftsmann. Das Paar hatte fünf Kinder – drei Jungen und zwei Mädchen – und genoss ein komfortables und privilegiertes Leben. Nach acht Ehejahren ging Williams Unternehmen bankrott; unglücklicherweise hielt sein Pech an, denn er bekam Tuberkulose und starb. Die Setons waren, zusammen mit ihrer Tochter Rebecca, zu diesem Zeitpunkt in Italien. Nach Willams Tod begaben Elisabeth und Rebecca sich zu seinen Geschäftsfreunden, der Familie Filicchi. Den Filicchis gehörte eine Kapelle, die Elisabeths erste Berührung mit dem katholischen Glauben darstellte. Zwei Dinge beeindruckten sie besonders: die Ehrfurcht der Familie während der Messe und die Erleichterung, die jeder nach der Absolution durch die Beichte erfuhr. Nach ihrer Rückkehr nach New York suchte Elisabeth Ann den Pfarrer der St. Peter's Church in der Barclay Street auf und bat ihn, zum Katholizismus übertreten zu dürfen.

Mit wenigen Ausnahmen wandten sich Elisabeths protestantische Familie und protestantische Freunde von ihr ab. Sie hatte Mühe, sich und ihre Kinder durchzubringen, bis Bischof John Carroll ihr vorschlug, in Baltimore eine katholische Schule zu gründen. Dort begann Elisabeth darüber nachzudenken, ein geistliches Leben zu führen. Aber sie wollte keine Nonne im traditionellen Sinn werden, im Kloster nach den geistlichen Regeln leben und täglich ein paar Stunden Mädchen unterrichten, die im Kloster wohnten. Da die Kirche in Amerika sehr viel Unterstützung brauchte, wollte Elisabeth aktiver werden. Mit Bischof Carrolls Hilfe gründete sie einen neuen Orden lehrender Schwestern, und gemeinsam eröffneten sie in Emmitsburg, Maryland, am 22. Februar 1810 Amerikas erste Konfessionsschule.

Das konfessionelle Schulsystem, das Elisabeth Ann, Mutter Seton, wie sie nach der Heiligsprechung genannt wurde, aus der Taufe hob, gab den Glauben von Generation an Generation weiter, erleichterte die Eingliederung der Kinder katholischer Emigranten in die amerikanische Gesellschaft und diente als Pflanzschule für zahllose Priesterkarrieren und geistliche Lebensläufe. Mehr noch, ihr lehrender Orden bot ein neues Lebensmodell für geistliche Frauen – Schwestern, die »in der Welt waren, aber nicht von ihr«. In der Geschichte der katholischen Kirche Amerikas ist Mutter Seton unverzichtbar.

SIEHE HEILIGENBILD AUF SEITE 237

KATZEN

Die heilige Gertrud von Nivelles

CA. 626–659 – GEDENKTAG: 17. MÄRZ

Als Gertrud erfuhr, dass der Getreide-vorrat ihres Klosters von Mäusen heimgesucht wurde, eliminierte sie die Tiere mit Hilfe der Kraft des Gebets. Zumindest erzählt es so die Legende. Künstler bilden Gertrud mit einer Katze zu ihren Füßen ab, der Logik folgend, dass jeder, der Mäuse loswer-den kann, ein Katzenfreund sein muss. Gertrud war die Tochter des seligen Pippin, dem Hausmeier der fränki-schen Könige, und der seligen Iduber-ga von Nivelles, die als Vorbild in Frömmigkeit, Wohltätigkeit und Freu-de am Lernen galt. Als Pippin starb, nutzte Iduberga ihr Erbe, um ein Männerkloster und ein Frauenkloster auf ihrem Besitz in Nivelles in Belgien zu gründen. Dann nahmen sowohl Mutter als auch Tochter den Schleier (das heißt, sie wurden Nonnen).

Nach Idubergas Tod stieg Gertrud zur Superiorin des Frauenklosters auf. Be-rühmt für ihre Großzügigkeit gegen-über den Armen und Kranken, war Gertrud vor allem auch den Pilgern und anderen Reisenden zugetan, die eine sichere Unterkunft suchten. Alle, die sie kennenlernten, hatten das Ge-fühl, einer lebenden Heiligen begeg-net zu sein. Laut einer Überlieferung segelten einmal mehrere Mönche ei-nes benachbarten Klosters auf der Nordsee, als ein schrecklicher Sturm aufkam. Sie waren sicher, sie würden ertrinken, und beteten zu Gertrud, als wäre sie bereits eine Heilige – und tat-sächlich ebbte der Sturm ab.

Gertrud war erst dreiunddreißig, als sie eine tödliche Krankheit ereilte. Vor ihrem Tod versicherte ihr der Kaplan, ein irischer Priester, dass der heilige Patrick, Irlands Patron, höchstselbst ihre Seele in den Himmel geleiten würde, zur Belohnung für ihr heiliges Leben. Und tatsächlich starb Gertrud genau am St. Patrick's Day, dem Tag des heiligen Patrick.

SIEHE HEILIGENBILD AUF SEITE 238

KERZENMACHER

Der heilige Bernhard von Clairvaux

1090–1153 – GEDENKTAG: 20. AUGUST

In vier Schritten gelangt man von Bernhard, dem »honigsüßen Prediger«, zu Kerzenmachern:

1. Bernhards Predigten waren »honigsüß«
2. Honig wird von Bienen gemacht
3. Bienen machen auch Bienenwachs
4. Bienenwachs wird genutzt, um Kerzen herzustellen.

Aber die Verbindung ist nicht ganz so weit hergeholt, wie es zuerst scheinen mag. In seinen Schriften sprach Bernhard oft von der Vorstellung einer »Süße« des heiligen Tuns und benutzte Bienen, Honig und Wachs auch als Metaphern. Weisheit, schrieb er einmal, sei »wie eine Biene, die sowohl Wachs als auch Honig darbietet, um so das Licht des Wissens zum Leuchten zu bringen und um den Geschmack der Anmut zu umfassen«.

Bernhard lebte in der ersten Blütezeit gotischer Malerei und Architektur, einer Zeit, in der sich die Ideale der Ritterlichkeit und die Dichtung der Troubadoure in Europa ausbreiteten. Es war zugleich die Zeit der Kreuzzüge, der Revitalisierung des religiösen Lebens in der Kirche und einer zunehmenden Verehrung der Jungfrau Maria. Und Bernhard war mittendrin.

Mit zweiundzwanzig schloss er sich den Zisterziensern an, einem neuen geistlichen Orden, aber er blieb nicht lange ein anonymer Mönch in Citeaux. Bernhards Abt erkannte seine Führungsqualitäten und sandte ihn als Abt aus, um in Clairvaux ein Kloster zu gründen. Größte Einfachheit war das Kennzeichen des Zisterzienserlebens, und Bernhard fand einen Weg, dieses Prinzip in Stein zu übersetzen. Anders als andere Kirchen und Klöster der Zeit mit ihren eigenartigen, grotesken und manchmal sogar abstoßenden Bildern, sollten nach Bernhard seine Kirche und seine Abtei die schmucklose Form der Gotik zeigen, mit minimaler Dekoration, ohne Zierrat wie Glasmalerei und mit hohen Klarglasfenstern, um natürliches Licht ins Innere zu holen.

Bernhard war überzeugt, dass christliche Heiligtümer in christliche Hände gehörten und dass die einzige Möglichkeit, Europa vor einer mohammedanischen Invasion zu schützen, darin bestünde, das Heilige Land zu beherrschen. Aber die Greueltaten, die Kreuzritter begingen, brachen Bernhard das Herz. Überzeugt, dass das christliche Heer nicht siegen könne, wenn die Soldaten sich nicht heilig verhielten, wurde er zum obersten Förderer der Tempelherren, eines einzigartigen geistlichen Ritterordens, einer Gemeinschaft von Kämpfern mit Mönchsgelübde, die geschworen hatten, das Heilige Land und alle Christen darin gegen die Ungläubigen zu verteidigen.

Im 12. Jahrhundert ließ das klösterliche Leben in Europa an vielen Orten Strenge und Disziplin vermissen. Bernhard und seine Zisterzienser dagegen stellten ein Vorbild klösterlichen Lebens dar. Unter ihrem Abt folgten die Zisterzienser einer einfachen, wiewohl strengen Abfolge aus Gebet, Arbeit und Studium, wobei sie stets größeren Wert auf einen Zuwachs an Moral legten als auf den Erwerb von Grund und Boden.

Seit Bernhards Zeiten haben so viele die Heilige Jungfrau Maria verehrt, dass seine große Liebe zu ihr oft vergessen wird. Durch seine Bücher und Predigten jedoch begann Maria, die Muttergottes, zum essenziellen Objekt der Verehrung zu werden und sich in der Volksfrömmigkeit auszubreiten. »In Gefahr, im Zweifel, in Schwierigkeiten«, schrieb er, »denk an Maria, wende dich an Maria.«

Siehe Heiligenbild auf Seite 238

KINDER

Der heilige Nikolaus von Myra

GEST. CA. 350 – GEDENKTAG: 6. DEZEMBER

Clement Clarke Moore tat dem heiligen Nikolaus von Myra keinen Gefallen. Seit der Veröffentlichung seines Gedichts »A Visit from St. Nicholas« (besser bekannt als »'Twas the Night Before Christmas«, dt. von Erich Kästner: Als der Nikolaus kam) im Jahre 1823 hat die Verehrung eines der beliebtesten Heiligen im Kirchenkalender deutlich abgenommen. Dabei war seine Verbindung zu den Kindern Jahrhunderte älter als Moores Gedicht, und sie besteht aus Gründen, die bei weitem nicht so amüsant sind. Nikolaus war Bischof von Myra (in der heutigen Türkei). Einmal, während einer Reise, machte er nachts halt. Stolz auf die Gelegenheit, einen Bischof zu Gast zu haben, verkündete der Gastwirt, er würde Nikolaus ein Festmahl bereiten, bei dem es auch Fleisch gäbe, das an diesem Tag frisch geliefert worden war. Bischof Nikolaus von Myra antwortete nicht, sondern schob den Gastwirt zur Seite und

ging direkt in die Küche. Mitten im Raum stand ein großer Holzzuber voll mit frisch zerlegtem Fleisch. Ohne ein Wort zu sagen, machte Nikolaus das Kreuzzeichen über dem Zuber. Das Fleisch verschwand, und an seiner Stelle erschienen drei kleine Jungen, die der Gastwirt ermordet hatte, um ihr Fleisch seinen Gästen vorzusetzen. Betrachten Sie ein Bild, eine Statue oder ein Buntglasfenster aus dem Mittelalter oder der Renaissance mit einer Darstellung des heiligen Nikolaus, und Sie werden ihn so gut wie überall mit den drei zum Leben wiedererweckten (und zusammengesetzten) Jungen sehen. Unsere Vorfahren liebten diese Geschichte; in ihren Augen stand sie für Nikolaus' besondere Fürsorge für Kinder. Verweichlicht, wie wir heute sind, haben wir beschlossen, die ganze Sache besser zu vergessen.

SIEHE HEILIGENBILD AUF SEITE 238

KINDERLÄHMUNG

Die heilige Margareta Maria Alacoque

1647–1690 – GEDENKTAG: 17. OKTOBER

Mit zwölf Jahren erkrankte Margareta Maria (frz. Marguerite-Marie) Alacoque an Polio. Die nächsten vier Jahre verbrachte sie gelähmt in ihrem Bett. Mit sechzehn hatte sie eine Erscheinung der Gottesmutter, und als sie aus ihrer Ekstase erwachte, stellte sie fest, dass sie geheilt war.

Am 27. Dezember 1673, als sie vor dem Altar einer Kapelle betete, erschien ihr Christus. Er wies sie an, sich um die Verehrung seines Herzens zu sorgen und sie in die ganze Welt zu tragen, welches, wie er Margareta Maria versicherte, »vor göttlicher Liebe für alle Menschen brennt«. Christus bat sie, sich um die Einrichtung eines neuen Feiertags zu Ehren seines Heiligen Herzens zu kümmern und darum, dass die Katholiken aus Liebe zu ihm am ersten Freitag im Monat und am zweiten Freitag nach Fronleichnam zur Messe gehen und die Kommunion empfangen. Er versprach, alle gläubigen Katholiken zu retten, die ihn verehrten, indem sie entweder ein Bild des Heiligen Herzens Jesu in ihrem Haus aufstellten oder neun aufeinanderfolgende Monate lang jeden ersten Freitag zur Messe und zur Kommunion gingen.

Margareta Maria bekam Ärger, kaum dass sie von ihrer Erscheinung berichtete. Die Nonnen beschuldigten sie der Lüge, und Männer des Klerus verwarfen ihre Visionen mit dem Argument, die Verehrung des Heiligen Herzens Jesu würde Christus zu sehr vermenschlichen und so seine Gottgleichheit mindern. Aber die Jesuiten, allen voran Pater Claude de la Colombière, der Kaplan des Klosters und Beichtvater der Nonnen, argumentierten überzeugend, dass Margareta Marias Offenbarungen einfach nur frischen Wind in das bekannte orthodoxe Prinzip des Bauens auf Gottes unendliche Liebe brachten. Heute ist die Verehrung des Heiligen Herzens Jesu Teil des gläubigen katholischen Lebens.

SIEHE HEILIGENBILD AUF SEITE 238

KIRCHENDIENER

Der heilige Guido von Anderlecht

CA. 950–1012 – GEDENKTAG: 12. SEPTEMBER

Guido von Anderlecht wurde arm geboren und blieb auch sein ganzes Leben lang arm. Als Halbwüchsiger arbeitete er bereits als Helfer auf dem Feld eines Gutsbesitzers. Sonntags und an Feiertagen, wenn nicht gearbeitet wurde, verbrachte Guido seine Zeit in und um Anderlechts Dorfkirche. Dem Gemeindepriester fiel das auf, und er bot Guido an, als Mesner zu arbeiten. Es war sein Traumberuf – er akzeptierte sofort. Jetzt verbrachte er den ganzen Tag in der Kirche, er machte sauber, kümmerte sich um die liturgischen Gefäße, bereitete den Altar jeden Morgen für die Messe vor. Er wohnte sogar in der Kirche, in einem kleinen Raum im hinteren Bereich.

Er war immer noch schrecklich arm, aber in der Kirche zu arbeiten war besser, als hinter einem Pflug zu gehen. Eines Tages reiste ein Kaufmann aus Brüssel durch das Dorf und traf Guido nach der Messe. Er mochte den jungen Mann (Guido war zu diesem Zeitpunkt noch keine zwanzig) und wollte ihm gern helfen. Der Kaufmann bot Guido einen Anteil, kostenlos, an einem neuen Unternehmen. Wenn er Erfolg hätte, wäre Guido reich. Es war seine erste Gelegenheit, viel Geld zu verdienen, und Guido stürzte sich darauf. Er reiste sogar nach Brüssel, um das Kaufmannsschiff Segel setzen zu sehen, aber es sank noch im Hafen, und alle an Bord waren verloren.

In dem Gefühl, dass er sich der Todsünde der Habgier hingegeben habe, absolvierte Guido zur Buße eine Pilgerreise nach Rom, und zwar zu Fuß. Dann marschierte er weiter nach Jerusalem. Ein paar Jahre später kehrte er nach Anderlecht zurück und nahm seine Arbeit als Mesner wieder auf. Er starb in seiner geliebten Kirche.

Guidos Hingabe an seine Arbeit – das Vergnügen, das er den ganzen Tag über in der Gegenwart des Allerheiligsten empfand – machte ihn zum Schutzpatron und Vorbild für alle Kirchendiener.

SIEHE HEILIGENBILD AUF SEITE 239

KLOSTERFRAUEN

Die heilige Scholastika von Nursia

CA. 480–547 – GEDENKTAG: 10. FEBRUAR

Scholastika und ihr Zwillingsbruder Benedikt von Nursia sind die Gründer des Benediktinerordens und Begründer des Mönchtums im Abendland. Im Morgenland, vor allem in den Wüstenregionen, praktizierten Gruppen von Einsiedlern und lose organisierte Gemeinschaften von Mönchen extreme Armut und äußerste Selbstverleugnung, was Essen, Wasser, Schlaf und Kleidung anlangte – so weit, bis viele von ihnen körperliche Wracks waren und manche verrückt.

Scholastika und Benedikt entwarfen eine vernünftige, gesunde und doch spirituell fokussierte Lebensweise für Männer und Frauen, die Gott suchten. Die Benediktiner und Benediktinerinnen aßen gesunde Mahlzeiten, bei denen es Brot, frisches Obst und Gemüse, Fleisch und Fisch und sogar ein wenig Wein oder Bier gab. Sie trugen Ordensgewänder bzw. Habite, die dem jeweiligen Klima angemessen waren. Sie unterteilten ihre Tage in regelmäßige Abschnitte für Arbeit, Studium, Gebet und Erholung. Und wenn sie Buße tun mussten, dann waren es Akte der Selbstkontrolle, nicht der Selbstqual.

Die beiden Geschwister gründeten jeweils Gemeinschaften auf dem Monte Cassino südlich von Rom. Da Männer Scholastikas Kloster und Frauen Benedikts Kloster nicht betreten durften, mussten sich die Zwillinge in einem kleinen Haus in der Mitte zwischen ihren Klöstern treffen. Bei einem derartigen Besuch brachte Scholastika einige ihrer Mitschwestern mit, und Benedikt kam in Begleitung einiger Brüder. Sie verbrachten allesamt den Nachmittag in fröhlichem Gespräch, aßen gemeinsam zu Abend und plauderten so fröhlich, dass sie die Zeit vergaßen. Als Benedikt klarwurde, wie spät es war, erhob er sich, um zu gehen, doch Scholastika bat ihn, noch zu bleiben und mit ihr bis zum Morgen zu reden. Benedikt weigerte sich. Seine eigene Regel untersagte es seinen Mönchen, die ganze Nacht außerhalb der Klostermauern zu verbringen. Als die Männer zur Tür hinausgingen, neigte Scholastika den Kopf und begann zu beten. Augenblicklich zog ein schwerer Sturm über die Berge, mit gewaltigen Böen und dichtem Regen. Benedikt und seine Mönche kehrten in das Haus zurück.

»Was hast du getan?«, fragte Benedikt seine Schwester.

»Ich habe dich um einen Gefallen gebeten, und du hast abgelehnt. Also habe ich Gott um denselben Gefallen gebeten, und er hat mein Gebet erhört. Geh zurück zu deinem Kloster, wenn du kannst.« Benedikt, dem es unmöglich war, sich sowohl gegen Scholastika als auch gegen Gott zu stellen, ergab sich darein, die Nacht nicht im Kloster zu verbringen. Sie redeten bis zum Morgengrauen, als der Sturm ebenso plötzlich endete, wie er begonnen hatte. Dann kehrte Scholastika zu ihren Nonnen zurück, Benedikt zu seinen Mönchen.

Drei Tage später schaute Benedikt zum Fenster hinaus und sah die Seele seiner Schwester als weiße Taube zum Himmel aufsteigen. Er begrub Scholastika in einer Grabkammer, die er für sich in der Krypta der Abtei Monte Cassino angelegt hatte. Als er drei Jahre später selbst starb, wurde er neben ihr beigesetzt. Schwester und Bruder liegen immer noch nebeneinander in der Krypta, der zwischenzeitlich zerstörten, aber wiederaufgebauten Abtei Monte Cassino. Und was die Lebensregeln angeht, die sie gemeinsam entwarfen – sie wurden zur Grundlage des Regelwerks aller Orden in der katholischen Welt.

Siehe Heiligenbild auf Seite 239

KÖCHE

Der heilige Laurentius von Rom

GEST. 258 – GEDENKTAG: 10. AUGUST

Im Jahr 258 begann Kaiser Valerian mit einer neuen Runde von Christenverfolgungen. Nur wenige Tage nachdem er den christlichen Glauben verboten hatte, durchsuchten römische Soldaten die Katakomben von Praetextatus an der Via Appia und verhafteten Papst Sixtus II., der gerade die Lesung der Messe mit dem Segen beendete. Die römischen Soldaten nahmen auch vier Diakone des Papstes gefangen, aber einer namens Laurentius konnte entkommen. Während die Soldaten die Gefangenen zur Hinrichtung führten, eilte Laurentius zurück nach Rom. Er fürchtete, dass die Römer die liturgischen Gefäße der Kirche beschlagnahmen würden, also verkaufte Laurentius sie lieber und verteilte die Einnahmen unter den Armen. Das war kaum erledigt, als er selbst eine Vorladung erhielt, beim Stadtpräfekten zu erscheinen. Mittlerweile waren Papst Sixtus und seine vier Diakone tot. Aber der Präfekt versprach, Laurentius' Leben zu verschonen – sofern er die Schätze der Kirche dem Staat übergab. Lau-

rentius erklärte sich einverstanden, und der Präfekt gab ihm drei Tage, die Wertgegenstände zusammenzutragen und dem Tribunal zu übergeben. Drei Tage später kehrte Laurentius mit einer großen Menge Armer, Blinder, Lahmer und Hilfsbedürftiger vor Gericht zurück. »Dies«, verkündete er dem Präfekten, »sind die Schätze der Kirche.« Der Trick des Diakons verärgerte den Präfekten, und was als Nächstes geschah, erklärt Laurentius' Position als Schutzpatron von Köchen, Restaurantbesitzern und allen, die in Küchen arbeiten: Der Präfekt rief nach einem großen Bratrost, befahl seinen Schergen, darunter ein Feuer anzufachen, ließ dann Laurentius entkleiden und auf den Rost binden. Gemäß eines Berichts aus dem 4. Jahrhundert in den *Taten des heiligen Laurentius* soll der Märtyrer, kurz bevor er starb, seinen Henkern noch zugerufen haben: »Dreh mich um! Diese Seite ist durch!«

SIEHE HEILIGENBILD AUF SEITE 239

230

KOMMUNIONKINDER

Der heilige Tarzisius und die selige Imelda Lambertini

3. JAHRHUNDERT – GEDENKTAG: 26. AUGUST
1322–1333 – GEDENKTAG: 13. MAI

Tarzisius war ein römischer Akolyth – ein Altarjunge – zur Zeit der Christenverfolgung.

Unsere Hauptquelle für Informationen über sein Leben stellt Papst Damasus I. dar (366–384), der seine Geschichte in der Inschrift auf dem Grab des jungen Märtyrers erzählt. Nach einer Messe in einer der Katakomben außerhalb Roms vertrauten die Priester Tarzisius die geweihte Hostie an, damit er sie gefangenen Christen brachte, die auf den Tod warteten. Sie gingen davon aus, dass die Wachen bei einem Jungen, der die Gefangenen besuchte, weniger misstrauisch wären, als bei einem Mann.

Auf der Via Appia begegnete Tarzisius einer Gruppe Heiden, Jungen und Männer. Daran, wie Tarzisius seine Hände unter der Kleidung verbarg, konnten sie erkennen, dass er etwas versteckte. Sie wollten wissen, was er so sorgsam beschützte, aber der Junge lehnte ab, oder, wie Damasus es formulierte, er weigerte sich, »den heiligen Leib (Christi) den wilden Hunden herzugeben«.

Der erste Schlag war vielleicht noch spielerisch, ein Versuch, Tarzisius zu überreden, ihnen zu zeigen, was er bei sich hatte. Aber als der Junge nicht nachgab, wurde der kleine Mob wütend. Sie prügelten ihn mit Stangen und bewarfen ihn mit Steinen. Als Tarzisius zusammenbrach, ließ er sich mit dem Gesicht nach vorn fallen, um das Allerheiligste zu beschützen, und selbst da schlug der Mob weiter auf ihn ein. Wenige Minute später war Tarzisius tot.

Die Männer stürzten sich auf ihn, um herauszufinden, was Tarzisius ihnen vorenthalten wollte. Sie drehten ihn um und suchten seine Hände ab und seine Kleidung, fanden aber nichts. Die Hostie, die zu beschützen Tarzisius sein Leben gegeben hatte, war verschwunden. Die Christen Roms stahlen den Leichnam des jungen Märtyrers und begruben ihn in der Katakombe von Calixtus I. an der Via

Appia, nicht weit von der Stelle, an der Tarzisius getötet worden war. Heute werden die Reliquien des heiligen Tarzisius, des Märtyrers des Allerheiligsten, in einem Schrein in Roms Kirche San Silvestro in Capite ausgestellt.

Der zweite Patron der Erstkommunionkinder ist die selige Imelda Lambertini. Bis 1910 gingen katholische Kinder zur Erstkommunion im Alter von etwa vierzehn Jahren. Aber Imelda Lambertini, ein kleines Mädchen, das sich sehr für die Eucharstie begeisterte, wollte nicht so lange warten.

Imelda war die Tochter von Graf und Gräfin Lambertini, deren Besitzungen in der Gegend von Bologna lagen. Als Imelda neun Jahre alt war, schickten ihre Eltern sie in die Klosterschule in der Stadt, die von Dominikanerinnen geleitet wurde. Die älteren Mädchen bei der Erstkommunion zu sehen erfüllte Imelda mit einer Art heiligem Neid. Es ging ihr nicht um das schöne Kleid oder die Feier oder die Geschenke, die stets zu einem solchen Ereignis gehörten – Imelda sehnte sich nach der übernatürlichen Kommunion mit Christus, die entsteht, wenn man die Hostie empfängt. Sie versuchte, den Kaplan des Klosters zu überreden, sie die Erstkommunion früher empfangen zu lassen, aber der Priester blieb bei den Regeln – Imelda würde, bis sie vierzehn wäre, warten müssen.

Die Enttäuschung intensivierte nur noch Imeldas Hingabe an die Eucharistie. An Christi Himmelfahrt, nach der Messe in der Kapelle des Klosters, trat Imelda an die Chorschranke, um vor dem Tabernakel zu beten, während die Nonnen auf ihren Plätzen blieben und ihren Dank sagten. Plötzlich sahen die Nonnen eine strahlende Hostie über Imeldas Kopf erscheinen. Aufgrund der Unruhe in der Kapelle kam der Priester aus der Sakristei, und auch er erblickte die Hostie. Augenblicklich trat er vor den Tabernakel, entnahm das heilige Gefäß, in dem sich die geweihten Hostien befinden, und spendete Imelda ihre Erstkommunion.

Voll unfassbarer Freude verstarb die elfjährige Imelda.

Siehe Heiligenbilder auf Seite 239/240

KÖNIGE

Der heilige Heinrich, auch Heinrich der Heilige

972–1024 – GEDENKTAG: 13. JULI

Es fällt schwer, sich einen absoluten Herrscher vorzustellen, der gleichzeitig ein Heiliger ist. Die Anforderung eines königlichen Amtes, der leichte Zugriff auf Laster aller Art, die Komplotte, Betrügereien und Kriege – all das steht der Entwicklung eines Gott wohlgefälligen Lebens im Weg. Aber Heinrich von Bayern gelang es gemeinsam mit seiner Königin Kunigunde, diesen Gefahren auszuweichen und ein rechtschaffenes Leben zu führen. Heinrich hatte stets versucht, ein Gleichgewicht zwischen dem herzustellen, was von ihm als König erwartet wurde, und dem, wozu er als Christ verpflichtet war. Als sein Bruder eine Rebellion gegen ihn anführte, schlug Heinrich den Aufstand nieder, der Chaos und vielleicht sogar einen Bürgerkrieg mit sich gebracht hätte. Aber er vergab seinem Bruder auch und vertrug sich mit ihm wieder. Heinrich sicherte die Grenzen seines Königreiches, schloss Frieden mit seinen Nachbarn und entwickelte eine starke Verteidigung, um sein Volk vor den Angriffen barbarischer Stämme zu schützen. Er baute zudem Schulen, stiftete 1007 das Bistum Bamberg und machte Bamberg zum Ausgangspunkt einer Missionierung der slawischen Länder, unterstützte aktiv die Kirchenreform und spendete großzügig an jene Abteien, die ein beispielhaftes Klosterleben lebten. In Anerkennung seiner Weisheit, Stärke und Güte krönte der Papst Heinrich im Jahr 1014 zum Kaiser des Heiligen Römischen Reichs. Im Jahr 1146 wurde Heinrich II. heiliggesprochen. Heinrich und Kunigunde hatten keine Kinder. Später kam die Legende auf, das königliche Paar wäre derart fromm gewesen, dass sie wie Bruder und Schwester gelebt hätten. Doch für diese Geschichte gibt es keine Beweise. Es stimmt jedoch, dass Heinrich, nachdem Kunigunde gestorben war, einem Benediktinerabt kundtat, dass er vorhabe, abzudanken und Mönch zu werden.

SIEHE HEILIGENBILD AUF SEITE 240

KÖNIGINNEN

Die heilige Hedwig von Anjou, auch heilige Hedwig von Polen

1374–1399 – GEDENKTAG: 28. SEPTEMBER

Hedwig – oder Jadwiga (wie ihr polnischer Name lautete) – war eine dieser bemerkenswerten Herrscherinnen, die es im Mittelalter in ganz Europa gab. 1382, nach dem Tod ihres Vaters, der dem Haus Anjou entstammte, wurde sie zur Königin ausgerufen und 1384 zur Königin Polens gekrönt und demonstrierte fast augenblicklich ihr Talent als geschickte Verhandlerin.

Den Polen drohte eine Invasion der Russen, Mongolen und Tartaren. An seiner Ostgrenze lag das Königreich Litauen, ein Vorposten des Heidentums im christlichen Europa, zugleich eine aggressive Militärmacht unter der Führung des Kriegerkönigs Jagiello. Aber das größere Problem stellten die Deutschen Ordensritter dar, eine Organisation, halb geistlicher Orden, halb Söldnerheer. Die Ritter eroberten Teile Polens und beanspruchten das Gebiet für das Deutsche Reich.

Hedwig war mit Herzog Wilhelm von Habsburg verlobt. Obwohl es eine arrangierte Verbindung war, verliebten die jungen Leute sich nach mehreren Treffen unsterblich ineinander. Doch aufgrund all der Überfälle durch den Deutschen Orden weigerte die polnische Aristokratie sich, einen deutschsprechenden Adeligen als nächsten König zu akzeptieren. Sie bestand darauf, dass Hedwig die Verlobung mit Wilhelm löste, damit sie den Antrag des litauischen Großfürsten Jagiello annehmen konnte.

Obwohl es ihr das Herz brach, tat die junge Königin, was der polnische Adel verlangte. Immerhin aber kam sie auf eine Idee, um die Ehe zum Vorteil ihres Landes zu nutzen. Sie erklärte Jagiello, sie würde ihn unter drei Bedingungen heiraten: Sie müssten ihre beiden Länder zu einer einzigen Nation vereinigen; Jagiello musste Katholik werden; und er müsste alles in seiner Macht Stehende tun, um sein Volk ebenfalls zu bekehren. Das Manöver war gerissen. Mit der Heirat machte sie den potenziellen Feind Jagiello zu einem Ehemann und Verbündeten, vergrößerte ihr Königreich und verstärkte ihr eigenes Heer, das nun das Land gegen Angriffe besser verteidigen konnte.

Nachdem die Grenzen des Landes gegen den Deutschen Orden gesichert waren, widmete Hedwig sich der Erneuerung des intellektuellen Lebens in Polen und etablierte die Kirche in Litauen, wurde die größte Unterstützerin des ersten Bischofs von Vilnius. Sie wiederbegründete die heruntergekommene Universität von Krakau und unterstützte ein Kolleg für litauische Bürger in Prag, der intellektuellen und künstlerischen Hauptstadt Osteuropas.

Hedwig war fünfundzwanzig, als Jagiello und sie ihr erstes Kind erwarteten. Tragischerweise starb das Kind bei der Geburt, und Hedwig starb wenig später – noch im Wochenbett. Die Bürger Polens und Litauens begannen sie gleich nach ihrem Tod als Heilige zu verehren. Diese allgemeine Verehrung erhielt die päpstliche Zustimmung 1997, als Johannes Paul II. Hedwig in Krakau heiligsprach.

SIEHE HEILIGENBILD AUF SEITE 240

KOPFSCHMERZEN

Der heilige Achatius von Armenien

GEST. 303 – GEDENKTAG: 8. MAI

Der römische Kaiser Diokletian befahl allen Legionären, ihre Loyalität dem Staat gegenüber unter Beweis zu stellen, indem sie den römischen Göttern opferten. Achatius von Armenien, ein Zenturio und Christ, weigerte sich. Der Statthalter seines Standorts in der heutigen Nordtürkei ließ ihn verhaften und den Folterknechten übergeben. Unter anderen Marterwerkzeugen waren auch Dornenzweige, die man Achatius eng um den Kopf wand. Dann schaffte man den Verurteilten nach Byzanz, heute Istanbul, wo er, nach einer öffentlichen Geißelung, enthauptet wurde.

Die Verehrung des Achatius von Armenien begann im Osten. Im 6. Jahrhundert ließ Kaiser Justinian über seinem Grab eine Kirche errichten. Im Hof der Kirche stand ein alter Walnussbaum, und Gläubige behaupteten,

Achatius sei, an einem der Äste des Baumes hängend, ausgepeitscht worden.

Aber aufgrund der Dornenzweige, die man ihm um den Kopf gelegt hatte, verehren westeuropäische Christen Achatius als Schutzpatron gegen Kopfschmerzen. Im Mittelalter zählte er zu den 14 Nothelfern, einer Gruppe Heiliger, die gegen allerlei Nöte und Probleme helfen sollten. Die Nothelfer waren vor allem in den deutschsprachigen Ländern beliebt, und selbst heute ist es nicht ungewöhnlich, in einer katholischen Kirche einen Schrein mit den Bildern aller 14 Heiligen anzutreffen. Achatius kann man leicht daran erkennen, dass er immer entweder eine Dornenkrone in Händen hält oder auf dem Kopf trägt.

SIEHE HEILIGENBILD AUF SEITE 240

KATECHETEN
Der heilige Robert Bellarmin

S. BIBIANA
VERGINE E MARTIRE

*Scultura in marmo di G.L. Bernini,
venerata nella Chiesa di S. Bibiana
Via G. Giolitti, 154 - 00185 ROMA*

KATER
Die heilige Bibiana

S. Monica e S. Agostino

VOM WEG ABGEKOMMENE KATHOLIKEN
Die heilige Monika von Tagaste

KATHOLISCHE SCHULEN
Die heilige Elisabeth Ann Bayley

H. Gertrud.

KATZEN

Die heilige Gertrud von Nivelles

S. Bernardus.

KERZENMACHER

Der heilige Bernhard von Clairvaux

S. Nicolaus.

KINDER

SEL. MARGARETHA MAR. ALACOQUE.

O möchte ich ganz Dein sein,
um Dich zu lieben, und ganz Geist,
um Dich anzubeten.

KINDERLÄHMUNG

H. Guido, patroon van Anderlecht

S. GUIDO. O.P.N.

KIRCHENDIENER

Der heilige Guido von Anderlecht

S. SCHOLASTICA V. SOROR S. BENEDICTI O.S.B.

KLOSTERFRAUEN

Die heilige Scholastika von Nur

S. LORENZO MARTIRE

KÖCHE

Les Saints Modèles de l'Enfance

St. Tarcisius

KOMMUNIONKINDER

B. IMELDA LAMBERTINI
DOMENICANA

SAN ENRIQUE · O.S.B.

KOMMUNIONKINDER
Die selige Imelda Lambertini

KÖNIGE
Der heilige Heinrich,
auch Heinrich der Heilige

Św. Jadwiga

S. ACACIO MARTIRE
CROCIFISSO SUL MONTE ARARAT CON ALTRI 10000 CRISTIANI

KÖNIGINNEN
Die heilige Hedwig von Anjou,
auch heilige Hedwig von Polen

KOPFSCHMERZEN
Der heilige Achatius von Armenien

Seelisch Kranke und geistig Gestörte
Die heilige Dymphna
7. Jahrhundert – Gedenktag: 15. Mai

Als man im 9. Jahrhundert die Gebeine der Märtyrerin Dymphna außerhalb der Stadt Gheel (im heutigen Belgien) fand, versammelten sich Unmengen von Menschen anlässlich der Übertragung der sterblichen Überreste der Heiligen in einen Schrein in der Stadtkirche, in dem Glauben, dass sich bei einem derart wichtigen Ereignis die Kräfte der Heiligen manifestieren würden. Und Dymphna enttäuschte nicht. Während der Prozession ihrer sterblichen Überreste wurden so viele seelisch kranke und geisteskranke Menschen geheilt, dass die Christen der Stadt es als ein Zeichen von Dymphna werteten, als Ausdruck ihres Wunsches, bei derartigen Gebrechen angerufen zu werden. Ihr zu Ehren erbauten die Leute in Gheel ein Hospital für Menschen mit seelischen oder geistigen Problemen und Krankheiten, das heute noch in Betrieb ist. Die erste »Biografie« Dymphnas wurde sechshundert Jahre nach ihrem Tod verfasst. Was wir also über ihr Leben wissen, gehört wohl eher ins Reich der Legenden als in das der Fakten. Der Geschichte nach war Dymphna die Tochter von Damon, einem heidnischen irischen König. Sie trat als Halbwüchsige zum Christentum über, wenig später starb ihre Mutter. Nach dem Verlust seiner geliebten Gattin war Damon derart geistig verwirrt, dass er, da Dymphna ihrer Mutter sehr ähnelte, beschloss, seine Tochter zu heiraten. Um ihrem geistig gestörten Vater und dem drohenden Inzest zu entkommen, segelte Dymphna mit ihrem Kaplan Gerebernus gen Kontinent. Sie gingen im heutigen Belgien an Land und ließen sich in Gheel nieder, aber es half nichts. Damon folgte ihnen und enthauptete seine Tochter, während seine Leibgarde Gerebernus tötete. Die Bürger von Gheel beerdigten die Heiligen in zwei einfachen Steinsarkophagen und bestatteten sie in einer Höhle, wo sie verblieben, bis sie etliche hundert Jahre später entdeckt wurden. Teile der Sarkophage haben die Zeit überdauert und werden heute noch in Gheel ausgestellt.

Siehe Heiligenbild auf Seite 263

KRANKENSALBUNG

Der heilige Stanislaus Kostka

1550–1568 – GEDENKTAG: 15. AUGUST

Heutzutage ist Polen ein katholischer Monolith, aber im 16. Jahrhundert war es alles andere als religiös homogen. Etwa die Hälfte der Bevölkerung gehörte der griechischen, russischen oder ukrainischen Kirche an. Außerdem gab es eine große jüdische Gemeinde. Der König war Katholik, aber die Hälfte der Mitglieder des Landesparlaments gehörten zu verschiedenen protestantischen Gruppierungen. Und viele Mitglieder des polnischen Adels, die katholisch getauft waren, praktizierten ihren Glauben eher schlampig.

Jan und Margaret Kostkas Sicht auf ihren Katholizismus war eindeutig weltlich, daher waren sie überrascht und wussten nicht, was zu tun war, als ihr Sohn Stanislaus zu einem ernsthaft gläubigen kleinen Jungen heranwuchs. Falls Stanislaus' Frömmigkeit seine Eltern nervte, so verletzte umgekehrt ihr Desinteresse an religiösen Angelegenheiten Stanislaus. Nachdem Jan Kostka über einen respektlosen Witz gelacht hatte, warnte er den

Erzähler, ihn nicht vor Stanislaus zu wiederholen. »Der fällt in Ohnmacht«, warnte sein Vater.

Als Stanislaus vierzehn Jahre alt war, schickten seine Eltern ihn zusammen mit seinem sechzehnjährigen Bruder Paul und ihrem Privatlehrer auf das Jesuitenkolleg in Wien. Anfangs lebten alle drei im Wohnheim des Kollegs. Stanislaus fühlte sich wohl in der religiösen Atmosphäre der Schule, aber Paul wollte mehr Freiheit. Er überzeugte den Lehrer, dass die Jungen sich Zimmer außerhalb des Hauses mieten dürften. Das Haus, das Paul wählte, gehörte einem überzeugten Lutheraner. Stanislaus war dagegen, das Zimmer in einer katholischen Schule aufzugeben, um einem Ketzer Miete zu zahlen, aber Paul zwang ihn zum Umzug.

Die nächsten zwei Jahre litt Stanislaus. Sein Bruder verprügelte ihn. Sein Vermieter und seine katholischen Mitstudenten verspotteten ihn wegen seiner Frömmigkeit. Und der Lehrer des armen Jungen half nicht im Geringsten. Schließlich wurde alles zu viel, und Stanislaus erlitt eine Art Zusammenbruch, dessen körperliche Symptome so schlimm waren, dass er glaubte, im Sterben zu liegen. Er bat einen Priester um die Krankensalbung, aber sein lutherischer Vermieter weigerte sich, eine heilige Kommunion in seinem Haus zu erlauben. Krank und nun vollends verzweifelt, wandte sich Stanislaus im Gebet an eine seiner Lieblingsheiligen, an Barbara von Nikomedien. Nach seiner Genesung erklärte er, dass auf ihr Geheiß hin ein Engel mit der Hostie in seinem Zimmer erschienen war, um ihm die heilige Kommunion zu spenden.

Stanislaus starb nicht bei dieser Gelegenheit, aber seine mystische heilige Kommunion führte dazu, dass er als Schutzpatron aller angesehen wird, die eine Krankenölung empfangen wollen.

Siehe Heiligenbild auf Seite 263

KRANKENSCHWESTERN

Der heilige Camillus von Lellis

1550–1614 – GEDENKTAG: 14. JULI

Camillo de Lellis muss ein beängstigender Krankenpfleger gewesen sein. Mit knapp zwei Metern und einem kräftigen Körperbau wirkte der Mann, der Soldat und spielsüchtig gewesen war, nicht unbedingt mütterlich. Aber der Schutzpatron der Krankenschwestern revolutionierte das Gesundheitswesen im Italien des 16. Jahrhunderts. Seine Hospitäler waren gnadenlos sauber, die Krankenhausküche servierte gesunde Mahlzeiten, und die Mitarbeiter waren ausgebildete Ärzte. Camillus hatte das Missmanagement von Krankenhäusern erfahren, während er auf den Stationen des San-Giacomo-Hospitals in Rom arbeitete. San-Giacomo war typisch: Das Essen schrecklich, Hygiene praktisch nicht vorhanden, Patienten mit ansteckenden Krankheiten lagen neben anderen mit einfachen Verletzungen – was zu steigenden Todesraten führte. Camillus hatte das Gefühl, das besser zu können. Mehr noch, die Stadt brauchte dringend mehr Krankenhäuser, vor allem für die, die sich eine ärztliche Versorgung nicht leisten konnten. Er begann, indem er ein Haus in einer üblen Gegend mietete und in ein kleines Hospital verwandelte, wo die Armen kostenlos behandelt wurden. In seiner aufstrebenden Einrichtung setzte Camillus seine neuartigen Ansichten über medizinische Versorgung um. Die Stationen waren gut belüftet, Patienten bekamen vernünftige Mahlzeiten, ansteckende Kranke wurden gesondert untergebracht. Als sich herumsprach, dass Camillus Wohltätigkeit, Frömmigkeit und gesunden Menschenverstand zeigte, begannen auch andere Männer bei ihm zu arbeiten. Sie stifteten einen neuen geistlichen Orden aus Priestern und Brüdern, der sich der Krankenpflege der Armen verschrieb und den Namen Orden der Kamillianer oder Väter vom guten Tod trug. 1930 erklärte Papst Pius XI. Camillus von Lellis zum Schutzpatron der Krankenschwestern und Pfleger.

SIEHE HEILIGENBILD AUF SEITE 263

KREBSERKRANKUNGEN

Der heilige Peregrinus Laziosi

1260–1335 – GEDENKTAG: 1. MAI

Peregrinus Laziosi wechselte mitten in einem Straßenkampf den Glauben. Er war einer der jungen Hitzköpfe in Forlì, einer italienischen Stadt, die sich im Machtkampf mit dem Papst auf die Seite des Kaisers des Heiligen Römischen Reichs geschlagen hatten. Die Ablehnung des Papstes durch die Bürger Forlìs war so extrem, dass der Papst die Stadt mit einem Interdikt belegte: Alle Kirchen wurden geschlossen, es durften keine Messen gelesen und keine Sakramente gespendet werden, bis die Bürger nachgaben. Aber statt dass man in Forlì nun die Lage überdachte, machte das Interdikt die Leute nur noch wütender. Sie weigerten sich nachzugeben.

Um zu versuchen, Forlì zu überreden, Vernunft anzunehmen, schickte Papst Martin V. Philipp Benizi als seinen Botschafter. Philipp stand vor einer Menschenmasse auf dem größten Platz der Stadt und drängte die Bürger Forlìs, zur Kirche zurückzukehren. Aber die Bürger waren so verbittert, dass selbst ein Appell eines Mannes, den viele für einen lebenden Heiligen hielten, sie nicht rührte. Je länger Philipp sprach, desto unruhiger wurde die Masse, bis es schließlich zu einer Schlägerei kam.

Peregrinus Laziosi befand sich mitten im Aufruhr. Er lief quer über den Platz, packte die Brust von Philipps Habit und schlug ihm heftig ins Gesicht. Als Reaktion bot der ihm die andere Wange, er wartete auf einen weiteren Schlag. Im Angesicht solch vollkommener christlicher Demut wandelte sich Peregrinus' Wut in Scham. Zu entsetzt von seinem Tun, um sich auch nur zu entschuldigen, drängte er sich durch die Menge und rannte nach Hause. In diesem Augenblick wurde aus Peregrinus ein neuer Mann. Er beschloss, sich Philipp Benizis Orden, dem Ordo Servorum Mariae – Orden der Diener Mariens –, einem Bettelorden, anzuschließen, und wurde Priester. Peregrinus mühte sich, Benizi nachzueifern: Er wurde ein fähiger Prediger und ein geduldiger, mitfühlender geistlicher Berater für gequälte Seelen.

Viele Jahre litt Peregrinus an akuten Schmerzen in seinem rechten Bein. Anfangs diagnostizierten Ärzte einen besonders schweren Fall von Varikosis, als sich jedoch eine hässliche Wunde auf Peregrinus' Knie zeigte, begriff sein Arzt, dass es sich um Krebs handelte. In einem verspäteten Versuch, das Leben des Priesters zu retten, plante der Arzt die Amputation.

Am Abend vor der Operation schleppte sich der leidende Peregrinus zu dem lebensgroßen Kruzifix, das im Kapitelsaal des Klosters hing. Er setzte sich zu Füßen des Kreuzes nieder und betete, bis er in Schlaf fiel. Er träumte, dass Christus vom Kreuz herabstieg und sein erkranktes Bein berührte. Als er erwachte, war die Wunde auf seinem Knie geheilt, und keine Spur erinnerte mehr an den Krebs, von dem sein Bein noch wenige Stunden zuvor befallen gewesen war.

SIEHE HEILIGENBILD AUF SEITE 263

KREUZFAHRER

Der heilige Dimitrios von Thessaloniki

FRÜHES 4. JAHRHUNDERT – GEDENKTAG: 8. OKTOBER

Am 28. Juni 1098 zogen die Kreuzfahrer des ersten Kreuzzugs aus Antiochien gegen ein riesiges türkisches Heer, welches die Stadt umstellt hatte. Die Schlacht war mörderisch. Türkische Schützen ließen Pfeile auf die Kreuzritter herabregnen, eine weitere türkische Einheit überraschte die »Soldaten Christi« durch einen Angriff an ihrer ungeschützten linken Flanke, und dann zündeten die Türken an der Front das trockene Gras an, um die Christen bei lebendigem Leib zu verbrennen. Als der Mut der Kreuzritter schwand, sahen sie ein ungeheures Heer Engel einen nahe gelegenen Hügel herabkommen, alle auf weißen Pferden und in Ritterrüstung und unter schneeweißen Bannern. Den Angriff leiteten drei ehemals große Soldaten, die gemarterten Dimitrios, Theodore von Amasea und Georg. Seit diesem Tag riefen die Kreuzritter Dimitrios von Thessaloniki und seine Begleiter als ihre Schutzpatrone an.

Obwohl einige Berichte Dimitrios als Diakon bezeichnen, wird er in den meisten Geschichten und fast auf jedem Bild als Soldat dargestellt. Er starb im heutigen Mitrovic in Serbien den Märtyrertod, und über seinem Grab errichtete man eine Kirche. Nicht lange danach erbaute man eine weitere große Kirche, die Dimitrios geweiht wurde, in Thessaloniki, in Griechenland. Die Hunnen zerstörten die Kirche in Serbien 441, und das Zentrum der Verehrung des Dimitrios wurde Thessaloniki. Seine Gebeine wurden möglicherweise schon vor dem Einfall der Hunnen dorthin verbracht, oder vielleicht wurden sie auch aus der zerstörten Kirche gerettet und dann nach Griechenland übertragen. Wie auch immer, Dimitrios wurde zu einem der Lieblingsheiligen der griechisch-katholischen Christen, die ihm den Titel »Megalomartyr« verliehen, Großer Märtyrer.

SIEHE HEILIGENBILD AUF SEITE 264

KRIEGSDIENSTVERWEIGERER

Der heilige Marcellus der Zenturio

GEST. 298 – GEDENKTAG: 30. OKTOBER

Es ist kaum zu glauben, aber ein paar Sitzungsniederschriften der Gerichtsverhandlungen frühchristlicher Märtyrer existieren noch heute, darunter auch das Protokoll der Verhandlung des Marcellus. Marcellus war Zenturio des römischen Heeres und in Tanger in Nordafrika stationiert. Marcellus weigerte sich, an den Feierlichkeiten anlässlich des Geburtstags des Kaisers teilzunehmen, weil sie auch heidnische Opfer einschlossen. Er ging sogar noch einen Schritt weiter. Vor den Standarten seiner Legion stehend, warf er sein Schwert und seinen Stab auf den Boden und erklärte, dass er als Christ seinen Treueid nicht länger halten könne, mit dem er geschworen hatte, dem Kaiser zu dienen. Marcellus wurde verhaftet und der Fall dem *praes*, dem Kommandanten des Kastells, vorgetragen. »Ich kann dein unbedachtes Auftreten nicht decken«, beschied der Offizier Marcellus; er müsse den Zenturio daher einem Richter vorführen. Marcellus erwiderte, dass er nichts zurücknehme. Bei der Verhandlung fragte Agricolanus, der Richter der Region, den Angeklagten: »Hast du gesagt, was im Bericht des Kommandanten niedergeschrieben ist?« Marcellus entgegnete: »Das habe ich.« Dann fragte Agricolanus: »Dienst du als Zenturio?« Marcellus antwortete: »Das tat ich.« – »Welcher Wahnsinn befiel dich«, fragte Agricolanus, »deinen Eid aufzusagen und etwas Derartiges auszusprechen?« Marcellus entgegnete: »Kein Wahnsinn befällt den Gottesfürchtigen.« Schließlich fragte Agricolanus: »Hast du deine Waffen auf den Boden geworfen?« – »Das tat ich«, entgegnete Marcellus. »Es ist einem Christen nicht angemessen, Soldat eines weltlichen Herrschers zu sein.« Daraufhin verurteilte Agricolanus Marcellus zum Tod durch Enthaupten. Es gibt jede Menge Soldatenheilige, aber der Zenturio Marcellus ist einer der wenigen, der sich aus religiösen Gründen weigerte zu dienen. Daher wird er als Schutzpatron aller Verweigerer des Dienstes an der Waffe verehrt.

SIEHE HEILIGENBILD AUF SEITE 264

Künstler

Der heilige Lukas

1. Jahrhundert – Gedenktag: 18. Oktober

Künstler, die nie mit ihrer Arbeit zufrieden sind – diejenigen, die glauben, erst ein paar Pinselstriche mehr würden das Werk perfekt machen –, sollten sich an den heiligen Lukas, den Evangelisten, wenden. Die Legende erzählt, dass Lukas derjenige war, der die besonders herausfordernde Aufgabe erhielt, ein Bild der Jungfrau Maria mit dem Christuskind zu malen. Angeblich fand die Sitzung im Haus der Heiligen Familie in Nazareth statt, und angeblich malte Lukas das Bild auf Marias Küchentisch.

Er muss dasselbe Bild ein paarmal gemalt haben … denn Kirchen, die behaupten, Lukas' Bild der Jungfrau mit Kind in Besitz zu haben, finden sich quer durch Europa: So hängt eines in der Kirche Santa Maria Maggiore in Rom, ein anderes, wie das berühmte Gnadenbild, die Schwarze Madonna, im polnischen Kloster Tschenstochau. Im Lukasevangelium finden sich so viele detailreiche Berichte über die Jungfrau Maria – mehr als in den anderen drei Evangelien zusammen –, dass Leser des Neuen Testaments sich gefragt haben, ob Maria selbst eine von Lukas' Quellen war. Diese angenommene Beziehung passte später prima zu der Legende der Marienbilder.

Heutzutage würde niemand mehr ernsthaft behaupten, dass der Evangelist Lukas persönlich ein Bild von Jesus und Maria gemalt hätte. Nichtsdestotrotz, im späten Mittelalter und der Renaissance gründeten Künstler die Lukasgilde, zu deren Mitgliedern Leonardo da Vinci, Raffael und Jan Vermeer gehörten. Im 15. Jahrhundert gründeten Künstler in Rom die Accademia di San Luca als Ausbildungsstelle für Kunstmaler. Sie ist bis heute tätig.

Siehe Heiligenbild auf Seite 264

LACHSE

Der heilige Mungo, eigtl. Kentigern

CA. 520–603 – GEDENKTAG: 13. JANUAR

Die wildesten Legenden ranken sich um die keltischen Heiligen, was ihre Geschichten besonders spannend erscheinen lässt.

Mungos Mutter war eine verheiratete Frau, die von einem Mann schwanger wurde, der nicht ihr Ehemann war. Die empörte Familie steckte die arme Frau in einen Karren und schob ihn über die Kante der Steilküste an Schottlands Firth of Forth. Erstaunlicherweise überlebte sie den Sturz in den Fjord, schwamm ans Ufer und gebar einen Jungen, den sie Kentigern nannte. Mutter und Kind wärmten einander am Feuer eines Schafhirten, als ein Abt namens Serf erschien. Er bot der Mutter ein Dach über dem Kopf und erklärte sich bereit, ihren Sohn zu adoptieren und im Kloster großzuziehen. Serf mochte den Jungen sehr und nannte ihn Mungo, was »lieber Junge« heißt. Einige Kirchen in Schottland sind dem heiligen Kentigern unter diesem Kosenamen geweiht.

Kentigern wurde selbst Mönch und schließlich zum ersten Bischof vom heutigen Glasgow. Wie alle keltischen Heiligen hatte er den Ruf eines Wunderwirkers, der vor allem auf die Lösung scheinbar auswegsloser Situationen spezialisiert war. Als Serfs geliebtes Rotkehlchen starb, erweckte Kentigern es wieder zum Leben. Einmal, mitten im Winter, als er eingedöst war und das Feuer im Kloster hatte erlöschen lassen, entfachte er ein neues mit nichts als den eiskalten Zweigen eines Haselbusches.

Nachdem Kentigern Bischof geworden war, wandte sich die Königin mit einem besonders schwierigen Problem an ihn. Sie hatte eine Affäre mit einem der Ritter ihres Ehemannes begonnen und diesem Ritter ein Zeichen ihrer Liebe überreicht. Das Problem war, dass dieses Zeichen, ein Ring, etwas war, was der König ihr geschenkt hatte. Eines Abends, als der Ritter schlief, bemerkte der König den Ring am Finger des treulosen Mannes. Vorsichtig, ohne den Ritter zu wecken, zog der König den Ring ab und warf ihn in den Clyde. Am nächsten Morgen bat der König seine Frau, ihm den Ring zu zeigen, den er ihr verehrt hatte. Wenn der König seine Königin und ihren Liebsten nicht hinrichten ließe, so würde er sie beide doch zumindest verbannen, und sie wären für den Rest ihres Lebens entehrt. Was, fragte sie Kentigern, sollte sie tun?

Der Bischof versicherte ihr, sie sollte sich keine Sorgen machen, und schickte sie heim. Dann rief er einen seiner Mönche zu sich und befahl ihm, fischen zu gehen. Der Mönch fing einen wohlgeratenen Lachs, den er dem Bischof brachte. Kentigern schnitt dem Lachs den Bauch auf, und der vermisste Ring fiel heraus.

Nach der Legende wurde Kentigern während eines Aufstands in Schottland aus Glasgow vertrieben. Er reiste gen Süden nach Wales, wo er bei David von Menevia Unterschlupf fand, jenem Mönch und Bischof, der zum Schutzpatron von Wales wurde. Kentigern verbrachte viele Jahre bei den Walisern. Dann bat ein neuer schottischer König ihn, nach Glasgow heimzukehren und wieder seine Diözese zu leiten. Kentigern starb im Alter von fünfundachtzig Jahren in Glasgow, angeblich beim Nehmen eines Bades. Kentigerns Grab befindet sich in der nach ihm benannten St. Mungo's Cathedral in Glasgow.

SIEHE HEILIGENBILD AUF SEITE 264

LANDWIRTE UND IHRE ERNTEN

Der heilige Isidor von Madrid

CA. 1080–1130 – GEDENKTAG: 15. MAI

Isidor und seine Frau, Maria de la Cabeza (ebenfalls eine Heilige), besaßen niemals eigenes Land, sondern arbeiteten nur als Bauern auf einem gepachteten Hof außerhalb Madrids. Das Paar war gläubig, und Isidor trug seine religiösen Überzeugungen bis in seine Arbeit hinein. Er verließ das Haus jeden Morgen in der Früh, um zur Messe zu gehen, bevor er aufs Feld musste. Während er pflügte oder Getreide erntete, betete er. Seine Nachbarn sagten, sie hätten Engel seinen Pflug führen sehen, was erklärte, warum Isidor dreimal so viel Arbeit erledigte wie jeder andere Bauer in der Gegend.

Nach Isidors Tod begannen seine Nachbarn, ihn anzurufen wie jeden anderen Heiligen. Vierzig Jahre später öffneten die lokalen kirchlichen Autoritäten im Rahmen einer informellen Untersuchung von Isidors Leben sein Grab: Sein Leichnam war unversehrt, eine Tatsache, die alle als Beweis ansahen, dass Isidor tatsächlich ein Heiliger war.

Aber es dauerte fünfhundert Jahre, bis die Kirche seinen Heiligenstatus offiziell machte. Jahrhundertelang sah in Spanien jeder, vom König bis zum Bauern, Isidor als Heiligen an (eine derartige informelle Kanonisierung durch öffentliche Annahme war im Mittelalter häufig). Dann 1615, erholte sich Philipp III. mit Isidors Hilfe von einer tödlichen Krankheit. Aus Dankbarkeit reichte der König beim Papst die Petition ein, Isidor amtlich als Heiligen anzuerkennen. Der Papst erklärte sich einverstanden, und Isidor wurde offiziell heiliggesprochen.

Die Verehrung Isidors und Marias hat sich bis nach Amerika verbreitet. In den Vereinigten Staaten rät die National Catholic Rural Life Conference Landwirten, zu Isidor und seiner Frau Maria zu beten. Jedes Jahr verleiht die Vereinigung einem Ehemann und seiner Frau, die Integrität, religiöse Gläubigkeit und gute landwirtschaftliche Fähigkeiten demonstrieren, einen Preis, den Isidor and Maria Award.

SIEHE HEILIGENBILD AUF SEITE 265

LEHRER

Der heilige Jean Baptiste de la Salle

1651–1719 – GEDENKTAG: 7. APRIL

Jean Baptiste de la Salle war ein wohlhabender Priester, Mitglied des Kathedralkapitels an der Kathedrale von Reims und tätig in der Diözesanverwaltung, als ein Laie namens Adrian Nyel ihn um Hilfe für den Bau einer Schule für die armen Kinder der Stadt bat. Jean gefiel die Idee so gut, dass er auf eigene Kosten ein Haus für die Lehrer der Schule anmietete und ihre Gehälter bezahlte. Je genauer er sich jedoch mit der Schule beschäftigte, desto klarer wurde Jeans Eindruck, dass die meisten seiner Lehrer keine Ahnung hatten, wie man Kinder am besten unterrichtete. Etliche Lehrer, die das Gefühl hatten, Jean mischte sich in ihren Beruf ein, kündigten, aber diejenigen, die blieben, arbeiteten mit ihm daran, eine revolutionäre Lehrmethode zu entwickeln, die heute in praktisch jeder öffentlichen, privaten und kirchlichen Schule angewendet wird. Im 17. Jahrhundert lehrte man die Kinder zuerst auf Lateinisch lesen und schreiben, dann in ihrer Muttersprache. Jean und seine Lehrer kehrten diese Vorgehensweise um; sie unterrichteten zuerst in der Muttersprache und führten Latein erst später in das Curriculum ein. Normalerweise las ein Lehrer der Klasse laut aus dem Textbuch vor. Jean wandte eine Frage-Antwort-Methode an, die Kinder ermutigte, mitzudenken und teilzunehmen. Damals war individuelle Aufmerksamkeit praktisch unbekannt, aber Jean war der Meinung, dass nicht alle im gleichen Tempo lernen und verstehen. Er wies seine Lehrer an, geduldig und kreativ zu sein. Jean nahm sogar das »Fach« gute Manieren in den Lehrplan auf, da er der Meinung war, dass Kinder Gottes, egal welchen Standes, mit Anstand und Respekt behandelt werden mussten.

Die Männer, die Jeans Methoden lehrten, fanden sich zu einem neuen Orden unter ihrem Gründer Jean Baptiste zusammen, den Brüdern der christlichen Schulen, besser bekannt als die Schulbrüder.

SIEHE HEILIGENBILD AUF SEITE 265

LEKTOREN

Der heilige Giovanni Bosco, gen. Don Bosco

1815–1888 – GEDENKTAG: 31. JANUAR

1884 fand in Italien eine dieser im 19. Jahrhundert so beliebten Nationalausstellungen statt, wo man seine Fortschritte in Wissenschaft, Industrie und Kunst zeigte. Giovanni Bosco war einer der Aussteller. Seine Ausstellung war im Programm aufgeführt als »Don Bosco: Salesianische Papiermühle, Druckarbeiten, Bindung und Buchverkauf«. (»Don« ist die bevorzugte respektvolle Anrede für einen italienischen Priester.) Damals war die Stimmung in Italien eindeutig antiklerikal, und viele hielten es für einen Witz, dass ein Priester an einer Ausstellung teilnahm, die den neuesten technologischen Fortschritten gewidmet war, aber Besucher von Don Boscos Stand waren überrascht, einen Mann kennenzulernen, der alle Facetten der Buchindustrie verstand, von der Papierherstellung bis zum Vertrieb. So wurde Don Bosco zum Schutzpatron der Lektoren.

Buchveröffentlichungen waren nur eines von Don Boscos Fachgebieten. Er widmete sein Leben der Rettung ver-waister und verlassener Kinder vor einem entwürdigenden Leben mit Gewalt und Verbrechen. Er gründete Häuser, in denen diese Straßenkinder Zuflucht, Liebe und Fürsorge finden konnten – wo man sie unterrichtete und ihnen ein nützliches Handwerk beibrachte. In jedem von Don Boscos Häusern gab es eine komplett ausgestattete Schusterei und Schneiderei, eine Gießerei, eine Tischlerei, in der Möbel und Schränke angefertigt werden konnten, und natürlich eine Druckerei.

Unglücklicherweise hatte Don Bosco seine geistliche Gemeinschaft genau in dem Augenblick gegründet, als die italienische Regierung versuchte, die Orden der Kirche aus dem Land zu jagen. Aber Bosco bekam Hilfe aus unerwarteter Richtung – von Urban Rattazzi, Italiens Innenminister und Verfasser genau des Gesetzes, das geistliche Orden in Italien untersagte. Obwohl Rattazzi Priester im Prinzip hasste, mochte und bewunderte er Don Bosco. Es war vielleicht Rattazzis

Sinn fürs Pragmatische, der ihn an Don Bosco glauben ließ, immerhin verwandelte der Problemjungen in produktive Mitglieder der Gesellschaft und tat damit dem italienischen Staat einen großen Gefallen. Worin auch immer Rattazzis Gründe bestanden haben mochten, er half dem Priester, die Anträge zu formulieren, die benötigt wurden, um die Salesianer zuzulassen, so dass sie als bürgerliche Gesellschaft firmierten statt als geistlicher Orden. Nachdem seine erste Einrichtung in Turin es geschafft hatte, vom Radar der Regierung nicht erfasst zu werden, ging Giovanni in andere Städte und Länder. Zum Zeitpunkt seines Todes hatte Don Bosco achtunddreißig Einrichtungen für Jungen in Europa und weitere sechsundzwanzig in Nord- und Südamerika eröffnet.

Dennoch waren nicht alle mit Don Boscos Arbeit einverstanden. Sozialkonservative beschwerten sich, dass er Mittel für den Abschaum der Welt verschwendete, und politisch Radikale kritisierten Bosco dafür, desillusionierte Jugendliche aus dem Proletariat abzuziehen und sie zu permanenten Mitgliedern der Bourgeoisie zu machen. Ob von rechts oder links, die Kritik rührte ihn nicht. »Denunziation und politische Aktivität überlassen wir anderen«, erklärte Don Bosco. »Wir gehen direkt zu den Armen.«

Siehe Heiligenbild auf Seite 265

Liebende und Verlobte

Der heilige Valentin von Ternie

Gest. ca. 270 – Gedenktag: 14. Februar

Der römische Priester und Märtyrer Valentin von Terni war niemandes Liebhaber, und er war auch nicht verlobt. Soweit wir wissen, hat er also nie den Schmerz des Liebeskummers erfahren. Wie also wurde er zum Schutzpatron der Liebe, Romantik, Ehe und sogar der unglücklich Verliebten? Die Antwort ist kompliziert, ein Sammelsurium an Legenden, in dem sich sogar eine höchst eigenartige mittelalterliche Vogelstory befindet. Eine Geschichte erzählt, dass Valentin sich, während er im Gefängnis saß, mit der Tochter des Gefängniswärters anfreundete. Als er zur Hinrichtung geführt wurde, hinterließ er dem Mädchen einen Abschiedsbrief, unterschrieben mit »Dein Valentin«. Darauf basiert angeblich der Brauch, Geliebten am Valentinstag Karten zu schicken. Im mittelalterlichen Europa nahm man weithin an, dass Vögel sich am Festtag des heiligen Valentin fürs Leben paarten. Der Dichter Geoffrey Chaucer behauptete, dass am 14. Februar »jedes Federvieh … seinen Gemahl wählt«. Offensichtlich wurde Valentin also auch als Ehestifter für Vögel angesehen. Und was Valentin von Terni selbst angeht – es gab ihn wirklich. Es gab sogar zwei Valentine, und beide haben ihr Fest am 14. Februar. Der erste war ein römischer Priester, der etwa im Jahr 270 erst geprügelt und dann enthauptet wurde. Im Jahr 350 war eine Kirche über seinem Grab außerhalb Roms errichtet worden. Seit 820 befinden sich die sterblichen Überreste dieses Valentins innerhalb der Stadtmauern in der Basilika Santa Prassede (lat. Sanctae Praxedis) auf dem Esquilin in Rom. Der zweite heilige Valentin war ein Bischof, der in Terni den Märtyrertod starb, etwa hundert Kilometer von Rom entfernt. Seine Gebeine ruhen in der Basilika zu Terni. In den letzten Jahren hat die Stadt versucht, den Tourismus anzukurbeln, indem sie Liebende ermutigte, einen romantischen Urlaub in der Heimatstadt Valentins zu verbringen.

Siehe Heiligenbild auf Seite 265

LÖWEN

Der heilige Markus

In einer Vision sah der hebräische Prophet Esekiel vier beflügelte Wesen den Thron Gottes tragen: eines hatte das Gesicht eines Mannes, das zweite das eines Löwen, das dritte das eines Ochsen, das vierte das eines Adlers. Zumindest seit dem 4. Jahrhundert haben Christen diese vier Wesen als die Verfasser der vier Evangelien interpretiert. Matthäus wird als der geflügelte Mann angesehen, weil sein Evangelium mit der Genealogie Christi beginnt; Lukas' Symbol ist der geflügelte Stier, weil sein Evangelium in dem Tempel in Jerusalem beginnt, wo Stiere geopfert wurden; der Adler ist das Zeichen des Johannes, weil der Anfang seines Evangeliums so poetisch und theologisch herausragend ist, dass es gen Himmel zu schweben scheint. Und weil das Markusevangelium in der Wüste beginnt, wo Johannes der Täufer predigt, ist der geflügelte Löwe sein Zeichen.

Man könnte behaupten, der Löwe wäre das berühmteste dieser Symbole, Venedig sei Dank. Über tausend Jahre ist es her, dass zwei freche venezianische Kaufleute Markus' sterbliche Überreste aus einem Grab in Alexandrien stahlen und nach Hause überführten – nicht als Trophäe, betonten sie, sondern um die Reliquie vor der Entweihung durch die ägyptischen mohammedanischen Herrscher zu schützen. Da Markus zu Venedigs wichtigstem Schutzpatron aufstieg, tauchte sein Löwe überall auf – in Kirchen und auf Plätzen, über Türen und Torbögen, auf Flaggen und Bannern, Gondeln und Münzen.

Wir wissen nur wenig über den heiligen Markus, aber vielleicht hat er indirekt in seinem eigenen Evangelium etwas preisgegeben: In der Nacht, in der Jesus festgenommen wird, folgt ein junger Mann, der nur einen Lendenschurz trägt, den Aposteln nach Gethsemane. Als die Soldaten Jesus verhaften, will der junge Mann fliehen. Einer der Soldaten versucht ihn festzuhalten, bekommt aber nur den Lendenschurz zu fassen. Der junge Mann war nackt in die Nacht hinausgelaufen. Dieser Blitzer war möglicherweise Markus.

Es könnte auch sein, dass Markus der junge Mann war, der in der Apostelgeschichte des Lukas als Johannes Markus bezeichnet wird, der Cousin des Apostels Barnabas – der junge Mann, den Paulus nicht ertragen konnte. Simon Petrus hingegen mochte diesen Markus sehr, er bezeichnete ihn am Ende der ersten Apostelbriefe als »meinen Sohn«. Aus dieser beiläufigen Bemerkung entwickelte sich die Ansicht, dass Simon Petrus die Hauptquelle des Markusevangeliums darstellte.

Das Markusevangelium ist in fließendem Griechisch geschrieben, es beinhaltet nur wenige Irrtümer über die Geografie Palästinas, und der Verfasser hat sich die Mühe gemacht, bestimmte aramäische Termini zu übersetzen und jüdische religiöse Bräuche zu erklären. All diese Hinweise haben Bibelforscher dazu gebracht zu vermuten, dass Markus ein griechischer Jude war, der sein Evangelium für eine nichtjüdische Leserschaft verfasste.

Die Legende besagt, dass Markus als erster Bischof Alexandriens nach Ägypten geschickt wurde. Die Kopten, die ägyptischen Christen, verehren ihn als Begründer ihrer Kirche. Laut einer alten Legende wurde Markus am Ostersonntag im Jahr 68 im Rahmen von Neros Christenverfolgung festgenommen. Die Soldaten, die ihn schnappten, banden ihm einen Strick um den Hals und zerrten ihn durch die Stadt. Nach einem Tag und einer Nacht derartiger Misshandlungen starb Markus den Erstickungstod.

Siehe Heiligenbild auf Seite 266

MÄRTYRER

Die heilige Anastasia

GEST. 304 – GEDENKTAG: 25. DEZEMBER

Anastasia wurde zur Schutzpatronin der Märtyrer nicht nur, weil sie selbst den Märtyrertod starb – es gibt Tausende anderer heiliggesprochener Märtyrer, die zur Auswahl stünden –, sondern aufgrund der Heldenhaftigkeit, ihr eigenes Leben zu riskieren, um anderen Christen, die den Märtyrertod sterben sollten, Essen, Kleidung, Medizin und Beistand zu bringen. Anastasia war Patrizierin, ein Mitglied einer der aristokratischen Familien Roms. Als Kaiser Diokletian mit seiner grausamen Verfolgung der Kirche begann, fing Anastasia an, in die Gefängnisse zu gehen, in denen Christen auf die Hinrichtung warteten. Anastasias Ehemann Publius war ein Heide. In der Befürchtung, dass man sie verhaften und hinrichten würde, befahl er ihr nicht nur, sich von den Gefängnissen fernzuhalten, er verbot ihr sogar ganz, das Haus zu verlassen. Wenig später starb Publius, und Anastasia nahm ihr Engagement für die zum Tod Verurteilten wieder auf. Ihr spiritueller Ratgeber zu dieser Zeit war Chrysogonus,

ein römischer Beamter, der möglicherweise insgeheim ein christlicher Priester war. Als Chrysogonus gen Norden nach Aquileja reiste, in die Nähe des heutigen Venedig, um dort den Christen zu dienen, kam Anastasia mit. Dort wurde Chrysogonus verhaftet und enthauptet. Anastasia reiste weiter nach Thessaloniki in Griechenland, wo sie bei drei Schwestern Unterkunft fand, den Jungfrauen Agape, Chionia und Irene. Nachdem die Schwestern auf dem Scheiterhaufen den Märtyrertod gestorben waren, zog Anastasia weiter, diesmal in eine christliche Gemeinde in Sirmium, dem heutigen Mitrovica in Serbien. Dort wurde sie verhaftet und zum Feuertod verurteilt – so dass letztlich auch sie eine Märtyrerin wurde. Nachdem die Verfolgung geendet hatte, brachten Christen aus Sirmium Anastasias sterbliche Überreste nach Rom. Sie liegen heute in der Basilica di Sant'Anastasia, am Fuß des Palatin.

SIEHE HEILIGENBILD AUF SEITE 266

MAULWÜRFE

Der heilige Ulrich von Augsburg

890–937 – GEDENKTAG: 4. JULI

Ulrich, der 21. Bischof von Augsburg und auch der große Schwabenheilige genannt, ist immer noch einer der verehrtesten Heiligen, aber noch intensiver verehrt wurde er im Mittelalter. Es hieß, dass eine schwangere Frau, die aus seinem Kelch trank, mit einer einfachen Geburt rechnen konnte, dass eine Berührung seines Bischofskreuzes die Tollwut heilen würde und dass ein wenig Erde von seinem Grab oder ein bisschen Staub von seinem Schrein Maulwürfe fernhielt. Ulrich ist auch in anderer Weise bemerkenswert: Er war der erste Heilige, der vom Papst nach allen Regeln kanonisiert wurde. In frühchristlicher Zeit vollzogen die Gläubigen die Heiligsprechung, suchte sich das Volk seine Heiligen selbst aus. Später konnten Bischöfe Männer und Frauen ihrer Diözesen, die ein heiliges Leben geführt hatten, kanonisieren. Nachdem Papst Johannes XV. Ulrich im Jahr 993 heiliggesprochen hatte, wurde Rom zur amtlichen Anlaufstelle für Heiligsprechungen. Ulrich diente fünfzig Jahre als Bischof von Augsburg, in denen er erfolgreich ein aktives pastorales Leben mit einem privaten Leben des Gebets und Studiums in Einklang brachte. Drei Jahre nach seiner Amtsübernahme fielen die Ungarn in die Region ein, töteten viele der Bürger, plünderten die Stadt und setzten die Bischofskirche in Brand. Den Rest seines Lebens widmete sich Ulrich dem Wiederaufbau seines Bistums. Er ließ eine neue Stadtmauer errichten, holte Kaufleute in die Stadt, um die Geschäfte wiederzubeleben, und restaurierte oder erneuerte alle zerstörten oder beschädigten Kirchen. Als die Ungarn dreißig Jahre später erneut vor den Toren standen, leitete Bischof Ulrich die Verteidigung der Stadt bis zur Entscheidungsschlacht auf dem Lechfeld westlich von Augsburg, als der deutsche Kaiser Otto I. die Invasoren vernichtend schlug. Ulrichs Grabstätte ist die Bischofskirche, das Münster St. Ulrich, in Augsburg.

SIEHE HEILIGENBILD AUF SEITE 266

MEDITATION

Der heilige Johannes vom Kreuz

1542–1591 – GEDENKTAG: 14. DEZEMBER

»Die dunkle Nacht der Seele« ist ein berühmtes Zitat, das dem Titel eines Buches über das kontemplative Leben entstammt, das Johannes vom Kreuz (Juan de la Cruz), ein spanischer Mystiker, geschrieben hat. Johannes fühlte sich zur Stille und Meditation hingezogen – mit anderen Worten, er war am besten geeignet für das Klosterleben. Aber eine Begegnung mit der dynamischen Teresa von Ávila (Teresa de Jésus) verkomplizierte sein Leben deutlich und hinderte ihn daran, sich einfach in ein Kloster zurückzuziehen. Daher ist Johannes vom Kreuz nicht nur der Schutzpatron all derjenigen, die Meditation und ein stilles Leben des Gebetes lieben, sondern auch derjenigen, die gern meditieren würden, aber von den Anforderungen des Lebens abgelenkt werden.

Johannes hatte sich dem kontemplativen Karmeliterorden angeschlossen und wurde zum Priester geweiht, gerade als Teresa mit der Reform ihres Ordens begann. Viele Klöster, Nonnen- und Mönchsklöster, waren lax geworden. Die alte Kargheit war opulenter Möblierung und teurem Essen und Wein gewichen; mit Besuchern zu tratschen war wichtiger, als zu beten. Teresa erreichte die Unterstützung des Superiors der spanischen Karmeliter ebenso wie die von König Philipp II., um die einstigen strengen Grundsätze der Karmeliter wiederherzustellen. Aber nicht alle Klosterbrüder wollten reformiert werden, und sie ließen ihre Frustration an Teresas Kaplan, Beichtvater und Schützling aus, an Johannes vom Kreuz. 1577 kidnappte eine Bande widerspenstiger Karmeliter Johannes und verschleppte ihn in ihr Priorat in Toledo. Er verbrachte fast neun Monate in einer kleinen Zelle mit nur einem zehn Zentimeter breiten Fensterschlitz. Seine mönchischen Gefängniswärter gaben ihm so wenig zu essen, dass er beinahe verhungerte, man verweigerte ihm Wasser zum Waschen, und sein Habit war voller Läuse; man verweigerte ihm Kerzen, um die Dunkelheit zu vertreiben, und ein

Feuer, um ihn im Winter zu wärmen. Er wurde brutal gegeißelt und trug die schrecklichen Narben den Rest seines Lebens.

In panischer Angst, ewig eingesperrt zu bleiben, suchte Johannes Zuflucht in der Meditation; im Geiste schrieb er einige seiner besten mystischen Gedichte. Zugleich plante er seine Flucht. Mitte August 1578 gelang es ihm, das Schloss der Zellentür aufzuhebeln und ein Seil aus Streifen seines Bettlakens zu knüpfen. Spätnachts kroch er aus seiner Zelle, eilte zur Brustwehr und kletterte mit Hilfe seines selbstgemachten Seils die Umfassungsmauern des Prioriats hinunter. Geschwächt und orientierungslos rief Johannes die Gottesmutter um Hilfe an. Sie muss ihn erhört haben, denn nachdem er eine Weile durch die Stadt getaumelt war, befand er sich ausgerechnet vor der Pforte eines von Teresas Klöstern. Eine der Nonnen erkannte ihn und ließ ihn ein. (Sowohl von Seiten der Kirche als auch nach weltlichem Recht war Männern verboten, ein Frauenkloster zu betreten.) Als die mönchischen Gefängniswärter und die städtische Polizei nach Johannes suchten, taten sie das überall, nur nicht im Frauenkloster.

Nachdem er seine Gesundheit und Kraft wiedererlangt hatte, wollte Johannes zu seinem ruhigen Leben zurückkehren, aber weltliche und kirchliche Aufgaben hinderten ihn daran. Erst diente er als Leiter eines Kollegs, danach wurde er Prior eines Karmeliterklosters, schließlich ernannte man ihn zu einem der Superioren des Ordens in Spanien. Da er viel mit Menschen zu tun hatte, nutzte Johannes die Gelegenheit, andere in den Freuden der Meditation zu unterweisen. »Sie«, lehrte er, »ist nichts anderes als die stille, friedliche, liebevolle Zuwendung Gottes, die, wenn man sie zulässt, die Seele mit dem Geist der Liebe in Brand steckt.«

SIEHE HEILIGENBILD AUF SEITE 266

SEELISCH KRANKE UND GEISTIG GESTÖRTE

Die heilige Dymphna

KRANKENSALBUNG

Der heilige Stanislaus Kostka

KRANKENSCHWESTERN

Der heilige Camillo de Lellis

KREBSERKRANKUNGEN

Der heilige Peregrinus Laziosi

St. DEMETRIUS

E8-14

MADE IN ITALY

KREUZFAHRER

Der heilige Dimitrios von Thessaloniki

KRIEGSDIENSTVERWEIGERER

Der heilige Marcellus der Zenturio

S. Lucca - S. Lucas.

Sanctus Lucas Evangelista.

S. Luke - H. Lucas.

A.V 187

KÜNSTLER

LACHSE

PATER MEUS
AGRICOLA
EST

Saint Isidore

LANDWIRTE UND IHRE ERNTEN
Der heilige Isidor von Madrid

LEHRER
Der heilige Jean Baptiste de la

Laissez venir à moi les petits enfants...

DON BOSCO

LÖWEN

Der heilige Markus

S. Anastasia.

MÄRTYRER

Die heilige Anastasia

Hl. Ulrich, Bischof † 973
Bleibt fest im Glauben, wie man euch gelehrt hat.
S. Paulus, Col. 2,7

2891

MAULWÜRFE

S. JOANNES A CRUCE

Printed in Belgium

MEDITATION

Menschen afrikanischer Abstammung

Der heilige Benedikt der Mohr

1526–1589 – Gedenktag: 4. April

Benedikts Eltern waren in Afrika gefangen genommen und als Sklaven nach Sizilien verkauft worden, wo ein Edelmann sie als Arbeiter für sein Landgut vor Messina erstand; dort kam Benedikt zur Welt. Er diente als Sklave, bis er von seinem Herrn mit achtzehn freigelassen wurde. Abgesehen von dem Elend der Sklaverei war Benedikt auch ständigem Hohn und Spott ausgesetzt – selbst die Ärmsten der Armen behandelten ihn abschätzig, weil sie sich für besser als einen ehemaligen afrikanischen Sklaven hielten. Benedikt, der als Katholik erzogen worden war, bemühte sich, den Spott wie ein Heiliger zu ertragen.

Seine Geduld fiel dem Oberen einer kleinen Gruppe von Franziskanereinsiedlern auf, die vor den Toren Palermos lebten, und er lud Benedikt ein, sich ihnen anzuschließen. Vielleicht hatte der bereits über eine geistliche Lebensweise nachgedacht, jedenfalls war er in der Einsiedelei zum ersten Mal ganz und gar glücklich und vollkommen zufrieden. Als ihr Oberer starb, wählten die Franziskaner Benedikt als seinen Nachfolger. Einige Jahre später löste der Papst in dem Bemühen, die zahlreichen europäischen Splittergruppen der Franziskaner zu vereinen, die Einsiedler Palermos auf und wies sie an, sich einem der größeren Zweige des Ordens anzuschließen. Benedikt wählte die Observanten und gab seine Position als Superior auf, um in der Küche seiner neuen Gemeinschaft zu arbeiten. Seine Frömmigkeit und sein Talent für Verwaltungsarbeiten wurden jedoch bald offensichtlich, und man holte ihn aus der Küche, damit er als Vorsteher tätig würde, als Aufseher über das Gemeinschaftseigentum und als Lehrer der Novizen, wobei er alle mit seinem Verständnis komplexer theologischer Probleme verblüffte. Die Verehrung Benedikts des Mohren ist besonders groß auf Sizilien und in Südamerika, er wird als Schutzpatron der Afrikaner sowie der afrikanischen Missionsstationen verehrt.

Siehe Heiligenbild auf Seite 289

HÄSSLICHE MENSCHEN

Die selige Germaine Cousin

CA. 1579–1601 – GEDENKTAG: 15. JUNI

Hat es jemals einen Menschen gegeben, der voll und ganz zufrieden mit seinem Aussehen gewesen ist? Vermutlich nicht. Wir wissen, dass unsere Steinzeit-Vorfahren bereits Kosmetik benutzten und ihre Haare mit einer Art Urzeit-Haargel frisierten, höchstwahrscheinlich aus Gründen, die unseren ähnlen: Um besser auszusehen, als wir es von Natur tun.

Diejenigen unter uns, die nie mit ihrem Aussehen zufrieden sind, möchten sich vielleicht an Germaine Cousin aus Pibrac, einem Dorf in der Nähe von Toulouse, wenden. Das arme Mädchen kam mit einer deformierten rechten Hand zur Welt und erkrankte als Kleinkind an Skrofulose, einer tuberkulösen Hautkrankheit, die hässliche Halsgeschwülste hervorruft. Wir wissen nicht viel über Germaines Mutter, Marie Laroche, denn sie starb kurz nach der Geburt ihrer Tochter. Germaines Vater Laurent heiratete wieder und wählte eine Frau, die offensichtlich nicht einmal die Bedeutung des Wortes *Mitgefühl* kannte. Entsetzt über Germaines Aussehen wurde die neue Frau zur klassischen grausamen Stiefmutter. Auch in Sorge vor Ansteckung ließ sie Germaine nicht mit der Familie gemeinsam essen und untersagte ihr, sich ihren Brüdern und Schwestern zu nähern. Sie warf ein wenig Stroh unter die Treppe und befahl Germaine, dort zu schlafen. Wenn ihre Stiefmutter besonders schlechte Laune hatte, musste Germaine die Nacht in der Scheune verbringen.

Den Vater überredete die Stiefmutter, das Mädchen tagsüber aus dem Haus zu jagen, und so ließ der Vater Germaine die Schafe der Familie hüten. Allein auf dem Feld, sprach sie ständig mit Gott. Und bei jedem Angelus fiel sie beim ersten Glockenschlag auf die Knie, betete tagsüber zahllose Male den Rosenkranz. Ihre tiefe Gläubigkeit, zusammen mit ihrer Demut im Angesicht der Grausamkeit, bezauberte ihre Nachbarn, die Mitgefühl mit dem armen Mädchen hatten. Aber Germaines Familie blieb kaltherzig wie bisher.

Dann begannen die Dorfbewohner, eigenartige Geschichten über Germaine zu erzählen. Ihnen fiel auf, dass sie ihre Schafe zwar unbewacht ließ, wenn sie zur Messe ging, die Tiere aber nie davonliefen oder von Wölfen angegriffen wurden. Einmal, nach einem starken Regen, trat der Fluss, der Germaines Weide von der Kirche trennte, über die Ufer. Manche sagten, Germaine sei pünktlich zur Messe gekommen, indem sie über das Wasser gegangen war, andere behaupteten, der Strom habe sich für sie geteilt, so wie das Rote Meer für Moses.

Ob es nun an diesen Berichten lag oder an seinem eigenen schlechten Gewissen, Laurent Cousin bereute schließlich, seine Tochter vernachlässigt zu haben. Er verbot seiner Frau, das Mädchen so grausam zu behandeln, und wollte Germaine ein richtiges Bett im Haus und einen Platz am Tisch der Familie geben. Doch die Tochter lehnte ab. Jahre der Misshandlungen hatten sie misstrauisch gegen diese unerwartete Freundlichkeit werden lassen, oder vielleicht war es ihr auch einfach unangenehm, sich einer Familie anzuschließen, die sie nie gewollt hatte. Aus welchem Grund auch immer, Germaine blieb dabei, die Schafe zu hüten und unter der Treppe zu schlafen. Eines Morgens stand sie nicht zur normalen Zeit auf, und ihr Vater fand sie tot auf dem Stroh vor. Sie war zweiundzwanzig Jahre alt.

Germaine wurde in der Pfarrkirche von Pibrac vor der Kanzel bestattet. 1644, als das Grab geöffnet wurde, um einen Verwandten zu bestatten, fand man Germaines Leichnam unversehrt, und Wunder begannen an ihrem Grab zu geschehen. Als Germaine 1867 seliggesprochen wurde, sprachen die Dokumente von über vierhundert wundersamen Heilungen am Grab, das sich heute in der Sakristei der Kirche befindet.

Heute empfängt Germaines Heimatort jährlich einen Pilgerzug. Die Wallfahrer besuchen das Haus der Cousins und beten in der kleinen Nische unter der Treppe, wo die Selige gelebt hatte und gestorben war.

SIEHE HEILIGENBILD AUF SEITE 289

METZGER

Der heilige Bartholomäus

1. JAHRHUNDERT – GEDENKTAG: 24. AUGUST

Die Matthäus-, Markus und Lukas-Evangelien nennen allesamt Bartholomäus als einen der zwölf Apostel. Aber abgesehen von diesen kurzen Erwähnungen spielt er keine Rolle in diesen Schriften. Erst im Johannesevangelium erhalten die Leser mehr Informationen, dort wird er Nathanael genannt, was sicher sein Vorname war. (Bartholomäus heißt »Sohn des Tolmai«.)

Laut Johannes' Aufzeichnungen ruhte Nathanael im Schatten eines Feigenbaums, als sein Freund Philippus des Weges kam. Aufgeregt verkündete Philippus, dass er den Messias getroffen habe – der Name des Mannes sei Jesus, er komme aus dem Dorf Nazareth. Der weltenmüde Nathanael entgegnete: »Kann denn aus Nazareth etwas Gutes kommen?« (Joh 1,46). Aber seinem Freund zuliebe kam er mit, um Jesus selbst kennenzulernen. Als Philippus und Nathanael sich näherten, rief Jesus: »Seht, wahrhaft ein Israelit, an dem kein Falsch ist« (Joh 1,47). Verwirrt fragte Nathanael Jesus, woher er ihn kannte. Jesus antwortete: »Ehe Philippus dich rief, sah ich dich, als du unter dem Feigenbaum warst« (Joh 1,48). Der überraschte Nathanael rief aus: »Rabbi, du bist der Sohn Gottes, du bist König von Israel!« (Joh 1,49) – »Größeres als dies wirst du sehen« (Joh 1,50), versprach Jesus. »Ihr werdet den Himmel offen sehen und die Engel Gottes auf- und niedersteigen über dem Menschensohn« (Joh 1,51).

Zum Schutzpatron der Metzger wurde Bartholomäus aufgrund seines schrecklichen Märtyrertums – es heißt, dass man ihm bei lebendigem Leibe die Haut abzog. Es mag nicht überraschen, dass andere Gruppen, die Bartholomäus ebenfalls verehren, Gerber und Lederhersteller sind, die den Tieren die Haut abziehen, bevor deren Kadaver in die Hand des Metzgers kommen.

SIEHE HEILIGENBILD AUF SEITE 289

MILITÄRSEELSORGER

Der heilige Johannes von Capistrano

1386–1456 – GEDENKTAG: 23. OKTOBER

Johannes von Capistrano war ein Mensch, der die Welt schwarz-weiß sah. Am Tag, als er sich in seiner Heimat Italien den Franziskanern anschloss, schrieb er all seine schwersten Sünden nieder. Er tat das in dem Glauben, wenn er ein neues Leben der Heiligkeit beginnen wollte, müsste er zuerst seine eigene Sündhaftigkeit anerkennen.

Zum Priester ernannt, legte er an sich – und alle anderen Geistlichen – hohe Maßstäbe an. Wir befinden uns im 15. Jahrhundert, einer Zeit, in der viele Priester korrupt waren. In einer Schrift hielt er seinen Priesterkollegen all das Böse vor, das sie begingen, und zeigte ihnen den Schaden auf, den sie der Kirche und den Seelen der Laien zufügten. Weiters sagte er ihnen, wie sie sich zu verhalten hatten, um ihres heiligen Amtes würdig zu sein. Ein so offener Angriff machte Johannes bei vielen Priestern und Bischöfen unpopulär, aber Papst Nicholas V. fand, dass ein so engagierter, aufrechter Bruder gerade der richtige Mann wäre, um die Hussiten in Böhmen und Ungarn zu bekehren. So befand sich Johannes zur Zeit der türkischen Invasion in Ungarn.

Nach der Eroberung Konstantinopels am 29. Mai 1453 stießen die Osmanen in Richtung Europa vor. Drei Jahre später fiel ein türkisches Heer von etwa sechzigtausend Mann in Ungarn ein. Den Eindringlingen stellte sich ein Heer unter der Führung von János (Johann) Hunyádi entgegen, einem ungarischen General, der schon die letzten zwanzig Jahre gegen die Türken gekämpft hatte. Pater Johannes hatte sich den erfahrenen Soldaten angeschlossen und führte einen bunten Haufen von Bauern, die vor allem mit Messern, Schleudern und bäuerlichen Gerätschaften bewaffnet waren. Hunyádi und Johannes kommandierten christliche Truppen von insgesamt etwa fünfzigtausend Mann Stärke.

Die Christen verbarrikadierten sich hinter den Mauern Belgrads, während die Türken sie umzingelten. In den ersten paar Wochen wurde zeitweise gekämpft, bis am 22. Juli verschiedene kleine Abordnungen der Christen außerhalb der Stadt mit der türkischen Reiterei zusammenstießen. Als die Türken sich zu einem Großangriff sammelten, ritt Pater Johannes hinaus und befahl den Männern, sich in den Schutz der Mauern zu begeben. Aber als zweitausend von Hunyádis Rittern sich vor die Tore der Stadt bewegten, änderte er seine Strategie und griff die Osmanen an. Als Hunyádi Pater Johannes' Manöver bemerkte, griff auch er an, um die türkischen Kanonen auszuschalten. Vollkommen überrascht, bekamen die Türken Angst, flohen und wurden zu Tausenden niedergemetzelt. Aufgrund dieses Heldentums im Angesicht des Feindes wird Johannes von Capistrano als Schutzpatron der Militärseelsorger verehrt.

Als die Osmanen nach Westen vorstießen, war Johannes' Stärke – seine Weigerung, Kompromisse zu schließen – exakt die benötigte Fähigkeit. In seinen Predigten legte er die Optionen so deutlich wie möglich dar: Die Christen Europas konnten daheimbleiben und darauf warten, dass die Türken kamen und sie töteten oder versklavten – oder sie konnten zu den Waffen greifen und ihre Familien, ihr Land und ihren Glauben verteidigen und die Eroberer vertreiben. Aufgepeitscht durch Johannes' Rhetorik, gelang es den zahlenmäßig unterlegenen christlichen Truppen, die Türken zu besiegen und Osteuropa davor zu bewahren, vom osmanischen Reich geschluckt zu werden.

SIEHE HEILIGENBILD AUF SEITE 289

MINISTRANTEN

Der heilige Jan Berchmans

1599–1621 – GEDENKTAG: 13. AUGUST

Sofern man Heiligkeit jemals als ganz normal ansehen könnte, handelte es sich bei Jan Berchmans um einen ganz normalen Heiligen. Jan, Sohn eines flämischen Schuhmachers, liebte von Kindheit an Gott und wollte ihm als Priester dienen. Der erste Schritt dazu bestand darin, als Messdiener zu volontieren, so wie es viele Jungen tun, die hoffen (oder deren Eltern für sie hoffen), berufen zu werden.

Seit dem ersten Mal, als er bei einer Messe diente, war Jan sicher, für das Priestertum gemacht zu sein. Er fühlte sich Gott nie so nahe wie im Altarraum seiner Pfarrkirche, wenn er dem Priester erwiderte und ihm die Handreichungen machte. Er liebte es so sehr, dass er sich bereit erklärte, bei bis zu fünf Messen am Tag zu ministrieren.

Mit siebzehn trat Jan in den Jesuitenorden ein und begann mit dem Priesterstudium. Von Beginn an galten die Jesuiten als Intellektuelle, Lehrer, Prediger und Missionare, und mit Beginn des 17. Jahrhunderts hatten sie der Kirche bereits eine Menge frische Märtyrer verschafft, Ergebnis der Reformation in Westeuropa. Die Jesuiten gefielen Jan, weil sie das spirituelle Leben auf eine geordnete, handfeste Weise umsetzten. Jan, dessen liebste religiöse Tätigkeiten in einfachen Dingen bestanden, wie dem Beten vor dem Kreuz, dem Beten des Rosenkranzes und natürlich der Teilnahme an der Messe, fühlte sich bei ihnen ganz zu Hause. Laien, die Jan kennenlernten, mochten ihn und wussten seine unaufgeregte Hingabe zu schätzen, und er beeindruckte seine Ordensbrüder als jemand, der seine Werte wahrhaftig lebte, ein ganz selbstverständlicher Heiliger.

Gerade aufgrund von Jans bescheidenem Auftreten ist es ironisch, dass er zum Starschüler seines Priesterseminars wurde. Seine Oberen schickten ihn zur Ausbildung auf ihr Kolleg in Rom. Dort verblüffte er seine Lehrer, indem er alles in sich aufsog, was sie ihm beibrachten, und das Studium in nur drei Jahren absolvierte statt wie üblich in vier oder fünf. Öffentliche Dispute zwischen Seminaristen rivalisierender Kollegs waren im Rom des 17. Jahrhunderts eine beliebte Form des Freizeitvergnügens. Als die Studenten des Griechischen Kollegs die Studenten des Jesuitenkollegs (Collegium Romanum) zu einem Disput herausforderten, beschlossen die Jesuiten, dass Jan sie vertreten sollte. Dank Jan konnte das Jesuiten-Team gewinnen. Doch tragischerweise endete die Feier abrupt. Am Tag nach dem Disput erkrankte Jan ernsthaft an Ruhr, bekam hohes Fieber und eine Lungenentzündung. Als klargeworden war, dass er im Sterben lag, begann ein steter Strom von Besuchern einzutreffen, um sich von Jan zu verabschieden. Am 13. August 1621 ver-

starb der nur zweiundzwanzigjährige Jan Berchmans.

Nach seinem Tod begann der Kult um ihn in seinem Heimatland, dem heutigen Belgien, wo die Menschen sich ihm sehr verbunden fühlten. Graveure fertigten Heiligenbilder von ihm, konnten aber den Bedarf nicht befriedigen. Innerhalb weniger Monate hatten sie 24 000 Kopien von Jans Porträt alleine in den Niederlanden verkauft. Daher wird Jan Berchmans, obwohl er nicht als Märtyrer starb, in größter Armut lebte oder den Massen predigte, wegen seines standfesten Glaubens und seinem Dienst am Altar als Heiliger und Schutzpatron der Ministranten verehrt.

SIEHE HEILIGENBILD AUF SEITE 290

MISSIONARE

Der heilige Francisco de Xavier und die heilige Therese von Lisieux

1506–1552 – GEDENKTAG: 3. DEZEMBER
1873–1897 – GEDENKTAG: 3. OKTOBER

Eine französische Klosterfrau, die mit vierundzwanzig Jahren starb, mag als eigenartige Wahl einer Schutzpatronin für die äußere Mission erscheinen. Es sei denn, man weiß mehr über Therese von Lisieux und ihre große Beliebtheit.

Als Klosterfrau fiel es Therese (frz. Thérèse) zu, vor allem für Priester zu beten – sowohl für Missionare der äußeren Mission als auch für die der inneren Mission (Volksmission). Zudem war Therese aufgrund der weiten Verbreitung ihrer beliebten Autobiografie *Geschichte einer Seele* Anfang des 20. Jahrhunderts ein religiöses Phänomen geworden. Missionarspriester erkoren sie zu einer ihrer Schutzpatroninnen, und 1923 machte Papst Pius XI. die Sache amtlich.

Der erste Schutzpatron der Missionare der äußeren Mission jedoch ist Francisco von Xavier, ein Mann von unglaublicher Inbrunst, reichlicher Energie und unerschütterlichem Optimismus. Als Student an der Universität Paris traf er Ignatius von Loyola, ein Baske wie er. Angeführt von Ignatius gründeten Francisco und fünf Freunde 1534 die Gesellschaft Jesu, besser bekannt als Jesuitenorden. Die fünf Jesuiten hofften, dass sie als Missionare zusammen im Heiligen Land tätig sein könnten, stattdessen wurde Francisco jedoch nach Südasien geschickt. Er fuhr auf einem der portugiesischen Segelschiffe, die zur Kolonie Goa, Indien, unterwegs waren. Die Reise dauerte dreizehn Monate, und Francisco war den Großteil der Zeit seekrank. Die Portugiesen waren seit einunddreißig Jahren in Goa, und die Stadt Goa war gut ausgestattet mit Kirchen und Klöstern und hatte sogar einen Bischof. Aber der Großteil der dortigen portugiesischen Bevölkerung bestand aus grausamen, lasterhaften und hinterhältigen Männern, die ihre unehelichen Kinder, die sie mit indischen Frauen hatten, im Stich ließen, die ihre Sklaven quälten, die Schwachen verachteten und Indien als ihre persönliche Schatztruhe betrachteten, die sie plündern konnten, wie sie wollten. Da es so viel zu tun gab, hatte Francisco einen anstrengenden Tagesablauf zu absolvieren, zu dem die Besuche im städtischen Gefängnis und in den Hospitälern gehörten, das Lesen der Messe für die Aussätzigen, die Unterweisung von Kindern und Sklaven im Katechismus sowie das Verfassen von Texten, welche die Grundlagen des Christentums erklärten, diese dann zu vertonen, zu volkstümlichen Liedern zu machen. Eine seiner schwierigsten Aufgaben bestand darin, die Portugiesen Goas davon zu überzeugen, wie Katholiken zu leben, nicht wie gottlose Despoten.

Nach Monaten in Goa segelte er auf die Gewürzinseln im heutigen Indonesien, wo er drei japanische Konvertiten traf. Diese zufällige Begegnung faszinierte ihn, und als er nach Japan weiterreiste, nahmen ihn die Kultiviertheit, Eleganz und Höflichkeit der Menschen dort gefangen. Aber Francisco konnte nie lange irgendwo bleiben. Er wollte das Evangelium nach China bringen.

Mit der Hilfe eines chinesischen Konvertiten namens Antonius ging Francisco einen Handel mit einem chinesischen Kaufmann ein, der sich gegen eine exorbitante Zahlung bereit erklärte, ihn nach China zu bringen. Stattdessen ließ der Kaufmann Francisco und Antonius auf einer einsamen Insel zurück. Dort erkrankte Francisco und starb, an seinem Bett wachten Antonius, zwei Sklaven und der Kapitän eines portugiesischen Schiffes, der die Ausgesetzten entdeckt hatte.

Francisco von Xavier legte die Latte für Missionare hoch: Man schätzt, dass er in elf Jahren 40 000 Menschen zum Christentum bekehrte. 1904 würdigte Papst Pius X. sein Werk, indem er ihn zum Schutzpatron der Missionare ernannte.

Siehe Heiligenbild auf Seite 290

Molkereiarbeiter

Die heilige Brigida von Kildare

CA. 454–525 – GEDENKTAG: 1. FEBRUAR

Die Iren lieben Wundergeschichten und erzählen folglich die Lebensgeschichten all ihrer Heiligen entsprechend. Brigida von Kildare werden zahllose Wunder zugeschrieben, und in typisch irischem Stil sind sie eine einnehmende Mischung aus Frömmigkeit und Absurdität. An dem Tag, als Brigida, die spätere Gründerin des Brigidenordens und mehrerer Klöster, geboren wurde, stiegen drei wie Priester gekleidete Engel vom Himmel, um sie zu taufen. Einmal, als die Krankenschwester, die sich um Brigida kümmerte, Durst bekam, verwandelte das heilige Baby Wasser in feinstes Bier. Ein paar Jahre später briet Brigida Speck für Hausgäste, als ein hungriger Hund zur Küchentür hereinschlich. Aus Mitleid mit dem armen Tier verfütterte Brigida Stück für Stück den Speck an den Hund, bis der ihn komplett gefressen hatte. Aber einen Augenblick später, als ihr Vater hereinkam, um zu überprüfen, ob das Essen fertig war, fand er in der Pfanne auf dem Herd jede Menge knusprigen Bacon vor. Brigida heilte als Äbtissin in Kildare Leprakranke, Irre, Blinde und Stumme. Ein einzelnes Fass von Brigidas Kloster-Bier wurde niemals leer und versorgte die Mönche in siebzehn benachbarten Kirchen das ganze achttägige Osterfest lang. Und als eine unverheiratete Frau einen der Anhänger von Patrick von Irland beschuldigte, Vater ihres Kindes zu sein, machte Brigida über dem Kleinkind das Kreuzzeichen, was dazu führte, dass das Baby den Namen seines wahren Vaters kundtat. Brigida von Kildare ist neben dem heiligen Patrick Schutzpatronin Irlands und Schutzpatronin der Molkereiarbeiter, weil die Kühe, die sie in ihrem Kloster hielt, jeden Tag ungeheuer viel Milch gaben. Es ist ein alter Brauch im ländlichen Irland, ein Kreuz aus Stroh – »Brigidas Kreuz« genannt – über dem Stalltor aufzuhängen, um Böses fernzuhalten und sicherzustellen, dass die Kühe möglichst viel Milch geben.

SIEHE HEILIGENBILD AUF SEITE 290

MÖNCHE
Der heilige Benedikt von Nursia
CA. 480–543 – GEDENKTAG: 11. JULI

»Vater des westlichen Klosterlebens« – das ist einer der Titel Benedikts von Nursia, jenes Mannes, der verantwortlich war für die Wandlung des mönchischen Lebens, einer Folge entsetzlicher Selbstkasteiungen zu einer disziplinierten, aber nicht gesundheitsschädlichen Abfolge von Gebet, Arbeit, Studium und Erholung. Bevor Benedikt seine Regeln verfasste, glaubten zu viele Männer, sie könnten Erleuchtung erlangen, indem sie sich Essen, Wasser, angemessene Bekleidung und Schlaf verwehrten. In Benedikts Augen konnten solche Extreme die Gesundheit eines Mönchs zerstören, ihn in den Wahnsinn treiben, vielleicht sogar in seinen frühen Tod. Benedikt hatte sich mit neunzehn oder zwanzig von der Welt zurückgezogen. Das Kind einer wohlhabenden römischen christlichen Familie störte sich an der Liederlichkeit der jungen Männer und Frauen seiner Schicht. In Begleitung der älteren Sklavin, die ihn großgezogen hatte, verließ Benedikt Rom gen Affile, wo eine Gemeinschaft ähnlich gesinnter Männer vorhatte, Gott zu dienen, indem sie einer Art von planloser mönchischer Lebensweise folgte. Nach kurzer Zeit fühlte sich Benedikt zum Einsiedlertum hingezogen. Er zog sich in eine Höhle in einer Schlucht namens Subiaco zurück. In den drei Jahren, die er in der Klause lebte, vertiefte Benedikt sein spirituelles Leben, plante aber auch die Grundzüge seiner mönchischen Regeln. Als andere Männer fragten, ob sie in Höhlen in seiner Nähe wohnen könnten, setzte Benedikt seine Ideen in die Praxis um und gründete in Subiaco das erste Benediktinerkloster. Die Lebensregeln, die Benedikt verfasste, gelten noch heute in Benediktinerklöstern auf der ganzen Welt (Benediktinerregel), und seine Regel stellte zugleich die Inspiration für praktisch alle geistlichen Orden dar, die in den letzten fünfzehnhundert Jahren gegründet wurden.

SIEHE HEILIGENBILD AUF SEITE 290

REUIGE MÖRDER

Der heilige Wladimir

CA. 956–1015 – GEDENKTAG: 15. JULI

Von all den mittelalterlichen heidnischen Königen war Wladimir von Kiew sicher derjenige, dessen Übertritt zum Christentum am unwahrscheinlichsten schien. Wladimir I. war der uneheliche Sohn von Swjatoslaw, dem König von Kiew. Er war noch keine zwanzig, als ein verfeindeter Stamm Swjatoslaw tötete, den Leichnam enthauptete und den Schädel zum Trinkbecher machte. Als unehelicher Sohn des Königs konnte Wladimir keinen Anspruch auf die Krone erheben – doch davon ließ er sich nicht abhalten. Er sammelte ein Heer, stürzte seinen regierenden Halbbruder und ließ ihn töten. Und auch da hörte er nicht auf. Er stürmte das Kloster, in dem seine verwitwete Schwägerin Zuflucht gesucht hatte, vergewaltigte sie und reihte sie in seinen Harem aus achthundert Konkubinen ein.

Wladimirs rücksichtslose (und erfolgreiche) Machtübernahme trug ihm die Bewunderung der Krieger Kiews ein. Jetzt, um sich des Wohlwollens der Götter zu versichern, errichtete er einen riesigen Tempel, in dem er nicht nur Skulpturen aller Götter des russischen Pantheons aufstellen ließ, sondern auch aller Götter der türkischen Stämme (nur um auf der sicheren Seite zu sein). Zur Tempelweihe schlachtete er zwei seiner eigenen Untergebenen, Theodore und Johannes, zwei der allerersten Christen in seinem Königreich.

Voller Machtgier fiel Wladimir dann über einen benachbarten Stamm nach dem anderen her. Er war auf dem Schlachtfeld so gefürchtet, dass Basileios, der byzantinische Kaiser, Wladimir um Hilfe gegen die Bulgaren bat. Wladimir besiegte die Bulgaren und rettete Konstantinopel. Basileios war so erfreut, dass er ihm eine Belohnung nach freier Wahl anbot. Wladimir wollte Anna, die Schwester des Kaisers, heiraten. Damit hatte Basileios nicht gerechnet. Und Anna weigerte sich schlicht, einen Heiden zu heiraten, der sieben Frauen und Hunderte Geliebte hatte, einen Mann, der seinen eigenen Bruder getötet hatte und

Menschenopfer darbrachte. In dem verzweifelten Bemühen, sein Versprechen zu halten *und* seine Schwester zu schützen, erklärte sich der Kaiser bereit, den Wunsch zu erfüllen, falls Wladimir zum Christentum überträte. Wladimir war damit einverstanden, aber niemand, zuallerletzt Anna, erwartete, dass er sich daran hielte.

Nach seiner Taufe und seiner christlichen Hochzeit mit Anna kehrte Wladimir als neuer Mann nach Kiew zurück. Er ließ seine Frauen und Konkubinen frei und befahl, den grandiosen heidnischen Tempel zu zerstören. Er drängte die Männer seines inneren Kreises, ebenfalls zum christlichen Glauben überzutreten. Er bat seinen neuen Schwager Basileios, ihm nicht nur mehr Bischöfe und Priester zu schicken, mehr Bilder, Bibeln und Reliquien, sondern auch möglichst gut ausgebildete Architekten, um im ganzen Reich Kirchen zu errichten. Seine Wandlung war umfassend. Wladimir, der Schwäche gehasst hatte, gab jetzt den Armen Almosen. Eigenartiger noch, der Mann, der hüfthoch in Blut gewatet war, stellte sich jetzt gegen die Todesstrafe. Wladimirs dramatische Wandlung weckte die Neugier seines Volkes auf das Christentum. Die Leute lauschten den Predigten der Priester aus Byzanz, und viele ließen sich taufen.

Für die erfolgreiche Christianisierung bedachte die Ostkirche Wladimir mit dem Titel »Apostelgleicher«. Im Westen wird er als Schutzpatron reumütiger Mörder verehrt.

Siehe Heiligenbild auf Seite 291

Motorradfahrer

Der heilige Columban von Luxeuil

543–615 – Gedenktag: 23. November

Columban von Luxeuil war einer der vielen irischen Mönche, die im 6. und 7. Jahrhundert kreuz und quer durch Europa zogen. Seine Liebe zum Reisen inspirierte den Right Reverend John Oliver, einen anglikanischen Bischof und Motorradfahrer, Columban als Schutzpatron aller Biker vorzuschlagen. Als junger Mann spürte sich Columban zum geistlichen Leben hingezogen, aber sein gutes Aussehen trug ihm die Aufmerksamkeit zahlreicher junger Frauen Irlands ein, und das wollte er auch nicht vollständig missen. Auf Drängen einer heiligen Frau entschied sich Columban schließlich, doch Mönch in der Abtei Bangor zu werden.

Columban war zweiundvierzig, als er seinen Vorsteher bat, ihn als Missionar zu den heidnischen Stämmen Galliens zu schicken. Begleitet von zwölf Mönchen, reiste Columban ins Reich der Franken, wobei er einen Umweg über Schottland und Britannien nahm. Im Frankenreich predigte er den Heiden, gründete Klöster, in denen er zum Teil auch als Vorsteher diente, lebte aber einige Zeit auch als Einsiedler. In den folgenden dreißig Jahren bereiste Columban die germanischen Länder und die Schweiz und überquerte schließlich die Alpen gen Norditalien, wo er sich in Bobbio niederließ. Dort restaurierte er eine heruntergekommene Kirche, die dem heiligen Petrus geweiht war, und baute ein Kloster direkt daneben. Selbst zu dieser Zeit fiel es ihm schwer, an einem Ort zu bleiben, also zog er sich in eine Klause in der Nähe der Abtei zurück. Columban von Luxeuil starb in seiner Klause, wurde aber in der Kirche seines Klosters begraben. Dort, in der Krypta, unter dem Altar, befinden sich seine Gebeine noch immer.

Siehe Heiligenbild auf Seite 291

Müller

Die heilige Christine von Bolsena

GEST. VIELLEICHT UM 300 – GEDENKTAG: 24. JULI

Am 24. Juli gedenkt man gleich zwei Märtyrerinnen namens Christine, und diese Duplizität hat für einige Verwirrung gesorgt. Die Geschichten und Legenden der beiden Frauen haben sich miteinander verwoben, so dass es mittlerweile unmöglich ist zu unterscheiden, welche Tatsachen und Geschichten Christine von Bolsena betreffen und welche sich auf Christina von Tyre beziehen. Statt also zu versuchen, Genaueres in Erfahrung zu bringen, folgt hier die Geschichte der Christine von Bolsena, wie sie in den meisten Sammlungen von Heiligenviten wiedergegeben wird.

Christine kam aus einer wohlhabenden römischen Patrizierfamilie, der Anicii (dieser Teil scheint tatsächlich zu stimmen). Als Halbwüchsige trat sie unter Umständen, die nicht ganz geklärt sind, zum Christentum über. Die Legende erzählt, dass sie ihre Taufe feierte, indem sie alle Statuen der heidnischen Götter und Göttinnen im Haus ihrer Eltern zertrümmerte, die Bruchstücke der Gold- oder Silberstatuen verteilte sie an die Armen.

Danach wird die Geschichte ein wenig verwirrend, denn der Ort der Handlung verlagert sich aus der Villa der Aniciis in Rom an den Bolsenasee in der Toskana, wo Christines empörter Vater beschloss, seine Tochter zu bestrafen. Er band ihr einen Mühlstein um den Hals und warf sie in den See. Aber Christine ertrank nicht – sie sank nicht einmal.

Als Christine am Ufer in Sicherheit war, mischte sich der Richter der Stadt ein, hörte sie offiziell an, und verurteilte sie dann zum Tod durch Erschießen mit Pfeilen. Diesmal starb Christine tatsächlich.

Aufgrund des dramatischen Ereignisses mit dem Mühlstein haben Müller Christine zu ihrer Schutzpatronin erwählt.

SIEHE HEILIGENBILD AUF SEITE 291

MÜNZSAMMLER

Der heilige Stephanus der Jüngere

714–764 – GEDENKTAG: 28. NOVEMBER

In der Ostkirche gibt es so viele Heiligenbilder, dass es schwer ist, sich eine Zeit vorzustellen, als die Ikonen verboten waren. Der Ikonoklasmus begann 726, als Kaiser Leo III. von einer kleinen Gruppe extremistischer Bischöfe überzeugt wurde, dass die Verehrung von Heiligenbildern den Übertritt von Juden und Mohammedanern zum Christentum behinderte. Leo befahl die Zerstörung aller Bilder in seinem Reich. Stephanus war Abt eines Bergklosters in Bithynien im Norden der heutigen Türkei. Er lebte in der Stille mit seinen Mönchen, kopierte Bücher für die Bibliothek des Klosters und verdiente seinen Unterhalt, indem er Fischernetze knüpfte und verkaufte. Doch in Stephanus' Kloster wurden immer noch Heiligenbilder verehrt. Schließlich wurden Stephanus und seine Mönche verraten, und kaiserliche Truppen stürmten das Kloster. Als man Stephanus befahl, die Bilder zu zerstören, weigerte der sich standhaft. Er wurde in den Kerker geworfen, wo er zwei Jahre blieb, bis er dem Kaiser in Konstantinopel vorgeführt wurde. Dort fand eher eine Debatte als ein Verfahren statt. Kaiser und Abt stritten, bis Stephanus eine Münze hervorholte, auf der sich Konstantins Bildnis befand. »Ist es ein Verbrechen«, fragte er, »auf das Bildnis des Kaisers zu treten?« Um die Situation noch zu verschärfen, ließ er die Münze fallen und trat darauf. Empört entgegnete Konstantin: »Es ist ein *schweres* Verbrechen.« – »Wenn es ein Verbrechen ist, auf eine Münze zu treten, die das Porträt des Kaisers trägt«, entgegnete Stephanus, »warum ist es dann erlaubt, ein Bildnis Christi zu verbrennen?« Wütend darüber, derart vorgeführt worden zu sein, befahl Konstantin, Stephanus auszupeitschen und ihn dann »loszuwerden«. Nachdem sie den Abt gegeißelt hatten, schleppten die Soldaten ihn durch die Straßen und prügelten ihn schließlich tot.

SIEHE HEILIGENBILD AUF SEITE 291

MUSIK UND MUSIKER

Die heilige Cäcilia

3. JAHRHUNDERT (GEST. ANGEBLICH 230) – GEDENKTAG: 22. NOVEMBER

Laut Überlieferung waren Cäcilias Eltern zwar Christen, wählten aber als ihren Ehemann einen Heiden aus. Die Legende erzählt, dass Cäcilia beim Hochzeitsbankett, während die Musikanten obszöne Lieder spielten, in ihrem Herzen Hymnen für Christus sang, ihren himmlischen Bräutigam. So wurde Cäcilia zur Schutzpatronin der Musik, der professionellen Musiker sowie der Musikschüler. Im späten Mittelalter, als Orgeln in Kirchen eingeführt wurden, begannen Künstler, Cäcilia an diesem wundervollen neuen Instrument abzubilden. Es sieht bezaubernd aus, und bis heute wird sie fast immer beim Spielen der Orgel und beim Singen dargestellt.

Während einer Welle der Christenverfolgung starb Cäcilia den Märtyrertod in ihrem eigenen Heim. Rom-reisende können das Haus besichtigen: Es befindet sich unter der Basilika Santa Cecilia in Rom, im Stadtteil Trastevere.

Ursprünglich war Cäcilia in der Calixtus-Katakombe an der Via Appia beigesetzt gewesen. Im 9. Jahrhundert übertrug man die sterblichen Überreste der heiligen Cäcilia, ihres Ehemannes Valerian, ihres Bruders Tiburtius und ihres Gefängniswärters Maximus in eine neue Basilika, die der Papst über Cäcilias Haus hatte errichten lassen. Die Reliquien der vier Heiligen liegen in der Krypta unter dem Hochaltar. Angeregt durch die Legende der Cäcilia, schrieben große Komponisten wie Händel, Purcell und Britten Musik für ihren Gedenktag.

SIEHE HEILIGENBILD AUF SEITE 292

ALLEINERZIEHENDE MÜTTER

Die heilige Margareta von Cortona

1247–1297 – GEDENKTAG: 22. FEBRUAR

Mit dreizehn war Margareta zu einem hübschen, koketten, übermäßig selbstbewussten Mädchen herangewachsen, das unbedingt aus dem unglücklichen Leben bei ihrem Vater und ihrer Stiefmutter ausbrechen wollte. Als Arsenio, der fünfzehnjährige Sohn des Barons, sie zu beachten begann, war Margareta geschmeichelt. Er schlug ihr vor, als seine Geliebte ins Schloss zu ziehen, und sie zögerte nicht. Die offiziellen Aufzeichnungen verraten uns nicht viel über Arsenio, aber was überliefert wurde, deutet darauf hin, dass er ein offenherziger, aufrichtiger junger Mann war. Er sagte Margareta von Anfang an, dass er sie nie heiraten würde. Ein Bauernmädchen konnte seine Geliebte sein, aber nie seine Frau. Sie hörte es, glaubte ihm aber nicht. Sie war zuversichtlich, dass er es sich mit der Zeit anders überlegen würde – dass sie eines Tages Baronin würde.

Das Paar lebte acht Jahre zusammen und hatte einen Sohn. Aber Arsenio bat Margareta immer noch nicht, ihn zu heiraten. Optimistisch blieb sie bei ihrem Geliebten und wartete auf den Moment, in dem eine Hochzeit sie beide aus der Todsünde befreien und ihren Sohn legitimieren würde.

Dann ritt Arsenio eines Tages fort, um etwas auf den fern gelegenen Ländereien der Familie zu erledigen. Der Zeitpunkt seiner planmäßigen Rückkehr verstrich ohne jede Information darüber, dass er später käme oder krank oder verletzt wäre. In den folgenden Tagen wurde Margareta immer besorgter. Schließlich kehrte Arsenios Hund allein ins Schloss zurück. Er fand Margareta, packte sie am Kleid mit den Zähnen und zog sie rückwärtsgehend zur Tür. Der Hund lief in den Wald, und Margareta folgte ihm. Als sie außer Sicht des Schlosses waren, blieb der Hund neben einer flachen Mulde stehen, die mit trockenen Ästen bedeckt war, und begann zu jaulen. Mit zitternden Händen räumte Margareta die Äste zur Seite, bis sie Arsenios Leiche entdeckte. Der Anblick ihres schönen Geliebten, jetzt tot und halb verrottet, entsetzte sie.

Weinend und klagend fragte sie sich, wer Arsenio getötet habe und warum. Dann aber nahmen ihre Gedanken überraschenderweise einen anderen Weg: Sie fragte sich, ob Arsenio vor seinem Tod Zeit gehabt hatte, um Gottes Gnade zu flehen. In diesem Augenblick war Margareta überwältigt durch die Erkenntnis, dass Arsenio und sie neun Jahre lang ganz und gar ihrem eigenen Vergnügen nachgegangen waren, ohne jeden Gedanken an den Zustand ihrer Seelen. Das war der Beginn ihrer Bekehrung.

Unwillens, im Schloss zu bleiben, und sicher, im Haus ihres Vaters nicht willkommen zu sein, nahm Margareta ihren Sohn und brach auf nach Cortona, wo die Franziskanerpater im Ruf standen, bereit zu sein, reuigen Sündern zu helfen. Und tatsächlich übertrafen die Franziskaner ihren Ruf noch. Sie fanden ein Haus für Margareta und ihren Sohn, besorgten ihr Arbeit in einem Hospital, ermöglichten dem Jungen an einer Schule in einer nahe gelegenen Stadt eine Erziehung und halfen Margareta, die Vergangenheit hinter sich zu lassen und zur Heiligen zu werden. Ursprünglich war Margareta die Schutzpatronin reuiger Frauen. Aber in letzter Zeit wird sie auch als zuständig für alleinerziehende Mütter angesehen.

SIEHE HEILIGENBILD AUF SEITE 292

WERDENDE MÜTTER

Der heilige Gerhard Majella

1726–1755 – GEDENKTAG: 16. OKTOBER

Als Kind war Gerhard (ital. Gerard) Majella außerordentlich brav und betete so intensiv, dass seine Mutter zu den Nachbarn sagte, der Junge sei »für den Himmel geboren«. Er wurde Schneider, sehnte sich aber nach einer geistlichen Lebensweise. So schloss er mit sechsundzwanzig seine Werkstatt und trat in den 1732 gegründeten Orden der Redemptoristen als Laienbruder ein. Bald schon kursierten die ersten Berichte über von Gerhard gewirkte Wunder. Nicht weniger als zwanzig Einzelpersonen meldeten Alfonso Maria de Liguori, dem Gründer der Kongregation des Allerheiligsten Erlösers, der Redemptoristen, dass Gerhard sie mit Sünden konfrontiert hatte, die sie nicht hatten beichten wollen. Eine arme Familie berichtete, durch Gerhards Gebete habe sich ihr magerer Weizenvorrat über Monate hinweg stets erneuert. Und eine Mutter und ein Vater schworen, nachdem ihr Sohn von einer Steilwand gestürzt war, habe Gerhard das Kind wieder zum Leben erweckt.

Eines Tages verließ Bruder Gerhard das Haus seiner Freunde, der Familie Pirofalo, als eine der Töchter ihm hinterherlief – er hatte sein Taschentuch verloren. »Behalte es«, sagte Gerhard zu ihr. »Irgendwann wird es dir nützen.« Wenige Jahre darauf war Gerhard verstorben, die Frau hatte geheiratet und wurde schwanger. Die Wehen waren schrecklich, und in ihrer Angst erinnerte sich die Frau daran, was Gerhard einst gesagt hatte, und bat um das Taschentuch. Sie presste es auf ihren Bauch und rief ihn um Hilfe an. Augenblicklich verschwand ihr Wehenschmerz, und sie gebar ein kräftiges, gesundes Kind.

Als die Redemptoristen sich in Europa und später Amerika ausbreiteten, erzählten sie gern und oft die Geschichte dieser jungen Mutter. Seitdem haben sich zahllose werdende Mütter und Frauen, die Schwierigkeiten haben, ein Kind zu empfangen, hilfesuchend an Gerhard Majella gewandt.

SIEHE HEILIGENBILD AUF SEITE 292

Männlicher Nachwuchs

Die heilige Felicitas und ihre Söhne

Gest. ca. 165 – Gedenktag: 10. Juli

Es besteht kein Zweifel daran, dass eine römische Witwe namens Felicitas im Jahr 165 den Märtyrertod starb. Im selben Jahr wurden in Rom auch sieben christliche Männer hingerichtet, ihre Namen lauteten Felix, Philippus, Martialis, Vitalis, Alexander, Silanus und Januarius. Mitte des 4. Jahrhunderts verfasste Papst Damasus I. eine Grabinschrift für Felicitas, in der er erwähnte, dass sie mit ihren Söhnen zusammen hingerichtet wurde, aber nannte weder ihre Zahl noch ihre Namen. Zu genau dieser Zeit listet die Übersicht der in Rom hingerichteten Heiligen die Namen Januarius, Felix, Philippus, Silanus, Martialis, Vitalis und Alexander auf, aber nirgends steht, ob es sich um Brüder handelte oder ob ihre Mutter Felicitas hieß. Eine alte Überlieferung aus Rom bestätigt, dass diese acht Märtyrer eine Familie waren, was stimmen mag (oder auch nicht), aber aus heutiger Sicht bekommen Historiker jedenfalls Kopfschmerzen bei dieser Gemengelage.

Es heißt, Felicitas und ihre Söhne seien von einem heidnischen Priester, dem es missfiel, wie viele Christen sie der Kirche zuführten, bei den Autoritäten denunziert worden. Kaiser Mark Aurel wurde auf den Fall aufmerksam und befahl, die Familie zu trennen und einzeln zu exekutieren. Januarius wurde totgepeitscht. Felix und Philippus wurden mit Knüppeln totgeschlagen. Silanus wurde von einer Klippe geworfen. Die drei jüngsten Brüder Martialis, Vitalis und Alexander wurden enthauptet. Felicitas wurde vier Monate ins Gefängnis gesteckt, nachdem ihre Kinder den Märtyrertod gestorben waren, und dann ebenfalls enthauptet.

Wie auch immer die Situation sich im Detail darstellte, die Geschichte einer heldenhaften Christin, die sieben Söhne hatte, die allesamt Heilige wurden, hat jahrhundertelang Mütter angesprochen, die sich Söhne wünschten.

Siehe Heiligenbild auf Seite 292

S. BENEDETTO DA S. FRATELLO
IL CUI CORPO SI VENERA NEL
Convento di S. Maria di Gesù - Palermo

S. Germana.

Sancta Germana

S. Germaine. B. Germana.

MENSCHEN AFRIKANISCHER ABSTAMMUNG

Der heilige Benedikt der Mohr

HÄSSLICHE MENSCHEN

Die selige Germaine Cousin

Sanctus Bartholomeus.

Carl Poellath, Schrobenhausen.

S. Giovanni da Capestrano

METZGER

MILITÄRSEELSORGER

Ministranten

Der heilige Jan Berchmans

Missionare

Der heilige Francisco de Xavier und die heilige Therese von Lisieux

Molkereiarbeiter

Die heilige Brigida von Kildare

Mönche

Der heilige Benedikt von Nursia

REUIGE MÖRDER
Der heilige Wladimir

SAINT COLUMBAN,
Pray for Us

MOTORRADFAHRER
Der heilige Columban von Luxeuil

S. Christina.

B. K.   A. Riffarth, New-York.

MÜLLER

S. STEFANO JUNIORE
SALICE DI MESSINA

MÜNZSAMMLER

MUSIK UND MUSIKER
Die heilige Cäcilia

ALLEINERZIEHENDE MÜTTER
Die heilige Margareta von Corto

WERDENDE MÜTTER
Der heilige Gerhard Majella

MÄNNLICHER NACHWUCHS
Die heilige Felicitas und ihre Sö

NEUGEBORENE

Der heilige Raimund Nonnatus

1204–1240 – GEDENKTAG: 31. AUGUST

Raimunds Mutter starb bei seiner Geburt. Er überlebte, weil die Hebammen im letzten Moment einen Kaiserschnitt durchführten – daher sein Nachname Nonnatus, lateinisch für »nicht geboren«. Weil sein Leben genau in dem Augenblick gerettet wurde, als er versuchte, in die Welt zu gelangen, ist Raimund der Schutzherr der Neugeborenen, Hebammen und Geburtshelfer. Als Mitglied der Oberschicht hätte er Ritter werden können, stattdessen schloss sich Raimund den Mercedariern an, einem neuen geistlichen Ritterorden zur Befreiung der von den Mauren gefangen genommenen und sich in Nordafrika in der Sklaverei befindenden Christen. Mit einer großen Geldsumme reiste er nach Algerien, wo er so viele Christen freikaufte wie möglich. Als das Geld ausgegeben war, bot er sich selbst als Geisel an, sofern die Mauren weitere Christen freiließen. Die Mauren akzeptierten seinen Vorschlag, warfen Raimund jedoch ins Gefängnis, wo er geschlagen, gefoltert und, als man herausfand, dass er ein paar Gefängniswärter bekehrt hatte, zum Tod durch Pfählung verurteilt wurde. Raimunds Wächter retteten ihm das Leben, da sie ihren Präfekten daran erinnerten, dass der Priester in Spanien über gute Beziehungen verfügte und sicher viel wert war. Laut einer Geschichte, wahrscheinlich einer Legende, ließ der Präfekt von Algerien, um Raimund dafür zu bestrafen, Moslems zum Übertritt zum Christentum bewegt zu haben, seine Lippen durchstechen, die Wunden mit einem heißen Eisen kauterisieren und ihm den Mund mit einem Vorhängeschloss verschließen. Nach acht Monaten im Verlies wurde das Lösegeld gezahlt, und die Mauren ließen Raimund frei. Als Anerkennung für sein Leiden in Algerien ernannte Papst Gregor IX. Raimund zum Kardinal. Raimund akzeptierte die Ehre, lebte aber weiter als normaler Priester und verstarb überraschend im Alter von sechsunddreißig Jahren.

SIEHE HEILIGENBILD AUF SEITE 311

OBDACHLOSE

Der heilige Benoît Joseph Labre

1748–1783 – GEDENKTAG: 16. APRIL

Christus sagte einmal über sich: »Die Füchse haben Gruben und die Vögel unter dem Himmel haben Nester; der Menschensohn aber hat nichts, wo er sein Haupt hinlege« (Mt 8,20). Diese Worte trafen Benoît (auch Benedikt) Joseph Labre mit einer solchen Wucht, dass er sich entschied, es Christus nachzutun, indem er zu einem ewigen Pilger würde; er wollte von einem heiligen Ort zum nächsten ziehen, ohne Habe außer der Kleidung, die er trug, und ohne Nahrung außer dem, was er von Fremden erbetteln konnte. Zuerst reiste er durch ganz Europa, vom Jakobusschrein in Compostela in Spanien bis zu den Grabstätten von Franz und Klara von Assisi. 1774 beschloss er, sich in Rom niederzulassen, wo er in den Ruinen des Kolosseums lebte, jeden Morgen zur Messe in der Kirche Santa Maria dei Monti ging und den Rest des Tages damit verbrachte, andere römische Kirchen zu besuchen. Er war schmutzig. Er roch schlecht. Weil er seine Kleidung nie wusch, bekam er Läuse. Es war nicht ungewöhnlich, dass ein Kirchendiener Benoît Joseph nach einem Blick (oder einem Luftzug) aus der Kirche vertrieb. Etwa im Jahr 1782 zog Benoît Joseph in ein Obdachlosenheim. Seine Gesundheit war nach vielen Jahren magerer Kost und Nächten im Freien bei jedem Wetter ruiniert. Während der Messe in der Santa Maria dei Monti am Mittwoch der Karwoche 1783 brach er zusammen. Wenige Stunden später war er tot. Augenblicklich begannen Römer, die Benoît Joseph bei Lebzeiten als einen Exzentriker (wenn nicht sogar als eine Nervensäge) betrachtet hatten, ihn im Tode als einen Heiligen anzusehen. Die Priester an der Santa Maria ließen eine Totenmaske anfertigen und bewahrten Benoît Josephs verdreckte Kleidung als Reliquie auf. 1883 befand Papst Pius IX. nach einer besonders gründlichen Untersuchung, dass Benoît Joseph Labre weder geisteskrank noch ein frommer Betrüger gewesen war, und ernannte ihn daher zu einem wahren Heiligen.

SIEHE HEILIGENBILD AUF SEITE 311

ÖKOLOGIE

Der heilige Franz von Assisi

1182–1226 – GEDENKTAG: 4. OKTOBER

Kleine Statuen des heiligen Franz von Assisi in einem Blumenbeet oder am Rand eines Vogelbades sind ein Gartenklischee. Aber noch schlimmer als diese sentimentale Darstellung des heiligen Franziskus ist es, ihn in einen Sonne und Mond verehrenden Pantheisten zu verwandeln. Denn er war tief und unerschütterlich dem katholischen Glauben zugetan. Wenn er über die Natur nachdachte, sah er ein großartig komplexes, aufeinander bezogenes System, das den Glanz, die Güte und die Großzügigkeit Gottes widerspiegelte. Sein berühmter »Sonnengesang« ist eine Hymne und Danksagung an Gott für alle Wunder seiner Kreation.

Franz von Assisi begann 1225 den »Sonnengesang« zu komponieren. Er schrieb im Stil der Bänkelsänger, der romantischen Dichter, die er als Halbwüchsiger in den Straßen Assisis versucht hatte zu imitieren. Damit sein Lied ein möglichst großes Publikum fand, textete er auf Italienisch statt auf Latein. Von Zeit zu Zeit fügte er neue Verse hinzu, einige davon sind höchstwahrscheinlich verlorengegangen, weil Franz offenbar auch spontan Verse erfand, die zum Moment passten. Er komponierte einige Zeilen über den Wert der Vergebung (dieser Vers hat überdauert), nachdem er einen Disput zwischen dem Bischof und dem Obersten Beamten Assisis geschlichtet hatte. Seine letzte Ergänzung zum »Sonnengesang« erschuf er auf seinem Totenbett. »Gelobt seist du, mein Herr, durch unsere Schwester, den leiblichen Tod«, sang Franz, »ihm kann kein lebender Mensch entrinnen.«

Da Franz von Assisi das Universum liebte und wertschätzte, welches Gott erschaffen hatte, und all seine Kreaturen darin, ernannte Papst Johannes Paul II. im Jahr 1980 Franz von Assisi zum Schutzpatron der Ökologie und der Naturschutzbewegung.

SIEHE HEILIGENBILD AUF SEITE 311

Opfer eines Betrugs

Die heilige Flora von Córdoba

GEST. 851 ODER 856 – GEDENKTAG: 24. NOVEMBER

Im Jahr 711 fielen Mauren aus Nordafrika in Spanien ein. Innerhalb von zwanzig Jahren hatten sie fast das gesamte Land erobert und etablierten ein Kalifat in Córdoba, um das Land zu regieren. Obwohl es manchmal zu Christenverfolgungen kam, waren die Mauren normalerweise damit zufrieden, ihren nichtmoslemischen Landsleuten eine jährliche Steuer abzuknöpfen. Dann aber, im Jahr 850, brach eine neue Welle antichristlicher Gewalt aus, möglicherweise als Antwort auf den Übertritt von Moslems zum Christentum. Unter den Konvertiten waren Flora und ihre Mutter. Floras Vater und Bruder jedoch blieben Mohammedaner, und als der Bruder von Floras Glaubenswechsel hörte, schleppte er seine Schwester direkt zu den Männern des Kalifen. Der Richter ließ Flora auspeitschen und übergab sie dann wieder ihrem Bruder, dem er befahl, Flora zum Glauben des Propheten Mohammed zurückzubringen – mit allen ihm zur Verfügung stehenden Mitteln. Doch statt vom Christentum abzufallen, floh Flora und versteckte sich in einer Kirche. Dort traf sie eine junge Frau namens Maria, die Schwester eines Diakons, der gerade von den Mauren gemartert worden war. Gemeinsam beschlossen die Frauen, ins Gericht zurückzugehen und dort zu verkünden, dass nichts und niemand sie zwingen könnte, Christus zu verleugnen. Der Richter ordnete nunmehr an, die Frauen einzusperren, und verkündete, dass er sie an ein Bordell verkaufen würde. Als Eulogius von Córdoba von Floras und Marias Fall erfuhr, schrieb er ihnen einen Brief, der heute als »Mahnung an die Märtyrer« bekannt ist und in dem er erklärte: »Sie drohen euch mit einer beschämenden Sklaverei, doch fürchtet nichts: Kein Leid kann eure Seelen anrühren, egal, was mit euren Leibern geschieht.« Als dem Kalif klarwurde, dass keinerlei Drohungen den Glauben der beiden Frauen erschüttern konnte, befahl er, sie zu enthaupten.

SIEHE HEILIGENBILD AUF SEITE 311

Opfer von Tätlichkeiten

Die heilige Godeleva

1049 (?)–1070 – Gedenktag: 6. Juli

Im Jahr 1067, als Godeleva achtzehn Jahre alt war, verheirateten ihre Eltern sie mit Bertulf von Ghistelles, einem flämischen Edelmann. Wie oder warum genau diese Ehe arrangiert wurde, ist ein Rätsel, denn vom Hochzeitstag an hasste Bertulf seine Frau, er prügelte und misshandelte sie. Das einzig Gnädige war, dass er die arme Godeleva nicht noch vergewaltigte. Nach Monaten des Elends kehrte Godeleva nach Hause zurück und berichtete ihren Eltern von ihrem Unglück. Ihr Vater war empört und drohte Bertulf mit dem ganzen Arsenal weltlicher und kirchlicher Strafen. Bertulf gab sich reuevoll, daher hatte Godeleva das Gefühl, sie müsste nach Ghistelles zurückkehren und noch einmal versuchen, ein Leben mit ihrem Mann zu führen. Aber Bertulfs Reue war nie ernst gemeint gewesen. Zusammen mit seiner Mutter, die genauso gottlos war, plante er den Mord an seiner Frau. Zwei Mägde seiner Mutter überrumpelten Godeleva, strangulierten sie mit einem Seil, bis sie bewusstlos war, und warfen sie dann in einen Brunnen, wo sie ertrank.

Die Menschen aus der Gegend begannen, diese unschuldige junge Frau als Heilige zu betrachten, und pilgerten an den Ort der Mordtat. Die Leute erzählten sich, dass Wasser aus dem Brunnen, in dem Godeleva ertrunken war, gegen Halsschmerzen hülfe, und Besucher ihres Grabes berichteten auch von anderen Wundern.

Bertulf hatte mittlerweile erneut geheiratet, und mit seiner neuen Frau hatte er ein kleines Mädchen, das blind geboren war. Angeregt durch die Geschichten der von Godeleva bewirkten Heilungen, nahm die zweite Frau ihr Kind mit zum Grab jener Frau, die ihr Mann und ihre Schwiegermutter ermordet hatten. Zu jedermanns Überraschung hatte das kleine Mädchen sein Augenlicht wiedererlangt. Dieses Wunder, mehr als alle anderen, bestätigte Godeleva als eine echte Heilige.

Siehe Heiligenbild auf Seite 312

OPFER VON VERGEWALTIGUNGEN UND SEXUELLEN ÜBERGRIFFEN

Die heilige Maria Goretti

1890–1902 – GEDENKTAG: 6. JULI

Maria Gorettis Eltern waren Pächter des Grafen Mazzolini in Süditalien. Die Gorettis lebten mit einer anderen Familie, den Serenellis, in einem großen Raum unter dem Dach eines der landwirtschaftlichen Gebäude. Während die Erwachsenen und die älteren Kinder auf den Feldern arbeiteten, blieb Maria zu Hause und kochte, erledigte die Hausarbeit und beaufsichtigte die Kleinkinder beider Familien. Am 5. Juli 1902, während alle anderen bei der Arbeit waren, saß Maria im Schatten der Veranda des Gebäudes und spielte mit ihrer kleinen Schwester. Plötzlich erschien der zwanzigjährige Alessandro Serenelli. Er packte Maria am Arm und zerrte sie hoch in die Wohnung, wo er versuchte, sie zu vergewaltigen. Aber Maria wehrte sich mit Händen und Füßen, und ihr Widerstand machte Alessandro wütend. Er zog sein Messer heraus, stach vierzehnmal auf Maria ein und floh, er hielt sie für tot und ließ sie am Boden

liegen. Stunden später, als die Gorettis und Serenellis vom Feld zurückkehrten, war Maria immer noch gerade so am Leben. Es gelang ihren Leuten, sie ins Hospital zu bringen, doch die Verletzungen des Mädchens waren zu schwer – die Chirurgen konnten es nicht mehr retten. Maria war aber bei Bewusstsein, als sie die Krankensakramente empfing, und danach sagte sie, dass sie Alessandro vergebe und bete, dass Gott ihm ebenfalls vergeben möge. Am 6. Juli starb Maria Goretti. Ein Gericht sprach Alessandro Serenelli des Mordes und der versuchten Vergewaltigung schuldig und verurteilte ihn zu dreißig Jahren Haft. Nachdem er acht Jahre verbüßt hatte, gab er eine öffentliche Aussage ab, in der er sich für sein Tun entschuldigte. Nach Ablauf der Strafe wurde er 1932 freigelassen. Das Erste, was Alessandro tat, war, Marias Mutter Assunta Goretti zu besuchen, um sie um Vergebung zu bitten. Am Weihnachtstag besuchten sie gemeinsam die Messe und empfingen, Seite an Seite vor dem Altar kniend, die heilige Kommunion. »Wenn Maria ihm vergeben konnte«, sagte Assunta, »kann ich es auch.«

Es wurde von so vielen Wundern an Marias Grab berichtet, dass der örtliche Bischof die übliche Wartezeit von fünfzig Jahren aussetzte und gleich das Verfahren der Heiligsprechung beantragte. Alessandro Serenelli war einer der Zeugen, die über Marias Leben und ihre Güte befragt wurden. 1947 sprach Papst Pius XII. Maria selig, drei Jahre später heilig. Eine halbe Million Gläubige hatten sich auf dem Petersplatz eingefunden, um der Zeremonie beizuwohnen, unter ihnen Assunta Goretti – das erste Mal in der Geschichte, dass eine Mutter bei der Heiligsprechung ihres Kindes dabei war. Alessandro seinerseits schloss sich 1937 als Laienbruder einem Zweig der Franziskaner an, die Kapuziner genannt werden. Er übernahm alle körperlichen Arbeiten im Haus und Garten des Klosters, wurde aber nie Priester. Er starb 1970, ein Bild der heiligen Maria Goretti auf seinem Nachttisch.

SIEHE HEILIGENBILD AUF SEITE 312

ORDENSBERUFE

Der heilige Alfonso Maria de Liguori

1696–1787 – GEDENKTAG: 1. AUGUST

Zu der Zeit, als Alfonso Maria de Liguori lebte, entschieden sich viele für eine kirchliche Karriere, vor allem in der Verwaltung, was ihnen die harte Arbeit ersparte, eine Gemeinde zu führen, und zugleich ein komfortables Einkommen sicherte. Mehr noch, laut der Gesetze in Neapel zahlten Geistliche keine Steuern. Zwar war nicht jeder Priester in Neapel ein egozentrischer Geldgeier, aber genug von ihnen waren es, um den Klerus insgesamt in Misskredit zu bringen. Um vom Weg abgekommene Geistliche zu bessern, hart arbeitende Gemeindepriester zu ermutigen und das religiöse Leben ganz normaler Katholiken wieder anzukurbeln, gründete Alfonso einen neuen geistlichen Orden, die Kongregation des Allerheiligsten Erlösers, allgemein bekannt als die Redemptoristen. Die Männer, die sich ihm anschlossen, waren speziell ausgebildete effektive Prediger und sanftmütige, aber überzeugende Beichtväter. Die Redemptoristen waren die meiste Zeit unterwegs, reisten von Gemeinde zu Gemeinde, von Stadt zu Stadt, wo sie ihre Mission betrieben. Normalerweise dauerte eine solche Mission mehrere Tage, in denen die angereisten Redemptoristen – mit Hilfe von feierlichen Messen und inspirierenden Predigten, vielen Stunden Beichtehören und besonderen Andachten zur Verehrung des Allerheiligsten und der Jungfrau Maria – neue, für die lokale Geistlichkeit verpflichtende Standards des Gemeindelebens etablierten. Und sie fachten auch die Begeisterung der Gemeindemitglieder an. Fast von Anbeginn war Alfonsos Orden ein Erfolg. Die Redemptoristen breiteten sich in ganz Süditalien aus, wo die Bischöfe sich um die eifrigen Priester schlugen. Alfonso konnte noch erleben, wie seine Priester und Brüder sich in Österreich, dann in Polen und Deutschland niederließen. 1832 kamen die ersten Redemptoristen nach Amerika.

SIEHE HEILIGENBILD AUF SEITE 312

ORTHODOXIE

Der heilige Athanasius

CA. 295–373 – GEDENKTAG: 2. MAI

Im Jahr 313 unterzeichnete Kaiser Konstantin (später der Große) das Toleranzedikt von Mailand, setzte der Christenverfolgung im Römischen Reich ein Ende und begünstigte das Christentum. Aber nach nur einem Dutzend Jahren war die christliche Kirche durch einen theologischen Kampf zerrissen, der über ein Jahrhundert andauern würde. Arius, ein alexandrinischer Priester, bestritt die kirchliche Lehre von der Heiligen Dreieinigkeit (Dreifaltigkeit). Er lehnte die Vorstellung von der Wesensgleichheit Christi mit Gott, die des Sohnes mit dem Vater, ab, Christus war nicht ewiglich, er war nicht einmal der Sohn Gottes. Nach Arius war Christus von Gott aus dem Nichts geschaffen und ein Geschöpf wie Adam. Auf dem Kirchenkonzil in Nizäa 325, heute Iznik in der Türkei, verwarfen die Bischöfe Arius' Lehre als ketzerisch und verfassten das Nizänische Glaubensbekenntnis als eindeutige Klärung der katholischen Dreieinigkeitslehre (Dreifaltigkeitslehre).

Aber die arianische Irrlehre breitete sich weiter aus, auch dank der Unterstützung durch etliche sympathisierende Kaiser, die auf Konstantin (den Großen) folgten. Arius' größter Gegner war Athanasius, der Patriarch von Alexandrien. Im Gegensatz zu anderen Bischöfen, die aus Furcht vor dem Kaiser dem Arianismus streckenweise nachgaben, verteidigte Athanasius lautstark und leidenschaftlich die Orthodoxie. Aufgrund dieser Offenherzigkeit schickten die Arianer und ihre Unterstützer am kaiserlichen Hof Athanasius fünfmal in die Verbannung. Er war nicht der einzige orthodoxe Bischof, der verfolgt wurde. Aber Athanasius stand an vorderster Front. Sowohl die katholische als auch die orthodoxe Kirche ehren heute den heiligen Athanasius, und an seinem Gedenktag singt die Gemeinde eine Hymne, die den Heiligen als »Säule der Orthodoxie, die sich weigerte, dem ketzerischen Unsinn des Arius nachzugeben« preist.

SIEHE HEILIGENBILD AUF SEITE 312

PÄPSTE

Der heilige Simon Petrus und die heilige Katharina von Siena

GEST. CA. 67 – GEDENKTAG: 29. JUNI UND 22. FEBRUAR
1347–1380 – GEDENKTAG: 29. APRIL

Rom ist die Stadt der Päpste, denn dort lehrte der Apostel Petrus – der erste Papst – das Evangelium und starb während Neros Christenverfolgung den Märtyrertod. Im Matthäusevangelium sagt Christus: »… Du bist Petrus, und auf diesen Felsen will ich meine Kirche bauen, und die Pforten der Unterwelt werden sie nicht überwältigen. Dir will ich die Schlüssel des Himmelreiches geben. Was du binden wirst auf Erden, wird gebunden sein im Himmel, und was du lösen wirst auf Erden, wird gelöst sein im Himmel« (Mt 16,18–19).

Abgesehen von den Evangelien, ist das älteste Dokument, das andeutet, dass Simon Petrus' Nachfolger Leitungsgewalt über die Kirchen gehabt hatten, der *Brief an die Korinther* von Clemens von Rom, verfasst etwa im Jahr 95. Papst Clemens schrieb den Brief, um die Uneinigkeit zu heilen, die die Christen Korinths in zwei verfeindete Lager gespalten hatte. Die Tatsache, dass Clemens von Rom sich einmischte, deutet darauf hin, dass seine Autorität auch von Christen außerhalb Roms anerkannt wurde. Mehr noch, wir wissen, dass der Brief von den folgenden Christengenerationen in Ehren gehalten wurde – siebzig Jahre später berichtet Dionysius, der Bischof von Korinth, dass die Christen Korinths ihn in der Messe lasen.

Clemens' Brief ist nur ein Beispiel für den Vorrang Roms vor den anderen Kirchen. Wie Gregor von Nazianz, der große griechische Bischof, Theologe und Prediger, im 4. Jahrhundert bemerkte: »Im Hinblick auf den Glauben … hat Rom seit jeher einen deutlichen Kurs vorgegeben, wie auch heute, und eint so den Westen durch eine Lehrmeinung, denn die Stadt leitet die anderen und hütet die allgemeine göttliche Harmonie.«

Der zweite Schutzpatron der Päpste ist

die heilige Katharina von Siena, das vierundzwanzigste von fünfundzwanzig Kindern einer wohlhabenden Familie von Wollfärbern. Sie war eine Mystikerin, die wie eine Nonne geistlich lebte, ohne jemals in ein Kloster eingetreten zu sein, und mutige Verfechterin von allem, was richtig, gut und wahrhaftig war. Sie hatte keinerlei Skrupel, Adelige, Könige und sogar den Papst selbst zu korrigieren. Ihr Lebensziel bestand darin, die Rückkehr des Papstes nach Rom zu erleben. Das mag eigenartig erscheinen, aber zu Katharinas Zeit war es Jahrzehnte her, dass ein Papst in Rom residiert hatte. 1309 hatte Papst Clemens V. sich auf Einladung des Königs von Frankreich in Avignon im Süden Frankreichs niedergelassen. Bedenkt man die politischen Unruhen im Italien jener Zeit, erscheint die temporäre Umsiedlung des Papstes sinnvoll. Aber dreiundsechzig Jahre und sechs Päpste später residierte der Papst immer noch in Avignon und stand eindeutig unter dem Einfluss des französischen Königs. Rom war mittlerweile im Niedergang begriffen, die Bevölkerung nahm ab, und die Unabhängigkeit des Papstes wurde kompromittiert durch seine enge Beziehung zu den Königen Frankreichs. Katharina fand, die einzige Lösung bestehe darin, dass der Papst nach Rom zurückkehre, auf dass er die Stadt wieder zum Leben erwecken könne, die das Herz der Kirche darstelle, und zugleich würde er sich vom Einfluss der Franzosen befreien. Im Sommer 1376 reiste die neunundzwanzig Jahre alte Katharina nach Avignon, um Papst Gregor XI. davon zu überzeugen, dass es Zeit war, nach Hause zurückzukehren. Gregor wollte auch, zögerte aber – seine Berater verängstigten ihn mit Geschichten von Halsabschneidern und Giftmördern, die ihm auf dem Weg nach Rom auflauern würden. Katharina musste die Höflichkeit beiseiteschieben und den Heiligen Vater deutlich angehen. »Seien Sie mutig, Heiliger Vater«, sagte sie, »seien Sie ein Mann! Ich sage Ihnen, dass Sie nichts zu fürchten haben. Nur wenn Sie Ihrer Pflicht nicht nachkommen, dann haben Sie Anlass zur Furcht. Es ist Ihre Pflicht, nach Rom zu gehen, also gehen Sie.«

SIEHE HEILIGENBILD AUF SEITE 313

PARFÜMHERSTELLER

Die heilige Maria Magdalena

1. JAHRHUNDERT – GEDENKTAG: 22. JULI

Es gibt zwei klassische Abbildungen der Maria Magdalena: eine als Büßerin, der das füllige Haar über die Schultern fällt, und eine andere, bei der sie gelassen schaut, während sie einen schönen Cremebehälter aus Alabaster in Händen hält. Dieses Bild bezieht sich auf eine Geschichte, die in allen vier Evangelien zu finden ist – die einer Frau, einer notorischen Sünderin, die einen solchen Behälter mit parfümiertem Öl bei sich trägt und unangemeldet ein Haus betritt, in dem Jesus zu Gast ist. Ohne ein Wort zum Gastgeber, den Aposteln oder sogar zu Jesus Christus selbst zu sagen, öffnet sie den Behälter und gießt dem Herrn das duftende Öl über den Kopf. Bei Matthäus (zwischen den Berichten in den Evangelien bestehen kleinere Unterschiede) beklagen sich die Apostel über die Verschwendung, sagen, dass ein so schönes Parfüm hätte teuer verkauft und das Geld an die Armen verteilt werden können. Aber Jesus entgegnet, dass das, was die Frau getan hat, sie aus Liebe zu ihm getan habe. Außerdem deutet diese Ölung seinen

Tod und die Beerdigung an, denn damals war es üblich, die Toten mit einem teuren Parfüm zu salben, als Zeichen letzter liebevoller Wertschätzung. In den Evangelien steht nicht, dass Maria Magdalena es war, die den Herrn salbte. Und eine Überlieferung im Westen, die auf Papst Gregor den Großen im 6. Jahrhundert zurückgeht, behauptet Folgendes: dass die Sünderin mit dem Ölbehälter und Maria, die Schwester von Martha und Lazarus, und Maria Magdalena ein und dieselbe Person sind. In den letzten Jahren haben Bibelgelehrte und Heiligenforscher versucht zu erklären, dass Maria Magdalena, Maria von Bethanien und die Frau mit dem Öl drei verschiedene Frauen waren. Aber die Gelehrten kämpfen einen mühseligen Kampf gegen fünfzehnhundert Jahre Tradition, und die ganzen darstellenden Künste arbeiten gegen sie. Und wenn sich diese Denker je durchsetzen sollten, müssten sich Parfümeure eine neue Schutzpatronin suchen.

SIEHE HEILIGENBILD AUF SEITE 313

PFADFINDER

Der heilige Georg

GEST. CA. 303 – GEDENKTAG: 23. APRIL

Im Mittelalter kannte jeder die Geschichte vom heiligen Georg und dem Drachen. Unser Held war ein beherzter Ritter, der ausgerechnet an jenem Tag durch Libyen ritt, an dem des Königs Tochter einem Drachen geopfert werden sollte. Georg fand sich bereit, gegen das Tier zu kämpfen, und der König bot ihm Gold und Silber, wenn er das Leben des Mädchens rettete. Aber statt der Reichtümer verlangte Georg, dass Libyen ein christliches Königreich würde. Nachdem er den Drachen getötet hatte, taufte er die Libyer.

Georg galt mindestens tausend Jahre lang als ein Vorbild selbstloser Ritterlichkeit. Er starb als römischer Soldat in der heutigen Stadt Lod, Israel, den Märtyrertod. Um 500 ernannte ihn der Kaiser von Byzanz zum Patron seines Heeres. Als die mohammedanischen Truppen das Heilige Land besetzten, wählten die palästinensischen Christen Georg zu ihrem himmlischen Beschützer. Während des ersten Kreuzzugs übernahmen westeuropäische Ritter ihn als ihren Patron und brachten seine Legende mit nach Hause. Deutschland, Malta, Portugal und England sind nur ein paar der europäischen Länder, die den heiligen Georg später zu ihrem Schutzpatron erkoren.

Obwohl es offensichtlich nur ein Mythos ist, lässt sich aus der Drachengeschichte viel machen; der Drache steht für Sünde, Versuchung und all die niederen Aspekte der menschlichen Natur, die Georg überwand durch seinen Glauben und das Leben der christlichen Tugenden. Aufgrund seiner Standhaftigkeit und seines heroischen Märtyrertums dient Georg als gutes Vorbild für Jungen und junge Männer. Da ist es nur logisch, dass die Pfadfinder – die den Eid ablegen, Gott und dem Land zu dienen, jederzeit anderen zu helfen und sich selbst körperlich und geistig gesund zu halten und rechtschaffen zu handeln – ihn als ihren Schutzpatron annahmen.

SIEHE HEILIGENBILD AUF SEITE 313

PFADFINDERINNEN

Die heilige Agnes von Rom

GEST. 258/59 ODER 304 – GEDENKTAG: 21. JANUAR

Heutzutage ist die Anrufung Gottes zum Zeugen in der Eidesformel der Pfadfinderinnen freigestellt. Nichtsdestotrotz verehren Katholiken und möglicherweise auch Mitglieder anderer christlicher Glaubensrichtungen die heilige Agnes von Rom als Schutzpatronin der Pfadfinderinnen. Man hatte Agnes nicht nur gewählt, weil sie den Märtyrertod starb, als sie knapp über zehn war, sie besaß auch viele der Eigenschaften, die Pfadfinderinnen bei sich zu kultivieren versuchen: Mut, Ehrlichkeit, Achtung vor sich selbst und Achtung vor anderen zu haben. Agnes entstammte einer römischen christlichen Familie. Sie war etwa dreizehn Jahre alt, als sie verhaftet und wegen des Verbrechens, Christin zu sein, einem Richter vorgeführt wurde. Er drohte, sie bei lebendigem Leib verbrennen zu lassen, aber Agnes verleugnete ihren Glauben nicht. Als Nächstes versuchte der Richter sie zu zwingen, sich den Dienerinnen der Göttin Vesta anzuschließen, aber Agnes weigerte sich. Schließlich ließ der Richter das arme Mädchen nackt in einem Bordell zur Schau stellen und es danach enthaupten. Obwohl Agnes bloß eine von den Zehntausenden Christen war, die während Diokletians Kirchenverfolgung (die über die Verfolgung einzelner Christen hinausging) den Märtyrertod starben, begann ihre Verehrung fast augenblicklich nach ihrem Tod. Um 350 hatte Constantia, die Schwester von Konstantin dem Großen, dem ersten christlichen Kaiser, eine Basilika über Agnes' Grab errichten lassen, wie ein Mausoleum für sich selbst, damit sie eines Tages neben ihrer Lieblingsheiligen ruhen konnte. Von Rom aus breitete sich die Verehrung der heiligen Agnes über die ganze Welt aus. In der Kunst wird Agnes stets mit einem Lamm und weißen Lilien dargestellt. Symbol ihrer Unschuld und Reinheit, aber vielleicht auch ein Wortspiel mit ihrem Namen – im Lateinischen heißt Lamm *agnus.*

SIEHE HEILIGENBILD AUF SEITE 313

PFANDLEIHER

Der heilige Nikolaus von Myra

GEST. CA. 350 – GEDENKTAG: 6. DEZEMBER

Das Attribut des Heiligen, die drei goldenen Kugeln, die in der angelsächsischen Welt das traditionelle Zeichen einer Pfandleihe sind, beziehen sich auf eine Geschichte aus dem Leben des Schutzpatrons der Pfandleiher. In Myra, in Lykien (heutige Türkei), wo Nikolaus Bischof war, lebte ein verwitweter Kaufmann mit seinen drei Töchtern. Die Geschäfte des Kaufmanns liefen nicht gut; um seine Familie zu ernähren, verkaufte er nach und nach alle seine Wertgegenstände. Am Schluss blieb nichts von Wert mehr übrig. Ohne Hoffnung, seinen Töchtern eine Mitgift bieten zu können, und nicht einmal mehr in der Lage, sie durchzufüttern, fürchtete der arme Mann, dass sie gezwungen wären, Prostituierte zu werden, um sich zu ernähren.

Etwa zu dieser Zeit hörte Nikolaus von der verarmten Familie. Eines Nachts nahm er einen Beutel, füllte ihn mit Goldmünzen, ging zum Haus des Kaufmanns und warf den Beutel durch ein offenes Fenster. Der Kaufmann und seine Töchter waren erstaunt über das unerwartete Geschenk. In der darauffolgenden Nacht kam ein weiterer Beutel Goldmünzen durch das offene Fenster hereingeflogen. Schließlich, in der dritten Nacht, war die Familie bereit. Als der Beutel ins Haus flog, rissen sie die Haustür auf und eilten nach draußen, wo sie Bischof Nikolaus vorfanden. Vor Freude und Dankbarkeit weinend, küssten sie ihrem Bischof die Hände. Er hatte ihnen genug gegeben, um das Vermögen des Kaufmanns wiederherzustellen und alle drei Töchter mit einer Mitgift auszustatten.

Ursprünglich bildeten Künstler den heiligen Nikolaus mit drei Beuteln voll Münzen ab. Mit der Zeit wurden aus den Beuteln goldene Kugeln. Weil der Kaufmann all seine Wertgegenstände versetzt und Nikolaus die Familie aus dem Elend erlöst hatte, machten Pfandleiher die goldenen Kugeln zu ihrem Zeichen.

SIEHE HEILIGENBILD AUF SEITE 314

PHILOSOPHEN

Der heilige Justin der Märtyrer, auch der Philosoph

CA. 100–165 – GEDENKTAG: 1. JUNI

Justin wurde in allen großen Schulen der heidnischen griechischen Philosophie ausgebildet, von den Stoikern über Pythagoras zu Platon, doch keine von ihnen befriedigte seine intellektuelle und spirituelle Suche nach der Wahrheit. Er war etwa dreißig Jahre alt, als eine zufällige Begegnung mit einem älteren Christen ihn mit dessen Glauben in Kontakt brachte. Wie Justin es formulierte, als der ältere Mann ihm die hebräischen Propheten und Evangelien erklärte, »entdeckte ich, dass es sich dabei um die einzig wahre und nützliche Philosophie handelte«. Nach seiner Taufe eröffnete Justin in Ephesus die erste christliche Philosophenschule, wo er in öffentlichen Debatten den Glauben gegen Juden, Gnostiker und römische Heiden verteidigte.

Im Jahre 150 ging Justin mit seiner Schule nach Rom, wo er in der Tradition der gräkoromanischen Philosophie eine Reihe Bücher verfasste – die erste schriftliche Verteidigung des christlichen Glaubens. Sich an gebildete römische Heiden wendend, erklärte er, dass, genau wie die hebräischen Propheten den Juden das Kommen des Messias vorhergesagt hatten, Sokrates und Platon die intellektuelle Grundlage lieferten, um die Lehre Christi verständlich und nachvollziehbar für Griechen und Römer zu machen.

All diese Schriften und Dispute ließen Justin zu einem offensichtlichen Ziel werden, als Kaiser Mark Aurel die Verfolgung der Kirche wieder aufnahm. Justin wurde mit sechs seiner Schüler verhaftet und dem Präfekten vorgeführt. Unglaublicherweise hat die Mitschrift ihres kurzen Verfahrens überlebt. Als der Präfekt ihnen allen befahl, den heidnischen Göttern zu huldigen, entgegnete Justin als ihr Sprecher: »Niemand, der bei Verstand ist, gibt den Glauben für Unglauben auf.« Für diese Widerworte wurden Justin und seine Schüler ausgepeitscht und enthauptet.

SIEHE HEILIGENBILD AUF SEITE 314

PILGER

Der heilige Jakobus der Ältere

GEST. 44 – GEDENKTAG: 25. JULI

Jerusalem. Rom. Santiago de Compostela. Im Mittelalter waren diese drei Orte die wichtigsten Pilgerziele. Die Kathedrale in Compostela, das im Nordwesten Spaniens liegt, wurde über dem angeblichen Grab von Jakobus errichtet, einem der zwölf Apostel, dem Bruder des Evangelisten Johannes. Laut Überlieferung predigte Jakobus in Spanien, bevor er nach Judäa zurückkehrte, wo König Herodes Agrippa ihn enthaupten ließ (Jakobus' Märtyrertod ist in der Apostelgeschichte des Lukas festgehalten). Die Legende erzählt weiterhin, dass sein Leichnam auf wundersame Weise nach Spanien gelangte, jahrhundertelang als verloren galt und dann im 9. Jahrhundert von einem Schafhirten, der einen hellen Stern über einem Feld bemerkte, wiederentdeckt wurde (*Compostela* bedeutet »Feld des Sternes«). Unter dem Stern fand sich das Grab des Apostels Jakobus. Die Authentizität der Reliquie zu Compostela ist bis heute strittig, trotz der amtlichen Anerkennung durch Papst Leo XIII. im Jahr 1884. Nichtsdestotrotz haben Millionen von Wallfahrern in den letzten zwölfhundert Jahren diese Zweifel ignoriert und sind nach Santiago de Compostela gezogen. Laut einer der vielen Legenden ritt ein Christ, als die sterblichen Überreste des Jakobus per Schiff in Spanien ankamen, vor lauter Begeisterung ins Meer hinaus, um auf seinem Pferd zum Boot zu schwimmen. Sowohl Pferd als auch Reiter versanken in den Wellen. Die Menge am Ufer nahm an, sie seien ertrunken, aber beim Bittgottesdienst zu Jakobus tauchten der Mann und sein Pferd wieder auf und galoppierten auf den Strand, tropfnass und mit Muscheln bedeckt. Seitdem ist die Muschelschale das Erkennungszeichen der Compostela-Pilger. In der Kunst wird Jakobus der Ältere oft als Pilger mit Stab und Wasserflasche dargestellt, seine Füße stecken in schweren Wanderschuhen, zudem trägt er einen großen Schlapphut mit einer Muschelschale.

SIEHE HEILIGENBILD AUF SEITE 314

PREDIGER

Der heilige Johannes Chrysostomos

CA. 347–407 – GEDENKTAG: 13. SEPTEMBER

Gedruckt sind Johannes Chrysostomos' Predigten schon Meisterstücke, live müssen sie noch besser geklungen haben. Seiner Genialität als Redner Tribut zollend, verliehen die Griechen Johannes den Namen Chrysostomos, was »Goldmund« heißt. Wie alle großen Redner wusste Johannes, was zu tun war, um die Aufmerksamkeit des Publikums zu gewinnen. Zuerst und hauptsächlich betonte er immer nur einen entscheidenden Punkt. Aber um dieses zentrale Thema webte er anschauliche Beispiele sowohl aus dem täglichen Leben als auch aus der Bibel und dem Leben der Heiligen. Das Ergebnis war eine Predigt, die zugleich fesselnd, unterhaltsam, oft poetisch und doch voller Informationen darüber war, wie man ein besserer Christ sein konnte. Als Bischof und Patriarch von Konstantinopel war Johannes der erste Prälat im Osten. Er nutzte seine Kanzel nicht nur, um den Laien seiner Gemeinde Mut zuzusprechen, sondern auch, um den großen Kontroversen und Krisen seiner Zeit zu begeg-

nen. Er schalt die Geizhälse, die kein Mitleid mit den Armen hatten. Er griff unmoralische Geistliche an, die die Kirche in Misskredit brachten. Er schalt Ehemänner und -frauen, die ihre Ehegelübde nicht ernst meinten. Und er erinnerte allzu weltliche Bischöfe und hochmütige Adelige, die Schwache und Wehrlose ausbeuteten, daran, dass Gott alles sieht und nichts vergisst. In einem Fall, als er gegen die Sünden eines bestimmten hohen Kirchenmannes wetterte, versicherte Johannes seiner Gemeinde: »Der Boden der Hölle ist gepflastert mit den Schädeln von Bischöfen.« Aufgrund seiner Furchtlosigkeit ließen Johannes' Feinde ihn zweimal aus Konstantinopel verbannen. Während seiner zweiten Verbannung starb er an Erschöpfung und Misshandlung. Obwohl er auch im Westen als brillanter Redner und Kirchenlehrer anerkannt wird, verehren vor allem die Christen im Osten Johannes Chrysostomos.

SIEHE HEILIGENBILD AUF SEITE 314

NEUGEBORENE
Der heilige Raimund Nonnatus

OBDACHLOSE
Der heilige Benoît Joseph Labre

ÖKOLOGIE
Der heilige Franz von Assisi

OPFER EINES BETRUGS
Die heilige Flora von Córdoba

Die hl. Godeleva, Martyrin.

OPFER VON TÄTLICHKEITEN
Die heilige Godeleva

CORR. FRU ST. ANTHONY'S GUILD, PATERSON, N. J.   0238

ST. MARIA GORETTI

OPFER VON VERGEWALTIGUNGEN
UND SEXUELLEN ÜBERGRIFFEN
Die heilige Maria Goretti

Sanctus Alphonsus Maria de Liguorio,
Episcopus, Ecclesiæ Doctor et Congregationis
SS. Redemptoris Fundator

B.Kühlen, Typogr.Spont.M.Gladbach.

ORDENSBERUFE
Der heilige Alfonso Maria de Liguori

den 2 ten   IHS   Mai.

Hl. Athanasius, Patriarch von Alexandria.
Mein Gerechter lebt aus dem Glauben. Hebr. 10. 38.
Glaubenstreue.
Bete für jene, welche im Glauben wanken oder gleichgültig sind.

ORTHODOXIE
Der heilige Athanasius

PÄPSTE

Der heilige Simon Petrus

PÄPSTE

Die heilige Katharina von Siena

PARFÜMHERSTELLER

*Die heilige
Maria Magdalena*

PFADFINDER

Der heilige Georg

PFADFINDERINNEN

Die heilige Agnes von Rom

Pfandleiher
Der heilige Nikolaus von Myra

S. Justinus Martyr

Philosophen
Der heilige Justin der Märty...
auch der Philosoph

Pilger
Der heilige
Jakobus der Ältere

St JEAN CHRYSOSTOME
A CONSTANTINOPLE.

Prediger
Der heilige
Johannes Chrysostomos

GEMEINDEPRIESTER

Der heilige Jean-Marie Vianney

1786–1859 – GEDENKTAG: 4. AUGUST

In Frankreich wird der Gemeindepfarrer als *curé* bezeichnet, »derjenige, der sich um die Seelen kümmert«. Die Bezeichnung passt besonders gut zu Jean-Marie Vianney, der Jahrzehnte damit verbrachte, sich um die Seelen der Bauern und Ladenbesitzer in dem abgelegenen Dorf Ars zu kümmern.

Im Priesterseminar war Vianney nicht nur ein ausgezeichneter Schüler gewesen, sondern hatte auch mit großem Erfolg seine Prüfungen bestanden. Der Bischof, der ihn weihte, schickte Vianney jedoch, nicht sonderlich beeindruckt von seinen Leistungen, ins Hinterland seiner Diözese, in ein Dorf mit unter dreihundert Einwohnern, mit etwa vierzig Häusern und vier Schenken.

Vor der Französischen Revolution hatte es in Ars gar keinen Pfarrer gegeben. Viele Jahre waren vergangen, seit die Messe hier gelesen, die Beichte abgenommen oder der Glaube gelehrt worden war. Mehr noch, die Dorfbewohner wollten gar keinen Pfarrer und zeigten ihre Unzufriedenheit, indem sie sein Pfarrhaus mit Kuhdung bewarfen. Aber Vianney machte sich an die Arbeit und versuchte, die Kirche zurück nach Ars zu holen – und die Bewohner von Ars zurück in die Kirche. Er begann, indem er die Dörfler überredete, die sonntägliche Messe zu besuchen. Im Gottesdienst predigte er von den schwersten Sünden im Dorf, der Trunkenheit und der obszönen Sprache. Um sicherzustellen, dass seine Gemeindemitglieder wussten, welche Schimpfwörter als besonders schlimm galten, verlas Vianney von der Kanzel eine entsprechende Liste.

Wie seine Gemeindemitglieder arbeitete Vianney hart und lebte in Armut, seine Nahrung bestand aus Milch und Kartoffeln. Seine Möbel waren so einfach, dass sie ungemütlich waren. Dorfbewohner, die zur Frühmesse kamen, fanden ihn bereits in der Kirche vor, betend vor dem Allerheiligsten. Einundvierzig Jahre lang lautete sein ständiges Gebet: »Mein Gott, bekehre meine Gemeinde.« Er erarbeitete sich einen Ruf als aufmerksamer und mitfühlender Beichtvater, der Herzen berühren und ein Leben verändern konnte. Bald nahm er zehn Stunden täglich die Beichte ab, die Sünder reisten aus ganz Frankreich und Europa an, einige sogar aus Amerika. Er war selbst überrascht, sich als effektiver Prediger erwiesen zu haben. Einmal, als er gebeten wurde, in einer Nachbargemeinde zu sprechen, fand er die Menge stehend in der Kirche vor, Priester aus umliegenden Gemeinden saßen um den Altar. Der Anblick der Menge, die erwartete, etwas Beeindruckendes zu hören, verunsicherte ihn. Aber er nahm seinen Mut zusammen, stieg auf die Kanzel und begann zu predigen. Danach berichtete er einem Freund: »Es ist gutgegangen. Alle haben geweint.«

Während sich seine Frömmigkeit, Demut und Hingabe an seine Gemeinde herumsprachen, schien es, dass Vianney nicht nur Ars bekehrte, sondern ganz Frankreich. Täglich kamen Massen, um bei ihm zu beichten, ihn um Rat zu bitten, ihn predigen zu hören. Selbst als er auf dem Sterbebett lag, strömten die Menschen zu ihm, und weil er bald nicht mehr unter ihnen sein würde, wurden sie noch fordernder. Weltliche Würdenträger standen Schlange vor seiner Schlafzimmertür, alle wollten noch eine letzte Beichte ablegen. Die Menschen auf der Straße schickten Körbe um Körbe mit Heiligenbildchen, die Vianney segnen sollte. Selbst als die Zeit für den sterbenden Mann gekommen war, die Krankenkommunion zu empfangen, musste er eine Menschenmenge erdulden – zweiundzwanzig Priester kamen in feierlichem Aufzug in sein Zimmer. Am 4. August 1859, während sich ein schweres Gewitter über dem Dorf entlud, starb Jean-Marie Vianney. 1929 ernannte Papst Pius XI. Vianney in Anerkennung seiner unermüdlichen Hingabe an seine Gemeinde zum Schutzpatron der Gemeindepriester.

Siehe Heiligenbild auf Seite 337

PR-Spezialisten

Der heilige Paulus von Tarsus

GEST. CA. 65 – GEDENKTAGE: 25. JANUAR UND 29. JUNI

PR-Leute müssen Paulus lieben, der »allen alles« geworden ist, um das größtmögliche Publikum für sein »Produkt« zu erreichen – den christlichen Glauben. Jeder der bekannten Apostel hatte der jungen Kirche etwas Wichtiges zu bieten: Der heilige Evangelist Johannes war der erste Mystiker und Theologe; als Bischof von Jerusalem gewann der heilige Jakobus, Sohn des Alphäus, die Loyalität der Judenchristen, indem er die jüdischen Wurzeln des Christentums betonte; der heilige Petrus klärte als erster Papst die ersten persönlichen und theologischen Streitigkeiten der Kirche; und der heilige Paulus war der erste Apostel, der mit Hilfe klassischer griechischer Philosophie die christliche Botschaft erklärte und sie auf diese Weise den Nichtjuden im ganzen Römischen Reich attraktiver erscheinen ließ.

Paulus ist faszinierend. Er war ein Jude, geboren in Tarsus in Kleinasien (heute Türkei). Seine Eltern nannten ihn Saulus und schickten ihn nach Jerusalem, wo ein Rabbi ihn unterweisen sollte, aber sie ließen ihn zugleich eine Lehre bei einem Zeltmacher absolvieren, damit er seinen Lebensunterhalt verdienen konnte.

Als gläubiger Jude lehnte Saulus das Christentum ab und hasste Christen. Angeworben vom Hohepriester in Jerusalem, um Juden zu verhaften, die zum Christentum übergetreten waren, war er von Amts wegen unterwegs nach Damaskus, als ihn ein Licht vom Himmel von seinem Pferd warf und er eine Stimme hörte, die ihn fragte: »Saul! Saul! Was verfolgst du mich?« Von Furcht ergriffen entgegnete Saulus: »Herr, wer bist du?« Die Stimme entgegnete: »Ich bin Jesus, den du verfolgst« (Apg 9,4–5). Dann befahl Christus Saulus, weiter nach Damaskus zu reisen und auf die nächste Botschaft zu warten.

Saulus' Männer waren fast genauso verängstigt wie er, denn auch sie konnten die Stimme hören, aber niemanden sehen. Ihre Angst nahm nur noch zu, als Saulus sich erhob und feststellte, dass er blind war. Von seinen Männern geführt, taumelte er nach Damaskus hinein, wo er Unterkunft bei den Christen der Stadt fand. Dort wurde er getauft, woraufhin sein Augenlicht zurückkehrte. Später änderte er seinen Namen in Paulus, höchstwahrscheinlich den griechischsprechenden Heiden zuliebe, die er als sein »Zielpublikum« auserkor. Das altgriechische Wort *saulos* bedeutet »kraftlos« und »eingebildet«, aber *paulos* heißt »Ruhe« oder »Pause«.

Paulus' Bekehrung verkomplizierte sein Leben. Gläubige Juden denunzierten ihn als Verräter, manche wollten ihn töten: Christen, darunter auch die Apostel, misstrauten ihm in der Befürchtung, er könnte versuchen, sie hereinlegen zu wollen. Barnabas, ein Jünger, dem die Apostel voll und ganz vertrauten, versicherte den Christen Jerusalems, dass Paulus' Wandlung ehrlich sei, und stellte Paulus Simon Petrus und Jakobus dem Älteren vor. Aber Paulus blieb nicht lange in Jerusalem. Er hatte die größere römische Welt zu seiner Mission erkoren; und die nächsten zwanzig Jahre bereiste er den östlichen Teil des Römischen Reichs, den heutigen Nahen Osten, die Türkei, Griechenland, die Inseln der Ägäis, und schließlich reiste er in den westlichen Teil und nach Rom, predigte das Evangelium, gründete Kirchen und sammelte Schüler, wie Titus, Timotheus und Lukas.

Zusammen mit Simon Petrus und zahllosen anderen Christen erlitt Paulus den Märtyrertod während Neros grausamer Christenverfolgung. Dass Paulus ein römischer Bürger war, erwies sich als Vorteil für ihn. Verbrecher, die keine Bürger Roms waren, wurden auf die schrecklichste Art hingerichtet, weswegen Simon Petrus kopfüber gekreuzigt wurde. Aber Paulus machte sein Privileg des Bürgerrechts geltend, und so starb er einen schnellen Tod durch Enthaupten mit dem Schwert.

Siehe Heiligenbild auf Seite 337

PSYCHIATER UND PSYCHOLOGEN

Die heilige Christina die Wunderbare, auch Christina von Belgien

1150–1224 – GEDENKTAG: 24. JULI

In der langen Liste der Heiligen ist Christina die Wunderbare schwer einzuordnen. Liest man ihre Geschichte heute, scheint man anzunehmen, dass sie an Schizophrenie litt (was ihre Rolle als Schutzpatronin der Psychiater und Psychologen erklären würde). Die Frage ist, kann eine Schizophrene eine Heilige sein? Das fragten sich damals auch Christinas Nachbarn. Die Kirche hat dazu nie eindeutig Position bezogen, und Christina wurde nie amtlich heiliggesprochen. Aber seit dem 13. Jahrhundert als Schutzpatronin verehrt.

Christina wuchs mit ihren beiden älteren Schwestern in der Stadt Saint Trond in Belgien auf. Mit zweiundzwanzig erlitt sie einen schweren Krampfanfall, möglicherweise eine Katalepsie, die ihre Familie und Freunde für eine Totenstarre hielten. Bei Christinas Beerdigung, als der Priester in Vorbereitung der Kommunion das »Agnus Dei« anstimmte, setzte sich Christina plötzlich in ihrem Sarg auf, sprang heraus und kletterte (manche Quellen sagen: schwebte) in das Gebälk der Kirche. Verängstigte Trauergäste rannten hinaus, alle außer Christinas ältester Schwester und dem Priester, der ihr befahl, herunterzukommen.

Als ihre Freunde sich so weit beruhigt hatten, dass sie ihr zuhören konnten, erklärte Christina, wie sie die Hölle und das Fegefeuer besucht und dann in den Himmel gereist war, wo Christus sie gefragt hatte, ob sie bereit wäre, zur Erde zurückzukehren, um Sünder zur Buße zu bewegen. Christina erklärte sich einverstanden, zurückzugehen und Seelen zu retten, wobei beide Seiten sich darüber einig waren, dass sie auf eine Weise agieren würde, die »Sterbliche noch nie gesehen hatten«. Das war eine Untertreibung.

Sie kletterte in Baumwipfel oder auf Kirchendächer und Burgtürme, denn sie könnte den Geruch von Menschen, den Gestank ihrer Sünde, nicht ertragen. Sie strich über Friedhöfe und weinte hysterisch um diejenigen, die reuelos gestorben waren. Sie warf sich in Feuer, eisige Flüsse und Dornenbüsche. Ihre Schwestern versuchten, sie einsperren zu lassen, aber sie war gerissen und konnte stets entkommen.

Eines Tages spazierte Christina in die Pfarrkirche, kletterte in das Taufbecken und goss sich geweihtes Wasser über den Kopf, bis sie klatschnass war. Nach ihrem »Bad« war sie weit weniger erregt, und ihr Verhalten war deutlich weniger exzentrisch. Statt Menschen zu meiden, konfrontierte sie die größten Sünder der Region – nicht, um sie zu tadeln, sondern mit der Bitte um Almosen für die Armen und Kranken. Christine erklärte, wenn sie diese Menschen dazu bewegen könnte, dann und wann barmherzig zu sein, würde Gott später ihnen gegenüber barmherzig sein.

Zum Ende ihres Lebens hin nahmen die Nonnen im örtlichen Katharinenkloster sie auf. Endlich fand Christina ihren Frieden und schien damit einverstanden zu sein, ruhig auf den Tod zu warten. Aber eine Nonne, Schwester Beatrice, bedrängte sie mit metaphysischen und mystischen Fragen. Widerstrebend antwortete Christina. Als sie genug hatte, machte sie das Kreuzzeichen über der Nonne, lehnte sich in ihr Kissen zurück und übergab ihre gequälte Seele.

Siehe Heiligenbild auf Seite 337

RADFAHRER

Unsere Liebe Frau von Ghisallo

HEILIGTUM ERRICHTET CA. 1135 – GEDENKTAG: 13. OKTOBER

Auf dem Gipfel eines steilen Berges in der Nähe des Comer Sees in Italien, auf der Route der Tour de Lombardia, befindet sich eine kleine Kapelle, die Unserer Lieben Frau von Ghisallo geweiht ist. Das erste Rennen wurde 1905 organisiert, zu diesem Zeitpunkt wurde die Madonna von Ghisallo bereits seit fast achthundert Jahren verehrt. Ursprünglich handelte es sich um einen einfachen Gebetsstock am Wegesrand. Aber im Mittelalter errichtete der Graf von Ghisallo eine kleine Kapelle, um Maria dafür zu danken, ihn vor Räubern gerettet zu haben, die ihn in der Nähe angegriffen hatten.

In den vierziger Jahren des letzten Jahrhunderts bat Pater Ermelindo Vigano, Gemeindepfarrer und Fahrradenthusiast, Papst Pius XII., die Madonna von Ghisallo zur Schutzpatronin der Radfahrer zu ernennen. Der Papst erklärte sich einverstanden und stellte 1949 die Urkunde aus. Seitdem wurde die Kapelle zum Ziel zahlloser Radfahrer, und die Verwalter des Heiligtums haben ein kleines Museum mit religiösen und radlerischen Artefakten eröffnet. Unter den Fahrrad-Votivgaben, die zu sehen sind, befindet sich das kaputte Rad, das Fabio Casartelli fuhr, als er auf der Tour de France 1995 seinen tödlichen Unfall erlitt.

Jedes Jahr am 2. November, an Allerseelen, wird eine Messe für die Seelen verstorbener Fahrradfahrer gefeiert. Und am Heiligabend ist die kleine Kirche voller Radfahrer und Anwohner, die zur Mitternachtsmesse den gefährlichen Weg den Berg hinauf auf sich genommen haben.

SIEHE HEILIGENBILD AUF SEITE 337

Rassendiskriminierung

Der heilige Martin de Porres

1575–1639 – Gedenktag: 3. November

Martins Schwierigkeiten begannen bereits bei seiner Geburt. Seine Mutter Ana, eine Afrikanerin und ehemalige Sklavin, war die Geliebte von Don Juan de Porres, einem spanischen Edelmann. Weil Martin die afrikanischen Züge seiner Mutter geerbt hatte, weigerte Don Juan sich, ihn als seinen Sohn anzuerkennen. Als Martin etwa sieben war, überlegte Don Juan es sich anders. Er erkannte Martin als sein eigen Fleisch und Blut an, verlieh ihm seinen Nachnamen und zahlte Unterhalt für Ana, so dass sie und die Kinder (Martin hatte mittlerweile eine Schwester) nicht in Armut lebten. Martin wollte sich den Dominikanern anschließen, aber aufgrund seiner Gemischtrassigkeit war das nicht möglich. Seine einzige Möglichkeit bestand darin, als *donado* einzutreten, als Laienbruder, der sozusagen ein Diener im Kloster war, dem es jedoch gestattet wurde, unter den Dominikanern zu leben und ein Habit zu tragen. Martins angesehenem Vater zuliebe legte der Prior die Vorschriften sehr freizügig aus und ließ Martin die Gelübde eines Laienbruders ablegen. Doch nicht alle Ordensbrüder waren so tolerant. Fast täglich beleidigte ein Priester oder Bruder Martin, weil er mit schwarzer Haut und unehelich geboren war. Viele andere jedoch betrachteten Martin als einen Heiligen. Es hieß, er habe einen Priester geheilt, dessen brandige Beine amputiert werden sollten, und dass er einem anderen Priester, der kurz vor dem Tod stand, zu perfekter Gesundheit verholfen habe. Martins Geduld, Demut und unbezweifelbare Heiligkeit ließen ihn zu einem der beliebtesten und anerkanntesten Männer Limas werden. Als er starb, baten zwei Bischöfe, der Vizekönig sowie ein Richter des königlichen Gerichts um die Ehre, als seine Sargträger fungieren zu dürfen – ein öffentlicher Tadel für alle, die immer noch auf Martin als einen unehelichen Abkömmling von Sklaven herunterschauten.

Siehe Heiligenbild auf Seite 338

Rechtsanwälte

Der heilige Ivo Hélory

1253–1303 – Gedenktag: 19. Mai

Ein lateinischer Reim, der im Mittelalter beliebt war, lautet übersetzt: »Der Ivo war Bretone, ein Anwalt und kein Dieb, was alle ganz schön komisch fanden.« Ivo Hélory studierte an den Universitäten in Paris und Orléans und wurde zu einem Meister sowohl des weltlichen als auch des kirchlichen Rechts. Er machte sich einen Namen als mitfühlender Mann, der die Armen kostenlos verteidigte und ihnen sogar Essen und warme Kleidung brachte, während sie im Gefängnis auf ihr Verfahren warteten. Er klagte Edelmänner an, die zu hohe Steuern von ihren Lehnsmännern verlangten, und um den Prozessführern Zeit und Kosten eines Rechtsstreits zu ersparen, versuchte er, Fälle möglichst außergerichtlich zu vergleichen. Im Gegensatz zu vielen seiner Kollegen lehnte Ivo jegliche Bestechungsversuche ab. Nach etwa zwanzig Jahren anwaltlicher Tätigkeit begann Ivo eine Priesterausbildung. Sein Bischof schickte ihn aus, sich um zwei Gemeinden in der Bretagne zu kümmern, wo Ivo seine Erfahrung als Rechtsanwalt einsetzte, um Nachbarschaftsstreitigkeiten beizulegen. Als Anwalt hatte Ivo nie einen armen Mandanten abgewiesen, und jetzt, als Priester, lehnte er nie ab, einem Bedürftigen zu helfen. An Feiertagen richtete er Bankette für die Armen aus. Er hieß Reisende im Pfarramt willkommen, als wären sie Engel auf Wanderschaft. Und man sagt, während einer Dürre, als sich die ganze Gegend hilfesuchend an Ivo wandte, wurde sein eigener Getreidevorrat stets wundersam aufgefüllt, bis die Hungersnot ein Ende hatte. Ivo wurde während der Fastenzeit 1303 schwer krank, hielt aber noch bis Ostern durch. Am Vorabend vom Fest Christi Himmelfahrt bestand er darauf, noch einmal die Messe zu lesen. Zu schwach zum Stehen, gestützt von zwei Männern, beendete er die Messe, dann trug man ihn zurück in sein Pfarramt, wo er starb.

Siehe Heiligenbild auf Seite 338

REFORMATOREN

Der heilige Basilius der Große

329–379 – GEDENKTAG: 2. JANUAR

Basilius entstammte einer bemerkenswert tugendhaften Familie: Seine Großmutter, seine Eltern und vier seiner neun Brüder und Schwestern wurden heiliggesprochen. Sie waren wohlhabend und spendabel den Armen gegenüber, aber Basilius trieb die Großzügigkeit seiner Familie noch einen Schritt weiter. Als eine Hungersnot ihre Heimatprovinz Kappadokien traf, arbeitete er mit den Sklaven in einer Suppenküche, die jeden Tag Hunderte verpflegte. Sein persönliches Engagement im Einsatz gegen die Not in der Welt wurde zu seinem Leitprinzip und einem Eckstein seiner Reformen der mönchischen Lebensweise im Osten.

Zu Basilius' Zeit waren die meisten Mönche und Nonnen Einsiedler, die in verlassenen Ecken der Wüsten Nordafrikas und des Nahen Ostens hausten. Mit der Begründung, Menschen wären »soziale Wesen, keine Einzelgänger oder Wilde«, drängte er die Einsiedler, Gemeinschaften in der Nähe von Dörfern und Städten zu bilden, so dass gewöhnliche Christen von ihren Gebeten profitieren konnten und, angeregt durch ihr Beispiel, ihr eigenes religiöses Leben vertieften. Die Mönche und Nonnen könnten Waisenkinder aufnehmen und Schulen einrichten und so eine neue Generation für die geistliche Lebensweise rekrutieren. Bis heute sind Basilius' Richtlinien für Mönche und Nonnen der Standard in der Ostkirche.

Basilius selbst wurde Priester und schließlich Erzbischof von Caesarea, seiner Heimatstadt. Damit seine Gemeinde der orthodoxen Lehre treu blieb, predigte er jeden Morgen und jeden Abend, stets vor einer großen Menschenmenge. (Und wie viele Bischöfe im 4. Jahrhundert hatte auch Basilius die Rednerschule besucht.) Mit dem Vermögen seiner Familie errichtete er ein großes Hospital am Stadttor.

Die größte Herausforderung seines Lebens war der Arianische Streit, Arians ketzerische Lehre, die verkündete, dass Christus nicht der Sohn Gottes, sondern ein niedereres Wesen sei. Als Kaiser Valens zum Arianismus übertrat, ließ er durch einen Delegierten alle Bischöfe auffordern, in Ost und West diese Lehre ebenfalls zu übernehmen. Basilius weigerte sich und verspottete die Christen, die sich von Arians ketzerischer Lehre hatten verführen lassen. Entgeistert entgegnete der Delegierte des Kaisers, dass niemand es bisher gewagt hätte, dergestalt mit ihm zu sprechen. »Vielleicht«, entgegnete Basilius, »hattest du es noch nie mit einem Bischof zu tun.« Die Anstrengung, eine Diözese zu leiten, gegen die Arianer zu kämpfen und das Mönchtum zu reformieren, forderte jedoch ihren Tribut. Basilius starb kurz vor seinem fünfzigsten Geburtstag. Die Kirche legte seinen Gedenktag mit dem seines engen Freundes Gregor von Nazianz zusammen, der die Predigt bei Basilius' Beerdigung hielt. Darin erklärte Gregor, dass er sich auf ihr Wiedertreffen im Himmel freute, wo sie »die Belohnung für die Kämpfe, die wir ausgetragen haben, und die Angriffe, denen wir widerstanden haben« erhalten würden.

SIEHE HEILIGENBILD AUF SEITE 338

REGEN

Der heilige Swithin

GEST. 862 – GEDENKTAG: 2. JULI

Der heilige Swithin wurde in Winchester geboren, wuchs dort auf und wurde schließlich Bischof der Stadt. Er liebte seine Heimat und nutzte seinen Einfluss und Wohlstand als Bischof, um für Verbesserungen zu sorgen. Er stellte alte, vernachlässigte Kirchen wieder her und errichtete neue in jenen Teilen des Bistums, die eines Priesters bedurften. Um die Wirtschaft anzukurbeln, baute er eine Brücke über den Itchen River, so dass Bauern und Händler es leichter hatten, ihre Waren zum Markt zu bringen. Swithin verlor nie seine Zuneigung zu seinen alten Nachbarn. Eines Tages, als er auf der Brücke saß und zusah, wie die Arbeiter letzte Hand anlegten, ging eine Bäuerin vorbei, die einen Korb Eier auf dem Kopf balancierte. Einer der Arbeiter schubste sie aus Spaß, und der Korb fiel auf den Boden. In deutlichen Worten schalt Swithin den Arbeiter. Dann kniete er sich neben die weinende Frau und machte das Kreuzzeichen über den zerbrochenen Eiern. Augenblicklich waren sie wieder ganz. Als Bischof von Winchester konnte sich Swithin eines Grabplatzes in erstklassiger Lage in seiner Bischofskirche sicher sein. Aber auf seinem Totenbett wies er die Mönche an, ihn auf dem Kirchhof zu begraben, bei den normalen Gemeindemitgliedern. Sie gehorchten dem Wunsch des Bischofs, aber 971 überdachten der neue Bischof von Winchester und die Mönche die Entscheidung des Vorgängers. Einen Heiligen in der Erde liegen zu lassen erschien ihnen respektlos. Also errichteten sie in der Kathedrale einen wunderbaren Schrein und legten den 15. Juli 971 als Übertragungstag für die Gebeine fest. Bei der Exhumierung setzte ein unfassbarer Regenfall ein und durchweichte die Prozessionsteilnehmer, was die Bürger der Stadt als eindeutiges Zeichen des Missmuts des Heiligen interpretierten. Seitdem wird Swithin bei Dürre angerufen, um Regen zu bringen, oder wenn eine Überflutung droht, den Regen aufhören zu lassen.

SIEHE HEILIGENBILD AUF SEITE 338

REISELEITER

Die heilige Bona von Pisa

1156–1207 – GEDENKTAG: 29. MAI

Im Mittelalter waren Reisen zu Heiligtümern sehr beliebt, denn so ließen sich religiöse Verehrung und der Wunsch nach einem Tapetenwechsel verbinden, und vielleicht konnte man sogar ein kleines Abenteuer erleben. Viele Pilger zogen allein los, aber aufgrund der zahlreichen Gefahren – vom Lawinenunglück bis zum Raubüberfall – reisten die Klügeren in großen Gruppen, die ein erfahrener Reiseleiter führte, der die sichersten Wege, die bequemsten Unterkünfte und die beste Reisezeit kannte.

Bona von Pisa trat ihre erste Pilgerreise mit erst vierzehn Jahren an. Ihr Ziel war das Heilige Land, wo sie an den heiligen Stätten des Christentums beten und ihren Vater besuchen wollte, der sich als Kreuzritter gemeldet hatte. Ihre Reise nach Palästina war ereignislos, aber auf dem Rückweg nach Pisa überfielen Piraten ihr Schiff. Die Seeräuber entführten Bona und wollten sie als Sklavin verkaufen. Durch Zufall hörten einige Pilger aus Pisa von Bonas Schicksal und kauften sie frei. Trotz ihrer Begegnung mit den Piraten verlor Bona nie ihre Begeisterung für Pilgerreisen, sie wurde jedoch vorsichtiger. Ihr nächstes Ziel war das Grab Jakobus' des Älteren in Santiago de Compostela, Spanien. Diesmal machte sie sich lieber mit einer großen Gruppe auf den Weg. Die erste Reise nach Santiago de Compostela regte sie dazu an, selbst Pilgerreisenleiterin zu werden. Sie unternahm noch acht weitere Ausflüge zum Grabmal des Jakobus, jedes Mal führte sie eine große Gruppe Pilger. Bona von Pisa war alles, was ein Reisender sich von seiner Reiseleiterin erhofft – sie kannte sich aus, war hilfreich, freundlich, lebendig und verständnisvoll. In Anerkennung ihrer außerordentlichen Fähigkeiten ernannte Papst Johannes XXIII. sie 1962 zur Schutzpatronin der Flugbegleiter.

SIEHE HEILIGENBILD AUF SEITE 339

REISENDE

Der heilige Christophorus

GEST. CA. 250 – GEDENKTAG: 25. JULI

Christophorus ist einer der beliebtesten und bekanntesten Heiligen im Kalender. Früher war es üblich, sein Bildnis auf Armaturenbrettern im Auto anzubringen, und sein Medaillon hing an zahllosen Schlüsselanhängern. Als sich also 1969 herumsprach, dass Papst Paul VI. Christophorus aus dem Liturgischen Kalender gestrichen hatte, waren Katholiken wie Nichtkatholiken entgeistert und sogar ein wenig besorgt. Wer schützte sie dann auf ihren Reisen?

Genau genommen war das alles nur ein schreckliches Missverständnis. In jenem Jahr überarbeitete der Papst den Festkalender. Um die verschiedenen Zeiten und Feste des Kirchenjahrs, wie die Adventszeit und die Fastenzeit, stärker zu betonen, wurden einige Gedenktage verschoben und einige Heilige sogar ganz gestrichen. In der folgenden Verwirrung begannen die Leute zu behaupten, dass Christophorus herabgesetzt worden sei oder dass es ihn sogar nie gegeben habe. (Wir wissen mit Sicherheit, dass es ihn gab und dass er in Lycia, in der heutigen Türkei, irgendwann Mitte des 3. Jahrhunderts den Märtyrertod starb). Schlimmer noch, Bischöfe und Gemeindepriester, die die Sache hätten klären sollen, vergeigten es. Und so wurde »allgemein bekannt«, dass Christophorus nicht mehr länger ein Heiliger sei.

Sie können ruhig schlafen, Christophorus ist immer noch ein ordnungsgemäßer Heiliger. Er hat sogar seinen Gedenktag behalten, den 25. Juli. Aber da er sich den Tag mit dem Apostel Jakobus dem Älteren teilt, hat der Vatikan Priester angewiesen, die Messe an diesem Tag bitte schön zu Ehren von Jakobus zu lesen – denn ein Apostel ist stets ranghöher als jeder andere Heilige. Aber es gibt Ausnahmen von dieser Regel. Wenn die Pfarrkirche Christophorus geweiht ist oder wenn in der Region Christophorus besonders intensiv verehrt wird oder auch wenn der Priester Christoph heißt – dann darf am 25. Juli ihm zu Ehren die Messe gelesen werden.

Die Geschichte, wie Christophorus zum Schutzpatron der Reisenden wurde, ist wohlbekannt. Er war ein großer, kräftiger Mann. Als er zum Christentum übertrat, ließ er sich neben einem reißenden Fluss nieder, wo er seine Kraft nutzte, um Reisende sicher auf die andere Seite zu tragen. Eines Tages bat ein kleiner Junge darum, über den Fluss getragen zu werden. Christophorus ergriff seine Sachen, legte sich das Kind auf die Schulter und stieg ins Wasser. Aber mit jedem seiner Schritte stiegen die Wellen höher, die Strömung wurde stärker, das Gewicht des kleinen Jungen nahm zu. Christophorus fürchtete, das Gleichgewicht zu verlieren, dann würden er und der Junge ertrinken. Schließlich kroch er erschöpft und nach Luft schnappend auf der anderen Seite ans Ufer. »Mein Junge«, sagte Christophorus, »wer bist du?«
Der kleine Junge antwortete: »Heute trugst du auf deiner Schulter den Erschaffer der Welt. Ich bin Christus, dein Herr.« Dann verschwand das Christuskind.

SIEHE HEILIGENBILD AUF SEITE 339

REITER

Der heilige Martin von Tours

CA. 336–397 – GEDENKTAG: 11. NOVEMBER

Martin von Tours ist der Schutzpatron der Reiter, weil er immer auf dem Rücken eines Pferdes dargestellt wird. Seine Geschichte spielt in Amiens in Gallien (dem heutigen Frankreich) in einer bitterkalten Nacht mitten im Winter. Martin, ein Offizier des römischen Heeres, ritt zurück in seine Kaserne, wobei er ausgesprochen ansehnlich anzuschauen war in seinem wunderbaren roten Wollmantel, den ihm die Männer seiner Kohorte verehrt hatten. Auf seinem Weg entdeckte Martin einen Armen, der Lumpen trug, vor Kälte zitterte und um etwas Warmes zum Anziehen bettelte. Die Leute ignorierten den armen Mann – außer Martin. Er hielt an, zog sein Schwert, schnitt seinen wunderbaren Mantel entzwei und reichte die Hälfte dem halb erfrorenen Bettler. Dann gab er seinem Pferd die Sporen und ritt davon.

In jener Nacht erwachte Martin, weil seine Kammer mit einem grellen Licht erfüllt war. Christus stand am Fuß seines Bettes, umgeben von Engeln. Der Teil des Mantels, den Martin dem Armen gegeben hatte, lag um die Schultern des Herrn geschlungen. »Seht«, sagte Christus zu den Engeln. »Martin, der noch nicht einmal getauft ist, hüllte mich in seinen eigenen Mantel.« Dann verblasste die Erscheinung. Martin, Sohn einer heidnischen Familie, hatte erst mit dem Studium des christlichen Glaubens begonnen, als er eingezogen wurde. Ein Priester fand sich nicht bei den Legionen, also konnte Martins geistliche Unterweisung nicht fortgeführt werden. Er hatte ein paar christliche Gebete gelernt und begriff das Konzept guter Werke. Selbst bevor er den Bettler getroffen hatte, behielt er von seinem Sold nur, was er und sein Diener brauchten, und gab den Rest den Armen. Als sein Militärdienst beendet war, reiste Martin nach Poitiers, wo der berühmte Bischof Hilarius seine religiöse Ausbildung abrundete und ihn schließlich taufte.

SIEHE HEILIGENBILD AUF SEITE 339

RINDER

Die heilige Perpetua und die heilige Felicitas

GEST. 203 – GEDENKTAG: 7. MÄRZ

Zu den Schätzen der frühchristlichen Literatur gehört das Gefängnistagebuch der heiligen Perpetua, einer römischen Adeligen, Ehefrau und Mutter, die mit ihrer Familie im nordafrikanischen Karthago lebte. Als Perpetua verhaftet wurde, war sie zweiundzwanzig Jahre alt und hatte kurz zuvor einen Jungen geboren. Mit ihr gemeinsam gefangen gehalten wurde Felicitas, eine von Perpetuas Sklavinnen, die im achten Monat schwanger war.

Da Perpetua noch stillte, blieb ihr Sohn im Gefängnis bei ihr, und bald gebar Felicitas dort ein Mädchen. Als die beiden Frauen verurteilt wurden, kam Perpetuas Vater ihren Sohn, seinen Enkel, holen, und eine Christin adoptierte Felicitas' Tochter. Perpetuas Tagebuch beschreibt uns den Abend vor ihrem Märtyrertod, den Rest der Geschichte hat ein unbekannter Christ vervollständigt, ein Augenzeuge der Tragödie. Am Geburtstag des Kaisers Septimius Severus wurden Perpetua und Felicitas zusammen mit drei christlichen Männern – Saturninus, Saturus und Revocatus – in die Arena der Stadt geführt, um wilden Tieren zum Fraß vorgeworfen zu werden. Die Männer wurden von einem Leoparden und einem Bären gefressen, während die Frauen von einer wilden Kuh auf die Hörner genommen wurden, bevor ein Gladiator ihrem Leben ein Ende bereitete. Da Perpetua und Felicitas oft mit der Kuh abgebildet werden, die sie verletzte, wurden sie zu den Schutzheiligen von Rinderherden.

Ihre detaillierte und ergreifende Geschichte war achthundert Jahre lang eine Lieblingsgeschichte aller Christen. Im 4. Jahrhundert wurde in Nordafrika aus Perpetuas Tagebuch in der Messe vorgelesen. Als Bischof musste Augustinus von Hippo die Priester und die Gläubigen seines Bistums erinnern, dass, so beeindruckend Perpetuas Buch auch sei, es nicht auf der gleichen Ebene wie die Heilige Schrift lag.

SIEHE HEILIGENBILD AUF SEITE 339

Rundfunk- und Fernsehsprecher

Der heilige Gabriel

Gedenktag: 29. September

In der Bibel werden nur drei Erzengel beim Namen genannt: Michael, der Krieger, der Luzifer und die aufständischen Engel aus dem Himmel in die Hölle vertrieb, Raphael, der Führer und Begleiter von Tobias, und Gabriel, Gottes liebster Bote.

Gabriels Nachrichten sind stets gewaltig und oft überraschend. Er ist berühmt als der Engel, der der Jungfrau Maria mitteilte, dass Gott sie auserwählt hatte, die Mutter Jesu zu werden. Seine Begrüßungsworte an Maria wurden zur ersten Zeile des beliebtesten und bekanntesten Gebetes in der katholischen Welt. »Gegrüßet seist du, Maria, voll der Gnade, der Herr ist mit dir.« Gabriel teilte Maria nicht nur die Empfängnis des Messias mit, er enthüllte ihr auch, dass ihre Cousine Elisabeth, die nie empfangen konnte und längst über das fruchtbare Alter hinaus war, ebenfalls schwanger war. Elisabeths Sohn würde Johannes der Täufer sein.

Das Matthäusevangelium nennt den Namen des Engels nicht, aber die Überlieferung nahm immer an, dass es Gabriel gewesen war, der Josef aufforderte, Maria zu heiraten, der die Geburt Jesu den Hirten Bethlehems verkündete, der die Heiligen Drei Könige warnte, nicht zu König Herodes zurückzukehren, sondern einen anderen Weg nach Hause zu nehmen, der Josef befahl, Maria und das Kind nach Ägypten in Sicherheit zu bringen, und der ein paar Jahre später mit der Nachricht zu der Heiligen Familie kam, dass Herodes gestorben sei und sie jetzt nach Hause nach Nazareth zurückkehren konnten.

Da Gabriel in den Evangelien eine so große Rolle als Überbringer wichtiger Nachrichten spielt, wer könnte besser Schutzpatron von Rundfunk- und Fernsehsprechern, Postboten, Kurieren und Sendboten aller Art sein?

Siehe Heiligenbild auf Seite 340

SCHAFHIRTEN

Der heilige Cuthbert von Lindisfarne

634–687 – GEDENKTAG: 20. MÄRZ

Als Junge wachte Cuthbert auf den Hügeln oberhalb von Melrose im nördlichen England über die Schafe seiner Familie. Im nahen Bamburg befand sich ein Kloster, in das sich der beliebte heilige Aidan von Lindisfarne nach einem ausgefüllten Leben, in dem er den Glauben ins Grenzgebiet zwischen England und Schottland trug, zurückgezogen hatte. Aidan verstarb in der Nacht des 31. August 651. Cuthbert bewachte wie immer draußen auf den Hügeln seine Schafe, als ein grelles Licht den Nachthimmel teilte, dann sah er die Engel Aidans Seele himmelwärts tragen. In diesem Moment entschied sich Cuthbert, selbst Mönch zu werden.

Er trat in das Kloster in Melrose ein, wo ihn alle als den idealen Kandidaten ansahen. Cuthbert war am Ende seiner Jugendjahre und sehr kräftig, er genoss jede Art der Arbeit im Freien. Er lernte schnell Latein und liebte die Stunden, die er beim Gesang mit dem Chor seiner Mönchskollegen verbrachte. Als die Mönche ein weiteres Kloster in der Nähe gründeten, schickten sie Cuthbert dorthin, um als Gästebetreuer zu dienen. Seine freundliche, offene Art kam gut bei allen Besuchern der neuen Einrichtung an. Über hundert Jahre hinweg hatten die Mönche und Nonnen in Großbritannien und Irland eine eigene Art des Alltags, des Betens und der Anwendung des liturgischen Kalenders entwickelt, die von den Traditionen der restlichen katholischen Kirche abwich. Mehrfach drängten der Papst und seine Abgesandten die britischen und irischen Mönche und Nonnen, sich an die römischen Gepflogenheiten zu halten, aber viele zögerten, ihre Traditionen aufzugeben. Schließlich hielt Hilda von Whitby, die respekteste Äbtissin Britanniens, im Jahr 664 eine Synode in ihrem Kloster ab, um die Frage zu klären. Die Delegierten stimmten für eine Übernahme des römischen Modells, nur die Mönche der Abtei Lindisfarne leisteten Widerstand. Um eine Kirchenspaltung zu vermeiden, beschlossen die Bischöfe

Britanniens, dass Cuthbert Vorstand in Lindisfarne werden sollte. Er war in den alten britischen Riten geschult, also könnte er mit seinem Takt und freundlichen Wesen die Mönche leicht zum Einlenken bewegen. Es war ein kluger Versuch, denn Cuthbert hatte Erfolg darin, die Mönche in Lindisfarne zu überreden, sich den römischen Bräuchen anzupassen.

Cuthbert wurde in England ein beliebter Heiliger. Die Verehrung für ihn ging so weit, dass sogar während der Reformation die Männer, denen Heinrich VIII. befohlen hatte, die Schreine zu zerlegen und die Gebeine der Heiligen in alle Winde zu verstreuen, es nicht über sich brachten, die sterblichen Überreste des heiligen Cuthbert anzurühren. Sie entnahmen dem Schrein alle Wertgegenstände, ließen aber die Reliquie selbst intakt, sie vergruben sie an jener Stelle, wo der Schrein gestanden hatte, unter der Kathedrale von Durham. Bis heute ruhen Cuthberts Gebeine dort.

SIEHE HEILIGENBILD AUF SEITE 340

SCHAUSPIELER

Der heilige Genesius von Rom

GEST. UM 300 – GEDENKTAG: 25. AUGUST

An der Neunundvierzigsten Straße West, im Herzen von Manhattans Theaterviertel, dem Broadway, befindet sich eine kleine Kirche namens St. Malachy, die inoffizielle Kapelle des Theatervolkes von New York. St. Malachy hat seit 1920 die Gläubigen Hollywoods willkommen geheißen – bei der Sonntagsmesse war es keineswegs ungewöhnlich, eine Bank mit Stars wie George M. Cohan, Spencer Tracy, Perry Como, Irene Dunne, Elaine Stritch, Danny Thomas, Bob und Dolores Hope oder Ricardo Montalban zu teilen. Eine der Seitenkapellen ist Genesius von Rom geweiht, einem Märtyrer, der eine spezielle Beziehung zu Mimen und ihrer Kunst hat.

Genesius, ein Schauspieler und Heide aus Gallien, lebte im Rom Diokletians, eines Kaisers, der das Christentum ein für alle Mal auszulöschen gedachte. Die Christenverfolgung war in vollem Gange, als Genesius und seiner Truppe befohlen wurde, vor dem kaiserlichen Hof aufzutreten. Selbstverständlich wollten die Schauspieler den Kaiser beeindrucken, und so schrieben sie ein neues Stück, das durch die aktuellen Ereignisse inspiriert war – eine Komödie, die das Christentum verspottete. Genesius spielte einen Konvertiten.

Das Stück war von der ersten Szene an ein Erfolg. Römer aller Schichten erfreuten sich an der Farce, und der skurrile Spott der Truppe über alles Christliche amüsierte Diokletian und seine Gäste. Genesius stand im Mittelpunkt einer Taufszene, dem Höhepunkt des Stückes. Aber als der Schauspieler, der den Priester darstellte, Genesius Wasser über den Kopf goss und dabei die Worte der christlichen Taufspendung sprach, geschah etwas Außerordentliches. Göttliche Gnade durchströmte Genesius, und augenblicklich erfuhr er, dass alles, was die Kirche lehrte, wahr ist. Erfüllt mit einem Eifer, den er selbst kaum begreifen konnte, begann Genesius Diokletian für seine Grausamkeit den Christen gegenüber zu schmähen. Erst lachte der Kaiser, da er glaubte, die kühne Rede sei Teil des Stückes.

Aber als Genesius seine Tirade fortsetzte, wurde Diokletian klar, dass dieser dreiste Schauspieler es ernst meinte. Wutentbrannt ließ der Kaiser Genesius verhaften und verurteilte ihn augenblicklich zum Tod durch Folter.

Als die Henker Genesius mit eisernen Haken quälten und mit Fackeln versengten, drängten sie ihn, seinem neu gefundenen Glauben abzuschwören, doch er entgegnete: »Und tötete man mich tausendmal für meine Treue zu Christus, würde ich doch fortsetzen, was ich begann.«

Die Christen Roms begruben ihren unerwarteten Märtyrer in einer der Katakomben außerhalb der Stadtmauern. Die Reliquien des heiligen Genesius befinden sich heute in der Kirche Santa Susanna der amerikanischen Gemeinde in Rom.

SIEHE HEILIGENBILD AUF SEITE 340

GEMEINDEPRIESTER
Der heilige Jean-Marie Vianney

PR-SPEZIALISTEN
Der heilige Paulus von Tarsus

PSYCHIATER & PSYCHOLOGEN
Die heilige Christina die Wunderbare,
auch Christina von Belgien

RADFAHRER
Unsere Liebe Frau von Ghisallo

S. MARTIN DE PORRES O. P.
(1579-1639)

RASSENDISKRIMINIERUNG
Der heilige Martin de Porres

SANCTUS YVO

RECHTSANWÄLTE
Der heilige Ivo Hélory

SCÈNES DE LA VIE MONASTIQUE

S! BAZILE
ET S! GRÉGOIRE DE NAZIANZE
A ATHÈNES

EDITION DE LA TRAPPE DE N-D. d'AIGUEBELLE (Drôme)

REFORMATOREN

S. SWITHIN, B.C.

REGEN

REISELEITER

Die heilige Bona von Pisa

REISENDE

Der heilige Christophorus

REITER

Der heilige Martin von Tours

RINDER

*Die heilige Perpetua und
die heilige Felicitas*

RUNDFUNK- UND FERNSEHSPRECHER

Der heilige Gabriel

Gebet. Allmächtiger, ewiger Gott! stärke uns durch Deinen
Beistand, daß wir und durch seine Versuchung von der Bahn des
Heiles abwendig machen lassen, und so wie der hl. Bischof Cuth-
bert das ewige Leben erlangen. Durch Christum ꝛc. Amen.
    Weichet nicht ab vom Herzen, sondern dienet Ihm vor ganzem
Herzen. Fürchtet den Herrn und dienet Ihm in Wahrheit. Kg. 1, 12.
    Bitte die lieben Heiligen oft um ihren Beistand, wenn dir
eine Tugendübung recht hart vorkommt.

SCHAFHIRTEN

Der heilige Cuthbert von Lindisfa

S. Genesio Martire

SCHAUSPIELER

Der heilige Genesius von Rom

Die hl. Pelagia, Büßerin.

SCHAUSPIELERINNEN

Die heilige Pelagia

SCHAUSPIELERINNEN
Die heilige Pelagia
GEST. 305 ODER 306 – GEDENKTAG: 9. JUNI

Der heilige Johannes Chrysostomos, im 5. Jahrhundert Bischof und Patriarch von Konstantinopel, predigte über das Wunder der Gnade (die sogar schlimmste Sünder zur Reue bewegt) und belebte seine Rede mit einem Beispiel, das alle in der Gemeinde kannten. Er erinnerte die Zuhörer an die bekannteste Schauspielerin ihrer Zeit, eine Frau, deren Bühnentalent im ganzen oströmischen Reich gefeiert wurde. Doch so berühmt sie als Schauspielerin war, so berüchtigt war sie als Verführerin, die »über jede Laszivität hinausging«, wie Johannes es formulierte. Wie machte sie das? Johannes mutmaßte, dass sie ihren Opfern Rauschmittel einflößte oder sie verhexte. Doch durchtrieben, wie sie war, zeigte sie sich reuig, ließ sich taufen und trat in ein Kloster ein. Ihre Buße war so überzeugend und ihre Hingabe an das Gebet und die Wohltätigkeit so umfassend, dass sie sich einen neuen Ruf als Heilige aufbaute. »Lasset niemand, der in Sünde lebt«, schloss Johannes, »verzweifeln.« Es ist eine er-

bauliche Geschichte, nur eines fehlt: der Name der Schauspielerin. Offenbar war sie in Konstantinopel so bekannt, dass der heilige Johannes es nicht für nötig hielt, ihn zu nennen. Die berüchtigte Schauspielerin wurde als Pelagia bekannt, dank einer ausführlichen Darstellung ihrer Lebensgeschichte aus der Feder des Diakons Jakob (2. Hälfte des 5. Jahrhunderts). In Jakobs Geschichte ist Pelagia eine Schauspielerin von derart betörender Schönheit und sexueller Anziehungskraft, dass es selbst Bischöfen schwerfiel, sie nicht anzustarren, wenn sie vorbeiging. Er berichtet, dass sie durch Zufall eine bischöfliche Predigt hörte, die sie dazu bewegte, ihre sündigen Vergnügen aufzugeben und ein neues Leben zu beginnen – allerdings nicht in einem Frauen-, sondern in einem Männerkloster, wo sie sich mit Hilfe ihrer Schauspielkunst den Rest ihres Lebens als Eunuchen-Mönch ausgab.

SIEHE HEILIGENBILD AUF SEITE 340

SCHIFFER

Der heilige Jodok, auch Jodokus

GEST. CA. 668 – GEDENKTAG: 13. DEZEMBER

Jodok war kurze Zeit König von der Bretagne, aber nach einer Pilgerreise nach Rom dankte er ab und wurde Einsiedler. Die Bretonen waren zu jener Zeit eine Seefahrernation mit reichlich Erfahrung und Kenntnis aller Gefahren auf See. Als er sich in seine einfache Kapelle im Wald zurückzog, betete Jodok täglich für die Sicherheit aller Seefahrer. Und so wurde er zu ihrem Schutzpatron, vor allem wird er um Hilfe angerufen gegen das Auf-Grund-Laufen.

Als Einsiedler besaß Jodok nicht viel, aber was er hatte, teilte er mit jedem, der ihn darum bat. Eine Geschichte erzählt, dass er nichts in seiner Hütte hatte, außer einem Stück Brot. Ein armer Reisender fragte um etwas zu essen, also teilte Jodok das Brot und reichte es dem hungrigen Fremden. In schneller Folge kamen noch drei weitere Reisende an seine Tür, alle auf der Suche nach etwas zu essen, und jedem gab Jodok einen Teil seines Brotes. Als ein vierter Mann erschien, war das verbliebene Brotstück zu klein, um es noch zu teilen, also schenkte Jodok es ihm ganz. Menschen, die diese Geschichte hörten, behaupteten, dass die vier Reisenden in Wahrheit vier Erscheinungen Christi waren, der persönlich Jodoks Großzügigkeit erfahren wollte.

Der Ort, an dem Jodok begraben wurde, ist bekannt als Saint-Josse-sur-Mer oder Sankt Jodok, was es Seeleuten leichtmachte, an seinem Heiligtum zu beten. Im Jahr 902 sollen Mönche aus der Bretagne einen Teil der Überreste der Gebeine des Heiligen in die Kathedrale von Winchester verbracht haben. Besucher der Kirche berichteten von einer plötzlichen Abfolge von Wundern, was die Jodokus-Verehrung in England begründete. Den Engländern fiel es schwer, den Namen des heiligen Bretonen auszusprechen, also modifizierten sie ihn zu Joce oder Joyce. In Deutschland findet man ihn auch als heiligen Jost, Jobst, Jostberg.

SIEHE HEILIGENBILD AUF SEITE 359

SCHLAGANFALL

Der heilige Andreas Avellino

1521–1608 – GEDENKTAG: 10. NOVEMBER

Andreas Avellino wurde als Andrea Lancelotto Avellino in Italien geboren. Er lebte unter diesem Namen, bis er fünfunddreißig Jahre alt war und in einen geistlichen Orden eintrat, der es seinen Mitgliedern erlaubte, einen neuen Namen anzunehmen. Andrea studierte Rechtswissenschaften. Mit sechsundzwanzig war er Anwalt sowohl für weltliches als auch kirchliches Recht, außerdem war er zum Priester geweiht worden. Als ein ruhiger, unaufgeregter Mann gewann er die Bewunderung seines Erzbischofs, der ihm eine herausfordernde Aufgabe zuteilte. Das Erzengelkloster in Neapel war bekannt geworden für die Unmoral seiner Nonnen. Der Erzbischof wollte, dass Avellino die Schwestern überzeugte, sich an ihre Gelübde zu halten. Vom ersten Tag an hassten die Nonnen den jungen Priester und verweigerten jede Reform, die er durchzusetzen versuchte. Als er darauf bestand, dass sie zu ihrem abgeschiedenen Leben zurückkehrten, wurde er von den Liebhabern der Nonnen angegriffen und zusammengeschlagen. Halb tot wurde er in das Haus der Theatinerpriester getragen, wo man ihn beschützte und gesund pflegte. Als Avellino sich von dem Angriff erholt hatte, beschloss er, sich den Theatinern anzuschließen; er gab seinen Taufnamen auf und nahm den Namen Andrea(s) an. Er wurde zu einem großen Gewinn für den Orden, nicht nur als eloquenter Prediger und geschickter Seelsorger, der viele Sünder in den Schoß der Kirche zurückholte, sondern auch als Ausbilder des Nachwuchses. Schließlich wurde er zum Superior (Ordensgeneral) der Theatiner gewählt.

Jahre später, am Morgen des 10. November 1608, erlitt Andreas mit siebenundachtzig Jahren einen schweren Schlaganfall und starb, als er an den Altar trat, um die Messe zu lesen. Er ist daher der Heilige, den man gegen Schlaganfälle anruft und auch gegen andere plötzliche Todesarten.

SIEHE HEILIGENBILD AUF SEITE 359

SCHLANGENBISSE

Der heilige Patrick von Irland

CA. 390–CA. 461 – GEDENKTAG: 17. MÄRZ

Selbst Leute, die nicht den Unterschied zwischen einem Erzengel und einem Abt kennen, wissen, dass der heilige Patrick die Schlangen aus Irland vertrieben hat. Diese Legende ist eine der ältesten und beständigsten. Heutzutage wird die Geschichte als Metapher betrachtet; die Schlangen stehen für die falschen Götter und heidnischen Praktiken im vorchristlichen Irland, die Patrick von der Insel verbannte.

Patrick war kein Ire, er war Brite, zur Welt gekommen in einer Stadt namens Bannaventa nahe der Grenze zwischen Britannien und Schottland. Etwa im Jahr 406 griffen Räuber aus Irland die Stadt an und verschleppten einige ihrer Bewohner als Sklaven, unter diesen Gefangenen war auch der sechzehnjährige Patrick. In Irland musste er als Schafhirte arbeiten. Sechs Jahre lebte er fast vollständig im Freien, nur leicht bekleidet, unterernährt, verzweifelt. Obwohl in einem christlichen Haus aufgewachsen, hatte der junge Patrick das Christentum nie ernst genommen, aber jetzt, wo ihm nichts anderes blieb, begann er zu jenem Gott zu beten, den er bisher immer verachtet hatte. Und seine Gebete wurden erhört. Patrick entkam, kehrte zu seiner Familie in Britannien zurück und ging dann nach Frankreich, um Priester zu werden. Nach seiner Priesterweihe hatte er einen Traum, in dem er die Stimmen von Millionen von Iren rufen hörte: »Komm zurück, junger Mann, und wandle wieder unter uns!« Patrick interpretierte den Traum als Aufforderung, die Iren zum Christentum zu bekehren. Seine Interpretation wurde noch bestärkt, als Papst Celestine ihn als Missions-Bischof nach Irland schickte. Es heißt, Patrick hätte alle Iren bekehrt. Das kann nicht stimmen. Aber immerhin überzeugte er so viele und änderte ihre Weltsicht so gründlich, dass es kein Problem für seine Nachfolger darstellte, die Bekehrung des gesamten Landes zu vollenden.

SIEHE HEILIGENBILD AUF SEITE 359

SCHLOSSER

Der heilige Simon Petrus

GEST. CA. 64 – GEDENKTAGE: 29. JUNI, 22. FEBRUAR, 18. NOVEMBER

»Dir will ich die Schlüssel des Himmelsreiches geben«, verkündete Christus dem Simon Petrus. »Was du binden wirst auf Erden, wird gebunden sein im Himmel, und was du lösen wirst auf Erden, wird gelöst sein im Himmel« (Mt 16,19).

Diese Verse des Matthäusevangeliums etablieren Simon Petrus als den ersten Papst – und als den Schutzpatron der Schlosser. Im Sinne spiritueller Autorität ist Petrus im Besitz der Schlüsselgewalt – der Gewalt des Bindens und Lösens. Aber Schlosser rufen ihn an, mit ihrer eigenen Deutung der Schlüsselgewalt – damit sie öffnen können, was verschlossen ist, und verschließen können, was geöffnet wurde. In der Kunst wird Simon Petrus fast immer mit einem Paar großer Schlüssel dargestellt, einem goldenen und einem silbernen. Laut Überlieferung öffnet und schließt der goldene Schlüssel das Himmelstor, während der silberne das Tor zur Hölle öffnet und schließt. Bei den Christen aller Konfessionen ist der Glaube weit verbreitet, dass Simon Petrus der Wächter am Himmelstor ist und entscheidet, wer hereingelassen wird und wer an einen deutlich unkomfortableren Ort verwiesen wird. Das ist keine Lehre, und man kann ganz sicher diese Information nirgends im Neuen Testament finden – es ist bloß ein bisschen unschuldige religiöse Folklore, die seit dem Mittelalter weitergegeben wird. Als die Nachfolger des Simon Petrus haben die Bischöfe von Rom und katholischen Päpste seine Schlüssel zu ihrem Emblem gewählt. Die Worte der Verheißung an Petrus, geschrieben in etwa eins achtzig hohen goldenen Lettern, finden sich kreisförmig auf der großen Kuppel des Petersdoms in der Vatikanstadt.

SIEHE HEILIGENBILD AUF SEITE 359

SCHNEE

Die heilige Maria Schnee

GEDENKTAG: 5. AUGUST

Generationen lang haben katholische Schulkinder jeden Winter zu Maria Schnee gebetet, um schneefrei zu bekommen.

Laut einer alten Legende erschien die Jungfrau Maria in der Nacht des 4. August 352, mitten in einem dampfend heißen römischen Sommer, einem Senator namens Johannes und seiner Frau und befahl ihnen, ihr zu Ehren eine Kirche auf dem Esquilin zu errichten. In derselben Nacht erschien die Madonna auch Papst Liberius und gab ihm dieselbe Anweisung.

Am nächsten Morgen trafen sich Johannes, seine Frau und der Papst auf dem Esquilin, wo sie etwas Außergewöhnliches vorfanden: Schnee und den Grundriss des Baus, den die Jungfrau Maria wünschte, in Schnee gemalt. Die Kirche, die auf diesem Platz errichtet wurde, ist die Basilika Santa Maria Maggiore. Um des Schneewunders zu gedenken, geht jeden 5. August während der Messe in der Basilika ein Regen weißer Rosenblätter auf die Gemeinde nieder.

Die Basilika wird »Maggiore« genannt, weil es die wichtigste Marienkirche im Westen ist. In ihr finden sich außerordentliche Kunstwerke, darunter eine Reihe Mosaiken aus dem 5. Jahrhundert, die sich über die gesamte Länge des Hauptgangs ziehen. Die Decke wurde mit der ersten Ladung Gold, die aus der Neuen Welt nach Europa kam, verkleidet – ein Geschenk von Ferdinand und Isabella von Spanien.

Die Kirche ist auch reich an Reliquien. Unter dem Hochaltar befinden sich in einem mit Kristallen und Gold verzierten Bronzereliquiar Holzstücke, die angeblich von der Krippe in Bethlehem stammen, in die Maria das Christuskind legte.

SIEHE HEILIGENBILD AUF SEITE 360

SCHRIFTSTELLER

Der heilige Franz von Sales

1567–1622 – GEDENKTAG: 24. JANUAR

Viele Heilige waren begabte Schriftsteller, aber Franz von Sales war besonders überzeugend. Die kleinen Flugblätter, die er – in klarer, geschliffener Sprache – über die Wahrheiten des katholischen Glaubens veröffentlichte, brachten Tausende Calvinisten zurück zur Kirche. Und fast vierhundert Jahre lang war seine *Anleitung zum frommen Leben* ein beliebter Ratgeber, wie man sündige Gewohnheiten ablegte und Gott näherkam.

Franz hatte nicht vorgehabt, Schriftsteller zu werden, aber die Umstände zwangen ihn, nach dem Stift zu greifen. Er war auf Schloss Sales bei Annecy in Savoyen geboren worden, in einer Region, die Teile des südöstlichen Frankreichs sowie der Schweiz einschließt. Die Familie blieb standhaft katholisch, obwohl die meisten ihrer Nachbarn zu dem radikalen protestantischen Reformer Johannes Calvin übergelaufen waren. 1533 überfielen Calvin und seine Anhänger die Diözese Genf, vertrieben den Bischof, die Priester, die Mönche und die Non-

nen und verboten die Ausübung der katholischen Religion.

Nicht lange nach seiner Priesterweihe begann Franz zusammen mit Louis von Sales, seinem Cousin, der ebenfalls Priester geworden war, durch Savoyen zu reisen, vor den Calvinisten zu predigen und mit ihnen zu diskutieren. Da es unmöglich war, jeden Weiler und jeden Bauernhof in dieser bergigen Region zu besuchen, verfasste Franz eine Reihe Flugblätter, die den Kern der katholischen Lehre erklärten und verteidigten, und diese ließ er in jeder Ecke der Diözese verteilen.

Der Erfolg kam langsam, aber nach fünf Jahren hatten die Sales-Cousins zwei Drittel der Bevölkerung Savoyens zurück in die katholische Kirche geholt. Beeindruckt von dieser Leistung, machte der Papst Franz von Sales zum Bischof von Genf (mit Amtssitz in Annecy), der Stadt, in der die beiden Sales-Priester nicht weitergekommen waren. Nach Franz' Bischofsweihe weigerten sich die weltlichen und calvinistischen Autoritäten Genfs jedoch, ihn auch nur einen Fuß in die Stadt setzen zu lassen, ganz zu schweigen davon, in der Kathedrale die Messe lesen zu lassen. Das war eine schreckliche Enttäuschung, aber Franz' Arbeit ließ ihm keine Zeit, darüber zu grübeln. Da er kein Priesterseminar in seinem Bistum hatte, unterrichtete er Theologie und examinierte persönlich jeden neuen Kandidaten zum Priestertum. Er gab Kindern Katechismusunterricht. Und er schrieb darüber, wie Religion zu unterrichten sei und wie man geistliche Orden wieder zur Ordnung rufen konnte.

Franz' größte Hinterlassenschaft als Schriftsteller ist seine *Anleitung zum frommen Leben* oder *Philothea*. Er schrieb sie, sagte er, »für diejenigen, die in Städten, in Familien oder bei Hofe leben und verpflichtet sind, zumindest nach außen hin ein normales Leben zu führen«. Das Ziel seines praktischen Ratgebers besteht darin, Christen zu helfen, Unachtsamkeit, Sorglosigkeit und alte Sünden abzulegen, um Schritt für Schritt zu einer tieferen Gottesliebe zu kommen. Es war das erste religiöse Selbsthilfebuch und wurde zu einem Bestseller, der in Dutzende von Sprachen übersetzt wurde und immer weiter gedruckt wurde. Der Verlag hat ein Vermögen damit verdient. Aber Franz weigerte sich zum Entsetzen jedes Schriftstellers nach ihm, Tantiemen zu akzeptieren.

Siehe Heiligenbild auf Seite 360

Schüler und Studenten

Die heilige Brigida von Kildare

CA. 451–523 – GEDENKTAG: 1. FEBRUAR

Brigida wurde geboren, als die Iren den gewaltigen Schritt von einem heidnischen Volk zu dem gläubigsten christlichen Volk Europas machten. Die Spannung zeigte sich auch in ihrer eigenen Familie: Brigidas Vater war Heide, ihre Mutter Christin. Eine Geschichte erzählt, dass Patrick von Irland höchstselbst die kleine Brigida getauft habe. Das mag unwahrscheinlich erscheinen, ist aber möglich – Patrick war zu dieser Zeit jedenfalls noch am Leben. Sicherer ist der zweite Teil der Geschichte. Als Brigida sich entschied, Nonne zu werden, erhielten sie und acht andere Frauen den Schleier aus den Händen von Mél von Ardagh, einem von Patricks Neffen. Die Frauen gründeten ihr Kloster in Kildare, wo die Druiden eine heilige Eiche verehrt hatten und zu Ehren der keltischen Götter ein ewiges Feuer unterhielten. Brigida und ihre Nonnen ehrten das Feuer auch, aber sie »tauften« es und widmeten die ewige Flamme Christus, dem ewigen Licht der Welt. Die Ehe des Keltischen und Christlichen wurde zum Markenzeichen von Brigidas Mission. In Kildare gründete sie Irlands erste christliche Schule, wo sie die Schüler sowohl in christlicher Lehre und antiken Lehren unterwies. Die Iren führen ihre Begeisterung für Christus und ihre gleichzeitige Verehrung ihres keltischen Erbes auf Brigida von Kildare zurück. In ihrem Kloster richtete Brigida ein Skriptorium ein, wo Handschriften vom Kontinent kopiert und dann im ganzen Land verteilt werden konnten. Die schönste Arbeit, die in diesem Skriptorium je entstand, war das wunderbar illustrierte *Book of Kildare*. Im 12. Jahrhundert las Giraldus Cambrensis, ein walisischer Priester, bei einem Besuch das Buch und befand, dass ein Engel es gemacht haben musste. Giraldus' Begeisterung führte zu einer neuen Legende über Brigida, nämlich dass das *Book of Kildare* ein Gemeinschaftswerk der Heiligen und eines Engels gewesen sei.

SIEHE HEILIGENBILD AUF SEITE 360

SCHULMÄDCHEN

Die heilige Ursula von Köln

5. JAHRHUNDERT – GEDENKTAG: 21. OKTOBER

Die Geschichte der Ursula von Köln ist nicht leicht zu glauben. Selbst im Mittelalter zweifelten Christen sie an. Die Geschichte ist kompliziert, aber hier folgt sie in groben Zügen. Ursula war die Tochter eines britischen Königs und verlobt mit einem heidnischen Edelmann. In der Hoffnung, den Edelmann davon abbringen zu können, sie zu heiraten, oder ihn wenigstens zum Übertritt zum Christentum bewegen zu können, bestand Ursula auf einer dreijährigen Wartezeit, in der sie in Begleitung von elftausend Jungfrauen nach Rom pilgern wollte. Der Edelmann erhob keine Einwände. In Rom war die Ankunft so vieler frommer Jungfrauen unter Anführung eines angelsächsischen Edelfräuleins eine Sensation. Der Papst empfing sie zu einer Privataudienz und beschloss dann, sich zusammen mit vielen seiner Kardinäle den Damen bei einer Pilgerreise nach Köln anzuschließen, um dort den Reliquien der Weisen, den drei Königen, zu huldigen, die dem Christuskind Geschenke überbracht hatten. Unglücklicherweise kamen Ursula, ihre Begleiterinnen, der Papst und die Kardinäle ausgerechnet an jenem Tag in Köln an, an dem die Hunnen die Stadt erobert hatten. Die Barbaren griffen die Pilger an und schlachteten sie ab. Ursula starb in einem Pfeilregen, deshalb wurde der Pfeil zu ihrem Attribut. Weil Ursula mit einer so großen Zahl junger Frauen reiste, haben Schulmädchen sie zu ihrer Schutzpatronin gemacht. Diese Wahl wiederholte sich 1535, als Angela Merici, eine italienische Nonne, die 1807 heiliggesprochen wurde, einen Orden gründete, der sich der Ausbildung und Erziehung von Mädchen widmete. Sie nannte ihren Frauenorden Gemeinschaft der heiligen Ursula. Die Ursulinen waren die ersten lehrenden Schwestern, die nach Nordamerika kamen; sie gründeten im 17. Jahrhundert Mädchenschulen in Quebec und Montreal und im frühen 18. Jahrhundert in New Orleans.

SIEHE HEILIGENBILD AUF SEITE 360

SCHUSTER

Der heilige Crispinus und der heilige Crispianus

GEST. 285/86 – GEDENKTAG: 25. OKTOBER

Wir wissen, dass die Brüder Crispinus und Crispianus aufgrund ihres Glaubens am 25. Oktober entweder des Jahres 285 oder 286 in Soissons, Frankreich, enthauptet wurden. Der Rest ihrer Geschichte ist höchstwahrscheinlich reine Legende.

Sie waren Römer, die nach Soissons gezogen waren, um das Evangelium zu predigen. Als ausgezeichnete Schuster verdienten sie genug, um ihren Lebensunterhalt zu finanzieren und noch etwas den Armen zu spenden. Sie erzählten allen, die in ihre Werkstatt kamen, von Christus, was sie in einer Zeit der Christenverfolgung zu einem leichten Ziel machte. Der Richter versuchte mit Bestechung und Bedrohungen die Brüder dazu zu bewegen, dem Christentum abzuschwören, aber Crispinus und Crispianus blieben ihrem Glauben treu. Die Folterer legten sie auf eine Streckbank, schnitten lange Fleischstreifen aus ihren Körpern und trieben ihnen Stifte unter die Fingernägel, bevor sie am Ende beiden die Köpfe abschlugen. Schuster erwählten die beiden Brüder als Schutzpatrone. In England nahm die Verehrung noch zu, nachdem König Heinrich V. an ihrem Gedenktag seinen berühmten Sieg über die Franzosen bei Agincourt errungen hatte. In *König Heinrich der Fünfte* lässt Shakespeare den König eine große Rede halten, in der er eine Vorhersage über den Gedenktag der heiligen Schuster vornimmt:

> *Und nie von heute bis*
> *zum Schluss der Welt*
> *Wird Crispin Crispian*
> *vorübergehn,*
> *Dass man nicht uns*
> *dabei erwähnen sollte,*
> *Uns wen'ge, uns beglücktes*
> *Häuflein Brüder.*

SIEHE HEILIGENBILD AUF SEITE 361

SCHWÄNE

Der heilige Hugo von Lincoln

1140–CA. 1200 – GEDENKTAG: 17. NOVEMBER

In den fast eintausend Jahren, seit er in einem abgelegenen Tal in den französischen Alpen gegründet wurde, hat der Kartäuserorden nie eine Reformation benötigt. Jeder andere geistliche Orden, sowohl von Männern als auch Frauen, war irgendwann lax oder weltlich geworden, aber die Kartäuser sind ihrer ursprünglichen Vision stets treu geblieben. Papst Innozenz XI. (1676–89) bemerkte einmal: »Der Kartäuserorden muss nicht reformiert werden, denn er ist nie deformiert worden.« Das Leben der Kartäuser ist sehr streng. Jeder Mönch lebt allein in völliger Stille in seinem eigenen kleinen Haus, der Kartause. Dreimal am Tag versammeln sich die Mönche zur Messe und zum Gebet in der Kirche, aber den Rest des Tages, auch die Mahlzeiten, verbringt jeder für sich. Die Ziele der Kartäuserlebensweise bestehen darin, in der Liebe Gottes zu wachsen, die persönliche Heiligkeit zu vollenden und Gott Gebete und Buße darzubieten zur Rettung der Welt draußen.

Die Kartäuser haben zahllose Heilige hervorgebracht, obwohl nur wenige außerhalb des Ordens bekannt sind. Hugo von Lincoln allerdings war der erste Kartäuser, der von der Kirche heiliggesprochen wurde. In seinen frühen Zwanzigern besuchte er die Grande Chartreuse bei Grenoble, die Große Kartause, und lernte Bruno von Köln kennen, den Mann, der den Orden gegründet hatte. Die Entschlossenheit der Kartäuser gefiel Hugo, und er trat dem Orden mit fünfundzwanzig Jahren bei. Er hätte nur zu gern den Rest seines Lebens in der Grande Chartreuse, der Großen Kartause, verbracht, aber 1181 gründete Heinrich II. von England als Teil seiner Buße für den Mord an Thomas Becket eine Kartause (wie Kartäuserklöster genannt werden) und bat Pater Hugo, nach England zu kommen und als Prior das Kloster zu leiten. Mit Zustimmung seiner Brüder reiste Hugo über den Kanal.

In Somerset angekommen, waren alle, vom König bis zu den Bauern, begeistert von ihm. Er war fromm – das war ja klar –, besaß aber auch einen großen persönlichen Charme, und da sie fanden, es wäre eine Schande, einen solchen Mann in einem Kloster verdorren zu lassen, drängten sowohl der König als auch die Bischöfe Hugo dazu, das Amt des Bischofs von Lincoln zu übernehmen. Nie wieder würde Hugo den Frieden des Klosters erfahren, aber als Bischof war er in der Lage, viel Gutes in der Welt zu bewirken. Zum Beispiel, als Richard Löwenherz seine Teilnahme am dritten Kreuzzug vorbereitete, rollte eine Welle antisemitischer Gewalt durch England. Allein und unbewaffnet stellte sich Bischof Hugo den wütenden Menschenmassen entgegen, hinderte sie daran, Juden anzugreifen, und überzeugte sie, die bereits gefangen genommenen wieder freizulassen.

Hugos Attribut ist ein Schwan, eine Anspielung auf jenen Vogel, der auf seinem Grundstück in Stowe lebte. Der Schwan gewöhnte sich an Hugo, folgte ihm in der Residenz auf Schritt und Tritt, fraß ihm aus der Hand und schlief nachts sogar in seinem Zimmer. Es heißt, als Hugo im Sterben lag, konnte niemand den Schwan von seinem Bett weglocken oder vertreiben.

SIEHE HEILIGENBILD AUF SEITE 361

SCHWARZER TOD

Die 14 Nothelfer

Im Oktober 1347 schafften es einige genuesische Handelsschiffe, die aus dem Nahen Osten zurückgekehrt waren, gerade noch in den Hafen Messinas auf Sizilien. Alle Seeleute an Bord waren entweder tot oder lagen aufgrund einer unbekannten Krankheit im Sterben. Das Leiden zeichnete sich durch ein noch nie zuvor gesehenes Symptom aus – große schwärzliche Schwellungen am Hals, in der Lendengegend und in den Achselhöhlen. Trotz dieser Eigenartigkeit taten die Bürger Messinas, was logisch schien: Sie trugen die Sterbenden in eine Krankenanstalt, brachten die Toten zur Kirche, um sie zu beerdigen, und plünderten dann die wertvolle Ladung der Schiffe. Auf diese Weise gelangte der Schwarze Tod nach Europa. Zwischen einem und zwei Drittel der europäischen Bevölkerung würden ausgelöscht werden, bevor diese erste Pestepidemie drei Jahre später endete. Im Angesicht einer derart schrecklichen Seuche wandten sich viele Christen hilfesuchend an den Himmel. In Frankreich, den Niederlanden und den deutschsprachigen Ländern verehrte man eine Gruppe wohlbekannter Heiliger, die gemeinsam als 14 Nothelfer bezeichnet wurden. Jetzt wandten sich die Einwohner dieser Regionen an die 14 Nothelfer, damit diese sie vor der Epidemie bewahrten. Aufgrund der Dimension der Problematik musste es beruhigend gewesen sein, gleich vierzehn himmlische Helfer zu haben. Diese vierzehn sind Achatius, Ägidius, Barbara, Blasius, Christophorus, Cyriacus, Dionysius, Erasmus, Eustachius, Georg, Katharina, Margareta, Pantaleon und Vitus, die alle (außer Pantaleon) auch allein noch mal in diesem Buch vorkommen. Die Verehrung der 14 Nothelfer hat mit den Jahrhunderten abgenommen, abgesehen von dem kleinen Ort Bad Staffelstein in Süddeutschland, wo Pilger sich immer noch in einer spektakulären Barockkirche sammeln und um ihren Schutz beten: in der Wallfahrtsbasilika Vierzehnheiligen.

SIEHE HEILIGENBILD AUF SEITE 361

SCHWEINE

Der heilige Antonius der Große

251–356 – GEDENKTAG: 17. JANUAR

Die Verbindung zwischen Antonius und den Schweinen ist kompliziert. Im Mittelalter glaubten Christen, zu ihm zu beten sei eine besonders effektive Art, Ausschläge und andere Hauterkrankungen loszuwerden. Der genaue Grund dafür ist unbekannt, denn in der Geschichte Antonius' des Großen finden wir nichts über Ausschläge. Aber andererseits erklärt auch nichts in der Lebensgeschichte des Apostels Judas Thaddäus, warum er der Schutzpatron für unmögliche Fälle sein sollte. Manche Heilige entwickeln einfach einen Ruf dafür, bestimmte Probleme gut gelöst zu bekommen. Da Schweinefett im Mittelalter ein weit verbreitetes Mittel gegen Hautausschläge war, wurde das Schwein zum Attribut von Antonius.

Antonius war der Sohn einer wohlhabenden ägyptischen Familie. Als seine Eltern starben, erbte er ein Vermögen, das er den Armen schenkte, dann zog er sich in die Wüste westlich Alexandriens zurück, um dort als Einsiedler zu leben. Athanasius, Antonius' Zeit-genosse und Verfasser seiner Biografie, sagt, dass der Teufel versuchte, Antonius' Entschluss zu brechen, indem er ihn mit dem Vergnügen der Faulheit, guten Essens und Weins sowie schöner Frauen in Versuchung führte. Mit Hilfe intensiven Gebetes widerstand Antonius all diesen Versuchungen, woraufhin der Teufel ihn direkt angriff und bewusstlos schlug.

Antonius kehrte nur selten in die Zivilisation zurück – einmal, um den heiligen Männern in einer Zeit der Christenverfolgung Mut zuzusprechen, ein weiteres Mal, um öffentlich die Irrlehre des Arius zu widerlegen. In den letzten Jahrzehnten seines Lebens nahm er Schüler an und gründete mit ihnen eine religiöse Gemeinschaft, die er als Vorsteher leitete. Er blieb bei seinen Mönchen in der Wüste, bis er sich eines Tages, im Jahr 356, auf den Boden legte und starb. Er war 105 Jahre alt geworden.

SIEHE HEILIGENBILD AUF SEITE 361

SCHWERHÖRIGKEIT

Der heilige Cornelius

GEST. 253 – GEDENKTAG: 16. SEPTEMBER

Cornelius ist ein Beispiel für einen Heiligen, dessen Fachgebiet auf seinen Namen zurückgeht und auf eine etwas verwirrende Ikonografie. Der Name Cornelius leitet sich ab vom lateinischen Wort für »Horn«, wie das Horn eines Bullen oder Steinbocks. In der Kunst wird Cornelius normalerweise mit einem Horn in Händen gezeigt, allerdings handelt es sich dabei meistens um ein rundes Blasinstrument, wie man es im Mittelalter benutzte, um die Truppen zu sammeln. Und diese Kriegshörner sehen nun wieder fast so aus wie die alten Hörrohre. Und so wurde Cornelius zum Schutzpatron all derjenigen, die schlecht hören. Cornelius entstammte einer der angesehensten Patrizierfamilien Roms. 251, als er zum Papst gewählt wurde, stand es schlecht um die Kirche Roms. Die Christen hatten gerade unter dem letzten Kaiser Decius eine besonders grausame Zeit durchgemacht. Im ganzen Kaiserreich waren Christen von ihrem Glauben abgefallen und huldigten den heidnischen Göttern, um Folter oder Tod zu entgehen. Eine Gruppe in der Kirche bestand darauf, ausgetretene Christen nicht wieder aufzunehmen, aber Papst Cornelius sah das nicht so streng. Er befand, dass Gottes Gnade für ernsthafte Reue keine Grenzen kenne. Cornelius' Pontifikat war kurz. 252 brach eine Seuche in Rom aus, und die Heiden gaben den Christen die Schuld daran. Man setzte Cornelius gefangen und verbannte ihn nach Civitavecchia, wo er so schlimm misshandelt wurde und in der Folge 253 starb. Obwohl sein Tod nicht durch aktuelle Gewalteinwirkung erfolgte, verehrten die römischen Christen ihn als Märtyrer aufgrund der Leiden, die er im Exil erlitten hatte. Der ursprüngliche Grabstein von Cornelius ist immer noch in der Katakombe San Callisto (des heiligen Calixtus), außerhalb Roms, zu finden. Darauf steht schlicht: »Cornelius, Märtyrer«.

SIEHE HEILIGENBILD AUF SEITE 362

SCHWIERIGE ENTSCHEIDUNGEN
Der heilige Eustachius
GEST. 1108 – GEDENKTAG: 20. SEPTEMBER

Die Geschichte des heiligen Eustachius war im Mittelalter sehr beliebt. Sie war so etwas wie die Cliffhanger-Serien der 1930er Jahre oder zu vergleichen mit einem Hollywood-Blockbuster der melodramatischen Art – wie *Gladiator* – mit zahlreichen tragischen Wendungen, unerwarteten Zufällen und einem großartigen Finale.

Eustachius war ein wohlhabender Mann und ein angesehener General der Truppen Kaiser Trajans. Er und seine Frau Theopistes waren Heiden, ebenso wie ihre Söhne Agapitus und Theopistus. Nach dem Übertritt zum Christentum wurde die Familie von einem Unglück nach dem anderen heimgesucht. Trajan degradierte Eustachius. Ihre Sklaven sowie ihre Haustiere und ihre Viehherden fielen einer Seuche zum Opfer. Räuber brachen ins Haus ein und stahlen all ihre Wertgegenstände. Ein Pirat und seine Spießgesellen entführten Theopistes. Verzweifelt und mitgenommen vom Verlust seiner Frau, packte Eustachius seine beiden kleinen Jungen und floh in die Wildnis vor die Tore Roms. Schließlich erreichten sie einen reißenden Fluss. Da der Strom zu stark war, als dass Eustachius beide Jungen gleichzeitig hätte hinübertragen können, entschied er sich, einen nach dem anderen ans andere Ufer zu tragen. Er hatte seinen ersten Sohn sicher auf die andere Seite gebracht und stand mitten im Fluss, um den anderen zu holen, als ein Wolf aus dem Unterholz brach und das Kind schnappte, das er gerade abgesetzt hatte. Sekunden später kam am anderen Ufer ein Löwe aus dem Wald und riss das Kind, das Eustachius gerade holen wollte. Als die wilden Tiere seine Söhne in entgegengesetzte Richtungen schleppten, stand Eustachius in der Mitte des Flusses und schrie vor Wut und Trauer. Diese Katastrophe machte Eustachius zum Schutzpatron all derjenigen, die vor schwierigen Entscheidungen stehen.

Aber die Geschichte endet natürlich nicht mit diesem Unglück. Eustachius stieg aus dem Fluss und wanderte ziellos umher, bis er in einem Bauerndorf anlangte. Dort blieb er fünfzehn Jahre, bewachte die Felder und Viehherden der Dorfbewohner. Eustachius' Söhne waren derweil von Schafhirten gerettet worden und wuchsen im Nachbardorf auf. Selbst Theopistes war verschont geblieben – der lüsterne Pirat, der sie entführt hatte, starb, bevor er Hand an sie hatte legen können.

Derweil bildeten die Feinde Roms eine Allianz, um das Imperium zu erobern. Trajan vermisste seinen alten General und schickte Kundschafter in alle Richtungen aus, um ihn zu suchen. Und tatsächlich entdeckten zwei alte Kameraden Eustachius in seinem neuen Zuhause. Aufgrund der Gefahr, vor der Rom stand, erklärte Eustachius sich bereit, die Legionen erneut zu befehligen. Er hob neue junge Soldaten aus, und unter ihnen waren seine verloren geglaubten Söhne. Die Männer erkannten einander nicht, aber die beiden jungen Soldaten waren so stark und intelligent, dass Eustachius sie in seinen Stab nahm.

Nachdem sie die Barbaren geschlagen hatten, kehrten Eustachius und sein Stab nach Rom zurück, um zu feiern, und machten halt an einem Gasthof. Die Frau, die den Gasthof führte, war Eustachius' Frau. Nun endlich erkannten die Familienmitglieder einander und waren schlussendlich wiedervereint.

Sie reisten gemeinsam zurück nach Rom, aber als sie dort ankamen, war Kaiser Trajan verstorben und Hadrian sein Nachfolger. Verwundert, dass Eustachius und seine Familie nicht an den Dankopfern für die Götter teilnehmen wollten, stellte Hadrian Eustachius zur Rede, der entgegnete: »Wir verehren allein Christus.«

Besorgt, dass ein derart einflussreicher Mann Christ war, ließ Hadrian einen riesigen hohlen Bronzebullen holen, ließ Eustachius und seine Familie fesseln und hineinstopfen. Dann schürten die Henker ein Feuer unter dem Bullen und rösteten die vier bei lebendigem Leib.

SIEHE HEILIGENBILD AUF SEITE 362

SCHIFFER

Der heilige Jodok, auch Jodokus

SANT'ANDREA AVELLINO

SCHLAGANFALL

Der heilige Andreas Avellino

SCHLANGENBISSE

S.W. PIOTR APOSTOL.

SCHLOSSER

MARIA SS. DELLA NEVE

Schnee
Die heilige Maria Schnee

St. Francis de Sales.

Schriftsteller
Der heilige Franz von Sales

ST. BRIGID
Was born in Ireland in the sixth century. She received
the veil from St. Mel, the nephew of St. Patrick

T. BRIGID built herself a cell under an oak tree.
She was joined by many others and they formed
a religious community which branched out into other
communities, all acknowledging her as their Mother.
She worked many miracles. She is also known as
St. Bride.

Spes Sancta, Newbury 18

Schüler und Studenten
Die heilige Brigida von Kildare

S. URSULA.

Schulmädchen
Die heilige Ursula von Köln

SCHUSTER
*Der heilige Crispinus und
der heilige Crispianus*

SCHWÄNE
Der heilige Hugo von Lincoln

Die heiligen 14 Nothhelfer.

SCHWARZER TOD

Sant'Antonio Abate

SCHWEINE

Waakt,
staat
In
het
geloof,

gedraagt
u
manhaftig,
en wordt
versterkt!
Cor. XVI. 13.

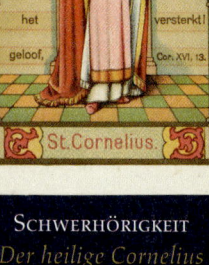

St. Cornelius.

S. EUSTACHIUS.

Sumptibus Fr. Pustet, Ratisbonæ.

SCHWERHÖRIGKEIT
Der heilige Cornelius

SCHWIERIGE ENTSCHEIDUNGEN
Der heilige Eustachius

SCHWIMMER

Der heilige Adjutor

GEST. 1131 – GEDENKTAG: 30. APRIL

Als Papst Urban II. 1095 den ersten Kreuzzug ausrief, meldete sich auch Adjutor, ein normannischer Ritter, zu den Waffen. Er kämpfte in der Schlacht um Jerusalem, und nachdem die Heilige Stadt in christlicher Hand war, blieb er als Besatzungssoldat dort zurück. Er patrouillierte gerade außerhalb Jerusalems, als er von Sarazenen in einen Hinterhalt gelockt wurde. Sie verschleppten ihn in eine ihrer Festungen, eine Burg auf einer kleinen Felseninsel vor der Küste Palästinas. Dann und wann amüsierten sich seine Wächter damit, ihren Gefangenen zu quälen. Der Ritter versuchte, seinen Mut nicht zu verlieren, aber ohne Hoffnung auf ein Entkommen stand er kurz vor dem Verzweifeln. In seiner Not wandte er sich an seine Lieblingsheilige Maria Magdalena. Der Legende nach erschien die Heilige in Adjutors Zelle, zerschlug seine Ketten und brachte ihn dann aus der Festung heraus. Adjutor sprang ins Meer und schwamm an die Küste. Als er sicher im Land der Kreuzritter ankam, trug er immer noch einen Teil seiner zerbrochenen Ketten. (Einer Legende nach soll er bis nach Frankreich geschwommen sein.) Nachdem ein Schmied sie ihm von Knöcheln und Handgelenken entfernt hatte, behielt Adjutor die Ketten als Erinnerung an seine wundersame Rettung aus dem Gefängnis. Zurück in Frankreich, trat Adjutor in ein Benediktinerkloster in der Nähe der Seine ein. Ein Teil des Flusses in der Nähe der Abtei wies einen gefährlichen Strudel auf, einen Fließwirbel, der schon viele Schiffer das Leben gekostet hatte. Eines Tages ergriff Adjutor ein Glied seiner alten Ketten und ruderte in Gesellschaft des örtlichen Bischofs hinaus an den Rand des Strudels. Während der Bischof Weihwasser sprengte und Gottes Barmherzigkeit erflehte, warf Adjutor das Glied der Kette in den Fließstrudel. Augenblicklich war das Wasser ruhig, und der Fluss war endlich sicher für Schiffer und Schwimmer.

SIEHE HEILIGENBILD AUF SEITE 383

Arme Seelen im Fegefeuer

Der heilige Odilo von Cluny

CA. 962–1049 – Gedenktag: 1. Januar

In Europas Katakomben bitten Grabinschriften der frühesten Christen die Besucher, für die Seelen derjenigen zu beten, die hier ihre ewige Ruhe gefunden haben. Aber der Brauch eines Feiertages, der den Gebeten für die Toten gewidmet ist, ist, vor diesem Hintergrund gesehen, jung. Es war das Jahr 998, als Odilo, der Abt des Klosters Cluny in Frankreich, auf die Idee kam, den Seelen der Verstorbenen einen eigenen Gedenktag zu widmen. Er entschied sich für den 2. November, den Tag direkt nach dem Fest Allerheiligen. Odilos Logik war klar: Nachdem alle Seelen im Himmel geehrt worden waren, erschien es sinnvoll, für die Seelen, die noch im Fegefeuer festhingen, zu beten. Ursprünglich führte Odilo den Brauch als einen Tag ein, an dem die Mönche Clunys für die verstorbenen Mitglieder ihres Ordens beteten. Innerhalb weniger Jahre verbreitete sich die Idee in Europa. Und so entwickelte sich der Brauch, aller verstorbenen Gläubigen zu gedenken. Odilo war auch verantwortlich für die Idee vom »Frieden Gottes«. Das 11. Jahrhundert war ein ziemlich gewalttätiges Jahrhundert, in dem blutrünstige Barone es als vollkommen normal ansahen, ein Privatheer zu sammeln, um irgendeine Fehde zu klären oder ihren eigenen Vorteil zu suchen. Um erhitzten Gemütern die Gelegenheit zu geben, sich abzukühlen (und unschuldigen Zivilisten eine Pause von den fast ständigen Kriegen zu verschaffen), rief Odilo alle Herrschenden auf, im Advent, zu Weihnachten, in der Fastenzeit und zu Ostern keine Kriege zu führen. Und er verlangte, Kirchen als Zufluchtsort für alle zu öffnen, die Schutz suchten. Odilos Friedensplan wurde nicht allgemein angenommen, aber immerhin von so vielen Baronen, dass er überhaupt etwas brachte. Odilo wurde bis zur Französischen Revolution in Cluny verehrt, bis zur fast völligen Zerstörung der Abtei durch die Revolutionäre, die die Mönche vertrieben und die sterblichen Überreste des Heiligen verbrannten.

Siehe Heiligenbild auf Seite 383

SEELEUTE

Der heilige Nikolaus von Myra

GEST. CA. 350 – GEDENKTAG: 6. DEZEMBER

Die letzten siebzehnhundert Jahre war Nikolaus von Myra einer der beliebtesten Heiligen sowohl im Osten als auch im Westen. Obwohl er in den Vereinigten Staaten praktisch unbekannt ist (dank der Verwechslung mit Santa Claus – aber das ist eine andere Geschichte), mag man Nikolaus in Europa und im Osten sehr.

Ein sicheres Zeichen von Nikolaus' Beliebtheit im Mittelalter ist die Zahl der Geschichten, die über ihn erzählt wurden, und die Zahl der Menschen, Berufe und Dinge, für die er als Schutzpatron zuständig ist. Zwei dieser Berichte erklären, wieso Nikolaus von Myra als Beschützer der Seeleute verehrt wird.

Zu Nikolaus' Lebzeiten geriet ein Schiff auf See in einen schweren Sturm. Einige der Seeleute fürchteten um ihr Leben und riefen: »Bischof Nikolaus! Wenn's stimmt, was wir gehört haben, dann bist du ein Heiliger,

der Wunder vollbringen kann – hilf uns jetzt!« Augenblicklich erschien Nikolaus an Deck. »Ihr habt mich gerufen«, verkündete er. »Und hier bin ich.« Dann rief der Bischof die verblüfften Seeleute zusammen, half ihnen Betakelung und Segel zu sichern und befahl dem Sturm, sich aufzulösen. Das Heulen des Windes nahm ab, die See wurde ruhig, Nikolaus verschwand. Jahre später, nachdem Nikolaus gestorben war, geriet ein Schiff voll Pilger auf dem Weg in das Heilige Land in einen Sturm. Plötzlich hörten die entsetzten Passagiere und Seeleute ein lautes Krachen und sahen, wie der Hauptmast zu brechen begann. Als sie sich hilfesuchend an den heiligen Nikolaus wandten, erschien er über dem Schiff, packte den gebrochenen Mast und ließ ihn heil werden, danach zähmte er den Sturm.

SIEHE HEILIGENBILD AUF SEITE 383

SEGLER

Der heilige Clemens von Rom

GEST. 97 ODER 101 – GEDENKTAG: 23. NOVEMBER

Clemens' Erfahrung mit Booten war recht unangenehm, deswegen ist es durchaus von einer gewissen Ironie, dass er zum Schutzpatron der Segler wurde. In einer Welle der Christenverfolgung wurde Clemens zur Arbeit in den Minen an der Krim verurteilt. Nach einiger Zeit der Sklavenarbeit wurde er mit einem Boot aufs Schwarze Meer hinausgebracht, man band einen Anker um seinen Hals und warf ihn über Bord. Clemens von Rom war der vierte Papst gewesen, der dritte Nachfolger von Simon Petrus. In seinem Brief an die Philipper erwähnte der Apostel Paulus einen Clemens, der zu seinen Schülern gehörte, und es ist gut möglich, dass dieser Mann der zukünftige Papst war. Ebenfalls überlebt hat ein Brief etwa aus dem Jahre 95 von Papst Clemens an die Gemeinde in Korinth. Liest man zwischen den Zeilen, kommt man zu dem Schluss, dass die korinthischen Christen offenbar mit Abweichlern kämpften. Sie hatten sich nicht hilfesuchend an Rom gewandt, aber Clemens hörte von ihren Problemen und wollte sie als erster Bischof der Christenheit lehren, wie sie ihren Streit beilegten. »Wir schreiben dies, ihr Lieben, nicht nur zu eurem Rate, sondern auch als Erinnerung an uns selbst«, sagte Clemens, »denn wir befinden uns auf derselben Bühne wie die Heiligen Simon Petrus und Paulus, und dieselben Prüfungen liegen vor uns. Daher sollten wir Eitelkeit und nutzlose Bedenken beiseitelassen und überlegen, was gut, erfreulich und erträglich im Angesicht dessen ist, der uns erschuf. Richten wir unseren Blick auf das Blut Christi, und erkennen wir, was es seinem Vater bedeutet, da es zu unserer Erlösung vergossen wurde und die Gnade der Buße über die Welt brachte.« Im 9. Jahrhundert waren die Heiligen Kyrill und Method(ius) überzeugt, die sterblichen Überreste des Clemens von Rom auf der Krim gefunden zu haben, und schickten sie nach Rom. Die Gebeine finden sich in der Kirche San Clemente, einer der ältesten Pfarrkirchen Roms.

SIEHE HEILIGENBILD AUF SEITE 384

SKATER

Die heilige Lidwina von Schiedam

1380–1433 – GEDENKTAG: 14. APRIL

Die fünfzehnjährige Lidwina von Schiedam war mit einigen Freundinnen Schlittschuhlaufen, als eines der Mädchen mit ihr zusammenstieß. Lidwina schlug heftig auf dem Eis auf. Ihre Freundinnen trugen sie nach Hause, und die Familie schickte nach einem Arzt, aber in den folgenden Tagen verschlimmerte sich ihr Zustand. Noch Wochen später konnte Lidwina das Bett nicht verlassen – aber immerhin eine schwere Depression der wachsenden Liste ihrer Leiden hinzufügen. Nach dem Unfall hatte Lidwinas Gemeindepfarrer, Pater John Pot, oft vorbeigeschaut. Er wusste, dass Lidwina vorgehabt hatte, in ein Kloster einzutreten. Jetzt schlug er vor, dass sie ihren derzeitigen schmerzhaften Zustand als Ersatz ansähe für ein Leben der Aufopferung, das sie als Nonne führen würde. Pater Pots Vorschlag gefiel Lidwina. Sie begann mit konzentrierten Gebeten und Meditationen, woraufhin ihre Depression und ihre Schmerzen abnahmen. Nachbarn fragten sie in seelischen Fragen um Rat, und ihre Vorschläge waren so praktisch und hilfreich, dass die Bürger der Stadt sie als ihre Schutzheilige anzusehen begannen. Nachdem ein neuer Pfarrer sie als Betrügerin bezeichnet hatte, veranstalteten die Nachbarn einen derartigen Aufstand, dass der Bischof Theologen schickte, um Lidwina zu untersuchen. Nach langen Gesprächen mit ihr und etlichen Zeugen kamen die Gesandten zu dem Schluss, dass sie eine hingebungsvolle und gläubige Katholikin war. Der Bischof war so beeindruckt, dass er den Gemeindepriester anwies, ihr zweimal die Woche die heilige Kommunion zu spenden – ein seltenes Privileg zu einer Zeit, in der die meisten Katholiken die Kommunion nur einmal jährlich empfingen, zu Ostern. Trotz ihrer Verletzungen ist Lidwina die Schutzpatronin aller Schlittschuh- und Eiskunstläufer, Hockeyspieler und in der Erweiterung auch aller, die Rollerblades, Inlineskates und Skateboards fahren.

SIEHE HEILIGENBILD AUF SEITE 384

SOLDATEN

Der heilige Georg

GEST. CA. 303 – GEDENKTAG: 23. APRIL

Es gab eine Menge Soldaten, die heiliggesprochen wurden, aber keiner hat je den Ruhm des heiligen Georg erreicht. Das mag am Drachen liegen. Die Geschichte des furchtlosen Ritters, der ein schreckliches Monster besiegt, um eine unschuldige Prinzessin zu retten, ist einfach unwiderstehlich. Natürlich gibt es in fast jeder Mythologie der Welt eine Heldengeschichte, in der eine Jungfer gerettet wird, indem ein jungfernfressendes Biest getötet wird. Aber was Georgs Geschichte von all den anderen unterscheidet, ist dies: Statt mit der Hochzeit von Held und Jungfrau endet Georgs Legende mit einer Massentaufe von Prinzessin, König und allen Leuten im Königreich. Die fragmentarischen Informationen über Georg belegen nicht, dass er Soldat war. Aber wie es oft der Fall ist bei den ältesten und beliebtesten Heiligen, geht es darum gar nicht. Georgs mutiger Märtyrertod inspirierte zahllose Legenden (darunter schreckliche Geschichten davon, wie er Dutzende grausamer Folter-

qualen über sich ergehen lassen musste, bevor der Tod ihn erlöste). Zwei Dinge erhoben Georg in den militärischen Stand – erstens die Entscheidung des byzantinischen Heeres, ihn zu seinem Schutzpatron zu wählen, und zweitens eben die Drachengeschichte. Als die Kreuzritter aus Westeuropa im späten 11. Jahrhundert durch das byzantinische Reich zogen, hörten sie die Geschichten des Krieger-Märtyrers Georg, und in Anbetracht ihrer Mission schien er der ideale Schutzpatron. Und nachdem es dann noch hieß, dass Georg vom Himmel herabgestiegen war, um den Kreuzrittern 1098 beim Kampf vor Antiochia beizustehen, war ihm sein Platz im Herzen der Soldaten sicher. Die Kreuzritter brachten seine Geschichte mit nach Hause, und zahlreiche Länder, Provinzen, Städte und Dörfer wählten Georg zu ihrem Beschützer, vor allem natürlich für ihre Heere in Zeiten eines Krieges.

SIEHE HEILIGENBILD AUF SEITE 384

SOZIALARBEITER

Die heilige Luise von Marillac

1591–1660 – GEDENKTAG: 15. MÄRZ

Luise von Marillac, eine Witwe, bewohnte in Paris ein Haus in der Nähe einer Kirche, in der ein Priester namens Vinzenz von Paul eine Volksmission für die Armen unterhielt. Aus ihrer Begegnung entstand eine bemerkenswerte Partnerschaft. Vinzenz hatte nie genug Zeit, seine wohltätige Organisation im Blick zu behalten, und Luise wollte etwas Gutes tun.

In etlichen Städten Frankreichs hatte Vater Vinzenz Frauen angeworben, die über ausreichend Zeit und Geld verfügten, und sie angewiesen, sich um die Not der Ärmsten zu kümmern. Es war eine faszinierende Idee, aber in vielen Fällen verloren die Vinzentinerinnen ihr Interesse, wenn Pater Vinzenz erst einmal weitergezogen war. Luise von Marillac war die Lösung. Ihre erste Aufgabe bestand darin, alle Gemeinden zu besuchen, in denen es Barmherzige Schwestern gab, und sie wieder zur Arbeit zu bewegen. Diese Reise bewies – die Damen waren willens, Geld zu geben, aber sie hatten nicht die geringste Lust auf die tatsächliche Arbeit. Die Organisation bedurfte zupackender junger Frauen aus der unteren Schicht, die lange, anstrengende Arbeitstage gewohnt waren, also begründete Luise einen Frauenorden, die Ordensgemeinschaft der Töchter der christlichen Liebe vom Hl. Vinzenz von Paul.

Junge Frauen aus dem ganzen Land traten begeistert in den neuen Orden ein, und bald schon statteten Luise und ihre Schwestern Waisenhäuser, Unterkünfte für Geisteskranke, Pflegeheime für Ältere, Obdachlosenheime, Schulen, ein Gefängnispfarramt und sogar Lazarette aus. Der Orden der Vinzentinerinnen war der erste, der sich in jeder Lebensphase um die Armen und Bedürftigen kümmerte. Deshalb ernannte Papst Johannes XXIII. Luise von Marillac 1960 zur Schutzpatronin aller in der Sozialarbeit Tätigen.

SIEHE HEILIGENBILD AUF SEITE 384

SPIELKARTENHERSTELLER
Der heilige Balthasar
I. JAHRHUNDERT – GEDENKTAG: 6. UND II. JANUAR

Die Verbindung zwischen dem heiligen Balthasar und den Spielkarten basiert auf einem im Mittelalter verbreiteten Glauben, dass die Heiligen Drei Könige, die drei Weisen aus dem Morgenland, die dem Jesuskind Gold, Weihrauch und Myrrhe darbrachten, aus Persien, Afrika und Ägypten kamen. Laut Überlieferung war der Name des Königs bzw. Weisen aus Ägypten Balthasar. Damals glaubte man, dass die Zigeuner aus Ägypten kamen, und Zigeuner waren bekannt für ihre Kartentricks. Und so wurde Balthasar zum Schutzpatron der Spielkartenhersteller und folglich auch der Kartenspieler, Black-Jack-Geber sowie aller, die beim Kartenspiel verlieren. (Wir müssen eine Grenze bei den Tarot-Karten-Legern ziehen, denn die Kirche betrachtet jede Art von Weissagung und Versuchen, die Zukunft zu lesen, als zweifelhaft, wenn nicht gar eindeutig sündhaft.)

Die Weisen aus dem Morgenland, die kamen, um dem Christuskind zu huldigen, das sie den König der Juden nannten, finden sich nur im Matthäusevangelium. Matthäus berichtet: »Als nun Jesus geboren war, zu Bethlehem in Judäa, in den Tagen des Königs Herodes, siehe, da kamen Magier aus dem Morgenland nach Jerusalem … Sie gingen in das Haus, sahen das Kind mit Maria, seiner Mutter, fielen nieder und huldigten ihm. Sie taten auch ihre Schätze auf und brachten ihm Geschenke dar: Gold, Weihrauch und Myrrhe« (Mt 2,1.11).

Die Annahme, dass es sich bei den drei Besuchern um drei Könige handelte, basiert auf Psalm 72,10–11: »Die Könige von Tarsis und den Inseln sollen Geschenke bringen, die Könige aus Saba und Seba Gaben entrichten. Alle Könige sollen ihm huldigen …« Die drei Weisen, in frühchristlicher Zeit und auch heute oft noch Magier genannt (neuzeitlich: Sterndeuter), waren weder Zauberer noch Hexenmeister – tatsächlich verboten ihnen ihre religiösen Gesetze, überhaupt irgendetwas Übernatürliches zu verfolgen. Niemand weiß, was aus den drei Weisen wurde, nachdem sie nach Hause zogen. Eine Legende aus dem 6. Jahrhundert erzählt, dass der Apostel Thomas, als er nach Indien reiste, die drei Könige traf und taufte. Eine andere Legende berichtet, dass Kaiserin Helena, die Mutter Konstantins des Großen, ihre sterblichen Überreste im Heiligen Land aufgefunden und nach Konstantinopel gebracht habe. Heute ruhen sie im Kölner Dom in einem spektakulären goldenen Schrein, dem Dreikönigsschrein, über dem Hochaltar.

SIEHE HEILIGENBILD AUF SEITE 385

SPITZENKLÖPPLERINNEN

Der heilige Jean François Régis

1597–1640 – GEDENKTAG: 16. JUNI

Jean François (Johannes Franz) Régis sagte immer, dass es nie zu wenig Priester gäbe, die den Reichen zu Diensten wären, weswegen er sich entschied, sein Leben als Priester unter Bauern, Arbeitern und Prostituierten zu verbringen. Der Jesuitenpater aus adeligem Geschlecht hielt einfache, direkte Predigten, die auch ungebildete Menschen verstehen konnten, er aß einfache Dinge und trug einfache Kleidung, und er war am glücklichsten beim Lesen der Messe, dem Abnehmen der Beichte oder wenn er Kinder die Grundlagen des Glaubens lehrte. Pater Régis' Temperament verfügte jedoch auch über eine aggressive Seite. Er hatte keinerlei Probleme damit, Ärzte anzuweisen, kranke Gemeindemitglieder kostenlos zu behandeln, wenn sie zu arm waren, das Honorar zu zahlen. Um den Bedürftigsten, Familien und Einzelnen, einen steten Geldzufluss zu sichern, gründete Pater Régis die Bruderschaften des Heiligsten Sakraments. Mitglieder konnten nur wohlsituierte Frauen werden, von denen jede eine Liste mit Armen bekam, die zu ihrer persönlichen Verantwortung wurden.

Pater Régis' Heiligkeit, sein einfaches Leben und direktes Predigen erwiesen sich als besonders effektiv bei französischen Protestanten, die als Hugenotten bekannt waren. Katholische Bischöfe, in deren Diözesen die Hugenotten in der Mehrzahl waren, waren ganz wild darauf, Pater Régis an öffentlichen Debatten teilnehmen zu lassen oder Predigten über die katholische Lehre halten zu lassen. Sein Talent dafür, Hugenotten für die Kirche zurückzugewinnen, machte ihn zu einer kleinen Berühmtheit in Frankreich, aber er verlor darüber sein Engagement für die Armen nie aus den Augen.

Weihnachten 1640 besuchte Vater Régis ein Bergdorf, als das Wetter umschlug. Jemand anders hätte den Sturm vielleicht im Pfarramt ausgesessen, aber wie ein Priester, der Pater Régis kannte, sich erinnerte: »Weder die Kälte noch verschneite Wege oder überbordende Flüsse konnten ihn aufhalten.« Er wurde in einer Kleinstadt namens Lalouvesc erwartet, doch als er dort ankam, hatte er eine Lungenentzündung. Er versuchte, seinem Pensum von drei Predigten täglich treu zu bleiben und zwischendurch noch Beichten abzunehmen, aber er brach im Beichtstuhl zusammen. Einige Männer, die darauf gewartet hatten, die Beichte abzulegen, trugen Pater Régis ins Pfarrhaus, wo er starb. Pater Régis wurde in Lalouvesc begraben, eine Tatsache, die das abgelegene Dörfchen zu einem vielbesuchten Wallfahrtsort werden ließ. Die idyllische ländliche Gegend ist ein angemessener letzter Ruheplatz, da der Pater Städte nie wirklich mochte. Um armen Landmädchen zu helfen, den Verlockungen der Stadt zu widerstehen, hatte Pater Régis ihnen Arbeitseinkommen ermöglicht, als Spitzenklöpplerinnen und Stickerinnen, so dass Frauen ihren Lebensunterhalt verdienen konnten, ohne ihre Freunde und ihre Familie verlassen zu müssen. Und so wurde Jean François Régis zum Schutzpatron der Spitzenklöpplerinnen und Stickerinnen.

Siehe Heiligenbild auf Seite 385

SPORTSCHÜTZEN

Der heilige Gabriel von der Schmerzhaften Jungfrau

1838–1862 – GEDENKTAG: 27. FEBRUAR

Mit Pistolen bewaffnete Heilige sind extrem selten. Aber wenn die Geschichten vom heiligen Gabriel von der Schmerzhaften Jungfrau stimmen, dann war er ein ausgezeichneter Schütze.

Gabriel, geboren als Francesco Possenti in Assisi, Italien, war das elfte von dreizehn Kindern. Alle Berichte stimmen darin überein, dass er zu einem fröhlichen, klugen Jungen heranwuchs, der bei den Mädchen ebenso beliebt war wie bei seinen Lehrern. Er war gläubig, aber nicht übertrieben. Und irgendwann lernte er zu schießen. Mit achtzehn trat er in den Passionistenorden ein, um Priester zu werden. Er nahm den Ordensnamen Gabriel von der Schmerzhaften Jungfrau an, was, wenn man sein fröhliches Wesen in Betracht zieht, eigenartig erscheint. In seiner Zeit im Kloster und Priesterseminar von Isola del Gran Sasso d'Italia bewies er seine Begabung als Schütze.

Der Legende nach fiel 1860 ein zusammengewürfelter Haufen Soldaten aus Garibaldis Armee in die Stadt ein, plünderte, steckte Häuser in Brand und terrorisierte die Bewohner. Gabriel stellte die Eindringlinge. Auf dem Hauptplatz sah er eine junge Frau sich gegen einen Soldaten wehren, der sie wegzerren, entführen wollte. Gabriel griff ein, und während des Kampfes gelang es ihm, dem Soldaten die Pistole aus dem Holster zu ziehen. Mit vorgehaltener Waffe befahl er dem Angreifer, zur Seite zu treten. In der Zwischenzeit waren weitere Plünderer eingetroffen. Sie lachten, als sie sahen, dass einer der ihren von einem Kind in einer Soutane in Schach gehalten wurde. Doch dann, gerade als sie Gabriel in die Zange nehmen wollten, huschte eine Eidechse über den Platz. Gabriel zielte und schoss ihr den Kopf ab. Die Plünderer schwiegen entgeistert. Gabriel befahl ihnen, die Waffen niederzulegen, und expedierte die Männer dann mit vorgehaltener Pistole aus der Stadt hinaus.

Diese Geschichte wurde dank der St. Gabriel Possenti Society in Arlington,

Virginia, bekannt, die Gabriel zum Schutzpatron der Sportschützen und Schusswaffenbesitzer beförderte, ebenso wie zum Fürsprecher für Selbstverteidigung und das Recht auf privaten Feuerwaffenbesitz. Der Verband hat beim Vatikan den Antrag auf eine amtliche, päpstliche Erklärung eingereicht, aber solche Ernennungen sind selten. Viel häufiger wird ein Heiliger zum Schutzpatron, wenn ihn die Gläubigen dazu machen. So gesehen ist Gabriel bereits jetzt der Patron der Sportschützen und Schusswaffenbesitzer.

Das Zusammentreffen mit Garibaldis Soldaten war der dramatischste Augenblick in Gabriels kurzem Leben. Mit dreiundzwanzig wurde er zum Priester geweiht und freute sich darauf, als Ordensmann der Passionisten zu dienen, die Pfarrgemeinden in ganz Italien besuchten, wo sie hofften, mit Hilfe ihrer Gebete und ihres guten Vorbildes das religiöse Engagement von Katholiken, die ihren Glauben nur noch halbherzig praktizierten, wiederzubeleben. Leider bekam Gabriel diese Gelegenheit nie. Er steckte sich mit einer ausgesprochen virulenten Art der Tuberkulose an und verstarb nach kurzer Krankheit im Alter von vierundzwanzig Jahren in seinem Kloster.

Selbstverständlich wurde er nicht heiliggesprochen, weil er ein guter Schütze war. Es waren seine Frömmigkeit, sein positiver Blick auf das Leben, seine Freundlichkeit und Geduld auch mit Leuten, die eher ermüdend waren, was ihn in den Augen aller, die Gabriel kannten, zum Heiligen machte.

SIEHE HEILIGENBILD AUF SEITE 385

STAATSMÄNNER UND POLITIKER

Der heilige Thomas Morus

1478–1535 – GEDENKTAG: 22. JUNI

Der Dienst an der Allgemeinheit nahm eine Schlüsselposition in der Tradition der Familie More ein: Thomas' Vater war ein angesehener Richter, und sein Großvater mütterlicherseits war Sheriff von London gewesen. Aber Thomas stieg höher auf, als jeder hätte vorhersehen können.

Thomas More, latinisiert Morus, ist einer der sympathischsten Heiligen. Als engagierter Familienvater zog er mit seiner Frau Alice vier Kinder groß und nahm noch Waisenkinder auf. Er verfügte über eine freundliche Persönlichkeit und war als Anwalt gedanklich schnell und eloquent, was ihn zu einem ausgezeichneten Gegner vor Gericht machte. Seine Schriften, vor allem *Utopia*, trugen ihm internationalen Ruhm ein. Und seine Weisheit und Integrität brachten ihm das Vertrauen von Thomas Kardinal Wolsey und Heinrich VIII. ein.

Das war der Thomas More, den die Welt kannte und liebte. Der andere Thomas More verbrachte einen Teil jeden Tages mit Kirchgang, Gebet und Meditation. Sein katholischer Glaube war der Kern seines Lebens – und letztlich war es dieser Glaube, der ihm eines Tages Probleme bereitete.

Nach Kardinal Wolseys Tod im Jahr 1529 ernannte der König Thomas zum Lordkanzler von England. Es war das zweithöchste Amt nach dem Königsamt selbst, und Thomas war der erste Laie, der es innehatte. Heinrich hatte ein Problem, von dem er erwartete, dass der Lordkanzler es löste: Er wollte einen Sohn. Heinrichs Königin, Katharina von Aragon, war vierundvierzig Jahre alt und würde höchstwahrscheinlich keine Kinder mehr bekommen. Sie hatte mehrere Jungen zur Welt gebracht, aber alle waren innerhalb weniger Tage gestorben, nur Prinzessin Mary hatte überlebt und war mittlerweile erwachsen. Aber ihr Vater sah Mary nicht als angemessene Thronerbin an. Erstens glaubte Heinrich nicht, dass eine Frau regieren könne, und deswegen wollte er einen männlichen Erben. Zweitens hatte er sich in die dreiundzwanzig Jahre alte

Anne Boleyn verliebt, die er heiraten wollte, was aber nur zulässig war, wenn der Papst seine Ehe mit Katharina annullierte. Anfangs gelang es Thomas, Abstand von diesem Wunsch des Königs zu halten. Aber 1531 hatte Heinrich es satt, auf die Entscheidung des Papstes zu warten. Er befahl dem Erzbischof von Canterbury, seine Ehe aufzulösen, anschließend heiratete er Anne Boleyn und trieb es dann noch weiter, indem er sich zum »Beschützer und obersten Haupt der Kirche von England auf Erden« ernannte. Ab da hatte der König, nicht der Papst, in Glaubensdingen das Sagen in England, und der Einzelne war nicht mehr Mitglied der römisch-katholischen Kirche, sondern der Kirche Englands.

Thomas sah sich nicht in der Lage, Heinrichs Entscheidungen mitzutragen, und legte daher sein Amt als Lordkanzler nieder, wobei er darauf achtete, sich nicht zur Scheidung des Königs oder seinem Anspruch auf die oberste geistliche Autorität Englands zu äußern. Egal. Er wurde trotzdem verhaftet und im Tower von London gefangen gehalten. Nach vierzehn Monaten wurde Thomas wegen Verrats vor Gericht gestellt. Der Ausgang des Verfahrens war von Anfang an klar, aber Thomas' geschickte Verteidi-

gung brachte ihm die Sympathie der Geschworenen und Zuschauer ein. Dann trat ein gekaufter Zeuge auf und behauptete, Thomas hätte zugegeben, den König nicht als oberstes Haupt der Kirche Englands anzuerkennen. Diese Falschaussage erinnerte die Geschworenen daran, was sie zu tun hatten: Thomas schuldig zu sprechen und zum Tode zu verurteilen. Das Urteil wurde am 7. Juli 1535 auf dem Tower Hill vollstreckt. Auf dem Schafott bat Thomas die große Zuschauermenge zu bezeugen, dass er sein Leben »für den Glauben an die heilige katholische Kirche« ließ, und nicht zu vergessen, dass er als »guter Diener des Königs, aber Gottes zuerst« starb. Dann kniete er nieder und betete Psalm 51, das Miserere, einen der sieben Bußpsalmen. Er vergab, segnete und küsste den Henker, dann legte er seinen Kopf auf den Block. Der Henker beendete Thomas Mores Leben mit einem einzigen Axthieb. Im Jahr 2000 ernannte Papst Johannes Paul II. Thomas More/Morus in Anerkennung seiner Integrität, seines Gerechtigkeitssinns und seines unerschütterlichen Wahrheitssinns zum Schutzpatron von Staatsmännern und Politikern.

SIEHE HEILIGENBILD AUF SEITE 385

STENOGRAFEN UND SEKRETÄRE

Der heilige Kassian von Imola

GEST. 4. JAHRHUNDERT – GEDENKTAG: 13. AUGUST

Die älteste überlieferte Quelle für die Geschichte des heiligen Kassian ist der christliche Dichter Prudentius (348–ca. 405), der sich dem Leben verschiedener Märtyrer in seiner Dichtung gewidmet hat. Kassian war Schullehrer in Imola, etwa vierzig Kilometer von Ravenna, Norditalien, entfernt, wo er auch den christlichen Glauben lehrte. Während einer Christenverfolgung wurde er festgenommen und dem Präfekten der Provinz vorgeführt. Der Richter bot Kassian an, sein Leben zu verschonen, wenn er den Göttern opferte, doch Kassian weigerte sich. Alles, was dem Präfekten blieb, war, die Todesstrafe zu verhängen. In einem Augenblick makabrer Inspiration befahl der Präfekt, dass Kassians gegenwärtige und ehemalige Schüler die Strafe vollziehen sollten. Während die Wächter die Schuljungen zusammentrieben, wurde Kassian entkleidet und an einen Pfahl gebunden. Die Jungen, die zur Hinrichtung kamen, waren mit Stöcken, Messern und spitzen eisernen Griffeln bewaffnet, mit denen sie ihre Aufgaben in die Wachstafeln ritzten (die römische Version von Notizblöcken). Die kleinen Monster warfen ihre Tafeln nach dem Kopf des Lehrers, verletzten ihn mit den Messern, schlugen ihn mit den Stöcken. Aber die Jungen mit den eisernen Stiften waren am schlimmsten, sie kratzten Buchstaben und Zahlen und Texte ihrer Lektionen in Kassians Fleisch. Die Christen von Imola ließen Kassians Leichnam eine christliche Beisetzung zuteilwerden, und sein Grab wurde zu einem Wallfahrtsort (Prudentius machte hier auf dem Weg nach Rom halt). Weil Stifte als Folterinstrumente benutzt worden waren, wurde Kassian zum Schutzpatron der Stenografen und Sekretäre. Eigenartigerweise suchen keine Schullehrer bei ihm Hilfe, nicht einmal die mit besonders wilden Schülern. Ganz besonders wird der heilige Kassian in Südtirol in Brixen als Bistumspatron und in Imola als Stadtpatron verehrt.

SIEHE HEILIGENBILD AUF SEITE 386

STIEFKINDER UND STIEFELTERN

Der heilige Leopold der Milde

1073–1136 – GEDENKTAG: 15. NOVEMBER

Markgraf Leopold aus dem Haus der Babenberger liebte Kinder. Er heiratete in zweiter Ehe Agnes, eine Tochter des römischen Kaisers Heinrich IV., und sie brachte zwei Jungen aus ihrer ersten Ehe mit dem Herzog von Schwaben mit. Leopold zog diese wie seine eigenen auf. Mit den Jahren bekamen Agnes und Leopold achtzehn Kinder, von denen elf bis zum Erwachsenenalter überlebten. Alle sind sich einig darin, dass Leopold ein liebevoller Vater war, der nicht unterschied zwischen seinen Stiefkindern und den eigenen Kindern. Das Paar herrschte über die bayerische Ostmark (heute Österreich), ein Land, das im frühen 12. Jahrhundert immer noch weitgehend unbewohnt war. Als Ausdruck seiner tiefen Religiosität gründete Leopold mehrere Klöster, die immer noch existieren, darunter das Zisterzienserkloster Heiligenkreuz in Niederösterreich bei Wien, in dem sich eine Reliquie des Heiligen Kreuzes befindet. Leopold hatte auch einen praktischen Grund für die Gründung dieser Klöster. Obwohl die Orte, für die er sich entschied, mitten in der Wildnis lagen, wusste er, wenn die Mönche erst mal ankamen, dass sie das Land roden und kultivieren würden und Menschen anziehen, die sich in der Region ansiedeln würden. Als Landesherr der Ostmark war Leopolds Hauptinteresse der Frieden und Wohlstand seines Volkes. Als Player auf der europäischen Bühne, mit Königsrechten ausgestattet, tat er sich mit dem Papst gegen jene Könige zusammen, die an ihrem Recht, Bischöfe und Äbte in ihrem Land selbst einzusetzen, festhalten wollten (Investiturstreit). Als Leopold starb, betrauerten ihn alle seine Kinder sowie die Menschen der Ostmark als einen ehrlichen und frommen Herrscher. Leopold der Milde oder Heilige, wie er auch genannt wurde, ist nicht nur der Schutzpatron der Stiefkinder und Stiefeltern, er ist auch einer der Schutzpatrone von Österreich.

SIEHE HEILIGENBILD AUF SEITE 386

STOTTERN UND ANDERE SPRACHSTÖRUNGEN

Der heilige Notker Balbulus

CA. 840–912 – GEDENKTAG: 6. APRIL

Balbulus ist das lateinische Wort für »Stotterer« oder »Stammler«, und diesen Spitznamen erhielt Notker noch als Schüler an der Benediktinerabtei St. Gallen in der Schweiz. Der Name blieb hängen. Als Schüler interessierte Notker sich vor allem für Musik, und obwohl er stotterte, wenn er sprach, konnte er singen, ohne zu stocken und zu stolpern.

Notker blieb sein Leben lang in St. Gallen, wo er unter anderem Bibliothekar war, Gästebetreuer und Schulleiter. Er war ein weiser und mitfühlender Mann, den Besucher in allen möglichen Angelegenheiten um Rat fragten – geistlichen wie weltlichen –, sogar der Kaiser des Heiligen Römischen Reichs, Karl III. (auch Karl der Dicke genannt), kam ratsuchend zu Notker. Aber die Musik blieb die Liebe seines Lebens. Er besorgte sich Noten aus Rom, um die Qualität der Gregorianischen Gesänge in St. Gallen zu verbessern und zugleich das musikalische Repertoire der Mönche zu erweitern. Seine Lebensarbeit war das *Liber Hymnorum* – Buch der Hymnen –, eine umfassende Sammlung gregorianischer Lieder. Es ist Notker zu verdanken, dass diese wundervollen Kompositionen aus den Kirchen Italiens sich in ganz Deutschland und Frankreich ausbreiteten. Es heißt, dass er zwei besonders schöne Hymnen, »Veni, Sancte Spiritus« zu Ehren des Heiligen Geistes und »Dies Irae«, gesungen bei den Totenmessen, selbst geschrieben habe. Es ist möglich, dass Notker sie tatsächlich komponierte, wahrscheinlicher ist aber, dass er sie bloß in den Ländern nördlich der Alpen einführte und popularisierte.

Notker starb in St. Gallen, wo einer seiner Brüder ihm huldigte als »stammelnd mit der Zunge, aber nicht mit dem Intellekt … beflissen im Gebet, dem Lesen, Kopieren und vor allem ein Meister des Chorgesangs«.

SIEHE HEILIGENBILD AUF SEITE 386

Jugendliche Straftäter

Der heilige Dominikus Savio

1842–1857 – Gedenktag: 9. März

In Turin betrieb Giovanni Bosco eine große Herberge, die zugleich Berufsschule, Priesterseminar und Waisenhaus für Straßenkinder war. Der zwölfjährige Dominikus Savio kam in der Hoffnung, eines Tages Priester zu werden, dorthin. Er war früh und ernsthaft gläubig. Nach seinem ersten Gespräch mit dem Jungen notierte Don Bosco: »Ich bewundere die an einem so jungen Menschen sichtbare göttliche Gnade.«

Dominikus muss sich der Tatsache bewusst gewesen sein, dass sein religiöses Leben ein wenig intensiver war als das von praktisch jedem anderen, den er kannte. Seine Reaktion auf diese Erkenntnis bestand darin, sich vorzustellen, dass er für eine Art Heldenleben mit längeren Phasen des Betens und strengen Bußen auserwählt war. Don Bosco weigerte sich jedoch, dies zu erlauben. Er wusste, dass Dominikus emotional und spirituell unreif war und dass ein solches Leben höchstwahrscheinlich dazu führen würde, dass Dominikus sich elitär von den anderen Schülern abgrenzte – vielleicht würde er sich sogar einbilden, ihnen menschlich überlegen zu sein. Don Bosco erinnerte Dominikus daran, dass es, was Buße anging, ausreichen würde, wenn er geduldig Hitze, Kälte, Krankheiten, die Mühen der Schularbeiten sowie »andere Menschen, wie sie nun einmal sein können«, aushielte. Und um ihn am Boden zu halten, bündelte er Dominikus' Energie in eine christliche Freiwilligenorganisation, deren Mitglieder versuchten, Freundschaften mit Jungen zu schließen, die Schwierigkeiten hatten, sich in der Schule einzufinden. Für Dominikus war das eine schwierige Aufgabe. Er fühlte sich nicht wohl zwischen den jugendlichen Straftätern, die Don Bosco aufnahm, und die groben Jungen fanden Dominikus affig. Die Mauer zwischen ihnen fiel jedoch dank Dominikus' frechem Witz, den er sogar mit den Lehrern der Schule machte. Es brachte Dominikus Ärger ein, klar, ließ ihn aber in den Augen der Straßenkinder auch

»normal« erscheinen. Als es ihm gelang, einen Spielplatzstreit, der sich in eine Schlägerei gewandelt hatte, zu schlichten – die beiden Jungen hatten sich bereits mit Steinen bewaffnet –, wuchs Dominikus' Ruf in der Schule. Im Winter 1857, kurz bevor Dominikus fünfzehn wurde, bekam er eine Brustfellentzündung. Don Bosco schickte ihn nach Hause zu seinen Eltern. Der Dorfarzt kam und verschrieb einen Aderlass, ließ den Jungen jedoch zu sehr zur Ader. Als Dominikus' Zustand sich verschlechterte, schickte die Familie nach einem Priester. Der Junge lebte gerade noch lange genug, um die letzte Ölung zu erhalten, im Sterben murmelte er einen Abschied von seinem Vater. Anfangs verweigerten die Bürokraten des Vatikans auch nur die Überlegung, einen vierzehn Jahre alten Jungen heiligzusprechen, aber Papst Pius X. betrachtete Dominikus Savios Jugend und Unschuld als einen Vorteil und wischte alle Einwände beiseite. 1950 sprach Papst Pius XII. Dominikus selig, vier Jahre später sprach er ihn heilig.

SIEHE HEILIGENBILD AUF SEITE 386

SCHWIMMER

Der heilige Adjutor

ARME SEELEN IM FEGEFEUER

SEELEUTE

SEGLER

Der heilige Clemens von Rom

SKATER

Die heilige Lidwina von Schiede

SOLDATEN

SOZIALARBEITER

SPIELKARTENHERSTELLER

Der heilige Balthasar

SPITZENKLÖPPLERINNEN

Der heilige Jean François Régis

SPORTSCHÜTZEN

*Der heilige Gabriel von der
Schmerzhaften Jungfrau*

STAATSMÄNNER UND POLITIKER

Der heilige Thomas Morus

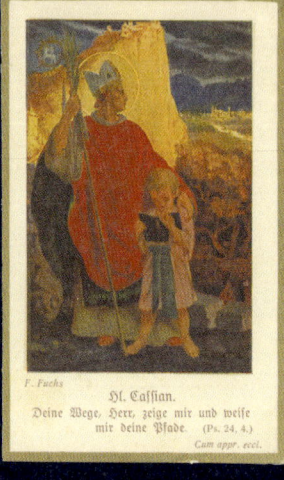

F. Fuchs
Hl. Cassian.
Deine Wege, Herr, zeige mir und weise
mir deine Pfade.   (Ps. 24, 4.)
Cum appr. eccl.

STENOGRAFEN UND SEKRETÄRE
Der heilige Kassian von Imola

Déposé «St. Norbertus», Wien. — Mit kirchl. Genehmigung.
St. Leopold.

STIEFKINDER UND STIEFELTERN
Der heilige Leopold der Milde

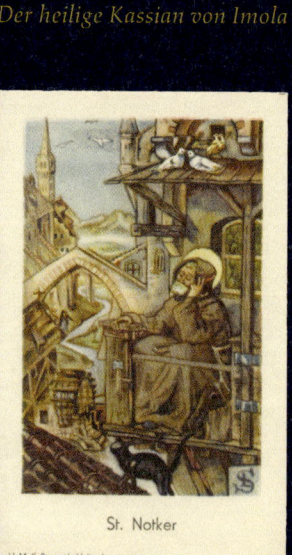

St. Notker

U. M. K. Beverwijk-Holland   16

OTTERN UND ANDERE SPRACHSTÖRUNGEN
Der heilige Notker Balbulus

Dominicus Savio

3-239   PRINTED IN ITALY

JUGENDLICHE STRAFTÄTER
Der heilige Dominikus Savio

SÜSSWARENHERSTELLER

Der heilige Makarius von Alexandria

GEST. CA. 401 – GEDENKTAG: 2. JANUAR

Als junger Mann war Makarius ein erfolgreicher Geschäftsmann, der im ägyptischen Alexandria Bonbons und süße Backwaren herstellte und verkaufte. 335 gab er, inspiriert von Geschichten über den Eremiten Antonius in der Wüste (später der Große) und andere heilige Männer, die die Zivilisation für ein Leben des Gebetes und der Buße hinter sich ließen, den Süßwarenhandel auf und reiste gen Süden in eine Region Ägyptens, die als Thebaid bekannt war, in der Nähe des heutigen Assuan. Dort lebte er vierzig Jahre in einer Klause und ging sogar einige Zeit bei seinem Helden, Antonius, in die Lehre. Anschließend zog er in die Wüste Nordägyptens, wo er als Einsiedler lebte. Die Einsiedlermönche in Ägypten waren bekannt für ihr extrem frommes Leben und ihre Bußpraxis. Makarius lebte von rohem Gemüse, Brot und Wasser. An Feiertagen erlaubte er sich, ein wenig Olivenöl hinzuzufügen. Einmal zwang er sich, zwanzig Tage und zwanzig Nächte wach zu bleiben. Später gab er zu:

»Mein Hirn vertrocknete wegen des Schlafmangels, und ich fiel in eine Art Delirium. Also gab ich nach und kehrte in meine Klause zurück.«

Beim Tod eines seiner Nachbarn entdeckten Makarius und seine Miteinsiedler über hundert Goldmünzen in der Klause des Toten, was zu einer erregten Debatte führte – sollten sie das Gold unter den Armen verteilen oder der Kirche spenden? Makarius setzte sich dafür ein, dass es mit dem Einsiedler begraben werden sollte, um ihnen allen eine Lektion über die Schlechtigkeit des Hortens zu erteilen. Makarius änderte nie etwas an seinem einfachen Leben. Ein Jahrhundert später, als Benedikt und Scholastika von Nursia ihre Regeln aufstellten, verwarfen sie die extremen Praktiken von Makarius und seinen Miteinsiedlern. Dennoch wird Makarius, vor allem in der Kirche des Ostens, hoch verehrt und in der Messe im koptischen Ritus beim Namen genannt.

SIEHE HEILIGENBILD AUF SEITE 407

TÄNZER

Der heilige Vitus, auch gen. Veit

GEST. CA. 303 – GEDENKTAG: 15. JUNI

Menschen, die an der Krankheit litten, die früher als »Veitstanz« bezeichnet wurde, tanzten nicht. Sie litten an Chorea Huntington, einer Nervenkrankheit, die plötzliche, hastige und unwillkürliche Bewegungen von Körper, Armen und Beinen verursacht. Im Mittelalter glaubte man, dass eine Pilgerreise zum Schrein des heiligen Vitus oder eine Novene, ein tägliches Gebet an neun aufeinanderfolgenden Tagen zu ihm, dieses Gebrechen heilen könne. Da der Heilige viele dieser Fälle heilte, wurde die Krankheit Veitstanz genannt, und der heilige Vitus wurde zum Schutzpatron gegen den Veitstanz und Patron der Tänzer. Vitus bzw. Veit taucht auf der Liste der Märtyrer auf, die Hieronymus im 4. Jahrhundert zusammenstellte. Doch die Geschichte, die sich um diesen Heiligen rankt, ist nicht unbedingt glaubwürdig. Der Legende nach wurde Vitus in Sizilien als Sohn eines heidnischen Senators geboren. Modestus, der Sklave, den die Familie zum Erzieher des Jungen erkor, und Crescentia, seine Kinderfrau, waren Christen. Ohne das Wissen des Vaters lehrten sie den Jungen den christlichen Glauben und ließen ihn taufen. Er war etwa dreizehn Jahre alt, als sein Geheimnis herauskam. Der Senator ließ seinen Sohn und die Sklaven auspeitschen, aber bevor er sie weiter bestrafen konnte, flohen alle drei, nahmen ein Boot nach Süditalien und reisten weiter nach Rom. Dort trieb Vitus einen Dämon, der den Sohn des Kaisers Diokletian befallen hatte, aus. Aufgrund der Vermutung, die drei wären Hexenmeister, verurteilte Diokletian sie zum Tod. Er warf sie den Löwen vor, aber die Tiere spielten bloß mit ihnen und leckten den Gefangenen die Füße. Als Nächstes ließ der Kaiser sie in siedendes Öl stecken, aber Vitus bzw. Veit, Modestus und Crescentia überstanden auch dies unbeschadet. Schließlich wurden sie enthauptet. Große Verehrung genießt Vitus in Corvey und Prag, und er zählt zu den 14 Nothelfern.

SIEHE HEILIGENBILD AUF SEITE 407

TAXIFAHRER

Der heilige Fiacrius

GEST. 670 – GEDENKTAG: 30. AUGUST

Im 17. Jahrhundert stellte das Pariser Hotel Saint-Fiacre seinen Gästen eine Reihe Kutschen zur Verfügung. Es waren die ersten Leihwagen der Stadt; sie wurden als *fiacres* bekannt, und die Fahrer wählten Fiacrius als Schutzpatron, der ihnen beistand, wenn sie in der Stadt unterwegs waren, der für die Gesundheit ihrer Pferde sorgte und ihnen Fahrgäste zuschanzte, die großzügige Trinkgelder gaben.

Fiacrius selbst war nie »Taxi« gefahren. Er war ein irischer Mönch gewesen, der seine Heimat verlassen hatte, um, in welchem fernen Land er auch landen würde, als Einsiedler zu leben. Sein Boot fand seinen Weg nach Frankreich, wo er sich, ermutigt durch Bischof Burgundofaro, in einem Wald bei Breuil niederließ. Er baute sich eine Hütte, ein Oratorium zu Ehren der Jungfrau Maria und eine Herberge für Reisende. Laut Legende verfügte er über Heilkräfte, mit denen er Fieber senken und Blinde sehend machen

konnte. Obst, Gemüse und medizinische Kräuter gediehen in Fiacrius' Garten, und er teilte seinen Reichtum mit den Hungernden und den Kranken. Gärtner haben Fiacrius ebenfalls zu ihrem Patron gemacht, weil er angeblich, als er seinen Garten anlegte, nur einen Spatenstich brauchte, um einen Baum auszugraben oder Büsche loszuwerden.

Nach dem Tod des Fiacrius wurde seine Einsiedelei zu einem Pilgerort, der sich zum Dorf Saint-Fiacre in der Provinz Seine-et-Marne entwickelte. Das Heiligtum war besonders im 17. Jahrhundert beliebt. Der heilige Vinzenz von Paul war der Überzeugung, dass er durch Fiacrius' Hilfe von einer Krankheit geheilt worden war, und die französische Königin Anne hat stets die Geburt ihres Sohnes, des zukünftigen Ludwig XIV., ihren Gebeten zu Fiacrius zugeschrieben.

SIEHE HEILIGENBILD AUF SEITE 407

TEENAGER

Die heilige Philomena von Rom

CA. 150 (?) – GEDENKTAG: 11. AUGUST

Philomena von Rom existiert in einer Art liturgischem Zwischending. Seit 1805 gehört sie zu den beliebten Heiligen, die als Wunderwirker gelten. Fünf Päpste ermutigten zu ihrer Verehrung, und mehrere der später selbst heiliggesprochenen Männer und Frauen, darunter Jean-Marie Vianney, Franziska Xavier Cabrini, Johannes Neumann und Antonius Maria Claret, berichteten, dass durch ihr Mitwirken Wunder gewirkt geworden waren. Dann aber, trotz der begeisterten Unterstützung so vieler heiliger Männer und Frauen, ganz abgesehen von ihrer Popularität in der gesamten katholischen Welt, strich Papst Johannes XXIII. im Jahr 1961 den Gedenktag von Philomena von Rom aufgrund mangelnder historischer Belege aus dem liturgischen Kalender. Der nächste Schritt bestand darin, ihre Grabplatte in Mugnano, in der Nähe von Neapel, zu entfernen, doch der Papst starb, bevor er diesen Schritt tun konnte, und sein Nachfolger, Papst Paul VI., verweigerte ihn. Und so befindet sich Philomena in der eigenartigen Position, dass ihre Verehrung amtlich nicht genehmigt ist, ihre Reliquien aber immer noch verehrt werden.

Die Geschichte begann 1802, bei einer archäologischen Untersuchung der römischen Katakomben von Santa Priscilla. Die Fachleute fanden ein intaktes Grab mit der Inschrift PAX TECUM FILUMENA (Friede sei mit dir, Philomena). Auf der Grabplatte waren drei Pfeile, ein Palmwedel, zwei Anker und eine Lilie. Der Anker ist das christliche Symbol der Hoffnung, der Palmwedel symbolisiert das Märtyrertum, die Lilie symbolisiert die Reinheit, und die drei Pfeile symbolisieren in diesem Fall die Art des Todes, den die Märtyrerin erlitten hatte. In dem Grab befand sich das Skelett eines etwa vierzehn Jahre alten Mädchens. Einige der Archäologen, die das Grab untersuchten, vermuteten, ausgehend von der Inschrift und anderen Verzierungen, dass sie eine jungfräuliche Märtyrerin namens Philomena entdeckt hatten.

Da man den Stil der Inschrift auf etwa Mitte des 2. Jahrhunderts datieren konnte, ist wahrscheinlich, dass das junge Mädchen um das Jahr 150 starb. Das Einzige, was fehlte, war die Erwähnung einer Märtyrerin namens Philomena in irgendeiner der Märtyrerlisten, der alten Übersichten der christlichen Märtyrer der ersten Jahrhunderte der Kirche.

Im 19. Jahrhundert berichtete eine neapolitanische Nonne, Schwester Maria Luisa di Gesù, von einer Reihe Erscheinungen einer Heiligen, die ihr die gesamte Lebensgeschichte der Philomena offenbart habe. Die »Visionen« waren offensichtlich erlogen, und die kirchlichen Autoritäten ignorierten sie.

Was bislang jedoch niemand hat abstreiten können, ist die ausgesprochen große Anzahl von Wundern, die auf Philomenas Wirken zurückzuführen sind. Offensichtlich kümmert sich irgendein Heiliger im Himmel darum, an sie adressierte Gebete zu bearbeiten. Wegen der enormen Popularität wurde Philomena als Schutzpatronin für alles, von Sterilität bis zu Geldproblemen, auserwählt, aber als Märtyrerin im Teenageralter wurde sie insbesondere Teenagern ans Herz gelegt.

Siehe Heiligenbild auf Seite 407

TEXTILARBEITER

Der heilige Antonius Maria Claret

1807–1870 – GEDENKTAG: 24. OKTOBER

Antonio Maria Claret y Clará, sein originärer Name, war zwölf Jahre alt, als er in der Garn- und Textilfabrik seines Vaters im Dörfchen Sallent in Katalonien als Weber zu arbeiten begann. Die nächsten neun Jahre schuftete er als einfacher Arbeiter in dem Gefühl, seine wahre Berufung wäre das Priestertum. Mit einundzwanzig trat Antonius in das Priesterseminar ein, sieben Jahre später wurde er zum Priester geweiht und bekam seine Heimatgemeinde als erste Aufgabe zugewiesen.

Spanien litt zu dieser Zeit immer noch an den Zerstörungen durch die napoleonische Invasion und des darauffolgenden Bürgerkriegs. Das religiöse Leben hatte ebenfalls gelitten, viele spanische Katholiken waren bar ihres Glaubens. Um diese Lage zu heilen, begann Antonius in ganz Katalonien Einkehrtage abzuhalten und Volksmission zu betreiben. Er war so effektiv, dass seine kirchlichen Oberen ihn 1842 von aller Gemeindearbeit entbanden und zum Vollzeitmissionar für die gesamte Provinz Katalonien mit dreizehn Städten und vierhundert Dörfern ernannten. Antonius' erfolgreiche Arbeit sprach sich bis nach Rom herum, wo Papst Pius IX. ihn prompt zum Erzbischof von Santiago de Cuba, Kuba, ernannte. Die Erzdiözese von Santiago umfasste die halbe Insel Kuba, hatte aber seit vierzehn Jahren keinen Bischof mehr gesehen. Augenblicklich stürzte Antonius sich in die Missionarsarbeit, die er so liebte. Er reiste in jede Stadt und jedes Dörfchen seiner Erzdiözese und missionierte überall. Er hörte fünf bis sechs Stunden täglich die Beichte, predigte bei Einkehrtagen (Exerzitien) den Gemeindepriestern und setzte sich heroisch dafür ein, Katholiken, die vom Glauben abgefallen waren, zurück in den Schoß der Kirche zu holen. Antonius brauchte achtzehn Monate, um eine erste umfassende Reise durch seine Erzdiözese zu absolvieren, aber das Ergebnis seiner Volksmission war bewundernswert. In den Aufzeichnungen ist festgehalten, dass Antonius in seinen ersten zwei Jahren als Erzbischof von Santiago de Cuba über einhunderttausend Menschen die Firmung spendete, dreihunderttausend das Bußsakrament, neuntausend Paare verheiratete, deren Eheschließung nie vor einem Priester bestätigt worden war, und dreihundert verheiratete Paare, die sich getrennt hatten, wieder zusammenführte.

Weil große Teile der Erzdiözese überhaupt keine Priester hatten, gründete Antonius dreiundfünfzig neue Gemeinden. Das Priesterseminar der Erzdiözese war kaum arbeitsfähig (seit dreißig Jahren war hier kein Priester mehr ausgebildet worden). Antonius brachte all das wieder in Ordnung. Viele der Gemeindegeistlichen lebten in Armut, also hob Antonius die Gehälter für alle Diözesanpriester an. Mehr noch, er gründete Hospitäler und Schulen und lud geistliche Orden, die der Erzdiözese vor Jahren den Rücken gekehrt hatten, zur Rückkehr ein. Antonius' Erfolg verärgerte die Feinde der Kirche in der Regierung und der Gesellschaft. Fünfzehn Anschläge auf sein Leben erfolgten, der gefährlichste in der Stadt Holguin, wo ein messerschwingender Attentäter ihn in der Kirche angriff und ihm die

Wange vom Ohr bis zum Kiefer aufschlitzte. Als das Gericht den Möchtegernmörder zum Tode verurteilte, setzte sich Antonius für ihn ein, bis die Strafe lebenslänglich hieß.

Leider musste der Mann, der als Bischof derart aktiv und erfolgreich war, Kuba verlassen und nach Spanien zurückkehren, um persönlicher Beichtvater der Königin Isabella II. (1833–1870) zu werden. Antonius hasste die Kleingeistigkeit und Oberflächlichkeit am Hof. Um ihr zu entkommen und sich wieder nützlich zu fühlen, half er Seminaristen, sich auf die Priesterweihe vorzubereiten, und betätigte sich missionarisch in den Gemeinden Madrids.

Die Revolution 1868 erlöste Antonius vom Leben am Hof. Unglücklicherweise waren die Revolutionäre in gewalttätigster Weise antikirchlich und vertrieben Antonius und alle geistlichen Orden aus Spanien. Antonius fand Zuflucht in einem Zisterzienserkloster in Fontfroide in Frankreich, wo er zum ersten Mal in seinem Leben nichts zu tun hatte und ruhig vor sich hin lebte. Er starb überraschend am 24. Oktober 1870.

Siehe Heiligenbild auf Seite 408

THEOLOGEN

Der heilige Augustinus von Hippo

354–430 – GEDENKTAG: 28. AUGUST

Augustinus war ein Mann größter intellektueller Gaben, und seine Ideen haben heute noch Einfluss auf das westliche Denken. Martin Luther und Johannes Calvin kämpften mit seiner Theorie der Vorherbestimmung des Menschen. Seine Schriften über den menschlichen Willen inspirierten Arthur Schopenhauer und Friedrich Nietzsche. In der jüngeren Vergangenheit war die Debatte unter katholischen Denkern, katholischen Politikern und dem Vatikan über die Richtigkeit der Invasion im Irak von Augustinus' Theorie vom gerechten Krieg beeinflusst.

Obwohl seine Mutter Monika ihn als Christ aufzog, wandte sich Augustinus mit fünfzehn vom Glauben ab, nahm sich eine Geliebte und schloss sich den Manichäern an, einer Sekte, die an zwei Götter glaubte – einen guten und einen bösen –, welche um die Kontrolle über die Welt rangen, und diesen Kampf gewann unweigerlich das Böse. Monika war entsetzt über die Ablehnung der katholischen Kir-che durch ihren Sohn. Als er zum ersten Mal nach dem Übertritt zu den Manichäern nach Hause kam, verriegelte sie die Tür und weigerte sich, ihn einzulassen. Dennoch betete sie für die Konversion ihres Sohnes und hielt Ausschau nach einem Bischof, der die intellektuelle Kraft hatte, ihm entgegenzutreten.

Im Jahr 386 fand Monika einen solchen Mann in Ambrosius von Mailand. Die gesamte Familie – Monika, Augustinus, seine Geliebte und ihr Sohn – lebte mittlerweile in Mailand, wo Augustinus Philosophie lehrte. Eines Sonntags überredete Monika ihren Sohn, sie zur Messe zu begleiten, um Bischof Ambrosius predigen zu hören. Augustinus war beeindruckt von dem, was er hörte, und im darauffolgenden Jahr trafen er und sein Sohn sich oft privat mit Ambrosius, um über den katholischen Glauben zu diskutieren. Diese Diskussionen trugen Früchte in der Nacht vor Ostern 387, als Ambrosius Augustinus und seinen Sohn taufte. Seit Paulus hatte die Kirche keinen so wichtigen Übertritt mehr zu verzeichnen gehabt.

Augustinus wurde danach Priester und später Bischof. Er war bekannt für seine Heiligkeit und sein großes Wissen, und er schrieb die erste Autobiografie der Welt, die er *Confessiones* – Bekenntnisse – nannte, weil »die Menschen neugierig auf die Leben anderer sind, aber es ihnen schwerfällt, ihr eigenes zu ändern«. Er schrieb den Großteil der Weisheit darin seiner Mutter zu, deren Hingabe an die christlichen Ideale ihn inspiriert hätte. Er enthüllte seine Schwächen und Dummheiten, teilte mit den Lesern die Sünden, die er begangen hatte, und die Eigenheiten, die ihn plagten. Zu seiner Zeit, aber auch noch in der unsrigen, fanden und finden die Menschen Zuspruch und Ermutigung in seinen Betrachtungen über die Seele und den Konflikt zwischen Gut und Böse.

Augustinus hatte ein großes Talent dafür, die Grundzüge der Theologie einfachen Menschen verständlich zu machen. Er schrieb: »Das ist doch das Geschick des Lebens: Durch Arbeit und Gebet sich der Gnade Gottes zu versichern, bis wir zu einer Vollkommenheit gelangen, in der wir reinen Herzens Gott ins Antlitz schauen mögen.«

SIEHE HEILIGENBILD AUF SEITE 408

TIERE

Der heilige Franz von Assisi

1181–1226 – GEDENKTAG: 4. OKTOBER

Es gibt nur wenige Christen, die nicht total begeistert sind von Franz von Assisis Tierliebe. Vermutlich liegt es an all diesen Gartenstatuen des heiligen Franz, auf denen sich ein Kaninchen vor seinen Füßen zusammenrollt und kleine Vögelchen auf seinen Schultern zirpen. Im wahren Leben war Franz' Sicht auf die Tiere eher theologisch als sentimental. Tiere gehörten zu den Geschöpfen Gottes, und, wie wir im ersten Buch Mose lesen, alle Geschöpfe Gottes sind gut. Zweifellos liebte Franz Kaninchen und Vögel, aber er liebte auch Spinnen und Schlangen – und darin liegt die Herausforderung. Franz betrachtete die Welt als ein riesiges, von Gott geordnetes System, in dem alles genau die Rolle spielt, die ihm der Schöpfer zugewiesen hat, und daher jedes Wesen, ob niedlich und kuschelig oder nicht, einen Wert hat.

Es gibt viele Geschichten über Franz von Assisi und die Tiere. In einer heißt es, dass Franz und seine Freunde, während sie durch ein Tal in der Nähe der italienischen Stadt Spoleto wanderten, einem großen Vogelschwarm begegneten. Franz hielt an und begann, dem Schwarm zu predigen. »Meine Brüder und Schwestern, preist euren Schöpfer und liebet ihn ewiglich«, sagte er, »denn er kleidete euch mit Federn und lehrte euch zu fliegen, so dass ihr euer Heim in der reinen Luft bereiten könnt.« Daraufhin begannen alle Vögel zu zwitschern und zu singen und mit den Flügeln zu schlagen.

Eine andere Geschichte erzählt, dass ein Franziskanerbruder ein Kaninchen in einer Falle fand und das arme Tier zu Franz brachte. Der Heilige befreite das Tier und heilte sein verletztes Bein, dann setzte er es auf den Boden mit der Warnung, dass es in Zukunft darauf achten sollte, wohin es trat. Statt davonzuhoppeln, sprang das Kaninchen zurück auf Franz' Schoß. Es lief nicht davon, bis Franz das Kaninchen in den Wald trug und verscheuchte. Eine weitere Überlieferung betont insbesondere Franz' Bemühen darum, das Gleichgewicht zwischen Mensch und Tier wiederherzustellen.

Die Stadt Gubbio wurde von einem bösartigen Wolf heimgesucht, der Lämmer, Kälbchen und andere Tiere gerissen hatte – er hatte sogar kleine Kinder getötet. Vor lauter Angst, der Wolf könnte auch sie angreifen, weigerten sich die Bürger, die Stadtmauern zu verlassen und ihre Felder zu bestellen. Dann kam Franz von Assisi vorbei. Er verkündete, keine Angst zu haben, und verließ die Stadt auf der Suche nach dem Wolf. Er hatte das Stadttor noch nicht lange hinter sich, als das Tier knurrend und zum Biss bereit aus dem Wald hervorgeschossen und direkt auf ihn zugerannt kam. Die Bürger Gubbios schrien verängstigt, während sie von der Stadtmauer aus zusahen, aber Franz blieb einfach stehen. Als der Wolf näher kam, befahl Franz ihm: »Stopp!« Das Tier blieb abrupt stehen und setzte sich, als wäre es ein braver Hund.

»Bruder Wolf«, sagte Franz, »du hast Vieh gestohlen, das dir nicht gehört, und deinen Nachbarn Angst eingejagt. Im Namen des Herrn im Himmel befehle ich dir davon zu lassen.« Der Wolf senkte den Kopf und legte sich vor Franz' Füßen. Dann wandte sich der Heilige an die Bürger der Stadt. »Bruder Wolf wird euch und euren Tieren nichts mehr tun, aber im Gegenzug müsst ihr ihn jeden Tag füttern.« Die Bewohner Gubbios erklärten sich einverstanden und fürderhin kam der Wolf jeden Tag zum Fressen in die Stadt. Er wurde zum inoffiziellen Haustier der Einwohner, und als er starb, ließen die trauernden Bürger ein Abbild von ihm über die Tür einer der Kirchen der Stadt meißeln. Dort befindet es sich immer noch.

SIEHE HEILIGENBILD AUF SEITE 408

ENTLAUFENE TIERE

Der heilige Felix von Nola

GEST. 260 – GEDENKTAG: 14. JANUAR

Normalerweise ist leicht festzustellen, wer ein Märtyrer ist. Wenn der Heilige gefoltert wurde, in Gefangenschaft saß und sein Leben für den Glauben hat lassen müssen, dann ist er eindeutig ein Märtyrer. Felix von Nola ist einer der wenigen Heiligen, die als Märtyrer verehrt werden, obwohl sie keines gewaltsamen Todes starben.

Felix war Priester und Assistent von Maximus, dem alten Bischof von Nola. Als der römische Kaiser begann, die Christen zu verfolgen, half Felix Maximus, in die Berge zu fliehen. Die Römer verhafteten Felix, peitschten ihn beinahe zu Tode und ließen ihn angekettet in einer Zelle zurück. Die Legende besagt, dass ein Engel Felix' Ketten zerbrach, das Schloss seiner Zellentür knackte, und ihm dann verriet, wo Maximus sich aufhielt. Als Felix ihn fand, war der alte Bischof beinahe tot, an Hunger und Kälte gestorben. Felix gab Maximus zu essen, pflegte ihn und trug ihn auf seinem Rücken an einen sicheren Ort, wo er ihn in der Pflege einer älteren Christin

zurückließ. In dem Wissen, dass Maximus in Sicherheit war, suchte Felix nun nach einem Versteck für sich selbst. Er hatte noch keines gefunden, als er Soldaten in der Ferne hörte. Felix begann zu rennen, und mit Glück erreichte er ein zerfallenes Gebäude. Steinbrocken blockierten den Eingang, aber es gelang ihm, sich durch ein Fenster hineinzuquetschen. Derweil konnte er bereits die Soldaten hinter sich hören. So ängstlich er auch war, Felix fiel eine Spinne auf, die in der Fensteröffnung hing. Und dann sah er sie ein Netz spinnen, das bald schon die Öffnung verschloss. Einen Augenblick später erschienen die Soldaten, aber sie machten sich nicht die Mühe, das verlassene Gebäude zu durchsuchen – schließlich war die Tür unpassierbar, und die einzige andere Öffnung war durch ein intaktes Spinnennetz verschlossen. Felix lebte monatelang in der Ruine, bis die Verfolgungen ein Ende fanden. Als Maximus starb, wünschten die Christen von Nola, dass Felix ihr Bischof würde, aber er lehnte diese Ehre ab. Er blieb den Rest seines Lebens ein einfacher Priester, er ernährte sich und speiste die Armen, indem er drei Hektar Land außerhalb der Stadt beackerte.

Nach Felix' Tod nahm seine Verehrung vor allem im Bereich Neapels zu. Paulinus, Bischof von Nola in den ersten Jahrzehnten des 5. Jahrhunderts und später ebenfalls ein Heiliger, wurde durch Felix' Eingreifen von einem Augenleiden geheilt. Daraufhin begann Paulinus, Berichte über die Wunder zu sammeln, die Besuchern des Heiligtums von Felix von Nola widerfahren waren. Unter Paulinus' bis heute erhaltenen Unterlagen befindet sich ein Gebet, das er einen Bauern an Felix von Nolas Grab sprechen hörte. Die Ochsen des Mannes waren gestohlen worden, und er wollte, dass Felix von Nola sie zurückbrachte. »Bring mir genau diese Tiere«, wies er den Heiligen an. »Ich will keine anderen.« Als er auf seinen Hof zurückkehrte, fand der Bauer seine Ochsen sicher im Stall. Seitdem wird Felix von Nola als der Heilige verehrt, der entlaufene und verlorengegangene Tiere findet und zurückbringt.

SIEHE HEILIGENBILD AUF SEITE 409

TOD DURCH ERTRINKEN

Die heilige Radegund

518–587 – GEDENKTAG: 13. AUGUST

Radegund (frz. Radegonde) lebte in den ersten Jahren nach dem Zusammenbruch des Römischen Reiches, als die Barbarenstämme erstarkten. Wie viele Christen jener Zeit identifizierte sie sich mit der römischen Zivilisation, obwohl Radegund als Heidin und thüringisches Edelfräulein im Osten Deutschlands im Raum des heutigen Erfurt geboren worden war. Radegund hatte eine unruhige Kindheit. Als sie noch jung war, ermordete ihr Onkel ihren Vater, und dann eroberten die Franken Thüringen und nahmen sie als Beute mit sich. Im Reich der Franken (heute Frankreich) wurde sie Christin, blieb aber eine Gefangene.

Als Radegund achtzehn war, zwang der Frankenkönig Chlothar I. sie, ihn zu heiraten (540). Obwohl angeblich Christ, hatte der König zu diesem Zeitpunkt bereits mindestens fünfmal geheiratet und war vermutlich zumindest mit ein paar dieser Frauen immer noch verehelicht (es ist unwahrscheinlich, dass sie alle tot waren oder dass man ihm fünf Annullierungen ge-

währt hatte). Die Ehe stand unter einem schlechten Stern. Gleichgültig, wie viele Frauen er hatte, Chlothar stieg ohnehin mit jeder Frau ins Bett, die ihn interessierte. Er war gewalttätig und prügelte Radegund; er warf ihr vor, keine Kinder zu gebären. Der Zwist des königlichen Paars erreichte einen Höhepunkt im Jahr 550, als Chlothar Radegunds Bruder ermordete. Sie lief davon, legte in Noyon das dreifache Ordensgelübde ab und schickte Germanus, den Bischof von Paris, um Chlothar zu überreden, sie zukünftig in Frieden zu lassen. Chlothar, der sich stets beklagt hatte, mit einer Nonne statt einer Königin verheiratet zu sein, war froh, Radegund loszuwerden. Er schickte ihr sogar noch Abschiedsgeschenke nach Poitiers, in das von ihr gegründete Koster. Radegund machte ihr »Kloster zum Heiligen Kreuz« zu einer Insel des Glaubens, der Schönheit, der Erziehung und der Weiterbildung in einem Meer aus Ignoranz und Gewalt. Ihr Kaplan Venantius Fortunatus war ein römischer Gentleman, ein Priester, der lateinische Gedichte im klassischen Stil schrieb. Frauen, die nach einem sicheren, ruhigen Zufluchtsort vor der Gewalt ihrer Zeit suchten, kamen in dieses Kloster. Viele entstammten adeligen Familien, und eine Reihe von ihnen waren königlichen Geblüts. Radegund entwarf eine Regel aus Gebet, Kontemplation, Studium, Schweigen, Askese und Wohltätigkeit.

Wie der Name ihres Klosters nahelegt, verehrte Radegund das Kreuz, an das Jesus geschlagen worden war, zutiefst, und sie wünschte sich, eine Reliquie des wahren Kreuzes, um es in ihrer Kirche ausstellen zu können. Im Jahr 569 schickte Kaiser Justin II. ihr ein Stück des Kreuzes in einem juwelenbesetzten goldenen Reliquienschrein. Um die Ankunft einer derart wichtigen Reliquie zu würdigen, schrieb Venantius ein Gedicht, *Vexilla regis prodeunt*. Das Gedicht wurde vertont und gehört zu den wunderbarsten Hymnen im Repertoire der Gregorianischen Gesänge.

Nicht lange nach dem Tod Radegunds ging einer der ihr Ergebenen in der Tiefsee fischen. Plötzlich kam ein Sturm auf, und riesige Wellen brachten das Boot beinahe zum Kentern. Bevor der arme Mann etwas unternehmen konnte, füllte sich sein Boot mit Wasser und sank. Im Untergehen rief der verängstigte Fischer Radegund an. Einen Augenblick später kehrten sein Boot und er an die Oberfläche zurück. Der Sturm verschwand, der Himmel klarte auf, und das Meer beruhigte sich. Seitdem ist Radegund die Schutzpatronin aller, die zu ertrinken fürchten.

SIEHE HEILIGENBILD AUF SEITE 409

GLÜCKLICHER TOD

Der heilige Josef

1. JAHRHUNDERT – GEDENKTAG: 19. MÄRZ

Josefs Rolle als Schutzheiliger für einen glücklichen Tod geht auf eine apokryphe Schrift aus dem 5. Jahrhundert, *Die Geschichte Josefs des Zimmermanns*, zurück. Der spannendste Teil dieser Darstellung ist Josefs Tod gewidmet. In dieser Geschichte hat Josef panische Angst vor dem Tod, obwohl er ein von Gott erwählter Heiliger ist, der die Heilige Jungfrau Maria beschützen und als Vater von Jesus Christus auftreten sollte. Jesus und Maria versuchen ihn zu beruhigen, aber der arme Josef ist der Überzeugung, er hätte ein sündiges Leben geführt. Als seine letzten Momente näher rücken, kann Josef nicht mehr sprechen. In den letzten Stunden des guten alten Mannes sitzt Jesus, der in der Geschichte achtzehn Jahre alt ist, an seinem Bett und hält Josefs Hände. Als der gefürchtete Tod kommt, ruft Jesus die Erzengel Michael und Gabriel aus dem Himmel herab, damit sie Josefs Seele zu Gott begleiten. Josef stirbt friedlich in Christi Armen, mit Maria an seiner Seite, und die beiden wichtigsten Engel warten darauf, seine Seele in Empfang zu nehmen. Die Details der Geschichte sind zweifellos reine Fiktion, aber dass Josef in Gegenwart von Jesus und Maria starb, ist durchaus plausibel. Das letzte Mal, dass wir im Neuen Testament von Josef hören, ist in Lukas' Bericht über einen zwölfjährigen Jesus, der von zu Hause wegläuft, um drei Tage lang mit Priestern und Schriftgelehrten im Tempel Jerusalems zu debattieren. Sowohl die Gelehrten als auch die Überlieferung stimmen in der Annahme überein, wenn Josef zur Zeit von Christi Kreuzigung noch am Leben gewesen wäre, hätte er mit Maria zusammen am Fuß des Kreuzes gestanden. Der Sinn der Anrufung des Josef als Schutzpatron für einen glücklichen Tod ist als Hoffnung zu sehen, dass Josef im Augenblick des Todes Jesus und Maria mitbringen wird, um uns zu trösten und in den Himmel emporzuheben.

SIEHE HEILIGENBILD AUF SEITE 409

TOLLWUT

Der heilige Dionysius von Paris

GEST. CA. 250 – GEDENKTAG: 9. OKTOBER

Die Verbindung zwischen Dionysius und der Tollwut zu finden, verlangt ein wenig Arbeit. Eine Geschichte erzählt, dass der Frankenkönig Chlodwig (ca. 466–511), nachdem er zum Christentum übergetreten war, den Mönchen der Abtei Saint-Denis befohlen hatte, das Grab des Märtyrers zu öffnen, damit er die Gebeine anschauen konnte. Nachdem er sie eine Weile betrachtet hatte, griff der König in den Sarkophag, brach ein Stück von einem Knochen ab und verließ dann die Kirche. Wenig später verlor Chlodwig, als Strafe für das Sakrileg, den Verstand. Wahnsinn ist ein Symptom der Tollwut. Und deshalb betet man zu Dionysius, um sich vor der Tollwut zu schützen. Logisch, oder? Dionysius war ein Missionar, der zum ersten Bischof von Paris wurde. Gemeinsam mit Rusticus, einem Priester, und Eleutherius, einem Diakon, bekehrte er unendlich viele Pariser Bürger. Eifersüchtig auf den Erfolg des Bischofs begannen die heidnischen Priester, die Leute und das Gericht gegen Dionysius und seine Gefährten aufzuwiegeln. Sie wurden allesamt verhaftet und auf einer Pariser Anhöhe, die seitdem als Montmartre – »Märtyrerberg« – bekannt ist, enthauptet. Die Abtei Saint-Denis befindet sich etwa dreißig Kilometer von Montmartre entfernt, und wie der Körper von Dionysius hierherkam, ist eine der fabelhaftesten Geschichten über Heilige überhaupt. Nachdem der Henker Dionysius den Kopf abgeschlagen hatte, stand der auf, hob ihn auf und ging zu Fuß an den Ort der heutigen Abteikirche, wo er sich zur letzten Ruhe niederlegte. Viele Jahrhunderte lang war die Abtei Saint-Denis der liebste Grabplatz französischer Königsfamilien, ein Brauch, der die Kirche in der Französischen Revolution zu einem Ziel werden ließ. Ein revolutionärer Mob zerschlug die Grabmäler und zerstörte die Reliquie, von der es hieß, dass es der Schädel von Dionysius selbst ist.

SIEHE HEILIGENBILD AUF SEITE 409

TÖPFER

Der heilige Spyridon, auch Spiridon von Thaumaturgos

270–344 (?) – GEDENKTAG: 12. DEZEMBER

Ein Streitgespräch zwischen Spyridon und einem heidnischen griechischen Philosophen führte dazu, dass er der Schutzpatron der Töpfer wurde. Der Philosoph war bereit anzuerkennen, dass einige Aspekte des Christentums rational waren, aber die Lehre von der Dreieinigkeit, der Wesenseinheit, war für ihn purer Irrsinn: Spyridon entdeckte einen zerbrochenen Tontopf zu seinen Füßen, nahm ihn auf und benutzte ihn zur Illustration. Wenn die drei Elemente Ton, Wasser und Feuer sich verbinden, sagte Spyridon, erschaffe der Töpfer einen Topf, wie Vater, Sohn und Heiliger Geist die Dreieinigkeit bilden. Spyridon ernährte seine Frau und Tochter durch seine Arbeit als Schafhirte auf der Insel Zypern. Die Legende erzählt, dass eines Nachts Räuber in die Herde eindrangen, um die Schafe zu stehlen, aber Gott ließ sie erstarren. Als Spyridon am nächsten Morgen aus dem Haus kam, waren die Räuber noch da, reglos wie Statuen. Spyridon bat Gott, gnädig zu sein, und die Männer wurden erlöst. Während Diokletians Christenverfolgung wurde Spyridon verhaftet und zur Sklavenarbeit in den Minen Spaniens verurteilt. Nachdem Kaiser Konstantin (der Große) das Christentum im ganzen Römischen Reich gesetzlich zugelassen hatte, wurde Spyridon freigelassen. Zurück auf Zypern, beschloss Spyridon, Mönch zu werden, und seine Frau und Tochter nahmen den Schleier. Doch selbst nachdem er Bischof geworden war, wachte er immer noch über eine kleine Schafherde. Spyridons mumifizierter Leichnam befindet sich heute in einem Schrein in einer kleinen Kirche, die seinen Namen trägt, im Zentrum der Stadt Korfu, wo er derart verehrt wird, dass die allermeisten Jungen dort auf den Namen Spyridon getauft werden.

SIEHE HEILIGENBILD AUF SEITE 410

Tuberkulose

Die heilige Therese von Lisieux

1873–1897 – Gedenktag: 1. Oktober

Es gibt keinen Grund, aus dem die Welt je von Therese Martin hätte hören sollen. Sie wuchs in Lisieux auf, einem kleinen Dörfchen in der Normandie, und verließ nur selten den kleinen Kreis ihrer unmittelbaren Familie und Verwandtschaft. Mit sechzehn trat sie in ein Kloster der unbeschuhten Karmeliterinnen ein, das die Welt vollkommen außen vor ließ, und starb dort bereits mit vierundzwanzig. Trotz ihres im Grunde vollständig isolierten Lebens verfügt Therese unter Gläubigen über ein Gefolge, das sich messen kann mit dem von Josef, Antonius von Padua oder Judas Thaddäus. Sie hat sogar einen Kosenamen: »die kleine Blume«. 1997 ernannte Papst Johannes Paul II. sie zur Kirchenlehrerin, was sie zu einem intellektuellen und mystischen Schwergewicht der Kirche macht. Wie kam das, diese Evolution aus dem Nichts zu weltweitem Ruhm? Alles begann im Jahr nach Thereses Tod, als die Karmeliterinnen

ihre spirituelle Autobiografie *Geschichte einer Seele* veröffentlichten. Der entscheidende Punkt des Buches besteht in der Idee, dass selbst die einfachste, niedrigste Tätigkeit, wenn man sie aus Liebe zu Gott vollführt, einen ihm näherbringen kann und man durch sie in der Heiligkeit wachsen kann. Zuerst verwarfen viele Leser Thereses »kleinen Weg«, wie sie es nannte, als sentimentales Getue des späten 19. Jahrhunderts in Frankreich. Aber selbst die größten Skeptiker mussten überrascht feststellen, dass ihre Herangehensweise im Grunde weit verbreitet war – Johannes vom Kreuz und Teresa von Ávila förderten dieselbe Idee, ebenso wie Thomas von Kempen in seinem Buch *Nachfolge Jesu Christi*. Wunder haben ebenfalls zu Teresa Beliebtheit beigetragen. Sie steht im Ruf, ungewöhnlich viele Gebete zu erhören. Auf ihrem Totenbett versprach sie, wenn sie im Himmel wäre, würde sie Wunder auf die Welt herabregnen lassen »wie Rosenblätter«. Der Tod fiel Therese schwer. Ihr Sterben begann in den frühen Morgenstunden des Karfreitags 1897 – als sie erwachte, war ihr Mund mit Blut gefüllt. Es war das erste Symptom der Tuberkulose. Getreu den Regeln der Karmeliterinnen, dass eine Nonne eine Erkrankung nicht geheim halten darf, berichtete Therese ihrer Oberin, Mutter Marie de Gonzague, von dem Vorfall. Sie erklärte, sie litte keine Schmerzen und müsste keinen Arzt konsultieren.

In den folgenden Monaten verschlechterte sich Thereses Gesundheitszustand, aber sie bat nie darum, von den härteren Aspekten des Lebens als Karmeliterin entbunden zu werden. Und Mutter Marie machte auch kein entsprechendes Angebot. Viele Jahre haben Biografen spekuliert, warum Mutter Marie Therese gegenüber nicht mütterlicher auftrat. Drei von Thereses vier Schwestern lebten in ihrem Kloster, einige der Nonnen tratschten, dass die Martin-Mädchen eine Art Familienclique innerhalb der geistlichen Gemeinschaft gebildet hatten, deren Hauptziel darin bestünde, ihre kleine Schwester zu beschützen. Mutter Marie mag unter denjenigen gewesen sein, die etwas gegen die Martin-Schwestern hatten. Es ist auch möglich, dass die Mutter Oberin aufgrund der Strenge der Regel der Karmeliter das Gefühl hatte, Nonnen sollte man es eben nicht leichtmachen. Auf alle Fälle konnte man ihr nicht vorwerfen, Therese behütet zu haben, denn selbst als die junge Nonne große Schmerzen litt, genehmigte Mutter Marie es dem Arzt nicht, ihr zur Erleichterung Morphium zu geben.

Ohne Schmerzmittel war Thereses Tod an der Tuberkulose reine Folter. Sie keuchte: »Heilige Jungfrau, ich bekomme keine weltliche Luft mehr!« Aber die Nonnen traten immer wieder an ihr Bett und drängten sie, etwas Erinnerungswertes und Positives zu sagen. Sie hasste es, in die Rolle der »süßen, sterbenden Heiligen« gedrängt zu werden, und gab ihren Besucherinnen nur selten, worauf sie hofften. Nach qualvollen Monaten starb sie mit den Worten: »Mein Gott, ich liebe dich!«

Alle möglichen Gruppen, von Missionaren über Floristen bis zu Flugzeugpiloten, haben Therese als ihre Schutzpatronin angenommen, aber besonders nah steht sie denjenigen, die, wie sie, an Tuberkulose leiden.

Siehe Heiligenbild auf Seite 410

S. Macaire l'Arménien, Patriarche d'Antioche.

SÜSSWARENHERSTELLER

heilige Makarius von Alexandria

Svatý Vít.

TÄNZER

Der heilige Vitus, auch gen. Veit

SCÈNES DE LA VIE MONASTIQUE

St FIACRE
DÉFRICHE SON CHAMP.

ÉDITION DE LA TRAPPE DE N.D. & RIQUEBELLE. (Drôme)

TAXIFAHRER

Hl. Philomena.

Stark im Schwachen greib im Kleinen,
In der Gnade gottgegeben,
Selig sind die Barmherzigen
Gott wie sehen im ewigen Leben.

Commissionariat of the Holy Land Washington D.C.

TEENAGER

TEXTILARBEITER

Der heilige Antonius Maria Claret

S. Augustinus

THEOLOGEN

Der heilige Augustinus von Hi

SAINT FRANÇOIS D'ASSISE - 4.

TIERE

Der heilige Franz von Assisi

S. FELICE MARTIRE
che si venera in Tavernola S. Felice

ENTLAUFENE TIERE
Der heilige Felix von Nola

Sainte Radegonde

[Sancta Radegundis. Reg. Franc.]

TOD DURCH ERTRINKEN
Die heilige Radegund

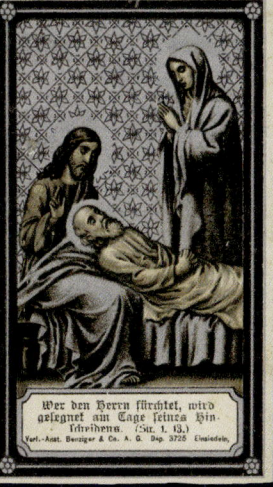

Wer den Herrn fürchtet, wird
gesegnet am Tage seines Hin-
scheidens. (Sir. 1. 13.)
Verl.-Anst. Benziger & Co. A. G. Dep. 3726 Einsiedeln.

GLÜCKLICHER TOD

Sanctus Dionysius

TOLLWUT

TÖPFER

Der heilige Spyridon,
ach Spiridon von Thaumaturgos

TUBERKULOSE

Die heilige Therese von Lisieu

UNFRUCHTBARKEIT

Die heilige Anna

I. JAHRHUNDERT – GEDENKTAG: 26. JULI

Laut *Protoevangelium des Jakobus,* einer apokryphen (nicht in den Kanon aufgenommenen) Schrift aus dem 2. Jahrhundert, lebte Anna mit ihrem Ehemann Joachim viele Jahre, ohne ihm ein Kind zu gebären. Aber wie bei Hanna, der Mutter des Propheten Samuel im Alten Testament, und Elisabeth und Zacharias, den Eltern von Johannes dem Täufer, schickte Gott letztendlich einen Engel, um Anna zu verkündigen, dass sie schwanger werden und eine Tochter gebären würde. Als wäre die gute Nachricht noch nicht ausreichend, versprach der Engel Anna zudem, über ihr Kind würde in der ganzen Welt gesprochen werden. »Jetzt weiß ich, dass Gott der Herr mich sehr gesegnet hat«, erklärte Anna Joachim. »Ich, die Kinderlose, werde empfangen.« Annas und Joachims Tochter war natürlich die Heilige Jungfrau Maria.

Obwohl Annas Festtag der 26. Juli ist, wird sie mit anderen kirchlichen Feiertagen in Verbindung gebracht: Der Tag, an dem Anna ihre Tochter zur Welt brachte, wird am 8. September als Mariä Geburt begangen, und selbst der Tag, an dem Anna ihrer Tochter einen Namen gab, wird am 11. September gefeiert, Mariä Namen. Da die heilige Anna die Mutter Marias und die Großmutter von Jesus ist, haben Christen stets geglaubt, ihre Gebete müssten im Himmel großen Einfluss haben. Haushälterinnen, Spitzenklöpplerinnen, Näherinnen, Besenmacher und selbst Secondhand-Kleiderhändler haben sie zu ihrer Schutzpatronin gemacht. Aber aufgrund ihrer speziellen Situation ist die Verehrung der heiligen Anna besonders groß unter Frauen, die sich nach Kindern sehnen, aber Schwierigkeiten haben, schwanger zu werden.

SIEHE HEILIGENBILD AUF SEITE 433

Ungezieferbekämpfung

Der heilige Magnus von Füssen

Gest. ca. 666 – Gedenktag: 6. September

Möglicherweise gehörte Magnus zu einer kleinen Gruppe irischer Mönche, die im 7. und 8. Jahrhundert als Missionare nach Frankreich, Deutschland, in die Schweiz und die Niederlande reisten. Es heißt, er sei mit zwei der berühmtesten irischen Missionare auf den Kontinent gekommen, den Mönchen Columban und Gallus. Sicherer ist, dass er sechsundzwanzig Jahre lang als Benediktinermönch heidnische Stämme in und um Füssen (Bayern) missionierte, wo er eine kleine Kapelle und ein Haus errichtete. Als sich ihm mehr und mehr Schüler anschlossen, baute Magnus ein Kloster. Magnus' Beziehung zu Ungeziefer basiert auf einer wundervollen mittelalterlichen Legende. Das Land, das er für den Bau seines Klosters auswählte, war die Heimat eines gefährlichen Drachen. Bewaffnet mit Weihwasser machte er das Kreuzzeichen und verscheuchte das Monster. Aber als er einen Baby-Drachen entdeckte, verschonte er diesen. Er behielt das kleine Wesen als Haustier und brachte ihm bei, Ratten und Mäuse sowie Insekten, die den Ernten der Bauern Schaden zufügten, zu töten.

Eine weitere Legende erzählt, wie Magnus darüber nachdachte, das Leben der armen Bauern in der Gegend zu verbessern. Während er im Wald spazieren ging, begegnete er einem Bären, der ihm eine derart üppige Eisenerzader zeigte, dass sie die Menschen in Füssen Generationen lang ernähren würde. Als Belohnung überreichte Magnus dem Bären einen Knochen, was diesen so begeisterte, dass er Magnus und seinen Mönchen noch etliche weitere Eisenerzadern zeigte.

Magnus starb in Füssen, wo er auch begraben wurde. Seine Gebeine befinden sich noch heute in der barocken Klosterkirche St. Magnus zu Füssen.

In einigen Teilen Bayerns und der Schweiz wurde Magnus im Mittelalter zu den 14 Nothelfern gerechnet, weil er Mäuse, Ratten und Insekten von der Ernte fernhielt.

Siehe Heiligenbild auf Seite 433

Unmögliche Situationen

Der heilige Judas Thaddäus

1. Jahrhundert – Gedenktag: 28. Oktober

Judas Thaddäus' Rolle als Schutzpatron für unmögliche Situationen ist ein amerikanisches Phänomen; europäische Katholiken in einer verzweifelten Lage beten zu Rita von Cascia, um das Unmögliche in Ordnung zu bringen. Obwohl unmöglich zu klären ist, wieso Judas in unmöglichen Situationen um Hilfe angerufen wird, wissen wir, wie sich die Verehrung des Judas Thaddäus in den Vereinigten Staaten verbreitet hat. (Judas Thaddäus ist übrigens nicht der Judas, der Jesus verriet – das war Judas Ischariot.) 1920 wurde die Kirchengemeinde Unsere Liebe Frau von Guadalupe im Süden Chicagos, in einem Bezirk, der umgeben war von Stahlmühlen, in denen viele der Gemeindemitglieder arbeiteten, von Claretinern betreut. Ende des Jahrzehnts liefen die Geschäfte schlechter, und die Mühlen begannen Arbeitern zu kündigen. Es gab immer weniger Jobs, und eine Arbeitslosenversicherung gab es noch nicht. Betrübt sah Pater James Tort, der Pastor Unserer Lieben Frau von Guadalu-pe, immer mehr seiner Gemeindemitglieder unter die Armutsgrenze fallen. Pater Tort verehrte Judas sehr, einen Heiligen, der damals nicht weithin bekannt war. Zuerst betete er ganz für sich zu seinem Lieblingsheiligen, aber als die Bedingungen, unter denen seine arbeitslosen Gemeindemitglieder leben mussten, immer schlimmer wurden, begann Pater Tort mit einer öffentlichen Novene, also mit Gebetsübungen an neun aufeinanderfolgenden Tagen zu Judas Thaddäus, am 17. Februar 1929. An der ersten Novene nahmen schon so viele Gemeindemitglieder teil, dass Pater Tort immer weitere anschloss. Etliche Monate später, am 28. Oktober, dem Gedenktag des Heiligen, hielt die Gemeinde eine feierliche Novene zu Judas ab, die so gut besucht war, dass Lautsprecher besorgt werden mussten, um den Gottesdienst zu den Tausenden zu übertragen, die sich draußen versammelt hatten.

Am nächsten Tag brach der Aktienmarkt zusammen, eine Katastrophe, die die Judas-Thaddäus-Novene in den nächsten Jahren zu einem regulären Teil des Lebens der Gemeinde von Unserer Lieben Frau von Guadalupe werden ließ. Da sich Berichte über erhörte Gebete in Chicago und über das ganze Land verbreiteten, begannen auch andere Pfarrgemeinden den heiligen Judas zu verehren. Im Verlauf der Großen Depression und des Zweiten Weltkriegs und auch darüber hinaus haben die Priester und Pfarrgemeindemitglieder Unserer Lieben Frau von Guadalupe sich immer wieder versammelt, um Judas zu bitten, ihnen in jeder weltlichen oder geistlichen Notlage beizustehen. Heute wird Unsere Liebe Frau von Guadalupe als Judas Thaddäus' Nationalheiligtum verehrt, und jeden Tag kommen per Post Geschichten dankbarer Menschen, die bezeugen, dass Judas ihnen in einem Augenblick geholfen hat, als sie vollkommen verzweifelt waren.

Wer war Judas Thaddäus? Aus dem Lukasevangelium erfahren wir, dass es sich bei ihm um den Bruder des Apostels Jakobus, Sohn des Alphäus, handelte, sie waren beide mit Jesus verwandt. Judas Thaddäus wird auch als Verfasser einer der Apostelbriefe im Neuen Testament angesehen. Es heißt, er und sein Mitapostel Simon hätten das Evangelium nach Persien getragen, wo sie beide den Märtyrertod starben. Simon wurde zersägt, Judas totgeschlagen.

In der Kunst wird Judas Thaddäus fast immer mit einem Medaillon mit dem Bildnis eines Mannes dargestellt, was sich auf die uralte Legende von Abgar bezieht, dem König von Edessa. Laut dieser Geschichte schickte Abgar einen Brief an Jesus, in dem er den Herrn bat, ihn von der Lepra zu heilen, Jesus schrieb zurück, dass er zwar nicht selbst kommen könne, aber einen seiner Apostel schicken würde. Um den König zu trösten, drückte Jesus ein Stück Stoff auf sein Gesicht und hinterließ ein perfektes Bild darauf. Judas Thaddäus nahm dieses Porträt Christi später mit nach Edessa und heilte Abgar. Mit der Zeit verwandelte sich das Stoffbildnis in ein Medaillon, das fast jedem Bild und jeder Statue des Judas Thaddäus beigegeben ist.

SIEHE HEILIGENBILD AUF SEITE 433

UNRUHEN

Der heilige Andreas Corsini

1302–1373 – GEDENKTAG: 4. FEBRUAR

Vom 12. bis zum 15. Jahrhundert waren die Städte Italiens unruhige Orte, in denen rivalisierende Familien, politische Parteien und sogar Stadtteile um die Herrschaft stritten. Selbst Shakespeare hörte von den Problemen; die Liebesgeschichte Romeos und Julias findet statt vor dem Hintergrund der blutigen Machtkämpfe zwischen den italienischen Familien auf den Straßen Veronas. In dieser schwierigen Zeit ernannte der Papst Andreas (ital. Andrea) Corsini zum Bischof von Fiesole, einer Stadt in der Nähe von Florenz. Frieden zwischen den streitenden Parteien in seiner Diözese zu stiften war Andreas' wichtigste Aufgabe. Erstaunlicherweise gelang es ihm, was den Papst auf die Idee brachte, ihn nach Bologna zu schicken, um dort die Machtkämpfe zu beenden. Und weil Andreas ein bekannter Friedensstifter war, wird er heute bei Aufständen und zivilen Unruhen aller Art um Hilfe angerufen.

Als Halbwüchsiger und junger Mann zeigte Andreas Corsini noch keine Anzeichen der Heiligkeit. Seine Tage und Nächte verbrachte er mit Alkohol, Sex, Streit und Kleindiebstählen. Einmal, als er nach Hause zurückkehrte, fand er seine Mutter weinend vor. Erst wollte sie nicht sagen, was sie belastete, aber Andreas bedrängte sie, bis sie erzählte, dass sie, als sie mit ihm schwanger gewesen war, geträumt hatte, einen Wolf zu gebären. Damals hatte sie den Traum verworfen, aber jetzt erschien er ihr prophetisch. Diese Klage seiner Mutter berührte Andreas' Herz. Er gab nicht nur sein wildes Leben auf, er schloss sich sogar dem Karmeliterorden an, wurde zum Priester geweiht und verbrachte den Rest seines Lebens in dem Bemühen, Buße für sein früheres sündiges Leben zu tun. Selbst nachdem er zum Bischof ernannt worden war, schlief er weiter auf dem Boden, eine Strafe, die er sich als einfacher Karmeliter auferlegt hatte.

SIEHE HEILIGENBILD AUF SEITE 433

VAMPIRJÄGER

Der heilige Marcellus von Paris

GEST. CA. 430 – GEDENKTAG: 1. NOVEMBER

Angeblich gab es einst einen Friedhof außerhalb von Paris, der den Wohnort eines weiblichen Vampirs darstellte. Zu Lebzeiten war die Vampirin eine notorische Ehebrecherin gewesen, nach ihrem Tod ernährte sie sich von den Bürgern der Stadt und verwandelte einige von ihnen ebenfalls in Untote. Um seine Gemeinde zu schützen, betrat Bischof Marcellus die Gruft der Frau, stellte sich der Vampirin – und tötete sie. Zwar haben Dutzende von Heiligen sich mit dem Teufel und seinen bösen Legionen angelegt, Marcellus ist hingegen der Einzige, von dem es heißt, er hätte mit einem Vampir gekämpft. Wir wissen nicht viel über Marcellus (»Marceau« auf Französisch, sein Name ziert heute den Pariser Stadtteil St. Marceau). Es scheint, dass er, ein Christ, aus bescheidenen Verhältnissen stammte. Als Halbwüchsiger wirkte Marcellus bereits ungewöhnlich erwachsen – bescheiden, ruhig und nachdenklich –, während andere Jungen in seinem Alter laut und impulsiv agierten. Bereits zu dieser Zeit begann er für das Priestertum zu lernen und erwies sich als so begabt, dass Prudentius, der Bischof von Paris, über seine Jugend hinwegsah und Marcellus die niedere Weihe zum Lektor spendete (einer der ersten Schritte auf dem Weg zum Priestertum – zu den höheren Weihen bis zur Priesterweihe oder sogar Bischofsweihe). Selbst als Priester war Marcellus dann der Jüngste in seinem Abschlusskurs. Als Prudentius starb, wurde Marcellus zu seinem Nachfolger gewählt. Doch trotz des hohen Amtes blieb er unprätentiös und ein harter Arbeiter. Es heißt, er hätte Wunder gewirkt, wobei das Vampirtöten nur das dramatischste Beispiel seiner Taten darstellte. Nach seinem Tod wurde Marcellus auf einem Friedhof außerhalb der Stadt begraben. Das Dorf in der Nähe, in dem er aufgewachsen war, kennt man als Saint-Marceau. Heute befinden sich die Gebeine des Heiligen in der Kathedrale Notre-Dame in Paris.

SIEHE HEILIGENBILD AUF SEITE 434

VEGETARIER

Der heilige Nikolaus von Tolentino

1245–1305 – GEDENKTAG: 10. SEPTEMBER

Als seine persönliche Buße beschloss Nikolaus von Tolentino, niemals Fleisch zu essen. Einmal, als sein Gastgeber ihm Huhn servierte, machte Nikolaus das Kreuzzeichen über dem Gericht, und das Hühnchen verwandelte sich in geröstetes Gemüse. In einer anderen Version der Geschichte gab es gebratene Rebhühner, die Nikolaus zum Leben erweckte, und dann sah er glücklich zu, wie die Tiere durch ein offenes Fenster davonflogen.

Als Priester und Mönch der Augustiner-Eremiten verbrachte Nikolaus seine Tage und Nächte damit, Gefangene zu besuchen, Sünder zu bekehren, Familienstreitigkeiten zu schlichten, den Armen zu helfen, die Kranken zu pflegen und für die Toten zu beten. Aber am bekanntesten ist er für die Wunder, die er in Tolentino in der Provinz Macerata, Italien, wirkte. Im Rahmen seiner Heiligsprechung wurden dreihundert Nikolaus zugeschriebene Wunder als authentisch anerkannt. Die Untersuchung unerklärlicher Heilungen und anderer übernatürlicher Phänomene war im Mittelalter sicher nur rudimentär, trotzdem sind die Geschichten beeindruckend.

Nikolaus soll hundert Tote auferweckt haben; auch rettete er die Leben von neun Passagieren eines sinkenden Schiffs, machte eine blinde Frau wieder sehend und heilte ein Kind, indem er es berührte und sagte: »Der gute Gott wird dich gesund machen.« Als er sehr krank war, hatte er eine Vision der Jungfrau Maria, in der sie ihn drängte, etwas in Wasser gestipptes Brot zu essen. Nikolaus tat wie geheißen und erholte sich. Bei seinen zukünftigen Krankenbesuchen reichte er ein Stück in Wasser eingetunktes Brot und betete dabei zu Maria. Auf diese Weise kurierte er noch weitere Hunderte von Menschen.

SIEHE HEILIGENBILD AUF SEITE 434

VERBRENNUNGEN

Der heilige Johannes

GEST. CA. 100 – GEDENKTAG: 27. DEZEMBER

Der Theologe Tertullian (ca. 160–220) berichtete als Erster von dem erfolglosen Versuch, den Evangelisten Johannes (den Lieblingsjünger Jesu) den Märtyrertod sterben zu lassen. Etwa im Jahre 90 wurde der Apostel in Ephesus gefangen genommen und nach Rom geschickt, damit ein Urteil gesprochen und er exekutiert würde. Kaiser Domitian kannte keine Gnade für den alten Mann und verurteilte ihn zu einem entsetzlichen Tod – in kochendem Öl. Ein großer Kessel wurde am Stadttor, an der Porta Latina, aufgestellt. Als das Öl zu brodeln begann, zogen die Henker Johannes nackt aus und warfen ihn hinein. Doch als der Apostel sich im Kessel aufrappelte und dort stand, zeigte sein Körper keinerlei Anzeichen von Verbrennungen. Die frustrierten Henker legten Holz aufs Feuer, bis das Öl zu rauchen begann, aber Johannes blieb unverletzt. Als die Henker schließlich ihre Niederlage eingestanden und Johannes aus der siedenden Flüssigkeit stieg, war seine Haut unversehrt, und er sah aus, als hätte er gerade ein entspannendes Bad genommen. Aber Domitian rührte das Wunder nicht, und er verbannte Johannes nach Patmos, eine winzige, steinige Insel in der Ägäis, wo er unter Kaiser Trajan starb.

Heute steht eine kleine Kirche in Rom in der Nähe der Porta Latina – genau dort, wo man annimmt, dass das Wunder geschah. Ihr Name ist San Giovanni in Oleo – Johannes in Öl. Ein Heiligtum für den Evangelisten hat sich zumindest seit dem 5. Jahrhundert an diesem Ort befunden. Viele Jahrhunderte feierte die Kirche den 6. Mai als liturgischen Gedenktag des Johannes vor der Porta Latina, zum Gedenken an ein Wunder, das den tapferen Apostel davor schützte, tödliche Verbrennungen zu erleiden. Im heutigen Kirchenkalender findet sich dieser Gedenktag nicht mehr. Die römisch-katholische Kirche feiert jetzt als allgemeinen Gedenktag den 27. Oktober, die Ostkirche den 26. September.

SIEHE HEILIGENKARTE AUF SEITE 434

Von der Kirche Verfolgte

Die heilige Johanna von Orléans

1412–1431 – Gedenktag: 30. Mai

Ignatius von Loyola wurde zweimal von der Inquisition ins Gefängnis geworfen. Johannes vom Kreuz wurde verhaftet, gegeißelt, und seine Karmeliterbrüder ließen ihn hungern. Mary McKillop wurde von ihrem Bischof exkommuniziert. Aber der Fall der Johanna von Orléans ist einzigartig: Niemals zuvor oder danach war ein Heiliger zum Tode verurteilt worden mit Wissen von Männern, die beanspruchten, die katholische Kirche zu vertreten.

»Beanspruchten« ist hier der entscheidende Begriff, denn die Bischöfe und Priester, die Johannas Tod beschlossen, handelten unabhängig. Ihre vorrangige Loyalität gehörte ihren englischen Lehnsherren, nicht dem Papst. Das galt vor allem für den Vorsitzenden Richter, Bischof Pierre Cauchon, einem skrupellosen Mann, der einen persönlichen Groll gegen Johanna hegte. Seine eigensten Interessen machten ihn zu einem willigen Kollaborateur der Engländer und ihrer burgundischen Verbündeten, und seine Belohnung war ein komfortables Leben als Bischof von Beauvais. All dies endete, als die Franzosen unter Johannas Führung Beauvais einnahmen und Cauchon zur Flucht zwangen. Der Mann, der daran gewöhnt war, wie ein Fürst zu leben, war nun ein Flüchtling, der vom Wohlwollen Fremder abhing. Er konnte sein Glück kaum fassen, als ihm Johanna von Orléans, die er für seine unangenehme Lage verantwortlich machte, zur Verurteilung vorgeführt wurde.

Cauchon hatte vor, eine eindrucksvolle Schau zu bieten. Er rief fünf Bischöfe, drei Klostervorsteher, sieben Ärzte, achtundvierzig Gelehrte der Theologie, zweiundvierzig Gelehrte des weltlichen und kirchlichen Rechts und fünfundfünfzig Priester, Laienbrüder und Kirchenmänner zusammen. Johanna von Orléans hatte keinen Anwalt und durfte weder Zeugen zu ihren Gunsten benennen noch sich von Kirchenmännern bei den schwierigen rechtlichen und theologischen Argumenten, die während ihrer Verhandlung aufkamen, beraten lassen. Wer versuchte, ihr zu helfen, wurde zum Schweigen gebracht oder des Gerichtssaals verwiesen.

Als Jean Lefevre, ein Theologe, Einspruch gegen eine der Fragen an Johanna erhob, schnauzte Cauchon: »Schweig in Teufels Namen!« Jean de la Fontaine, ein Kirchenrechtler, war gezwungen, Rouen zu verlassen, nachdem er Johanna juristischen Rat gegeben hatte. Und als Pater Isambart de la Pierre ihr zu erklären begann, wie sie Einspruch einlegen könnte, sammelten sich die Engländer im Saal um ihn und drohten, den armen Mann in die Seine zu werfen, wenn er nicht den Mund hielte. Niemand zweifelte daran, wie das Urteil des Gerichts ausfallen würde: Die Richter verurteilten Johanna von Orléans als Hexe, Ketzerin und Götzendienerin. Am 30. Mai 1431 übergab Cauchon sie an die kirchlichen Autoritäten, die sie auf dem Marktplatz von Rouen verbrannten. Aber das war nicht das Ende der Geschichte. Johannas Mutter Isabelle und ihre Brüder Pierre und Jean wandten sich an Papst Calixtus III. mit der Bitte, den Fall zu überprüfen.

Üblicherweise hätte die Verhandlung eines Bauern nicht die Aufmerksamkeit des Papstes erregt, aber Johannas Fall war so verstörend, dass Calixtus die Untersuchung genehmigte. Neun Monate lang überprüfte ein päpstlicher Untersuchungsausschuss die Mitschriften und befragte Johannas Verwandte und Nachbarn, ihre Waffenbrüder und sogar ihre Feinde. Als die Kommission zu einem Ergebnis kam, reisten die Beauftragten an den Ort von Johannas Hinrichtung. Dort verkündeten sie, dass Johanna von Orléans' Verfahren »durch Betrug, Verleumdung, Ungerechtigkeit, Widersprüche und eindeutige tatsächliche und rechtliche Irrtümer« gekennzeichnet gewesen sei. Man hob das Urteil auf und verkündete, dass Johanna von Orléans frei von »jedem Hauch der Ehrlosigkeit« war. Sie wurde in vollem Umfang freigesprochen, aber eine größere Ehre stand noch bevor. 1920 ernannte Papst Benedikt XV. Johanna von Orléans zur Schutzpatronin der katholischen Kirche.

SIEHE HEILIGENBILD AUF SEITE 434

VERLORENE GEGENSTÄNDE

Antonius von Padua

1195–1231 – GEDENKTAG: 13. JUNI

Es ist noch nicht lange her, dass katholische Schulkinder in Amerika, wenn sie in der Pause einen Ball verloren, sangen: »*St. Anthony, St. Anthony, look all around. There's something that's missing and cannot be found.*« Heute sind diese Kinder erwachsen und wenden sich, selbst wenn sie keine Reime mehr singen, immer noch an Antonius von Padua, wenn sie ihre Geldbörse verlegt haben, die Haustürschlüssel nicht finden können oder ein Ohrring verlorenging. Wenn es darauf ankommt, Gegenstände wiederzufinden, ist Antonius die Rettung.

Eine Geschichte erklärt, wie Antonius zu dem Heiligen wurde, der Sachen findet; allerdings entstammt sie wahrscheinlich einer apokryphen Schrift. Der Erzählung nach beschloss ein Novize in Antonius Mönchskloster in Padua, dass das religiöse Leben für ihn nichts war. Statt jedoch seinen Austritt mit seinen Oberen zu besprechen, entschied der junge Mann, einfach zu gehen. Dann fiel ihm ein, dass es doch eine Schande wäre zu gehen – ohne ein Erinnerungsstück an seine Tage als Franziskaner. Aber was war dafür geeignet? In seinem Zimmer bewahrte Antonius eine besonders schöne Ausgabe der Psalmen auf, und der Novize beschloss, sich die zu schnappen.

Kurz nachdem er sich mit dem Buch aus dem Staub gemacht hatte, kehrte Antonius in sein Zimmer zurück. Als Franziskanermönch, der sich einem Leben in Armut verschrieben hatte, besaß Antonius nicht viel, so dass ihm augenblicklich das Fehlen des Buches auffiel. Entsetzt über den Verlust betete er um Hilfe, es wiederzufinden. In eben diesem Augenblick verließ der Dieb Padua. Plötzlich stellte sich ihm eine schreckliche Erscheinung in den Weg und schrie: »Gib Antonius das Buch zurück!« Der entsetzte junge Mann rannte den ganzen Weg zum Kloster zurück und überreichte den geliebten Band seinem rechtmäßigen Eigentümer.

SIEHE HEILIGENBILD AUF SEITE 435

VERSKLAVTE

Der heilige Petrus Claver

1580–1654 – GEDENKTAG: 9. SEPTEMBER

Als junger Mann hatte Petrus Claver Schwierigkeiten, sich seine Zukunft vorzustellen. Sollte er eine geistliche Lebensweise anstreben oder Laie bleiben? Sollte er Jesuit werden, aktiv in der Welt, oder sich für ein abgeschiedenes Leben im Kloster entscheiden? Sollte er in Spanien bleiben, seinem Heimatland, oder einer Aussendung in die Neue Welt zustimmen? Schließlich schloss sich Claver nach jahrelanger Unsicherheit den Jesuiten an, erklärte sich bereit, auf die Missionsstation in Cartagena, Kolumbien, zu gehen, und bat dort darum, zum Priester geweiht zu werden.

In Cartagena entdeckte Claver seinen Lebenssinn. Seine Aufgabe bestand darin, Pater Alphonsus de Sandoval zu assistieren, einem Mitbruder, der in den Sklavenunterkünften am Hafen arbeitete. Cartagena war einer der Haupthäfen für den Handel mit afrikanischen Sklaven, und jeden Monat brachten Schiffe tausend oder mehr verängstigte Sklaven in die Stadt. Nach ihrer langen Reise in den dunklen Bäuchen der Schiffe waren viele der versklavten Afrikaner erkrankt, verletzt, unterernährt und dehydriert. Pater de Sandoval brachte ihnen Arzneimittel, Essen, Wasser und was er sonst zu ihrem Wohlbefinden beitragen konnte. Kaum war Pater Claver ihm zur Seite gestellt worden, arbeitete der mit höchstem Engagement. Im Hafen machte er afrikanische Sklaven und Freigelassene ausfindig, die als Übersetzer agierten, damit er herausfinden konnte, was die Neuankömmlinge benötigten, während er zugleich begann, ihnen die Grundzüge des Christentums zu vermitteln. Normalerweise blieben ihm zwei Wochen pro Schiffsladung, denn die Händler warteten, bis die Afrikaner sich von der Reise erholt hatten, bevor sie sie zum Verkauf anboten. Es hieß, in den vierundvierzig Jahren, die Claver in den Sklavenunterkünften tätig war, habe er dreihunderttausend Afrikaner getauft.

Gesicherter ist Pater Clavers Einsatz für seine afrikanischen Pfarrkinder.

Viele wurden an Orte verkauft, an die er nicht reisen konnte, auf weit entlegene Plantagen und in ferne Städte, aber er war doch immer für diejenigen da, die von Herren in und um Cartagena erworben wurden. Er besuchte sie regelmäßig, fuhr mit ihrer religiösen Unterweisung fort, las die Messe für sie und spendete ihnen die Sakramente, und für diejenigen mit harten Herren setzte er sich ein, wenn es nötig war.

Die meisten der weißen Kolonialherren Cartagenas tolerierten Pater Claver, aber einige hassten ihn. Sie beschwerten sich, dass er die Sklaven von der Arbeit abhielte und dass er eine Sünde beging, indem er Afrikanern die Sakramente spendete. Bestimmte wohlhabende Damen ließen wissen, dass sie keinen Fuß in eine Kirche oder Kapelle setzen würden, wo er die Messe für einen Haufen Sklaven gelesen hatte.

Im Jahre 1654 arbeitete Pater Claver, mittlerweile vierundsiebzig Jahre alt, wie immer in den Sklavenunterkünften, als er zusammenbrach. Es sprach sich herum, dass er im Sterben lag, und eine große Menge versklavter Afrikaner versammelte sich vor dem Haus der Jesuiten. Kurz nach Mitternacht, als sein Tod verkündet wurde, durchbrachen die Afrikaner das Tor und stürmten das Haus, um zum letzten Mal einen der wenigen Männer in der Neuen Welt zu sehen, der sie als Menschen behandelt hatte.

SIEHE HEILIGENBILD AUF SEITE 435

Wegen ihrer Religion Verspottete

Die heilige Kateri Tekakwitha

1656–1680 – Gedenktag: 14. Juli

Das Leben kann schwer sein für diejenigen, die zum Katholizismus übertreten, vor allem, wenn ihr neu gefundener Glaube im Gegensatz zu der vorherrschenden Religion oder Kultur steht. Das war der Fall bei Kateri Tekakwitha, einer Mohawk-Indianerin, die nach dem Übertritt zum Christentum zur Außenseiterin in ihrer eigenen Stammesgemeinschaft wurde.

Kateri wurde in Ossernenon geboren, einem Mohawk-Dorf in der Nähe von Auriesville, New York. Es war dasselbe Dorf, in dem drei Jesuitenmissionare den Märtyrertod gefunden hatten – Rene Goupil 1642, Jean de la Lande und Isaac Jogues 1646. Im Jahr 1660 fegte eine Pockenepidemie durch die Indianerdörfer im Staate New York und nahm Tekakwithas Mutter, Vater und kleinem Bruder das Leben; ihr eigenes Gesicht blieb stark vernarbt. Die verwaiste Tekakwitha fand ein neues Heim bei zwei Tanten und einem Onkel. Als Tekakwitha im heiratsfähigen Alter war, suchten ihre Verwandten nach einem Ehemann für sie, aber sie weigerte sich zu heiraten. Ihre Verwandten fanden ihre Zögerlichkeit zu heiraten verwunderlich, aber was sie als Nächstes tat, empörte sie. Als der Jesuitenmissionar Pater Jacques de Lamberville ins Dorf kam, zeigte Tekakwitha Interesse am Christentum. Sie war klug und begriff die Grundsätze des Glaubens so schnell, dass Pater de Lamberville sich bereit erklärte, sie Ostern 1676 zu taufen. Sie nahm den Namen Kateri an, Mohawk für »Katharina«.

Die Neuigkeit ihres Übertrittes machte sie augenblicklich zum Paria. Ihr Onkel und ihre Tanten suchten nur nach Entschuldigungen, sie zu schlagen. Sie wurde schikaniert, mit Steinen beworfen und einmal beinahe getötet. Als der Stress, in dieser feindseligen Umgebung leben zu müssen, unerträglich wurde, wandte sich Kateri ratsuchend an Pater de Lamberville. Er schlug ihr vor, in das christliche Indianerdorf Kahnawake am Ufer des St.-Lorenz-Stroms in der Nähe Montreals zu ziehen. Um in Frieden und

Sicherheit zu leben, begann Kateri am 14. Juli 1677 mit ihrer Reise zum Dorf der Indianerchristen, sie verließ dafür auf immer ihre Heimat. Es war eine Reise von gut dreihundert Kilometern, die Kateri allein und zu Fuß hinter sich brachte.

Sie erreichte Kahnawake im Oktober und wurde augenblicklich willkommen geheißen. Durch Zufall traf sie eine christliche Huronin, Anastasia Tegonhatsihonga, die Kateris Mutter gekannt hatte und dem Mädchen vorschlug, bei ihr zu wohnen. Endlich in Sicherheit unter Menschen, die sowohl Indianer als auch Christen waren, empfand Kateri zum ersten Mal seit vielen Jahren inneren Frieden. Sie genoss fast drei glückliche Jahre, bevor sie erkrankte, gerade als der kanadische Winter dem Frühling nachgab. Am 17. April 1680, dem Mittwoch der Karwoche, starb sie. An ihrem Bett kniete der Jesuit, der ihr Seelsorger gewesen war, Pater Pierre Cholenc. Später sagte er aus, dass, während er die Gebete für die Tote sprach, ihre entstellenden Narben verschwanden. »Plötzlich nahm ihr Gesicht einen so zarten und bezaubernden Ausdruck an, dass ich, als ich die Verwandlung bemerkte, vor Überraschung aufschrie.« Zwei französische Siedler waren ebenfalls Zeugen des Wunders und ehrten die Mohawk-Heilige, indem sie ihr einen Holzsarg fertigten (die meisten der Toten, Franzosen wie Indianer, wurden bloß in ein Tuch eingewickelt begraben). Dank dieser respektvollen Geste konnten die Jesuiten, als die Mission etliche Jahre später umzog, Kateris sterbliche Überreste ausfindig machen und mitnehmen.

SIEHE HEILIGENBILD AUF SEITE 435

SEXUELLE VERSUCHUNG

Die selige Angela von Foligno

CA. 1248–1309 – GEDENKTAG: 4. JANUAR

Man muss zwischen den Zeilen der Autobiografie Angelas von Foligno lesen, um das Wesen jener schrecklichen Sünde zu begreifen, die sie ihr ganzes Leben verfolgte. Sie gesteht, dass sie nach ihrer Heirat mit einem wohlhabenden Kaufmann eine Leidenschaft für Luxus entwickelte – schöne Kleidung, schimmernde Juwelen, gutes Essen, seltene Weine. Sie war arrogant, tratschte und versuchte, die Männer durch ihr Verhalten und ihre Kleidung auf sich aufmerksam zu machen – insofern kann man davon ausgehen, dass Angela ihren Mann auch betrog. Sie sagt, im Jahr 1285 hätte sie etwas so Schreckliches getan, dass sie fürchtete, zur Hölle zu fahren. Sie wäre zwar zur Beichte gegangen, hätte sich aber so sehr geschämt, dass sie dem Priester nicht gestehen konnte, was sie getan hatte. Aus Sicht der katholischen Kirche hat sie die Situation dann noch verschlimmert, indem sie zur Kommunion ging. Laut kirchlicher Lehre begeht ein Katholik, der bewusst mit einer ungebeichteten Todsünde auf dem Gewissen die Kommunion empfängt, ein Sakrileg. Jetzt konnte Angela endgültig sicher sein, dass die Hölle auf sie wartete.

Letztlich aber tat Angela dann doch das Richtige. Sie betete zu einem ihrer Lieblingsheiligen, Franz von Assisi, dass er ihr hülfe, einen Beichtvater zu finden, dem sie vertrauen konnte. Der Heilige erschien ihr und sagte: »Schwester, hättest du mich früher gefragt, hätte ich deinem Wunsch früher entsprochen. Dennoch wird er wahr.« Erleichtert und aufgeregt eilte Angela zur Kirche, wo sie nicht etwa einen beliebigen Priester vorfand, sondern einen vertrauten, den sie liebte und bewunderte. Ihm gestand sie all ihre Sünden, erhielt von ihm die Absolution und fand so doch endlich noch Frieden.

SIEHE HEILIGENBILD AUF SEITE 435

426

Zum Tod durch Hängen Verurteilte

Der heilige Koloman von Stockerau

Gest. 7.7.1012 – Gedenktag: 13. Oktober

Im Mittelalter beteten Gefangene, die gehängt werden sollten, ob zu Recht oder zu Unrecht, zum heiligen Koloman, er möge ihnen zur Begnadigung verhelfen. Koloman war ein irischer oder schottischer Palästinapilger, woher er genau war, wissen wir nicht, denn im Mittelalter wurde im deutschen Sprachraum derselbe Begriff (»schottisch«) sowohl für die Schotten als auch für die Iren verwendet.

Von welcher Nationalität auch immer, Koloman war auf dem Weg nach Jerusalem, als er in der österreichischen Ortschaft Stockerau haltmachte, etwa zehn Kilometer von Wien entfernt. Er hätte das Land zu keiner ungünstigeren Zeit durchwandern können. Die Österreicher befanden sich im Krieg mit den Mährern und den Böhmen (den Völkern, deren Heimat heute die Tschechische Republik ist), und Kolomans Ankunft erschien den kriegsparanoiden lokalen Behörden verdächtig. Sie waren überzeugt, einen Spion vor sich zu haben, und behaupteten, sein Pilgergewand sei bloß eine ge-schickte Verkleidung, seine Unkenntnis des Deutschen bloß gespielt. So wurde Koloman verhaftet und in ein Verließ geworfen.

Koloman wurde auf die Streckbank gelegt und verhört, konnte aber die Fragen seiner deutschsprechenden Folterknechte nicht verstehen, und sie wiederum konnten seine gälischen Bitten um Erklärungen nicht verstehen. Frustriert darüber, dass der Gefangene sich weigerte, damit aufzuhören, die Rolle eines Fremden zu spielen, und zuzugeben, dass er von den Mährern und Böhmen bezahlt wurde, befahl ein lokaler Richter, Koloman an einem toten Fliederbaum aufzuknüpfen. Als Warnung für andere Spione ließen die Bürger Stockeraus seine Leiche dann im Wind baumeln.

Während die Tage vergingen, erschien Kolomans Leichnam jedoch merkwürdig unverändert, statt dass die grotesken Vorgänge eintraten, die normalerweise einer Leiche, die im Freien belassen wird, widerfahren. Weder pickten Krähen seine Augen aus, noch fraßen Wildhunde seine Füße. Überhaupt zeigte die Leiche nicht die geringsten Spuren von Verwesung. Und dann erwachte der tote Fliederbaum auch noch wieder zum Leben! Achtzehn Monate lang hing Koloman an dem erneut ergrünten Baum und sah frisch aus wie an dem Tag, an dem der Henker ihm den Strick um den Hals gelegt hatte. Die Bürger Stockeraus schlossen daraus, dass sie einen Unschuldigen getötet hatten, schnitten Kolomans Leichnam dann herunter, begruben ihn im nahen Stift Melk und begannen, ihn als Heiligen zu verehren.

Nachdem Koloman im Stift Melk beigesetzt worden war, verbreitete sich seine Geschichte in den deutschsprachigen Ländern Bayern, Schwaben, Österreich und eines Tages Böhmen.

Gefangene und Verbrecher beteten zu ihm, dass er sie vor dem Galgen retten sollte, wohingegen diejenigen, die zu seinem Grab wallfahrten, den Heiligen in einer anderen Sache anriefen: Er sollte ihre Gebrechen heilen, unverheirateten Frauen helfen, geeignete Ehemänner zu finden, und sogar ihre Pferde und Rinder beschützen. 1713, als eine Epidemie in der Gegend um Melk wütete, stellten die Mönche eine siebzig Pfund schwere Bienenwachskerze her und hielten sie ständig vor Kolomans Schrein in Brand, bis die Plage vorüber war. Der Ruf des heiligen Koloman als Vollbringer von Wundern breitete sich bis nach Rom aus, wo vier Päpste die Gläubigen ermunterten, zu seinem Grab zu pilgern.

Siehe Heiligenbild auf Seite 436

PROBLEME MIT DER VERWANDTSCHAFT

Die heilige Elisabeth von Thüringen

1207–1231 – GEDENKTAG: 17. NOVEMBER

Die hyperkritische Schwiegermutter und der rüpelhafte Schwager sind Standardfiguren in Fernsehkomödien, aber an den Problemen der Elisabeth von Thüringen mit ihrer Verwandtschaft war nichts lustig. Mit vier Jahren wurde die Tochter des Königs und der Königin von Ungarn als Zeichen einer politischen Allianz dem elfjährigen Ludwig von Thüringen versprochen. Sie heirateten zehn Jahre später. Elisabeths Verwandte konnten sie von Anfang an nicht leiden. Erstens war sie Ungarin, eine Tatsache, die ihr Schwager Heinrich, Anführer der antiungarischen Fraktion am Thüringischen Hof nicht wirklich übersehen konnte. Ihre Schwägerin Agnes störte sich an Elisabeths demütigem Auftreten, das Agnes völlig unpassend für eine Landgräfin erschien. Und schließlich lebte Elisabeth ihre Frömmigkeit und Wohltätigkeit öffentlich, was viele bei Hofe irritierte. Einmal, als Elisabeth sich vor einem großen Kruzifix tief verneigte, befahl ihre Schwiegermutter: »Steh gerade! Vornübergebeugt siehst du aus wie ein müder alter Esel.« Aber diese schneidenden Bemerkungen waren nichts im Vergleich zu Elisabeths Problemen mit ihrem Schwager Heinrich. Tragischerweise kam die Kunde von Ludwigs Kreuzfahrertod, als Elisabeth mit ihrem dritten Kind in den Wehen lag. In einem Handstreich erklärten ihr Schwager Heinrich und seine ungarnfeindliche Fraktion Elisabeths fünfjährigen Sohn Hermann zum Thronerben – und Heinrich zum Regenten, bis sein Neffe alt genug wäre, zu regieren. Dann verbannten sie Elisabeth und ihre beiden Töchter, die drei Jahre alte Sophia und die erst wenige Stunden alte Gertrude. Elisabeth und ihre kleine Exilantenfamilie wurden von ihrer Tante aufgenommen, der Vorsteherin des Kitzinger Klosters. Später ließ sich Elisabeth in Marburg, Deutschland, nieder, wo sie ein Hospital gründete, in dem sie die letzten vier Jahre ihres Lebens arbeitete, endlich frei von der Kritik an ihrer Frömmigkeit und Demut.

SIEHE HEILIGENBILD AUF SEITE 436

VÖGEL

Die heilige Mildburg von Wenlock

GEST. 727 – GEDENKTAG: 23. FEBRUAR

Im 8. Jahrhundert brachten die Königsfamilien in England eine Unzahl heiliger Männer und Frauen hervor. Mildburgs Mutter Ermenburga, ihre beiden Schwestern Mildred und Milgitha und natürlich Mildburg selbst wurden alle heiliggesprochen.

Obwohl als Prinzessin geboren, entschied sich Mildburg für ein Leben als Nonne und trat in das Priorat von Much Wenlock ein, ein Kloster, das ihr Vater in Shropshire gegründet hatte, in der Nähe der Waliser Grenze. In der Nachbarschaft des Klosters galt Mildburg schnell als Heilige, man schrieb ihr alle möglichen Wunder zu, darunter auch die Auferweckung eines kleinen Jungen.

Einmal stürzte sich kurz vor der Ernte ein riesiger Vogelschwarm auf die Felder der Bauern und begann, alles Korn zu fressen. Es gelang den Bauern nicht, die Vögel zu verscheuchen, also begann Mildburg zu beten. Mit einem ungeheuren Flügelschlagen erhob sich der Schwarm über die Felder und flog davon. Diese Geschichte führte zu Mildburgs Status als einer Heiligen, die Schäden durch Scharen wilder Vögel abhalten kann, aber seitdem wurde sie auch zur Beschützerin von Ziervögeln.

Über achthundert Jahre war Mildburgs Grab in Much Wenlock ein heiliger Ort, den die Anwohner pflegten und zu dem Pilger aus jedem Winkel von England und Wales kamen. All das endete jedoch, als Heinrich VIII. mit Rom brach, alle Klöster schloss und seine Männer ausschickte, die Heiligtümer zu zerstören. Die Soldaten des Königs erreichten Much Wenlock 1540. Sie plünderten Mildburgs Heiligtum, brachen ihren Sarg auf und verbrannten ihre Gebeine draußen vor der Kirche.

SIEHE HEILIGENBILD AUF SEITE 436

Rechte der indigenen Völker

Der heilige Toribio de Mogrovejo

1538–1606 – Gedenktag: 23. März

Es muss ein Schock für Toribio de Mogrovejo gewesen sein, als sowohl König Philipp II. von Spanien als auch Papst Pius V. ihn zum Bischof von Lima (Peru) ernannten. Er war ein gläubiger, intelligenter Mann, hatte aber nie damit gerechnet, Missionar zu werden. Erstens war Toribio kein Priester, sondern Anwalt. Zugegeben, er war Experte sowohl im weltlichen als auch im kirchlichen Recht und hatte als Rechtsberater der Inquisition in Granada gearbeitet. Aber abgesehen von diesem Auftrag der Kirche war Toribio immer noch ein ganz normaler Bürger, der nie auch nur darüber nachgedacht hatte, Priester zu werden. König Philipp weigerte sich jedoch, ein Nein zu akzeptieren. Die spanische Kolonie in Peru benötigte einen Erzbischof, und Philipp war entschlossen, einen Mann zu schicken, der im Ruf stand, über Frömmigkeit, Energie und Demut zu verfügen, und der zudem gut organisieren konnte. Toribio war der ideale Kandidat. Er musste nur noch zum Priester und dann zum Bischof geweiht werden. Papst Pius V., dem die Wahl des Königs gefiel, verzichtete auf die übliche Wartezeit und erlaubte es Toribio, die Weihen im Eiltempo zu erhalten.

Was auch immer er anfangs dagegen gehabt haben mochte, Toribio übernahm die Aufgabe schließlich. Aufgrund der Reisebedingungen im 16. Jahrhundert dauerte es ein Jahr, bis er Lima erreichte.

1581, als Toribio in seiner Diözese ankam, waren die Inkas unterworfen worden, und die meisten von ihnen waren nun zumindest formal Christen. Drei Dinge standen ganz oben auf der ausgesprochen langen Prioritätenliste des frischgebackenen Bischofs: Priester finden, die der Landessprache mächtig waren; zu versuchen, die spanische Kolonialregierung daran zu hindern, sich in kirchliche Angelegenheiten einzumischen; und die Ureinwohner davor zu schützen, missbraucht und von den Kolonialherren ausgebeutet zu werden. Zusätzlich zu diesen Bedenken hatte Toribio auch noch mit der Größe seiner Diözese zu kämpfen – sie umfasste gut fünfundvierzigtausend Quadratkilometer.

Als Erstes ließ er den Katechismus in Quechua und Aymara übersetzen, die beiden am weitesten verbreiteten Inka-Sprachen, dann bestand er darauf, dass Priester, die für indianische Gemeinden zuständig waren, beide Sprachen flüssig beherrschten. Er ermutigte Missionarspriester, die Inka in das Gemeindeleben einzubeziehen, indem sie sie baten, den Chor zu leiten, die Kirche zu pflegen, und als Religionslehrer zu dienen. Dann unternahm Toribio, um seine Leute besser zu verstehen und herauszubekommen, was sie brauchten, eine lange, strapaziöse Reise durch sein Bistum. Um all seine Gemeinden und Missionsstationen zu erreichen, bestieg er die Anden, überquerte gefährliche Flüsse und folgte Dschungelpfaden – fast immer zu Fuß. In seinen fünfundzwanzig Amtsjahren als Bischof absolvierte Toribio diese Reise dreimal. Der Einsatz zahlte sich aus. Bischof Toribio war bei den Inkas beliebt und wurde von ihnen verehrt; sie konnten es nicht glauben, dass ein solcher Mann sich solche Mühe gab, um sie zu besuchen, sich in ihren Hütten niederließ, ihr Essen aß und sie in ihrer eigenen Sprache im Glauben unterrichtete. Er hätte in Lima bleiben und wie ein Kolonialfürst leben können, aber Toribio verlor niemals seine Demut. Selbst im Sterben schleppte er sich noch in die Kathedrale, um die heilige Wegzehrung (Krankenkommunion) zu empfangen, denn er fand es nicht angemessen, dass Gott zu ihm kommen müsste.

SIEHE HEILIGENBILD AUF SEITE 436

Sv. Anna.

UNFRUCHTBARKEIT

Die heilige Anna

S. MAGNUS.

Sumptibus Fr. Pustet, Ratisbonae.

UNGEZIEFERBEKÄMPFUNG

Der heilige Magnus von Füssen

May Saint Jude, the apostle of hopeless cases, obtain for you the graces which you desire.

UNMÖGLICHE SITUATIONEN

Der heilige Judas Thaddäus

St André Corsini.

S^{us} Andreas Corsinus.

UNRUHEN

Der heilige Andreas Corsini

VAMPIRJÄGER

Der heilige Marcellus von Paris

S. NICOLA DA TOLENTINO AGOSTINIANO

MODENA, SOC. LIT. S. GIUSEPPE   N. 4085   REPR.

VEGETARIER

Der heilige Nikolaus von Tolentin

Les Grands Martyrs: ST JEAN L'ÉVANGÉLISTE

Edité par la CHOCOLATERIE D'AIGUEBELLE, Monastère de la Trappe (Drôme)

VERBRENNUNGEN

B. JOANNA D'ARC.

VON DER KIRCHE VERFOLGTE

VERLORENE GEGENSTÄNDE

Antonius von Padua

VERSKLAVTE

Der heilige Petrus Claver

WEGEN IHRER RELIGION VERSPOTTETE

Die heilige Kateri Tekakwitha

SEXUELLE VERSUCHUNG

Die selige Angela von Foligno

Zum Tod durch Hängen Verurteilte

Der heilige Koloman von Stockerau

Probleme mit der Verwandtschaft

Die heilige Elisabeth von Thüringen

Vögel

Die heilige Mildburg von Wenlock

Rechte der indigenen Völker

Der heilige Toribio de Mogrovejo

VULKANAUSBRÜCHE

Der heilige Januarius

GEST. CA. 305 – GEDENKTAG: 19. SEPTEMBER

In New York werden jedes Wochenende, vom Frühling bis zum Frühherbst, in irgendeiner Ecke der Stadt Straßenfestivals veranstaltet. Aber das größte, bezauberndste und bei weitem beliebteste Festival findet im September statt, wenn elf Tage lang mehr als eine Million Besucher die schmalen Straßen Little Italys überfluten, um des heiligen Januarius zu gedenken. In den englischsprachigen Heiligenkalendern wird er als Januarius geführt. Doch New Yorker, selbst die ohne einen Tropfen italienisches Blut in den Adern, nennen ihn bei seinem italienischen Namen: San Gennaro (und so heißt das Fest dann auch »Feast of San Gennaro«).

In den ersten Jahren des 4. Jahrhunderts war Januarius Bischof, aber die Quellen sind sich uneins darüber, ob er der Hirte der Christen Neapels oder des nahen Benevents war. Etwa 305, während der grausamen Kirchenverfolgung des Kaisers Diokletian, wurde Bischof Januarius verhaftet, als er versuchte, eingesperrte Christen zu besuchen. Der Präfekt verurteilte ihn dazu, mit ein paar Priestern und Diakonen, die zusammen mit ihm festgenommen worden waren, den Löwen zum Fraß vorgeworfen zu werden. Als die Tiere die Männer nicht anrührten, befahl der Präfekt, Januarius und seine Gefährten zu enthaupten.

Fast im selben Atemzug begannen die Christen Neapels, Januarius zu verehren. In den nächsten Jahrhunderten begann die Stadt ihn als einen ihrer größten Schutzherren zu betrachten – den Heiligen, dessen Fürbitten vor Invasionen, Epidemien und allen möglichen Desastern schützten. Spätestens seit 1631, als ein heftiger Ausbruch des Vesuvs Neapel bedrohte, wird Januarius auch gegen Vulkanausbrüche zu Hilfe gerufen. Die Bürger der Stadt wandten sich hilfesuchend an ihren Lieblingsheiligen, und seine Fürbitten brachten den Fluss der Lava zum Stehen, die Stadt wurde verschont.

SIEHE HEILIGENBILD AUF SEITE 459

Umstrittene Wahlen

Der heilige Chad von York

ca. 630–672 – Gedenktag: 2. März

Chad von York. Der Name allein weckt unangenehme Erinnerungen an das Chaos anlässlich der Wahl des amerikanischen Präsidenten im Jahr 2000. Dass Chad von York in letzter Zeit zum Schutzpatron umstrittener Wahlen aufstieg, nicht nur aufgrund seines Namens, sondern auch aufgrund seiner eigenen Beteiligung an einem Konflikt über ein öffentliches Amt, ist eine interessante, wenn auch ironische Angelegenheit.

Chad wuchs in Northumbria auf, weit im Norden Englands, fast an der schottischen Grenze. Nach strengem Unterricht bei asketischen Mönchen der Abtei Mellifont in Irland kehrte Chad nach England zurück und wurde zum Priester geweiht. Innerhalb weniger Jahre verbreitete sich sein Ruf besonderer Heiligkeit und Weisheit im Land, so dass König Oswy, als die Stadt York einen Bischof benötigte, Chad ernannte. Und da begann der Ärger. Denn genau genommen verfügte York bereits über einen Bischof. 664 war das Amt an Wilfrid gegangen

und er nach Frankreich geschickt worden, um zum Bischof geweiht zu werden. Aber die Monate vergingen, und Wilfrid war immer noch auf dem Kontinent, und es gab kein Anzeichen, dass er vorhätte, in sein Bistum zurückzukehren. Obwohl sich Wilfrid nie offiziell zu einer Amtsniederlegung bekannt hatte oder ausdrücklich erklärt hatte, dass er nicht nach England zurückkäme, überzeugte man Chad, dass das Amt verwaist war, und er erklärte sich bereit, an Wilfrids Stelle Bischof zu werden.

Chad war ein ausgezeichneter Bischof. Er war viel auf Reisen, besuchte sein Bistum, schlichtete Streitigkeiten, unterrichtete den Glauben. Kein Dorf war zu klein, keine Hütte zu schäbig für einen Besuch Chads. Aber nachdem Chad fünf Jahre im Amt gewesen war, kehrte Wilfrid zurück. Verlegen ob seiner langen Abwesenheit und Chads ausgezeichneter Regierung hielt Wilfrid den Mund und zog sich in ein Kloster in Ripon zurück.

Wilfrids Rückzug war taktvoll, aber

laut kirchlichem Recht nicht wirklich legal – eine technische Feinheit, auf die Theodor von Taurus, der neue Erzbischof von Canterbury, die beiden Männer hinwies, als er einen Pastoralbesuch in York absolvierte. Obwohl Chad ungeheuer beliebt war, nutzte er den guten Willen des Volkes nicht aus, um sein Amt zu behalten. »Ich trete gern zurück«, erklärte er Theodor. »Ich habe mich dieser Aufgabe nie für würdig erachtet und nur … aus Gehorsam zugestimmt.« Chads demütiger Weggang aus York bestätigte nur jedermanns hohe Meinung von ihm. Er hatte erst kurze Zeit in einem Kloster in der Nähe der Heimat seiner Familie gelebt, als Erzbischof Theodor ihm schrieb, dass Lichfield einen Bischof benötige und er sich entschieden hatte, Chad zu ernennen.

Obwohl die Verehrung Chads von York vierzehnhundert Jahre alt ist, ist sein Ruf als Schutzpatron umstrittener Wahlen erst jung. Während der Unruhen nach den Wahlen im Jahr 2000, als Stanzreste (engl. chad) der Wahlkarten die ganzen USA in Atem hielten, erinnerte ein unbekannter Reporter an die Geschichte Chads von York und ihre Ähnlichkeit mit den gegenwärtigen Ereignissen. Und so wie bei vielen anderen Heiligen geschehen, die für bestimmte Dinge angerufen werden, waren es die Menschen, nicht der Papst, die Chad von York zum Schutzpatron umstrittener Wahlen kürten.

Siehe Heiligenbild auf Seite 459

WAISENKINDER

Der heilige Hieronymus Ämiliani

1481–1537 – GEDENKTAG: 8. FEBRUAR

Wie Franz von Assisi entschied sich auch Hieronymus Ämiliani (ital. Girolamo Emiliani) erst nach einem Gefängnisaufenthalt für ein geistliches Leben. In einem Kampf gegen Venedig hatte Hieronymus eine der Festungen von Treviso befehligt. Als die Venezianer die Burg eroberten, nahmen sie ihn gefangen und legten ihn in Ketten. Da war er dreißig Jahre alt.

In seiner Verzweiflung wandte sich Hieronymus an die Gottesmutter, die seine Ketten brach, in denen er an der Mauer hing, und ihm zu fliehen half. Zurück in Treviso, hängte Hieronymus, als ein Zeichen des Wunders, das Maria gewirkt hatte, die Ketten in der Hauptkirche der Stadt auf.

Es dauerte noch sieben Jahre, bis Hieronymus sich entschied, Priester zu werden. Er war gerade geweiht worden, als gleichzeitig die Pest und eine Dürre Norditalien heimsuchten. Er pflegte die Kranken, gab den Hungrigen zu essen, versorgte die Sterbenden und begrub die Toten, fand aber seine wahre Bestimmung bei den zahlreichen verwaisten Kindern, die auf den Straßen und Landstraßen umherstromerten. Hieronymus mietete große Häuser für die Waisenkinder und gab sein eigenes Vermögen dafür aus, sie mit Kleidung und Essen zu versorgen. Als die Anzahl der Waisenhäuser wuchs, warb Hieronymus andere Priester an. Daraus entstand der Orden der Somasker, der noch heute in Italien tätig ist.

Mit der Zeit umfasste Hieronymus' Werk auch ein Krankenhaus und eine Unterkunft für reuige Prostituierte. Aber die Sorge um verwaiste Kinder bildete den Mittelpunkt seines Tuns. 1928 erklärte Papst Pius XI. Hieronymus Ämiliani zum Schutzpatron von Waisen und verlassenen Kindern.

SIEHE HEILIGENBILD AUF SEITE 459

WÄLDER

Der heilige Ägidius von St. Gilles

GEST. CA. 723 – GEDENKTAG: 1. SEPTEMBER

Wie Rochus von Montpellier stets mit seinem Hund oder Christophorus mit dem Christuskind auf der Schulter dargestellt wird, so ist Ägidius von St. Gilles eine Hirschkuh beigegeben. Die Hirschkuh, ebenso wie Ägidius' Verbindung mit dem Wald, entstammt einer mittelalterlichen Legende.

Laut dieser Geschichte wurde Ägidius in eine reiche, adelige Familie in Athen hineingeboren. In seinem Heimatland bewunderte man ihn wegen seiner Frömmigkeit derart, dass ihn zahlreiche Schüler aufsuchten, die einen Lehrer benötigten. Aber Ägidius sehnte sich nach Frieden und einem einsamen Leben. Er reiste nach Südfrankreich und begann, als Einsiedler in einem Wald außerhalb von Nîmes zu leben. Er lebte in einer Höhle, deren Eingang mit einem großen Dornenbusch getarnt war. Er verbrachte mehrere Jahre in friedlicher Meditation sowie im Gespräch mit Gott. Weil es im Wald nicht genug zu essen gab, schickte Gott jeden Tag eine Hirschkuh zu der Höhle, auf dass Ägidius sie

melken konnte. Eines Tages ging König Wamba, in dessen Wald Ägidius sein Eremitendasein führte, in die Nähe seiner Klause jagen. Die Jagdgesellschaft entdeckte die Hirschkuh des Heiligen, und man begann mit der Hatz. Das verängstigte Tier rannte direkt zu Ägidius' Höhle, sprang über den Dornenbusch und suchte Zuflucht in den Armen des Einsiedlers. Einen Augenblick später brachen die Jäger auf die Lichtung, und einer von ihnen schoss einen Pfeil in den Busch, um das Tier zu töten, das sich darin verborgen haben musste. Als Wamba den Busch zur Seite bog, sah er die Hirschkuh auf Ägidius' Arm, und der Pfeil des Jägers steckte in Ägidius' Bein. Entsetzt darüber, einen Mann Gottes verwundet zu haben, bot Wamba an, Ärzte herbeirufen zu lassen, aber Ägidius lehnte ab, er sagte, er wolle seine Einsamkeit nicht stören lassen. Dennoch kam Wamba Ägidius oft besuchen. Gemeinsam planten sie ein Kloster zu bauen, und Ägidius erklärte sich bereit, als erster Vorsteher zu dienen. Das Kloster wurde in der Nähe von Arles errichtet, und nach Ägidius' Tod wurde seine Grabstätte zum Ziel für Pilger aus ganz Europa.

Christen im Mittelalter liebten die Geschichte von Ägidius und seiner Hirschkuh. Auf den Britischen Inseln bekamen ganze 162 Pfarrgemeinden seinen Namen als Titel, und in den deutschsprachigen Ländern gehörte Ägidius von St. Gilles zu den 14 Nothelfern, einer Gruppe von Heiligen, von denen man annahm, dass sie besonders zügig Gebete erhörten. Das erklärt vielleicht, weswegen man sich in so vielen Angelegenheiten an Ägidius wenden kann: Zusätzlich zur Stellung als Schutzpatron des Waldes wegen seines Heims im Wald, ist er auch der Schutzpatron stillender Mütter (weil er von der Milch der Hirschkuh lebte), der Schutzpatron aller, die schlecht laufen können (wegen seiner Beinwunde), der Schutzpatron von Bettlern (weil er arm war) und der Schutzpatron von Krebspatienten (auch dies wegen seiner Beinwunde).

SIEHE HEILIGENBILD AUF SEITE 459

WALE

Der heilige Brendan der Reisende

CA. 486–575 – GEDENKTAG: 16. MAI

Lange bevor es Ökokrieger und gefährdete Tierarten gab, interessierte sich Brendan der Reisende schon für Wale. Er war Abt des Klosters, das er in Clonfert in der Grafschaft Galway in der Nähe der Atlantikküste Irlands 560 gegründet hatte. Die Mönche auf dem Kontinent genossen die Stabilität, ihr ganzes Leben in derselben Abtei zu verbringen, irische Mönche jedoch reisten gerne. Sie sehnten sich danach, die einsamen Inseln im Atlantik kennenzulernen, wo sie als Einsiedler leben konnten, oder die entlegensten Ecken Europas, wo sie das Evangelium predigten und dabei noch ein paar Touristenattraktionen mitnahmen.

Brendans Reiselust blieb unbefriedigt, bis eines Tages ein Mönch namens Barinthus in seinem Kloster um Unterkunft bat. Er berichtete Brendan, dass er gerade aus einem wundervollen Land weit im Westen, auf der anderen Seite des Atlantiks, zurückgekehrt sei. Er war sicher, das Gelobte Land der Heiligen gefunden zu haben, denn jeder Stein dort wäre ein Edelstein und jeder Baum trüge reich an Früchten. Je länger Barinthus sprach, desto stärker wurde in Brendan der Drang, Segel zu setzen und sich auf die Suche nach diesem wundervollen Land zu machen. Er wählte sieben seiner Mönche als Begleiter aus, und wenige Tage später brachen sie auf.

Eine Beschreibung ihrer Abenteuer findet sich in der *Navigatio Sancti Brendani Abbatis* – Die Reisen des heiligen Abtes Brendan –, einer Art »1001 Nacht« mit irischem Tonfall. Es war ein Bestseller im Mittelalter und ist immer noch unterhaltsam zu lesen. Eine der Geschichten erzählt, wie Brendan und seine Mönche eines Morgens eine kahle Insel betraten, um ihr Frühstück zuzubereiten. Sie hatten gerade ein Feuer entzündet, als die Insel buckelte. Denn es war gar keine Insel, sondern ein Wal.

SIEHE HEILIGENBILD AUF SEITE 460

WEBER

Der heilige Onophrios der Große

GEST. CA. 320–CA. 400 – GEDENKTAG: 12. JUNI

Etwa im Jahr 400 reiste Paphnutius, ein ägyptischer Abt, in die Wüste, um den heiligen Einsiedlern einen Besuch abzustatten. Er war siebzehn Tage gewandert, als er einem wild aussehenden Wesen begegnete. Der Mann war nackt, abgesehen von einem Lendenschurz aus geflochtenen Palmblättern. Der verängstigte Abt lief davon, als das Wesen ihm hinterherrief: »Komm zu mir, Mann Gottes, denn ich bin ein Mann wie du, der aus Liebe zu Gott in der Wüste lebt.« Der Name des alten Mannes lautete Onophrios. An dem Tag, an dem Paphnutius ihm begegnete, hatte er genau siebzig Jahre als Einsiedler in der Wüste verbracht. Vor Jahrzehnten schon war seine Kleidung zerfallen, also hatte er sich einen Lendenschurz aus den Blättern der Dattelpalme gewoben, die neben jener Höhle wuchs, die sein Heim darstellte. In der Höhle fragte Paphnutius Onophrios, ob er sein Kloster verlassen und ebenfalls Einsiedler werden wolle. Onophrios sagte nein, Gott habe Paphnutius als Vater seiner Mönche er-

wählt. Paphnutius hoffte, einige Tage mit Onophrios zu verbringen, aber als er am nächsten Morgen erwachte, stellte er fest, dass der alte Einsiedler im Sterben lag. Onophrios hingegen sah dies als ein letztes Zeichen für Gottes Güte an, sein Leben war verlängert worden, bis Abt Paphnutius kam, um ihm ein ordnungsgemäßes christliches Begräbnis zuteilwerden zu lassen. Auf seinem Totenbett versprach Onophrios, wenn jemand eine Messe für ihn läse oder in seinem Namen den Armen und Hungernden spendete, würde er sich am Tag des Jüngsten Gerichts für denjenigen einsetzen. Damit schloss der heilige Mann seine Augen und starb. Abt Paphnutius legte den Leichnam des Einsiedlers in eine Felsspalte und verschloss die Öffnung mit Steinen. Als der Heilige begraben war, brach seine Höhle in sich zusammen und die Dattelpalme, die neben dem Eingang gewachsen war, welkte und starb.

SIEHE HEILIGENBILD AUF SEITE 460

WEIN

Der heilige Vinzenz von Valencia

GEST. 304 – GEDENKTAG: 22. JANUAR

Vinzenz' Zuständigkeit für Wein ist schwer zu erklären. Nichts in seiner Lebensgeschichte deutet auf eine Verbindung zwischen ihm und dem Getränk hin. Wie bei Agnes und ihrem Lamm und Bibiana und der Katerstimmung wurde Vinzenz vermutlich Schutzpatron des Weins aufgrund eines Wortspiels mit seinem Namen. Auf Französisch lautet das Wort für »Wein« *vin*, auf Spanisch und Italienisch *vino*. Eine weitere mögliche Erklärung ist gruseliger – dass der rote Wein die Christen an Vinzenz' blutigen Märtyrertod erinnerte.

Vinzenz war Diakon in Saragossa in Nordostspanien. Als Kaiser Diokletian mit der letzten und gründlichsten Christenverfolgung begann, wurden Vinzenz und sein greiser Bischof Valerius verhaftet. Die Männer hungerten im Kerker und wurden dann halbtot vor Gericht gestellt. Keiner von beiden schwor dem Christentum ab, aber während Valerius ins Exil geschickt wurde, übergab man Vinzenz den Folterknechten. Sie legten ihn auf die Streckbank, rissen sein Fleisch mit eisernen Haken auf, rieben ihm Salz in die schmerzenden Wunden und hängten ihn über ein kleineres Feuer. Da der Diakon immer noch am Leben – und Christus immer noch treu – war, ließ der Richter Vinzenz in eine karge Zelle werfen, wo er sterben sollte. Selbst dort wurde er gequält – der Boden war bestreut mit Tonscherben, die seine alten Wunden immer wieder aufplatzen ließen und ihm neue zufügten.

Christen erkauften sich Zutritt zu Vinzenz' Zelle, um den Märtyrer zu trösten und seine Wunden zu versorgen, aber Vinzenz starb an seinen Verletzungen. Als sie seine Zelle verließen, nahmen die Christen Saragossas die Kleidung und Verbände mit sich, die mit dem Blut des Märtyrers getränkt waren. Dies bewahrten sie als Reliquie auf.

SIEHE HEILIGENBILD AUF SEITE 460

WELTJUGENDTAG

Die heilige Edith Stein,
Ordensname Teresia Benedicta vom Kreuz

1891–1942 – GEDENKTAG: 9. AUGUST

1984 initiierte Papst Johannes Paul II. die Feier des Weltjugendtages, um Tausende von katholischen jungen Menschen aus der ganzen Welt zusammenzubringen, um ihre Hingabe an ihren Glauben zu stärken. Der zweite Weltjugendtag, 1987, fiel zusammen mit Johannes Pauls Seligsprechung von Schwester Teresa Benedicta (Edith) Stein, einer Jüdin, die zum Katholizismus konvertierte, die in ein Kloster der Karmeliterinnen eingetreten und dann von den Nazis in Auschwitz ermordet worden war. Sie ist eine interessante und unerwartete Wahl als Schutzpatronin des Weltjugendtages, man hätte eher mit einem oder einer jungen Heiligen wie Agnes von Rom, Aloysius von Gonzaga oder Maria Goretti als Vorbild für die katholische Jugend gerechnet. Dennoch steht Edith Stein für die Hingabe an ein Leben des Gebets und guter Taten (Werke), intellektueller Tiefe und einer treuen Hingabe an

Christus bis zum Tod. Edith Stein, das jüngste von sieben Kindern einer orthodoxen jüdischen Familie, wurde im damaligen Breslau, Deutschland, geboren, dem heutigen Wroclaw, Polen. Mit dreizehn hatte sie ihren Glauben verloren. Als Universitätsstudentin hörte sie Philosophie bei Edmund Husserl, dem Vater der philosophischen Lehre von der Entstehung und Form der Erscheinungen im Bewusstsein, der Phänomenologie. Mit fünfundzwanzig bekam Edith die Doktorwürde verliehen, und sie begann an der Universität Freiburg zu lehren. Im Urlaub 1921 las sie die Autobiografie der Teresa von Ávila – dieses Erlebnis stellte ihren ersten Schritt zum Katholizismus dar. Sie las mehr, nahm Unterricht bei einem Priester und wurde 1922 getauft. Sie lehrte weiterhin, jetzt aber an Klosterschulen. Dann trat Edith 1934 in den Karmel in Köln ein und nahm den Namen Schwester Teresa Benedicta vom Kreuz an. Mittlerweile hatten die Nazis in Deutschland die Macht ergriffen. Obwohl Edith zum Katholizismus übergetreten war, galt sie bei den Nazis weiter als Jüdin. Als die Gewalt gegen die Juden und die Verfolgungen zunahmen, beschlossen Ediths Obere 1938, sie zu ihrer eigenen Sicherheit in einen Karmel in den Niederlanden umzusiedeln. Doch das war nicht weit genug. Zwei Jahre später eroberten die Nazis die Niederlande, und mit der Besetzung begann die Deportation von Juden in die Todeslager.

Am Sonntag, dem 20. Juli 1942, verlasen alle katholischen Priester im Land von der Kanzel einen Brief der holländischen Bischofskonferenz, die den Nazismus als Rassismus verdammte und gegen die Verfolgung der Juden demonstrierte. Sechs Tage später rächten sich die Nazis, indem sie insbesondere zum Katholizismus konvertierte Juden festnahmen. Edith Stein wurde, zusammen mit ihrer Schwester Rosa, die ebenfalls den Glauben gewechselt hatte und in den Karmel eingetreten war, verhaftet und nach Auschwitz gebracht, wo sie und alle anderen jüdischen Katholiken Hollands augenblicklich in die Gaskammer geschickt wurden.

»Lerne von Therese von Lisieux [der kleinen Blume], nur auf Gott zu vertrauen«, schrieb Edith, »und ihm mit ganzem, reinem Herzen zu dienen. Dann wirst du, wie sie, sagen können: ›Ich habe nie bereut, mich der Liebe hingeschenkt zu haben.‹«

SIEHE HEILIGENBILD AUF SEITE 460

WERBEFACHLEUTE

Der heilige Bernardino di Siena

1380–1444 – GEDENKTAG: 20. MAI

In christlichen Kirchen ist das Monogramm IHS allgegenwärtig wie das Kreuz. Aber das war nicht immer so. Diese Buchstaben bilden die Abkürzung des griechischen Namens für Jesus, und sie tauchten ab dem 4. oder 5. Jahrhundert vereinzelt auf byzantinischen Ikonen auf. Bis zum 15. Jahrhundert war das Monogramm in Westeuropa unbekannt, bis es eine wichtige Rolle in den Predigten des italienischen franziskanischen Bußpredigers Bernardino di Siena spielte. Damals war Italien keine geeinte Nation, sondern ein Flickenteppich aus miteinander zankenden Fürstentümern. Bernardino betrachtete es als seine Mission, die verfeindeten Gruppen zu besuchen und ihnen seine Botschaft vom Frieden zu überbringen. In Kirchen und auf öffentlichen Plätzen lehrte Bernardino, dass Jesus Christus jedes Blutvergießen verabscheute und dass alle Christen in Frieden leben müssten. Seine Predigten zeichneten

Jesus als einen liebenden Bruder und großzügigen Freund, der bei jedem Krieg von einer undankbaren Menschheit verraten würde. Er stimmte seine Botschaft auf den Glauben, den Verstand und die Emotionen der jeweiligen Versammlung ab – und streute zwischen seine Argumente Geschichten, die das Publikum zum Lachen oder Weinen brachten. Als Höhepunkt jeder Predigt hob er eine Holztafel hoch, auf welche in Gold die Buchstaben IHS gemalt waren. Diese Geste schaffte es stets, Begeisterungsstürme zu entfachen. Das IHS-Emblem wurde zu Bernardinos persönlichem »Markenzeichen«. Es wäre sicherlich verwegen, den heiligen Bernardino nur als Marketing-Genie zu bezeichnen. Aber es gelang ihm, seinem Zielpublikum eine Reaktion zu entlocken, von der moderne Werbefachleute nur träumen können.

SIEHE HEILIGENBILD AUF SEITE 461

WIEDERVERHEIRATETE

Die heilige Adelheid von Burgund oder Adelheid die Heilige

CA. 931–999 – GEDENKTAG: 16. DEZEMBER

Im Mittelalter gab es jede Menge Töchter königlicher Häuser und adeliger Familien, deren Väter sie verheirateten, um eine politische Allianz zu begründen oder die Macht der Familie auszudehnen. Eine dieser unglücklichen Frauen war Adelheid, die Tochter von König Rudolf II. von Burgund. Mit zwei war sie bereits mit einem provencalischen Aristokraten verlobt. Zur Eheschließung kam es jedoch nie, stattdessen verheiratete man sie 947 mit Lothar, dem König von Italien. Drei Jahre später war sie Witwe, ihr Mann war von einem Strippenzieher namens Berengar vergiftet worden, der die Krone beanspruchte. Dann versuchte Berengar, Adelheid zu zwingen, seinen Sohn zu heiraten. Als sie sich weigerte, setzte er sie gefangen. Irgendwie gelang es Adelheid zu entkommen und den deutschen König Otto I. um Hilfe zu bitten. Otto vertrieb nicht nur Berengar, er heiratete Adelheid auch gleich selbst.

Wir wissen nicht, ob ihre Ehe glücklich war, aber auf jeden Fall war sie nicht langweilig. Adelheid und Otto hatten fünf Kinder, und der Papst krönte das Paar zu Kaiser und Kaiserin des Heiligen Römischen Reichs. Nach zweiundzwanzig Ehejahren verstarb Otto, und Adelheid war wieder Witwe. Die Freude, ihren ältesten Sohn Otto II. König werden zu sehen, wurde angeblich beeinträchtigt durch Adelheids Schwiegertochter, eine – wieder angeblich – ausgesprochen unangenehme byzantinische Prinzessin namens Theophanu, die Vergnügen daran gefunden haben soll, einen Keil zwischen Mutter und Sohn zu treiben. Weitere Todesfälle folgten. Sowohl Otto II. als auch Theophanu starben kurz nacheinander, sie hinterließen einen kleinen Sohn, Otto III. Adel und Bischöfe baten Adelheid, die Regentschaft für ihren Enkel zu führen, bis er alt genug war, die Regierungsgeschäfte selbst wahrnehmen zu können. Als alleinige Herrscherin demonstrierte sie, wie eine Königin sein sollte – weise, großzügig, herzensgut. Als ihr Enkel erwachsen war, zog sich Adelheid in ein Frauenkloster zurück, das sie in der Nähe Kölns errichtet hatte, wo sie ihre letzten Jahre unter Frauen verbrachte, die so wie sie ein ruhiges Leben bevorzugten.

Siehe Heiligenbild auf Seite 461

WISSENSCHAFTLER

Der heilige Albertus Magnus, auch Albertus der Große

CA. 1200–1280 – GEDENKTAG: 15. NOVEMBER

Albertus Magnus ist bekannt als der Mann, der Thomas von Aquin Theologie lehrte. Er war es, der sagte, wenn Thomas ein dummer Ochse sei, wie Thomas' Mitstudenten behaupteten, dann wäre er ein Ochse, dessen Blöken man noch in der ganzen Welt hören würde.

Aber Albertus war nicht nur Theologe, er war auch Wissenschaftler im modernen Sinne des Wortes. Er schrieb vierzig naturwissenschaftliche Bücher, und in allen davon argumentierte er, dass, wenn es um wissenschaftliche Untersuchungen ginge, »Experimente der einzig sichere Führer« seien. Vor achthundert Jahren folgte Albertus Magnus einer Methode zur Erkenntnisgewinnung, die wir heute als selbstverständlich ansehen – er ging nach draußen und beobachtete die Natur. »Das Ziel der Naturwissenschaften ist nicht einfach, die Behauptung anderer zu akzeptieren«, schrieb er, »sondern die Ursachen, die in der Natur wirken, zu untersuchen.« Albertus' Warnung vor den Behauptungen anderer war eine höfliche Kritik an seinen Zeitgenossen, die noch einigen der wildesten Vorstellungen über das Tierreich anhingen, beispielsweise dass Weißwangengänse von Bäumen ausgebrütet würden. Um diese in den Städten kursierenden Legenden zu entkräften, veröffentlichte Albertus ein Buch über Zoologie – auch dieses basierend auf seinen eigenen Beobachtungen. Er war der erste Mensch, der je präzise einen Grönlandwal beschrieb, und um dies zu tun, schürzte er seine Dominikanerkutte, bestieg ein Boot und nahm an einem Walfang teil.

Wissenschaftler in ihren Laboren, Schüler und Studenten, die über Biologie schwitzen, und alle, die dem Vorurteil, dass, wer an Gott glaubt, keinen wissenschaftlichen Blick haben kann, entgegentreten – all sie könnten keinen besseren Schutzpatron finden als Albertus Magnus.

SIEHE HEILIGENBILD AUF SEITE 461

WITWEN

Die heilige Paula von Rom

347–404 – GEDENKTAG: 26. JANUAR

Hieronymus war nicht leicht zu mögen und zählte nur wenige Menschen zu seinen Freunden, aber die Handvoll, die er in seinen inneren Kreis ließ, behandelte er liebevoll und loyal bis zum Ende. Seine engste Freundin und großzügigste Unterstützerin, die auch seine Übersetzung der *Vulgata* finanzierte, war Paula von Rom. Sie war eine römische Patrizierin, die von Scipio und den Gracchen abstammte, Helden der alten römischen Republik. Ihre Eltern versuchten sogar noch besser dazustehen, indem sie behaupteten, Aeneas und Agamemnon zählten ebenfalls zu ihren Vorfahren.

Paula, die selbst wohlhabend war, wurde ungeheuer reich, als sie einen Senator heiratete. Sie hatten einen Sohn und vier Töchter, von denen zwei – Eustochia und Blaesilla – Heilige wurden. Paula war erst zweiunddreißig, als ihr Mann starb, und der Verlust stürzte sie in tiefe Trauer. Marcella, eine enge Freundin von ihr, die ebenfalls seit kurzem verwitwet war (und später ebenfalls heiliggesprochen werden würde), eilte zu Hilfe. Sie zeigte Paula, wie sie selbst als Witwe wieder glücklich sein konnte – und, wichtiger noch, wie sie sich nützlich machen und fromm leben konnte. Zu dieser Zeit war Hieronymus einer der berühmtesten Priester Roms, nicht nur, weil er mit seinem Hauptwerk begonnen hatte, eine akkurate lateinische Übersetzung der Heiligen Schrift anzufertigen, sondern auch als Seelsorger wohlhabender römischer Damen. Als Marcella ihrer Freundin Hieronymus vorstellte, veränderte sich Paulas Leben auf immer. Erstens profitierte sie von Hieronymus' Rat, wie sie zu beten hatte und wie sie das Beste aus ihrem großen Reichtum machen könnte. Als Hieronymus erfuhr, dass Paula, wie Marcella, fließend Griechisch sprach, bat er sie darüber hinaus, ihm zu helfen, die griechischsprachigen Bücher der Bibel zu übersetzen und zu analysieren.

Zugleich wurden Paulas Töchter Eustochia und Blaesilla Hieronymus' Schützlinge. In Blaesillas Fall endete die Beziehung tragisch. Die junge Frau sehnte sich nach einem asketischen Leben, und Hieronymus unterstützte sie darin. Unglückseligerweise war Blaesilla von schwacher Gesundheit und fastete bis zum Exzess. Sie bekam Fieber, steckte sich möglicherweise mit Malaria an, und da sie über keinerlei Widerstandskräfte verfügte, starb sie.

Nach dem Tod von Papst Damasus, Hieronymus' Beschützer und Patron, zogen er, Paula, Eustochia und etliche andere römische Frauen aus seinem inneren Kreis ins Heilige Land, wo sie sich in Bethlehem niederließen. Erneut tat Paula für Hieronymus, was ihr möglich war, und zwar emotional, finanziell und sogar beruflich (sie lernte etwas Hebräisch, um ihm zu helfen, die Thora, die fünf Bücher Mose, zu übersetzen). In Bethlehem errichtete sie einen großen religiösen Komplex, der ein Männerkloster, drei Frauenklöster, eine Schule und ein Pilgerhospital umfasste. Wie ihre Freundin Marcella versprochen hatte, war Paula tatsächlich glücklich, sie fühlte sich nützlich, respektiert und geliebt. Sie war auf dem Weg zu einem heiligen Leben. Als sie in Bethlehem starb, begrub ein todtrauriger Hieronymus, der sie bis zum Ende geliebt hatte, sie am heiligsten Ort, der ihm in den Sinn kam: unterhalb des Altars in der Geburtskirche.

SIEHE HEILIGENBILD AUF SEITE 461

SICHERUNG DES WOHLSTANDS

Das Prager Jesulein oder Prager Jesuskind

EINE RENAISSANCE-WACHSFIGUR – 16. JAHRHUNDERT
GEDENKTAG: 3. SONNTAG IM MAI

Die Statue des Prager Jesuleins, stets gekleidet in wundervolle Gewänder, kam 1587 aus Spanien nach Böhmen, heute Tschechische Republik, als Hochzeitsgeschenk für Manrique de Lara, eine spanische Adelige. In ihrem Testament hinterließ sie die Statue den Karmeliterinnen auf der Prager Kleinseite, die es in ihrer Kirche Maria vom Siege in einem silbernen Schrein ausstellten. Im Jahr 1631, während des Dreißigjährigen Krieges, nahmen König Gustav Adolf II. von Schweden und seine schwedischen Lutheraner Prag ein. Die Protestanten plünderten alle katholischen Kirchen und kirchlichen Gebäude der Stadt, darunter auch das Kloster der Karmeliterinnen. Als die Schweden wieder weg waren, fand ein Priester die Statue mit abgeschlagenen Händchen auf einem Schutthaufen hinter dem Hochaltar der Kirche. Während er das Jesulein reinigte, hörte er eine Kinderstimme sagen: »Gib mir meine Hände, dann gebe ich dir Frieden. Je mehr du mich ehrst, desto mehr werde ich dich segnen.« Der Priester ließ einen Handwerker neue Hände für die Statue fertigen, die rechte zum Segnen erhoben, die linke ausgestreckt, sie hält einen Reichsapfel. Nachdem die Statue wieder in der Kirche stand, berichteten Besucher von Wundertaten des Prager Jesuleins. Als Antwort auf die Wunder errichteten die Karmeliter einen großartigen Altar für die Skulptur. Der Erzbischof von Prag krönte das Jesuskind mit einer Krone aus Gold und Juwelen. Die Originalstatue befindet sich immer noch in der Kirche Maria vom Siege in Prag, wo sie heute über eine Garderobe von mehr als siebzig Kleidern verfügt, das älteste Gewand stammt aus dem Jahr 1700. Die Verehrung des Jesuleins hat sich über die ganze Welt verbreitet, und es ist üblich, eine Münze unter die Statue zu legen, um Wohlstand ins Haus zu locken.

SIEHE HEILIGENBILD AUF SEITE 462

WOHLTÄTIGKEITSORGANISATIONEN

Der heilige Vinzenz von Paul

1581–1660 – GEDENKTAG: 27. SEPTEMBER

Eine gewisse Planlosigkeit zeichnet Vinzenz von Pauls lebenslange Wohltätigkeit aus. Er konnte sich nie von einem Bedürftigen abwenden, egal, was der benötigte. Die Liste der Nöte, die er zu lindern versuchte, ist unglaublich. Er brachte armen Kranken Essen und Arzneien, kümmerte sich um die Galeerensträflinge und verschaffte Waisenkindern, Alten und Kriegsversehrten ein Dach über dem Kopf. Er gründete Hospitäler, nahm ausgesetzte Babys auf und unterrichtete Kinder im Katechismus. Er begründete einen Nonnenorden, der den Armen diente, und einen weiteren Orden für Priester, die den Armen der Stadt sowie den Landarbeitern und armen Bauern den Glauben vermitteln. Vinzenz' erste Gruppe von Freiwilligen bestand aus Damen der Oberschicht. Wohlmeinend, aber ein wenig zimperlich, fehlte es den Frauen an der körperlichen Durchhaltekraft, um in den Elendsvierteln zu arbeiten. Vinzenz, selbst ein Bauer, lernte schnell, lieber emotional abgekochte und kör-

perlich robuste junge Frauen vom Land für die Armenpflege zu rekrutieren. Ein unerwarteter Nebeneffekt seiner ambitionierten Taten war die Erneuerung des religiösen Lebens im Frankreich des 17. Jahrhunderts. Die jungen Priester, die Vinzenz ausbildete, waren derart gut über den Glauben informiert und so talentiert darin, die christliche Lehre zugänglich und sprechend jeder Zuhörerschaft zu präsentieren, und ihr Privatleben war derart vorbildlich, dass Bischöfe die Vinzentiner (wie sie genannt wurden) als Vorbild priesen und Vinzenz' Ausbildungsprogramm in ihren eigenen Seminaren etablierten. Eine der Hinterlassenschaften Vinzenz von Pauls ist die Gemeinschaft des hl. Vinzenz von Paul, frz. Société de Saint Vincent de Paul (SVP), eine dem Heiligen unterstellte, im Stillen in ihren Gemeinden arbeitende katholische Laienvereinigung für Armenpflege.

SIEHE HEILIGENBILD AUF SEITE 462

WÖLFE

Der heilige Edmund der Märtyrer

841–869 – GEDENKTAG: 20. NOVEMBER

Edmund war noch ein Halbwüchsiger, als er zum König von Eastanglia, Ostanglien, wurde. Das Königreich an Britanniens Ostküste war ein leichtes Ziel für die Dänen, und 865 fielen Zehntausende Nordmänner ein. Um sein Volk zu retten, bestach König Edmund die Dänen mit Hunderten von Pferden. Zufrieden mit der Bezahlung, ließen die Eindringlinge Ostanglien einigermaßen in Frieden und marschierten nach Norden in Richtung York, das sie 865 nahmen.

Vier Jahre später kehrte diese riesige heidnische Horde zurück, unter einem Heerführer namens Ingvar Ragnarsson, und brannte alles auf ihrem Weg nieder. Edmund sammelte sein Heer im November 869, aber die Dänen schlugen die Männer Ostangliens in die Flucht und nahmen König Edmund gefangen. Ingvar bot an, Edmunds Leben zu verschonen, wenn er sich bereit erklärte, als Marionettenkönig zu agieren und seinem christlichen Glauben abzuschwören. Edmund verweigerte Ingvars Forderungen.

Um Britanniens übrigen Königen eine Lektion zu erteilen, befahl Ingvar, Edmund geißeln und prügeln zu lassen. Dann, nachdem sie Edmund an einen Baum gebunden hatten, stellten sich die Pfeilschützen der Dänen in einer Reihe auf und schossen auf ihn – aber vorsichtig, um seine Qualen andauern zu lassen. Als der König tot war, schnitten sie ihn herunter, säbelten ihm den Kopf ab und warfen den Leichnam in den Wald.

Als die Wikinger fort waren, begaben sich Christen auf die Suche nach ihrem toten König, der den Märtyrertod gestorben war. Sie fanden seinen Körper, aber nicht den Kopf. Dann hörten sie eine Stimme rufen: »Hier! Hier!« Sie folgten dem Klang und sahen auf einer kleinen Lichtung einen grauen Wolf, der Edmunds Kopf zwischen den Pfoten hielt. Wie durch ein Wunder hatte der Wolf den Kopf des Königs davor geschützt, von anderen wilden Tieren verstümmelt zu werden, und es war der Wolf gewesen, der die Männer gerufen hatte, als sie nach den sterblichen Überresten suchten. Wie ein Haustier ließ der Wolf die Männer den Kopf nehmen, dann schloss er sich der Prozession an, die den toten König zum Begräbnis in der Stadt Sutton trug. Erst als Edmunds sterbliche Überreste in Sicherheit waren, trottete der Wolf wieder zurück in den Wald.

Siehe Heiligenbild auf Seite 462

ZAHNSCHMERZEN

Die heilige Apollonia von Alexandria

GEST. 249 – GEDENKTAG: 9. FEBRUAR

Quellen aus erster Hand über Märtyrer der frühchristlichen Kirche sind sehr selten, aber es gibt sie. Ein Beispiel ist der Brief des Bischofs Dionysius von Alexandria von 249 an den Bischofsbruder Fabius von Antiochia, in dem die Christenverfolgung in Ägypten beschrieben ist. Kaiser Decius hatte gerade allen römischen Bürgern befohlen, vor eine Sonderkommission zu treten und den Göttern Roms zu huldigen. Diejenigen, die sich weigerten, sollten verhaftet, verurteilt und hingerichtet werden. Bald schon waren die Gefängnisse voller Christen. In Alexandria weigerten sich heidnische Mobs, auf ordentliche Prozesse gemäß dem römischen Recht zu warten. Unruhen brachen aus, als ein Seher die Christen als unmenschliche Monster denunzierte, die keine Loyalität dem Kaiser gegenüber kannten und keine Ehrfurcht vor den Göttern. Die Unruhen erfassten alle Stadtteile Alexandrias, der Mob griff Christen auf der Straße an oder brach in ihre Häuser ein und zerrte sie vor die Stadtmauer, wo die Heiden riesige Scheiterhaufen errichtet hatten. Alle Christen, die sich weigerten, den römischen Göttern zu opfern, wurden in die Flammen geworfen. Bischof Dionysius schrieb, dass der Mob bei den Unruhen eine »wundervolle alte Dame [namens] Apollonia« zu fassen bekam. Als der Mob sie aus der Stadt trieb, prügelten sie sie dermaßen, dass alle ihre Zähne abbrachen oder herausgeschlagen wurden. Vor dem Scheiterhaufen drohten sie ihr, sie bei lebendigem Leib zu verbrennen, wenn sie nicht den römischen Göttern huldigte. Apollonia bat um einen Augenblick Bedenkzeit. Die Menge schwieg, während sie auf die Entscheidung wartete, und in diesem Augenblick stürzte Apollonia sich in die Flammen. Wegen der Misshandlungen, die sie auf dem Wege zum Tod erlitt, wird Apollonia von Alexandria gegen Zahnschmerzen angerufen. Zugleich ist sie die Schutzpatronin der Zahnärzte.

SIEHE HEILIGENBILD AUF SEITE 462

SAN GENNARO

VULKANAUSBRÜCHE

Der heilige Januarius

S. CHAD. B.C.

UMSTRITTENE WAHLEN

Der heilige Chad von York

S. HIERONYME EMILIANI
ORA PRO NOBIS

WAISENKINDER

S. Aegidius.

WÄLDER

WALE

Der heilige Brendan der Reisende

S. ONUPHRIUS, Anachoreta.
Die Bezähmung der Zunge und die unablässige Erhebung der Liebesneigung zu Gott erwärmt den Geist gar bald mit göttlicher Gluth.
St. Jo. sent. 63.

WEBER

Der heilige Onophrios der Große

h. Vincentius Diaken en Martelaar

WEIN

Der heilige Vinzenz von Valencia

SAINT TERESA BENEDICTA OF THE CROSS
EDITH STEIN
1891 - 1942

WELTJUGENDTAG

Die heilige Edith Stein,
Ordensname Teresia Benedicta vom

WERBEFACHLEUTE

Der heilige Bernardino di Siena

Sainte Adelaïde.

WIEDERVERHEIRATETE

Die heilige Adelheid von Burgu...
oder Adelheid die Heilige

He that shall do and
teach; he shall be called
great in the kingdom
of heaven. Math. V. 19.

B. Albertus Magnus

WISSENSCHAFTLER

Sainte Paule.

Sancta Paula Vidua Ora Pro Nobis

WITWEN

S. BAMBINO GESÙ DI PRAGA

SICHERUNG DES WOHLSTANDS
*Das Prager Jesulein oder
Prager Jesuskind*

ST. VINCENTIUS A PAULO.

WOHLTÄTIGKEITSORGANISATIONEN
Der heilige Vinzenz von Paul

WÖLFE

S. APOLLONIA

ZAHNSCHMERZEN

ZAUDERER

Der heilige Expedit

Wortwitze mit den Namen von Heiligen sind weit verbreitet, aber dass ein Heiliger namens Expedit um Hilfe gegen Aufschieberei angerufen wird, ist wirklich großartig.

Expedit gab es tatsächlich: Er war einer von sechs armenischen Christen, möglicherweise römischen Soldaten, die in Melitene den Märtyrertod starben. Die weiteren Märtyrer waren die Heiligen Hermogenes, Gaius, Aristonicus, Rufus und Galata. Urkundliche Beweise deuten darauf hin, dass Expedit bereits im 7. Jahrhundert in Deutschland verehrt wurde, aber wie er zum Schutzpatron der Aufschieberei wurde, ist schwerer zu ermitteln.

Die Variante der Geschichte, die am weitesten verbreitet ist, erzählt, dass im 19. Jahrhundert die sterblichen Überreste eines Märtyrers zusammen mit einer Statue aus Rom in ein Pariser Nonnenkloster übertragen wurden. Weder die Statue noch die Gebeine waren bezeichnet, aber auf der Frachtkiste stand: *Spedito,* was die Nonnen für den Namen des Heiligen hielten. Die Schwestern latinisierten das Wort zu Expedit. Das ist eine hübsche Geschichte, klingt aber dennoch wie eine Legende.

Wie dem auch sei, die Verehrung des Expedit breitete sich aus, vor allem in Frankreich, Südamerika und New Orleans, wo Expedit zu einem der beliebtesten Voodoo-*loa* wurde, einem Geist. In der Kunst wird Expedit normalerweise als römischer Soldat dargestellt, mit dem Palmwedel, der Märtyrerpalme, in einer Hand und einem Kreuz in der anderen Hand, dabei auf einen Raben tretend. Das Kreuz trägt die Inschrift *Hodie,* zu Deutsch »heute«. Auf dem Raben findet sich *Cras,* zu Deutsch »morgen«.

SIEHE HEILIGENBILD AUF SEITE 468

ZIMMERLEUTE

Der heilige Josef

1. JAHRHUNDERT – GEDENKTAGE: 19. MÄRZ UND 1. MAI

Die Evangelien lehren uns, dass Josef, Ehemann der Jungfrau Maria und Pflegevater von Jesus Christus, ein Zimmermann war. Da ist es nur konsequent, dass Handwerker insgesamt – und insbesondere Zimmerleute – ihn zu ihrem Schutzpatron erkoren haben.

1955 verstärkte Papst Pius XII. Josefs Anspruch noch, indem er einen neuen Gedenktag für »Josef, den Arbeiter« einführte. Der Papst entschied sich für den 1. Mai, damit ein christliches Gegengewicht zum Maifeiertag der Kommunistischen Partei entstand. Marxisten rümpften die Nase ob der Vorstellung, dass es eine spirituelle Dimension des Lebens gäbe, ganz zu schweigen von der Arbeit. Aber mit Josef hielt die Kirche das Vorbild eines Mannes in Ehren, der Gott liebte und gehorchte, seiner Familie ergeben war und als produktives, verantwortungsbewusstes Mitglied der Gemeinschaft auftrat.

Der Gedenktag am 1. Mai war Mitte des 20. Jahrhunderts die Antwort der Kirche auf die Marxisten. Doch bereits seit 1400 wurde Josef von Handwerkern als Schutzpatron verehrt. Über Jahrhunderte hinweg hatte die Kirche Josefs Rolle heruntergespielt, vor allem aufgrund der scheinbar endlosen Abfolgen von Häresien, die ihre Lehre vom Wesen Christi durch den Wolf drehten. Um sicherzustellen, dass die Christen begriffen, dass Gott der Vater von Jesus war, minimierte die Kirche Josefs Rolle in der Heilsgeschichte. Aber die Verehrung des Josef nahm im späten Mittelalter zu, als einflussreiche Heilige über ihre Zuneigung zu dem demütigen Zimmermann schrieben und referierten. Einige Bischöfe begannen öffentliche Messen zu genehmigen, die Josef ehrten, und schließlich etablierte Papst Sixtus IV. 1479 den 19. März als seinen Gedenktag. Heute hat eine Statue oder ein Bild des heiligen Josef einen Ehrenplatz in praktisch jeder katholischen Kirche.

SIEHE HEILIGENBILD AUF SEITE 468

ZIMMERMÄDCHEN

Die heilige Zita

1212–1272 – GEDENKTAG: 27. APRIL

Hausarbeit rangiert ganz oben auf der Liste unerfreulicher, zeitfressender Tätigkeiten. Auf den ersten Blick erscheint Abwaschen und Staubwischen nicht als Gelegenheit, zur Heiligkeit berufen zu werden – aber das Leben Zitas zeigt, dass dies nicht immer so ist.

Zita war erst zwölf Jahre alt, als sie ihren Dienst als Magd bei den Fatinellis antrat, einer Familie wohlhabender Seidenhändler in Lucca, Italien. Natürlich arbeiteten auch andere Dienstboten im Haus, und innerhalb weniger Tage nach ihrer Ankunft war Zita klar, dass keiner der anderen sie leiden konnte. Sie hielten ihre Frömmigkeit für gekünstelt, ihre Unterwürfigkeit für Dummheit und ihre Zuverlässigkeit für eine boshafte Art, alle anderen schlecht dastehen zu lassen.

Als der Neuen wurden Zita die schmutzigsten und langweiligsten Hausarbeiten übertragen. Sie erledigte alles ordnungsgemäß, aber wenn sie das Gefühl hatte, dass die Arbeit zu viel wurde, sprach sie ein kurzes Gebet, um sich daran zu erinnern, dass sie diese unangenehme Arbeit aus Liebe zu Gott tat, nicht um von ihren Arbeitgebern gelobt zu werden.

Das Gebet hielt Zita aufrecht. Sie ging täglich zur Messe, und wenn sie während des Arbeitstages freie Zeit hatte, versteckte sie sich in einer Ecke des Dachbodens, um zu beten. Einmal stellte Zita fest, dass sie etwas Zeit hatte, nachdem sie ein Brot in den Ofen geschoben hatte, also eilte sie in ihre »Kapelle« auf dem Dachboden. Sie betete derart intensiv, und die Süße des Gesprächs mit Gott war so bezaubernd, dass Zita jedes Zeitgefühl verlor. Als sie wieder zu Sinnen kam, lief sie zurück in die Küche – sie war sicher, das Brot wäre verbrannt. Aber statt einer Küche voll beißenden Rauchs fand sie wundervolle, duftende Brotlaibe auf dem Tisch vor. Während Zita mit Gott sprach, hatten Engel sich um ihre Backwaren gekümmert.

Mit der Zeit begriffen die Fatinellis und Zitas Kollegen, dass ihr Glaube und ihre gute Arbeit ehrlich gemeint waren. Nach etlichen Jahren machte die Familie sie zur Haushälterin und Kinderfrau des Fatinelli-Nachwuchses.

Was die Wohltätigkeit anging, so war Zita sehr weichherzig, und die Bettler und Armen in und um Lucca wussten das. Sie teilte ihr eigenes Essen mit jedem, der an ihre Tür klopfte, und wenn sie alles verteilt hatte, griff sie in die Vorratskammer der Fatinellis. Während einer Hungersnot kam eine endlose Prozession Hungernder hilfesuchend zu Zita, und sie verschenkte den gesamten Vorrat an getrockneten Bohnen – auf die der Haushalt zählte, um die Familie durch die Zeit der Knappheit zu bringen. Das war zu viel für Signor Fatinelli – er zerrte Zita in die Vorratskammer, um ihr bewusst zu machen, was sie getan hatte. Doch als Zita und ihr Herr die Vorratskammer betraten, stellten sie zu ihrer Überraschung (und Zitas Erleichterung) fest, dass der Vorrat an getrockneten Bohnen unvermindert war.

Und so vergingen die Jahre: Zita nervte Signor Fatinelli mit ihrer Wohltätigkeit, nur um stets im letzten Augenblick durch göttliche Intervention davonzukommen. Sie starb friedlich im Hause Fatinelli am 27. April 1272. Zita war sechzig Jahre alt geworden und hatte der Familie achtundvierzig Jahre lang treu gedient.

Siehe Heiligenbild auf Seite 468

ZWEIFLER

Der heilige Thomas

1. JAHRHUNDERT – GEDENKTAG: 3. JULI

Die Geschichte des Apostels, der als ungläubiger Thomas berühmt wurde, beginnt am dritten Tag nach dem Kreuzestod Jesu, heute Ostersonntag genannt. Die elf verbliebenen Apostel (Judas hatte sich erhängt) fürchteten nach Jesu Kreuzigung um ihr Leben und schlossen sich in jenem Saal ein, in dem sie das letzte Abendmahl zu sich genommen hatten. Am Abend des ersten Tages der Woche erschien auf einmal Jesus – den sie alle am Kreuz hatten sterben sehen – bei ihnen. Thomas war in dem Moment nicht zugegen, aber als er zu ihnen zurückkehrte, waren die anderen Apostel immer noch ganz froh und aufgeregt. Aber Thomas weigerte sich zu glauben, dass Jesus von den Toten auferstanden war, und egal, was seine Freunde ihm erzählten, er war nicht zu überzeugen. »Wenn ich nicht an seinen Händen das Mal der Nägel sehe und nicht meinen Finger in das Mal der Nägel und meine Hand in seine Seite lege, glaube ich es nicht« (Joh 20,25). Acht Tage später kehrte Christus wieder, und diesmal war Thomas anwesend. Jesus wandte sich an seinen skeptischen Apostel und sagte: »Reiche deinen Finger her und sieh meine Hände und reiche deine Hand und lege sie in meine Seite, und sei nicht ungläubig, sondern gläubig!« (Joh 20,27) Überwältigt vom Anblick Jesu rief Thomas aus: »Mein Herr und mein Gott!« (Joh 20,28) Katholiken beten diesen Ausruf immer noch still bei der Messe in jenem Augenblick, in dem der Priester die Hostie nach der Wandlung (Konsekration) in Vorbereitung auf die Kommunion der Gemeinde zeigt. An Thomas und alle Zweifler zu allen Zeiten gerichtet, sagte Jesus: weil du mich gesehen hast, hast du geglaubt; selig, die nicht sahen und doch glaubten!« (Joh 20,29) Aufgrund seiner Zeit des Zweifels wurde der Apostel Thomas zum Schutzpatron aller, die Streitigkeiten schlichten oder Unklarheiten beheben müssen, sowie der Zweifler, Skeptiker und Zyniker.

SIEHE HEILIGENBILD AUF SEITE 468

ZAUDERER

Der heilige Expedit

ZIMMERLEUTE

Der heilige Josef

St. Zita

ZIMMERMÄDCHEN

ZWEIFLER

Ausgewählte Literatur

Anderson, Alan Orr, und Marjorie Ogilvie Anderson, Herausgeber und Übersetzer: Adomnan's Life of Columba (Thomas Nelson, 1961)

»The Arabic Gospel of the Infancy of the Savior«, Ante-Nicene Fathers, Bd. 8 (www.ccel.org/fathers2/ANF- 08/TOC.htm#TopOfPage)

Armstrong, Regis J., und Ignatius C. Brady: Francis and Clare – The Complete Works (Paulist Press, 1982)

Armstrong, Regis J., J. A. Wayne Hellman und William J. Short: Francis of Assisi – Early Documents (New City Press, 1999)

Augustinus von Hippo: Bekenntnisse (Marixverlag, 2008)

Barlow, Frank: Thomas Becket (University of California Press, 1986)

Bede: The Ecclesiastical History of the English Nation (E. P. Dutton, 1910)

Berenbaum, Michael (Hg.): A Mosaic of Victims – Non-Jews Persecuted and Murdered by the Nazis (New York University Press, 1990)

Bitel, Lisa M.: Isle of the Saints – Monastic Settlement and Christian Community in Early Ireland (Cornell University Press, 1990)

The Book of Saints, 6. Auflage (Morehouse Publishing, 1989)

Bowden, Henry Sebastian: Mementoes of the Martyrs and Confessors of England and Wales (hg. und bearb. von Donald Attwater) (Burns & Oates, 1962)

Brodrick, James: Robert Bellarmine – Saint and Scholar (Newman Press, 1961)

Brown, Peter: Augustinus von Hippo (dtv, 2000)

Budge, E. A. W. (übers:) »The Passion of St. George«, Bibliotheca Hagiographica Orientalis, Nr. 310, 1888

Buehrle, Marie Cecilia: Kateri of the Mohawks (Bruce Publishing Co., 1954)

Bury, J. B.: The Life of St. Patrick and His Place in History (Book-of-the-Month Club, 1999)

Carr, John: St. Gerard Majella – A Treasury of Catholic Reading (Farrar, Straus & Cudahy, 1957)

The Catholic Encyclopedia, 1907 (www.newadvent.org)

Cavallini, Giuliana (übers. von Caroline Holland): Saint Martin de Porres – Apostle of Charity (Tan Books, 1979)

Cepari, Virgilius: The Life of St. Aloysius Gonzaga (H. McGrath, 1884)

Chambers, R.W.: Thomas More (University of Michigan Press, 1973)

Charbonneau-Lassay, Louis: The Bestiary of Christ (übers. und gekürzt von D. M. Doo-ling) (Parabola Books, 1991)

Clarke, W. K. Lowther: The Lausiac History of Palladius (Macmillan Company, 1918)

Colbert, Edward P.: The Martryrs of Córdoba (850–859) – A Study of the Sources (Catholic University of America Press, 1962)

Cross, Samuel H. (Hg.): Russian Primary Chronicle – Laurentian Text (Medieval Academy of America, 1968)

Daniel-Rops, Henri: Monsieur Vincent: The Story of St. Vincent de Paul (Hawthorn Books, 1961)

de Cantimpré, Thomas: The Life of Christina the Astonishing (übers. von Margot H. King unter Assistenz von David Wiljer) (Peregrina Publishing Co., 2000)

de la Vega, Luis Lasso: Huei Tlamahuitzoltica, 1649

Delehaye: Hippolyte, The Legends of the Saints – An Introduction to Hagiography (University of Notre Dame Press, 1961)

Demetrius of Rostov: The Great Collection of Lives of the Saints (Chrysostom Press, Jahr unbekannt)

D'Evelyn, Charlotte, und Mill, Anna J. (Hgs.): The South English Legendary, 3 Bände (Oxford University Press, 1967)

de Voragine, Jacobus: Legenda aurea. Die Heiligenlegenden des Mittelalters (Anaconda 2008)

Di Donato, Pietro: The Penitent (Hawthorn Books, 1962)

Dirvin, Joseph I.: Louise de Marillac (Farrar, Straus & Giroux, 1970)

Dirvin, Joseph I.: Mrs. Seton – Foundress of the American Sisters of Charity (Farrar, Straus and Cudahy, 1962)

Donaldson, Christopher: Martin of Tours – Parish Priest, Mystic and Exorcist (Routledge & Kegan Paul, 1980)

Dorcy, Sister Mary Jean: St. Dominic's Family – The Lives of Over 300 Famous Dominicans (Tan Books, 1983)

Duffy, Eamon: Die Päpste. Die große illustrierte Geschichte (Droemer Knaur, 1999)

Eddius Stephanus: The Life of Bishop Wilfrid (übers. von Bertram Colgrave) (Harvard University Press, 1927)

Englebert, Omer: The Lives of the Saints (David McKay Co., 1951)

Eusebius Pamphilius of Caesarea: The Life of the Blessed Emperor Constantine (übers. von Ernest Cushing Richardson, Nicene und Post-Nicene Fathers, Vol. 1 (Wm. B. Eerdmans, 1955)

Falasca, Stefania: The Humble Splendor of the First Witnesses – The Catacombs of Saint Callixtus in Rome (30 Days, Nr. 4, 1996)

Farmer, David Hugh (Hg.): Butler's Lives of the Saints: New Full Edition, 12 Bände (The Liturgical Press, 1995–2000)

Fitzgerald, Allan D. (Hg.): Augustine Through the Ages – An Encyclopedia (William B. Eerdmans Publishing Company, 1999)

Foley, Leonard: Who Is St. Anthony? (St. Anthony Messenger Press, 2001)

Fraser, Antonia: Faith and Treason – The Story of the Gunpowder Plot (Nan A. Talese, 1996)

Freeze, Gregory L.: Russia – A History (Oxford University Press, 1997)

Furlong, Monica: Therese of Lisieux (Random House, 1987)

Gallagher, Jim: Padre Pio – The Pierced Priest (HarperCollins, 1995)

Gheon, Henri: Secrets of the Saints (Sheed & Ward, 1944)

Goodier, Alban: Saints for Sinners (Image Books, 1959)

Graham, Edward P. (Übers.): Acts of the Hieromartyr Januarius, Bishop of Benevento, 1909

Grant, Michael: Constantine the Great: The Man and His Times (Charles Scribner's Sons, 1993)

Griffin, T. L. (Adapt.): The Life of Philip Howard, Earl of Arundel, Saint and Martyr (basierend auf der Ms.-Vorlage des Duke Of Norfolk) (www.geocities.com/griffin81 au/HowardMartyr.html)

Grimal, Pierre: The Concise Dictionary of Classical Mythology (hg. von Stephen Kershaw nach der Übers. von A. R. Maxwell-Hyslop (Basil Blackwell, 1990)

Harrington, Daniel J.: The Gospel of Matthew (The Liturgical Press, 1991)

Haskins, Susan: Die Jüngerin. Maria Magdalena und die Unterdrückung der Frau in der Kirche (Lübbe, 1994)

Howatson, M. C. (Hg.): The Oxford Companion to Classical Literature, 2. Auflage (Oxford University Press, 1989)

Huysmans, J. K. (übers. von Agnes Hastings): Saint Lydwina of Schiedam (Kegan Paul, Trench, Trubner & Co. Ltd., 1923)

James, M. R. (Übers.): The Gospel of Nicodemus, or Acts of Pilate – The Apocryphal New Testament (Clarendon Press, 1924)

Jerome: Letters (www.newadvent.org/fathers/3001.htm)

Jesch, Judith: Frauen in der Wikingerzeit (Milena, 1993)

John Chrysostom: Sermon 67 on Matthew, Nicene and Post-Nicene Fathers, series 1, vol. 10 (www.ccel.org/fa- thers2/NPNF1-10)

Jones, C. A.: The Life of St. Elizabeth of Hungary, Duchess of Thuringia (Swift & Co., 1877)

Jones, Charles W.: Saint Nicholas of Myra, Bari, and Manhattan – Biography of Legend (University of Chicago Press, 1978)

Jones, Frederick M.: Alphonsus de Liguori – Saint of Bourbon Naples (Liguori Publications, 1992)

Jones, Gwyn: A History of the Vikings (Oxford University Press, 1984)

Kalvelage, Francis M.: Kolbe – Saint of the Immaculate (Franciscans of the Immaculate, 2001)

Kelly, J. N. D.: Jerome – His Life, Writings and Controversies (Harper & Row, 1975)

Kieckhefer, Richard: Unquiet Souls – Fourteenth Century Saints and Their Religious Milieu (University of Chicago Press, 1984)

Kowalska, Maria Faustina: Tagebuch der Schwester Maria Faustyna Kowalska (Parvis Hauteville, 2009)

Labarge, Margaret Wade: Saint Louis – Louis IX – Most Christian King of France (Little, Brown, 1968)

LaChance, Paul (Übers.): Angela of Foligno – Complete Works (Paulist Press, 1993)

Lappin, Peter: Dominic Savio – Teenage Saint (Bruce Publishing Company, 1954)

Leys, M. D. R.: Catholics in England 1559–1829 – A Social History (Sheed and Ward, 1961)

»The Life of Our Holy Mother Mary of Egypt«, Internet Medieval Sourcebook, Paul Halsall (Hg.) (www.fordham.edu/halsall/sb ook.html)

Lightfoot, J. B., und J. R. Harmer (Übers.): The Apostolic Fathers, zweite Ausgabe (Baker Book House, 1989)

MacDonald, Iain (Hg.): Saint Brendan (Floris Books, 1992)

– Saint Patrick (Floris Books, 1992)

Martindale, C. C.: The Vocation of Aloysius Gonzaga (B. Herder Book Co., 1927)

– Life of St. Camillus (Sheed and Ward, 1946)

Maxwell, John Francis: Slavery and the Catholic Church (Barry Rose Publishers, 1975)

McLynn, Neil B.: Ambrose of Milan – Church and Court in a Christian Capital (University of California Press, 1994)

McMahon, Norbert: The Story of the Hospitallers of St. John of God (The Newman Press, 1959)

McNabb, Vincent J.: St. Elizabeth of Portugal (Sheed & Ward, 1938)

Mauriac, François: Saint Margaret of Cortona (Philosophical Library, 1948)

Meany, Mary Walsh: Angela of Foligno – A Eucharistic Model of Lay Sanctity – Lay Sanctity, Medieval and Modern – A Search for Models (hg. von An W. Astell) (University of Notre Dame Press, 2000)

Medwick, Cathleen: Teresa of Ávila – The Progress of a Soul (Alfred A. Knopf, 1999)

Meissner, W. W.: Ignatius of Loyola – The Psychology of a Saint (Yale University Press, 1992)

Molinari, Paolo (übers. von José María Fuentes, S.J.): Blessed Miguel Augustin Pro, Martyr for the Faith (La Civiltà Cattolica, 1988)

Monda, Andrea: A Troublesome Saint – Inside the Vatican, April 1999

Musurillo, Herbert: Acts of the Christian Martyrs (Oxford University Press, 1972)

New Advent, Inc.: The Fathers of the Church, E-Book, 1997

Nixon, Virginia: Mary's Mother – Saint Anne in Late Medieval Europe (Pennsylvania State University Press, 2004)

Ogg, Frederic Austin (Hg.): A Source Book of Mediaeval History – Documents Illustrative of European Life and Institutions from the German Invasions to the Renaissance, (1907; Neuauflage, Cooper Square Publishers, 1972)

O'Malley, Vincent J.: Saints of Africa (Our Sunday Visitor, 2001)

– Saints of North America (Our Sunday Visitor, 2004)

Orsenigo, Cesare: Life of St. Charles Borromeo (B. Herder Book Co., 1943)

Panzer, Joel S.: The Popes and Slavery (Alba House, 1996)

Pastrovicchi, Angelo: Saint Joseph of Copertino (B. Herder Book Co., 1918)

Pernoud, Regine: Joan of Arc – By Herself and Her Witnesses (übers. von Edward Hyams) (Scarborough House, 1994)

Phelan, Edna Beyer: Don Bosco – A Spiritual Portrait (Doubleday, 1963)

Poulos, George: Orthodox Saints, 4 Bände (Holy Cross Orthodox Press, 1990)

Riches, Samantha: St. George – Hero, Martyr and Myth (Sutton Publishing, 2000)

Roberts, Alexander Roberts, und James Donaldson (Hg.): History of Joseph the Carpenter, Ante-Nicene Fathers, Bd. VIII, (Hendrickson Publishers, 1994)

Roberts, Alexander Roberts, und James Donaldson (Hg.): The Protoevangelium of James, Ante-Nicene Fathers, Bd. 8 (Hendrickson Publishers, 1994)

Roy, James Charles: Islands of Storm (Dufour Editions, 1991)

Rutler, George William: The Curé of Ars Today – St. John Vianney (Ignatius Press, 1988)

Schwertner, Thomas M.: St. Albert the Great (Bruce Publishing Co., 1932)

Stinehart, Anne C.: »Renowned Queen Mother Mathilda« – Ideals and Realities of Ottonian Queenship in the Vitae Mathildis reginae (Mathilda of Saxony, 895?– 968) – Essays in History, vol. 40 (Corcoran Department of History at the University of Virginia, 1998)

Sulpitius Severus: The Life of St. Martin (Übers. und Anm. von Alexander Roberts), A Select Library of Nicene and Post-Nicene Fathers of the Christian Church, Second Series, Bd. 11, 1894

Talbot, Francis X.: Saint Among Savages – The Life of Isaac Jogues (Harper & Brothers, 1935)

Taylor, Therese: Bernadette of Lourdes – Her Life, Death and Visions (Burns & Oates, 2003)

Trotta, Liz: Jude – A Pilgrimage to the Saint of Last Resort (HarperCollins, 1998)

Tylenda, Joseph N.: Jesuit Saints & Martyrs, 2. Auflage (Loyola Press, 1998)

von Weinrich, Franz Johannes: Elisabeth von Thüringen (Kösel, 1949)

Urry, William: Thomas Becket – His Last Days (hg. und mit einer Einleitung versehen von Peter A. Rowe) (Sutton Publishing, 1999)

Valtierra, Angel: Peter Claver – Saint of the Slaves (Newman Press, 1960)

Weinstein, Donald und Rudolph M. Bell: Saints & Society – The Two Worlds of Western Christendom, 1000–1700 (University of Chicago Press, 1982)

Wiedemann, Thomas: Emperors & Gladiators (Routledge, 1995)

Weisheipl, James A.: Friar Thomas D'Aquino – His Life, Thought, and Works (The Catholic University of America Press, 1983)

Willey, David: »Magician priest wants patron saint of magic«, BBC News World Edition, June 2, 2002

Woods, David (Übers.): »The Passion of St. Christopher«, Bibliotheca Hagiographica Latina Antiquae et Mediae Aetatis, Nr. 1764, 1999

– »The Passion of St. Florian«, Bibliotheca Hagiographica Latina Antiquae et Mediae Aetatis, Nr. 3054, 1999

Zimmermann, Odo J., und Avery, Benedict R. (Übers.): Life and Miracles of St. Benedict, by St. Gregory the Great (The Liturgical Press, o. Jg.)

INDEX

Zu den Bildern

Die Illustrationen dieses Buches bilden Reproduktionen alter und historischer Heiligenbildchen, die fast alle der außerordentlichen Sammlung von Hochwürden Eugene Carrella der Erzdiözese New York entstammen. Heiligenbildchen passen sehr schön zu Schutzpatronen, weil beide Ausdruck der tatsächlichen Bedürfnisse der Leute auf den Kirchenbänken sind. Fast alle der hier wiedergegebenen Bildchen stammen aus dem 19. und frühen 20. Jahrhundert, dem goldenen Zeitalter der Heiligenbildchen, als Drucker in Österreich, Belgien, Deutschland und Frankreich begannen, Heiligenbildchen in ausgezeichneter Qualität en masse zu produzieren. Viele dieser Drucker arbeiteten mit Chromolithografie, einer komplizierten, zeitaufwendigen Druckmethode, bei der ein Bild zahllose Male durch die Presse läuft, und jedes Mal wird eine neue Farbe hinzugefügt. Zu den Ersten, die Heiligenbildchen in der Chromolithografie-Technik erstellten, gehörten die Augustiner in Brügge, Belgien, die Hunderte unterschiedlicher Designs herausgaben, allesamt kleine Kunstwerke. Leider kennen wir fast nie die Namen der Maler und Zeichner.

Die Heiligenbildchen aus dem 19. Jahrhundert sind ebenfalls Sammlerstücke. Die Dominikaner, die Franziskaner und Karmeliter (unter anderem) entwarfen ganze Serien von Heiligenbildchen, welche jeweils die Heiligen ihres geistlichen Ordens darstellten. Französische Schokoladenhersteller packten Heiligenbildchen von Märtyrern, Mönchen oder Szenen aus dem Leben der Johanna von Orléans in ihre Schokoladenschachteln (kauft mehr Schokolade und sammelt alle!). Sogar ein französischer Hersteller von Rinderbrühe fügte einmal seinem Produkt Sammelbildchen mit Szenen aus dem Leben des heiligen Franz von Assisi bei; auf der Rückseite jedes Heiligenbildchens fand sich Werbung der Firma.

DANK

Ich möchte gerne einige Worte verlieren über die engagierte Gruppe von Menschen, die dieses Buch zustande gebracht haben. Es heißt, Schreiben sei eine einsame Beschäftigung, aber in Wahrheit braucht ein Autor ein Netzwerk Verbündeter. Erstens braucht ein Autor einen Verleger, der die Idee, die er zu verkaufen versucht, »begreift«. Ich hatte das große Glück, dass mein langjähriger Freund Jason Rekulak von Quirk Books das Ganze sofort »begriff«. Herzlich bedanke ich mich bei meinen Lektorinnen Melissa Wagner und Mary Ellen Wilson für ihre Arbeit. Quirks äußerst talentierter Art Director Bryn Ashburn kam darauf, dass Heiligenbildchen ein gutes Buch über Schutzpatrone noch besser machen könnten. Mögen Don Bosco, der Schutzpatron der Lektoren, Lukas, der Schutzpatron der Künstler, und Johannes von Gott, der Schutzpatron der Buchhändler, ihre Bemühungen mit Erfolg belohnen.

Außerdem gilt mein großer Dank Pater Eugene Carrella, der mich in der Geschichte der Heiligenbildchen unterwies und mir einige der schönsten Stücke seiner Sammlung lieh, um dieses Buch zu illustrieren. Möge Jean-Marie Vianney, der Schutzpatron der Gemeindepriester, ihn mit Segen überschütten.

ÜBER DEN AUTOR

Thomas J. Craughwell ist der Autor von *Saints Behaving Badly: The Cutthroats, Crooks, Trollops, Con Men and Devil-worshippers Who Became Saints* (Doubleday, 2006). Er hat über Heilige und den Prozess der Heiligsprechung auf CNN berichtet und dabei sogar Stück für Stück die Mitternachtsmesse des Papstes zu Weihnachten nachgespielt. Er trat außerdem mehrfach bei EWTN auf, dem katholischen Kabelsender, sowie bei der BBC, im Learning Channel und bei Inside Edition.

Craughwell verfasste etliche Artikel über Heilige für das *Wall Street Journal, Emmy, Inside the Vatican, Catholic Digest,* den *St. Anthony Messenger* und *Our Sunday Visitor,* und schreibt eine monatliche Kolumne über Schutzpatrone für Diözesenzeitungen und catholicexchange.com. Er hielt Vorträge über Schutzheilige auf Messen der beiden führenden Verbände für katholische Lehrer in den USA. des National Catholic Educators Association und der National Conference for Catechetical Leadership. Er lebt in Connecticut.